Kögler/Block/Pauly

Die Besteuerung von Rechtsanwälten
und Anwaltsgesellschaften

ANWALTSPRAXIS
DeutscherAnwaltVerein

Die Besteuerung von Rechtsanwälten und Anwaltsgesellschaften

Von
Steuerberater Helmut Kögler, Bonn,
Steuerberater Thomas Block, Rösrath,
und
Steuerberater Peter Pauly, Köln

2. Auflage 2005

DeutscherAnwaltVerlag

Zitiervorschlag:
Kögler/Block/Pauly, Besteuerung von Rechtsanwälten, § 1 Rn 1

Satz: Reemers publishing services, Krefeld
Druck: Hans Soldan Druck GmbH, Essen
ISBN 3-8240-0569-7

Bibliografische Information der Deutschen Bibliothek
Die Deutsche Bibliothek verzeichnet diese Publikation in der Deutschen Nationalbibliografie; detaillierte bibliografische Daten sind im Internet über http://dnb.ddb.de abrufbar.

Vorwort

Das Steuerrecht durchläuft einen permanenten Wandel und dringt in praktisch alle Tätigkeitsbereiche vor. Steuerfragen stellen sich dem Anwalt daher zunehmend nicht nur in der anwaltlichen Beratungspraxis, sondern auch in seinen eigenen Angelegenheiten. Um dem Anwalt die aktuellen Instrumente an die Hand zu geben, wie er vorteilhaft sich bietende steuerrechtliche Möglichkeiten ausschöpfen und unnötige Steuerbelastungen vermeiden kann, wurde eine Neuauflage des Buches erforderlich. Mit diesem Buch möchten wir einen auf die Anwaltschaft zugeschnittenen Überblick der Besteuerung geben, den Anwalt bei der Beurteilung von Einzelfragen unterstützen sowie Gestaltungshinweise aufzeigen.

Schwerpunkte sind neben der laufenden Einkommensbesteuerung und der Umsatzbesteuerung auch steuerliche Fragen im Zusammenhang mit einer Praxisumstrukturierung: von der Aufnahme eines Sozius in die Einzelpraxis über die Gründung einer Rechtsanwalts-GmbH bis hin zur Beendigung der beruflichen Tätigkeit. Gerade im Rahmen von Umstrukturierungen haben steuerrechtlich falsche Wege einschneidende finanzielle Folgen für den Anwalt.

Zunehmende Bedeutung gewinnt die Buchhaltung der Kanzlei: Sie bildet die Grundlage für die zutreffende steuerliche Gewinnermittlung des Anwalts. Die Beachtung gesetzlicher Aufzeichnungspflichten dient der Vermeidung steuerlicher Nachteile. Zu dieser rein steuerlichen Bedeutung der Anwaltsbuchhaltung tritt in verstärktem Maße das eigene Informationsbedürfnis des Anwalts zur erfolgreichen unternehmerischen Steuerung der Praxis. Ebenso gewinnt die Buchhaltung an Bedeutung durch das steigende Interesse der Kreditinstitute an Informationen über den wirtschaftlichen Erfolg der Kanzlei. Stichworte dafür sind § 18 Kreditwesengesetz (KWG), Basel II und die in diesem Zusammenhang eingeführten Ratingverfahren. Neu aufgenommen sind daher Ausführungen zu Buchführung und Aufzeichnungen.

Dabei erheben wir nicht den Anspruch, ein umfassendes Lehrbuch zur Besteuerung zu verfassen. Vielmehr werden intensiv die Fragestellungen erörtert, mit denen wir in der steuerlichen Beratung von Rechtsanwälten befasst sind.

Das Handbuch richtet sich in der Hauptsache an Inhaber von Einzelpraxen und Mitglieder von Sozietäten (Buchführung und Besteuerung). Besonderheiten für Anwälte im Anstellungsverhältnis (Einkünfte aus nichtselbständiger Arbeit) und der Anwalts-GmbH (Besteuerung der Körperschaft) sind ebenfalls ausführlich behandelt.

Vorwort

In der komplett überarbeiteten Auflage wurden die umfangreichen aktuellen Änderungen in Gesetzgebung und Rechtsprechung aufgenommen.

Bonn/Rösrath/Köln, im Juli 2005

Helmut Kögler
Thomas Block
Peter Pauly

Inhaltsübersicht

Inhaltsverzeichnis 9

Abkürzungsverzeichnis 17

§ 1 Einkommensbesteuerung
Helmut Kögler 21

§ 2 Einkünfte aus selbständiger Tätigkeit und Buchführung
Helmut Kögler/Thomas Block/Peter Pauly 63

§ 3 Gründung, Erweiterung und Beendigung der beruflichen Tätigkeit
Peter Pauly 133

§ 4 Besteuerung der Anwalts-GmbH
Helmut Kögler 229

§ 5 Umsatzsteuer
Thomas Block 249

§ 6 Die Anwaltskanzlei im Erbschaft- und Schenkungsteuerrecht
Peter Pauly 285

Stichwortverzeichnis 299

Inhaltsverzeichnis

Abkürzungsverzeichnis 17

§ 1 Einkommensbesteuerung 21

A. Allgemeines 21
B. Beginn, Ende und Arten der persönlichen Steuerpflicht 22
C. Ermittlung der steuerlichen Bemessungsgrundlage 23
 I. Ermittlung des zu versteuernden Einkommens 23
 II. Besondere Berechnung für die Berücksichtigung von Verlusten 24
D. Einkunftsarten 25
E. Steuerwirksame Privatausgaben 26
 I. Altersentlastungsbetrag (§ 24a EStG) 26
 II. Entlastungsbetrag für Alleinerziehende (§ 24b EStG) 26
 III. Sonderausgaben (§§ 10–10c EStG) 27
 IV. Außergewöhnliche Belastungen (§§ 33–33c EStG) 28
 V. Steuerbegünstigungen (§§ 10 e–10 i EStG) 30
 VI. Verlustabzug (§ 10d EStG) 31
 VII. Kinderfreibetrag (§ 32 Abs. 6 EStG) 32
F. Veranlagungsarten und Tarif (§§ 26–26c und §§ 32a–32c EStG) 32
 I. Veranlagungsarten 32
 II. Tarif 34
G. Sonstige Steuerermäßigungen 35
H. Einkünfte aus nichtselbständiger Arbeit 35
 I. Allgemeines 35
  1. Definition „nichtselbständige Arbeit“ 36
  2. Besteuerung des Arbeitslohnes 37
  3. Ermittlung der Einkünfte aus nichtselbständiger Arbeit 38
  4. Besondere Besteuerungsformen 39
   a) Pauschalbesteuerung 39
    aa) Pauschalierung in besonderen Fällen, § 40 EStG 40
    bb) Pauschalierung bei Teilzeitbeschäftigten, § 40a EStG 40
    cc) Pauschalierung bei bestimmten Zukunftssicherungsleistungen, § 40b EStG 41
   b) Außerordentliche Einkünfte 41
  5. Weitere Hinweise 41
   a) Berufsrecht 41
   b) Sozialversicherung 42

c) Scheinselbständigkeit 43
d) Arbeitnehmerähnliche Selbständigkeit 44
e) Geringfügig entlohnte Beschäftigungen 45
f) Lohnersatzleistungen 45
II. ABC der steuerpflichtigen Einnahmen 45
III. ABC der steuerfreien Einnahmen 48
IV. ABC der Werbungskosten 52

§ 2 Einkünfte aus selbständiger Tätigkeit und Buchführung 63
A. Der Anwalt als Einzelunternehmer 63
I. Allgemeines 63
1. Definition „selbständige Tätigkeit“ 63
2. Abgrenzung zur gewerblichen Tätigkeit 65
II. Buchführung und Aufzeichnungen 68
1. Möglichkeiten für eine sachgerechte Aufzeichnung 68
a) Aufzeichnungen für externe Zwecke 68
b) Aufzeichnungen für interne Zwecke 69
2. Die Finanzbuchhaltung – Einrichtung, Systematik und Beispiele 71
a) Einrichtung und Vorüberlegungen 71
b) Systematische Gliederung der Buchhaltung 72
c) Beispiele 74
3. ABC der Aufzeichnungs- und Aufbewahrungspflichten 76
III. Betriebsvermögen 85
1. Notwendiges und gewillkürtes Betriebsvermögen 85
2. Immobilien 90
3. Betriebliche Schulden 93
IV. Gewinnermittlung und Gewinnermittlungsarten 95
1. Einnahme-Überschussrechnung 96
2. Betriebsvermögensvergleich 97
3. Ermittlung des steuerlichen Gewinns 98
V. ABC der Betriebseinnahmen 99
VI. ABC der Betriebsausgaben 106
B. Gemeinschaftliche Berufsausübung in Sozietät und anderen Gesellschaftsformen 127
I. Allgemeines 127
II. Laufende Besteuerung und Gewinnermittlung 129
III. Gewinnverteilung 130

§ 3 Gründung, Erweiterung und Beendigung der beruflichen Tätigkeit . 133
A. Allgemeines . . . 133
I. Vorbemerkung . . . 133
II. Praxistypologie . . . 134
B. Beginn der anwaltlichen Praxistätigkeit . . . 135
I. Neugründung . . . 135
1. Neugründung einer Einzelpraxis . . . 135
2. Neugründung einer Sozietät . . . 137
II. Kauf einer bestehenden Anwaltspraxis . . . 138
1. Kauf unter Gründung einer Einzelpraxis . . . 138
2. Kauf unter Gründung einer Sozietät . . . 141
III. Aufnahme in eine Anwaltssozietät . . . 141
1. Aufnahme unter Erweiterung der Sozietät . . . 141
2. Aufnahme in die Sozietät durch Kauf eines (ganzen) Sozietätsanteils (Gesellschafterwechsel) . . . 145
3. Eintritt in eine bestehende Einzelpraxis . . . 145
IV. Unentgeltliche Übertragung von Praxisvermögen . . . 145
C. Veräußerung und Einbringung von Praxisvermögen . . . 145
I. Wesentliche Grundbegriffe . . . 146
1. Wesen des Praxiswertes . . . 146
2. Der Begriff der wesentlichen Betriebsgrundlagen . . . 147
3. Der Begriff des Mitunternehmers . . . 149
4. Der Begriff des Teilbetriebs . . . 151
5. Die sog. stillen Reserven . . . 152
6. Der Begriff des Sonderbetriebsvermögens . . . 152
II. Grundfall der Veräußerung oder Aufgabe von Praxisvermögen . . . 152
1. Was sind die konkreten Fragestellungen? . . . 152
2. Relevante Fallgestaltungen . . . 153
3. Praxisveräußerung bzw. Praxisaufgabe . . . 153
4. Praxisverpachtung und Praxis-Betriebsaufspaltung . . . 155
a) Praxisverpachtung . . . 155
b) Praxis-Betriebsaufspaltung . . . 157
c) Gestaltungsmöglichkeiten . . . 159
5. Höhe und zeitliche Erfassung des Veräußerungsgewinns . . . 159
a) Ermittlung des Veräußerungsgewinns . . . 159
b) Zeitpunkt der Praxisveräußerung . . . 160
6. Steuerliche Begünstigungen für den Veräußerungsgewinn . . . 161
a) Sinn und Zweck der steuerlichen Begünstigungen . . . 161
b) Aufgabe der beruflichen Tätigkeit . . . 161

c) Freibetrag gemäß §§ 18 Abs. 3, 16 Abs. 4 EStG 163
d) Tarifermäßigungen gemäß §§ 18 Abs. 3, 34 EStG 163
aa) Sog. Fünftel-Regelung (§ 34 Abs. 1 EStG) 164
bb) Sog. „halber“ bzw. ermäßigter Steuersatz (§ 34 Abs. 3 EStG) . . 165
e) Gestaltungsmöglichkeiten zur Optimierung der Veräußerungsgewinnbesteuerung nach der sog. Fünftel-Regelung . . 167
aa) Reduzierung des laufenden Einkommens im Veräußerungsjahr . 167
bb) Verrentung des Praxiskaufpreises 168
7. Übergang zur Bilanzierung – Erfassung der Honorarforderungen 169
III. Einbringung von Praxisvermögen als Sonderfall einer Veräußerung 171
1. Relevante Fallgestaltungen 171
2. Mögliche Formen des Ausgleichs von stillen Reserven 171
3. Das Wesen der steuerlichen „Einbringung“ 174
a) Der Einbringungsvorgang – Anwendbarkeit des § 24 UmwStG . . . 174
b) Zuzahlung an den/die Alt-Sozien in das Privatvermögen als zwingend steuerpflichtiger Veräußerungsvorgang 178
4. Rechtsfolgen des § 24 UmwStG 180
a) Allgemeines 180
b) Fallvariante 1: Zuzahlung in die Praxis 181
c) Fallvariante 2: Zuzahlung in das Privatvermögen 185
d) Fallvariante 3: Fusion von Anwaltspraxen 185
5. Sonderfall: Aufnahme eines Sozius in eine Einzelpraxis mit Zuzahlung in das Privatvermögen 186
6. Die Gewinn-Vorab-Lösung 188
7. Übergang zur Bilanzierung – Erfassung der Honorarforderungen 190
8. Gestaltungshinweise 196
IV. Problembereich: Sonderbetriebsvermögen 196
1. Vorbemerkung 196
2. Verkauf des Sozietätsanteils 197
3. Verkauf des Bruchteils eines Sozietätsanteils 199
4. Unentgeltliche Übertragung des Sozietätsanteils 199
5. Einbringung von Praxisvermögen in Personen- und Kapitalgesellschaften 201
a) Einbringung in eine Personengesellschaft 201
b) Einbringung in eine Kapitalgesellschaft 203
D. Sonderfall der Beendigung einer Sozietät: Realteilung 203
I. Vorbemerkung 203
II. Definition des Begriffs „Realteilung“ 205

III. Ausgewählte Einzelfragen der gesetzlichen Regelung ab 1.1.2001 208
1. Zwang zur Buchwertfortführung 209
2. Behandlung des Sonderbetriebsvermögens 210
3. Übertragung auf eine neue Sozietät 212
4. Abgrenzung zur Sachwertabfindung 213
5. Personenbezogene Beurteilung der Realteilung 215
6. Behandlung eines möglichen Spitzenausgleichs 216
E. Unentgeltliche Übertragungen von Praxen und Sozietätsanteilen 217
I. Unentgeltliche oder teilentgeltliche Übertragung einer Praxis 217
II. Erwerb im Rahmen einer Erbauseinandersetzung 219
1. Laufende Einkünfte aufgrund der Mitunternehmerstellung der Miterben 219
2. Ausscheiden aus der Erbengemeinschaft und Veräußerung des Erbteils . 220
3. Veräußerung oder Aufgabe der Praxis durch die Erbengemeinschaft. . . 221
4. Realteilung der Praxis unter den Miterben (mit und ohne Spitzenausgleich) 221
5. Realteilung über einen sog. Mischnachlass 221
III. Unentgeltliche Aufnahme in eine Einzelpraxis 223
IV. Aufnahme in eine schon bestehende Sozietät 224
1. Rechtsnachfolge unter Lebenden 224
2. Rechtsnachfolge von Todes wegen 224
V. Aufnahme in eine Freiberufler-Kapitalgesellschaft 226
VI. Übertragungen gegen private Versorgungsrenten 227
VII. Übertragungen zwischen Sozius und Sozietät 228
VIII. Übertragungen zwischen Gesellschafter und GmbH 228

§ 4 Besteuerung der Anwalts-GmbH 229
A. Allgemeines 229
B. Gründung der GmbH 230
C. Besteuerung der Anteilseigner 232
D. Besteuerung des angestellten Gesellschafters 236
I. Steuerrecht 236
II. Sozialversicherungsrecht 236
E. Besteuerung und Gewinnermittlung der GmbH 237
I. Beginn der Besteuerung 237
1. Vorgründungsgesellschaft 238
2. Vorgesellschaft 238
3. Gesellschaft 238
II. Laufende Besteuerung 239

III. Ermittlung des Gewinns 239
1. Allgemeines 239
2. Besonderheiten 241
a) Vergütungen an Gesellschafter 241
b) Pensionszusagen 241
IV. Ermittlung des steuerlichen Einkommens 242
1. Körperschaftsteuer 242
2. Gewerbesteuer 245
V. Ende der Besteuerung 246
F. Übertragung von GmbH-Anteilen 246

§ 5 Umsatzsteuer 249
A. Allgemeines 249
I. Inhalt des Kapitels 249
II. Umfang des Unternehmens 249
III. Umsatzsteuer-Systematik 250
IV. Kleinunternehmer 252
B. Umsatzsteuerpflicht der anwaltlichen Leistungen 253
I. Steuerbarkeit und Ort der Leistung 253
II. Steuerbefreiungen 258
III. Berechnung der Umsatzsteuer 259
C. Vorsteuerabzug 260
I. Systematik des Vorsteuerabzuges 260
II. Die Rechnung als Grundlage des Vorsteuerabzuges 262
D. Privatnutzungen 264
I. Allgemeines 264
II. Typische Sachverhalte 265
1. Private Fahrzeugnutzung 265
2. Private Telefonnutzung 267
E. Verfahren der Umsatzbesteuerung 267
I. Berichtigung von Umsatzsteuer und Vorsteuer 267
II. Umsatzsteuervoranmeldung, Umsatzsteuererklärung und Umsatzsteuernachschau 269
III. Zeitliche Erfassung der Ausgangsleistungen und Vorsteuerbeträge 272
F. Anwaltliche Sonderprobleme im Umsatzsteuerrecht 274
I. Fremdgelder als durchlaufende Posten 274
II. Abrechnung von Vorschüssen in Gebührenrechnungen 274
III. Schadensersatzleistungen 275

IV. Geltendmachung von Zinsen und Mahngebühren 276
V. Sonstiges 277
G. Anwaltssozietät/Partnerschaft 278
I. Steuersubjekt der Umsatzbesteuerung 278
II. Gesellschaftsrechtliche Vorgänge. 281

§ 6 Die Anwaltskanzlei im Erbschaft- und Schenkungsteuerrecht 285
A. Allgemeines. 285
B. Erbschaftsteuerliche Begünstigungen für freiberufliches Praxisvermögen . . . 286
I. Freibetrag und Wertabschlag 286
II. Voraussetzungen für die erbschaftsteuerliche Begünstigung. 288
III. Sperrfrist für die Inanspruchnahme des Freibetrags/ Aufteilung des Freibetrags 290
IV. Nachversteuerungstatbestände 291
C. Bewertung der Anwaltskanzlei im Erbschaft- und Schenkungsteuerrecht 292
I. Einzelpraxis und Sozietät. 292
II. Rechtsanwalts-GmbH. 295
1. Vorbemerkung 295
2. Vermögenswert 296
3. Ertragshundertsatz. 296
III. Fazit für die Rechtsformwahl 297

Stichwortverzeichnis 299

Abkürzungsverzeichnis

a.a.O.	am angegebenen Ort
a.F.	alte Fassung
Abs.	Absatz
Abschn.	Abschnitt
AG	Aktiengesellschaft
AnwBl	Anwaltsblatt (Zeitschrift)
AO	Abgabenordnung
AStG	Außensteuergesetz
Az.	Aktenzeichen
BewG	Bewertungsgesetz
BfA	Bundesversicherungsanstalt für Angestellte
BFH	Bundesfinanzhof
BFH/NV	Nicht veröffentlichte Entscheidungen des BFH (Zeitschrift)
BGB	Bürgerliches Gesetzbuch
BGBl	Bundesgesetzblatt
BMF	Bundesministerium der Finanzen
BMF-Schreiben	Schreiben des BMF, veröffentlicht im BStBl Teil I
BRAK	Bundesrechtsanwaltskammer
BRAO	Bundesrechtsanwaltsordnung
BStBl	Bundessteuerblatt
BT	Bundestag
BUKG	Bundesumzugskostengesetz
BV	Betriebsvermögen
d.h.	das heißt
DATEV-Lexinform	Steuerrechtsdatenbank der DATEV e.G., Nürnberg
DB	Der Betrieb (Zeitschrift)
DBA	Doppelbesteuerungsabkommen
DStR	Deutsches Steuerrecht (Zeitschrift)
DStRE	DStR-Entscheidungsdienst (Zeitschrift)
EFG	Entscheidungen der Finanzgerichte (Zeitschrift)
ErbSt	Erbschaftsteuer
ErbStG	Erbschaftsteuer- und Schenkungsteuergesetz

ErbStR	Erbschaftsteuerrichtlinien
ESt	Einkommensteuer
EStDV	Einkommensteuer-Durchführungsverordnung
EStG	Einkommensteuergesetz
EStH	Hinweise zu den Einkommensteuerrichtlinien
EStR	Einkommensteuerrichtlinien
etc.	et cetera
EU	Europäische Union
EuGH	Europäischer Gerichtshof
evtl.	eventuell
EWR	Europäischer Wirtschaftsraum
f.; ff.	folgende; fortfolgende
FG	Finanzgericht
Fn	Fußnote
FR	Finanzrundschau (Zeitschrift)
GbR	Gesellschaft bürgerlichen Rechts
gem.	gemäß
GewO	Gewerbeordnung
GewSt	Gewerbesteuer
GewStDV	Gewerbesteuer-Durchführungsverordnung
GewStG	Gewerbesteuergesetz
ggf.	gegebenenfalls
gl.A.	gleiche Auffassung
GmbH	Gesellschaft mit beschränkter Haftung
GmbHG	GmbH-Gesetz
GmbHR	GmbH-Rundschau (Zeitschrift)
GrdSt	Grundsteuer
GrdStG	Grundsteuergesetz
GrS	Großer Senat
GWG	geringwertiges Wirtschaftsgut
h.M.	herrschende Meinung
HFR	höchstrichterliche Finanzrechtsprechung
HGB	Handelsgesetzbuch

i.d.R.	in der Regel
i.S.	im Sinne
i.S.d.	im Sinne des
i.S.v.	im Sinne von
i.V.m.	in Verbindung mit
InvZulG	Investitionszulagengesetz
KÖSDI	Kölner Steuerdialog (Zeitschrift)
KSt	Körperschaftsteuer
KStG	Körperschaftsteuergesetz
KStR	Körperschaftsteuerrichtlinien
LLP	Limited Liability Partnership
LStDV	Lohnsteuer-Durchführungsverordnung
LStR	Lohnsteuerrichtlinien
m.w.N.	mit weiteren Nachweisen
NWB	Neue Wirtschaftsbriefe (Loseblatt)
o.Ä.	oder Ähnliche(s)
OFD	Oberfinanzdirektion
p.a.	per annum
PartGG	Partnerschaftsgesellschaftgesetz
R	Richtlinie
RFH	Reichsfinanzhof
Rn	Randnummer
RStBl.	Reichssteuerblatt
RVG	Rechtsanwaltsvergütungsgesetz
S.	Seite
Schmidt	Kommentar zum Einkommensteuergesetz, 24. Auflage 2005 (zit.: Schmidt/*Bearbeiter*)
SGB	Sozialgesetzbuch
sog.	so genannt
StBerG	Steuerberatungsgesetz

Tipke/Kruse	Kommentar zur Abgabenordnung und Finanzgerichtsordnung (Loseblatt)
Tz	Textzahl
u.a.	unter anderem
u.E.	unseres Erachtens
u.U.	unter Umständen
UmwG	Umwandlungsgesetz
UmwStG	Umwandlungssteuergesetz
USt	Umsatzsteuer
UStDV	Umsatzsteuer-Durchführungsverordnung
UStG	Umsatzsteuergesetz
UStR	Umsatzsteuerrichtlinien
v.H.	von Hundert
vGA	verdeckte Gewinnausschüttung
vgl.	vergleiche
Widmann/Mayer	Kommentar zum UmwG und UmwStG (Loseblatt)
z.B.	zum Beispiel
z.T.	zum Teil
zzgl.	zuzüglich

§ 1 Einkommensbesteuerung

Helmut Kögler

A. Allgemeines

Der Begriff der **laufenden Einkommensbesteuerung** ist keiner des „offiziellen" Einkommensteuergesetzes. Vielmehr wird als sog. laufende Einkommensbesteuerung die Besteuerung des Einkommens bezeichnet, welches aufgrund der üblichen Ausübung einer selbständigen oder beruflichen Tätigkeit erzielt wird. Der Begriff wird unabhängig davon verwandt, welche der sieben Einkunftsarten[1] erzielt wird. 1

Abzugrenzen von der laufenden Besteuerung ist die **Besteuerung besonderer Vorgänge**. Neben einem Gewinn aus Betriebsaufgabe oder Betriebsveräußerung (vgl. § 3 Rn 93 ff.) fallen hierunter auch Einnahmen aus Abfindungen oder Arbeitslohn für mehrere Jahre. 2

Sämtliche der vorgenannten steuerrelevanten Vorgänge führen schließlich zu der Steuer, mit der das Einkommen entsprechend der gesetzlichen Vorschrift besteuert wird, nämlich der Einkommen- oder der Körperschaftsteuer. 3

Werden Einkünfte aus einer **gewerblichen Tätigkeit** erzielt, fällt zudem i.d.R. Gewerbesteuer an. Nach Abschaffung der Gewerbekapitalsteuer[2] wird durch diese Steuer – nach Vornahme von Hinzurechnungen und Kürzungen von dem nach dem EStG bzw. KStG ermittelten Gewinn – ebenfalls die Ertragskraft des Unternehmens besteuert (= Gewerbeertragsteuer). Das Thema der Gewerbesteuer wird in § 4 „Besteuerung der Anwalts-GmbH – soweit für den Rechtsanwalt relevant – behandelt. 4

Der Anwalt erzielt regelmäßig **selbständige Einkünfte** gemäß § 18 Abs. 1 Nr. 1 EStG oder – im Angestelltenverhältnis – Einkünfte gemäß § 19 EStG. Lediglich die Berufsausübung innerhalb einer Anwalts-GmbH kann zu Körperschaft- und Gewerbesteuer führen. Steuersubjekt ist hier dann allerdings die GmbH oder evtl. die AG, die aufgrund ihrer Rechtsform[3] gewerblich tätig ist. Der Anwalt als Angestellter des Unternehmens erzielt Einkünfte aus nichtselbständiger Arbeit gemäß § 19 EStG; in seiner Eigenschaft als Anteilseigner erzielt er Einkünfte aus Kapitalvermögen gemäß § 20 Abs. 1 Nr. 1 EStG. 5

1 Vgl. § 2 Abs. 1 EStG.

2 Die Gewerbekapitalsteuer wurde letztmalig für den Veranlagungszeitraum 1997 erhoben.

3 Vgl. § 8 Abs. 2 KStG und § 2 Abs. 2 GewStG.

B. Beginn, Ende und Arten der persönlichen Steuerpflicht

6 Grundsätzlich **beginnt** bei natürlichen Personen die **persönliche Steuerpflicht** mit der Geburt und **endet** mit dem Tod. Erfasst werden jedoch lediglich **steuerlich relevante Vorgänge**, d.h. es muss steuerpflichtiges Einkommen erzielt werden, welches regelmäßig mit der Aufnahme einer beruflichen Tätigkeit anfällt bzw. mit der Beendigung der Tätigkeit wieder entfällt. Detaillierte Ausführungen oder Besonderheiten zum Beginn und Ende der Steuerpflicht werden bei den einzelnen Einkunftsarten dargestellt.

7 Das Steuerrecht unterscheidet die unbeschränkte Steuerpflicht und die beschränkte Steuerpflicht. Ferner kann gemäß § 1a EStG zu einer fiktiven unbeschränkten Steuerpflicht optiert werden.

8 Für die **unbeschränkte Steuerpflicht** muss neben den vorgenannten Voraussetzungen (Erzielen von steuerpflichtigem Einkommen) auch das Vorliegen eines Wohnsitzes oder gewöhnlichen Aufenthaltes[4] im Inland gegeben sein (§ 1 Abs. 1 EStG). Der Steuerpflicht unterliegt dann grundsätzlich das „Welteinkommen". Ausnahmen hiervon können in bilateralen Vereinbarungen (Doppelbesteuerungsabkommen) zwischen den Staaten geregelt sein.

9 Ferner gelten im Ausland lebende deutsche Staatsbürger als unbeschränkt steuerpflichtig, wenn sie zu einer inländischen juristischen Person des öffentlichen Rechts in einem Dienstverhältnis stehen und dafür Arbeitslohn aus einer inländischen öffentlichen Kasse beziehen (§ 1 Abs. 2 EStG). Hierunter fallen z.B. die im Ausland tätigen Botschaftsangehörigen.

10 Zusätzlich kann die unbeschränkte Steuerpflicht auf Antrag herbeigeführt werden (§ 1 Abs. 3 EStG). Voraussetzung für diesen Antrag ist:

- das Vorliegen der in § 49 EStG beschriebenen Einkunftsarten,
- die der deutschen Einkommensteuer unterliegenden Einkünfte machen mindestens 90 v.H. des Gesamteinkommens aus oder
- andere, nicht der deutschen Einkommensteuer unterliegenden Einkünfte betragen nicht mehr als 6.136 EUR im Kalenderjahr.

11 Diese Vorschrift kommt denjenigen zugute, die ohnehin ihre größten Einkommensteile in Deutschland versteuern. Durch die beantragte unbeschränkte Steuerpflicht können nun Steuervorteile, die nur bei unbeschränkter Steuerpflicht gewährt werden (wie z.B. steuerliche Berücksichtigung von Sonderausgaben oder außergewöhnlichen Belastungen), erzielt werden.

4 Vgl. §§ 8, 9 AO.

Eine **beschränkte Steuerpflicht** liegt nur dann vor, wenn bestimmte inländische Einkünfte i.S.d. § 49 EStG erzielt werden **und** der Wohnsitz oder gewöhnliche Aufenthalt nicht im Inland liegt. Zu diesen steuerpflichtigen Einkommen gehören u.a. die im Inland erzielten Einkünfte aus nichtselbständiger Arbeit und die aus selbständiger Arbeit. Weitere der in Rn 16 genannten Einkunftsarten sind für den Rechtsanwalt von geringerer Bedeutung. 12

Durch Verlegung des Wohnsitzes oder gewöhnlichen Aufenthaltes vom Inland in das Ausland kann die beschränkte Steuerpflicht beginnen, wenn die bisherigen Einkünfte unter die des § 49 EStG fallen. Im ungekehrten Fall beginnt die unbeschränkte Steuerpflicht, wenn die erzielten Einkünfte unter die Vorschrift des § 2 EStG fallen. 13

Als letztes kann zusätzlich die unbeschränkte Steuerpflicht von EU- und EWR-Familienangehörigen herbeigeführt werden (§ 1a EStG). Voraussetzung hierfür ist, dass der Steuerpflichtige selbst zunächst beschränkt steuerpflichtig ist und für sich die unbeschränkte Steuerpflicht beantragt hat. In diesen Fällen gelten die Familienangehörigen ebenfalls als unbeschränkt steuerpflichtig, auch wenn sie kein Einkommen im Inland erzielen. Zweck dieser Vorschrift ist es, dass z.B. Ehegatten nach dem Splittingtarif veranlagt werden können oder Unterhaltszahlungen an den geschiedenen Ehegatten als Sonderausgaben geltend gemacht werden können. Hierfür ist nämlich Voraussetzung, dass beide unbeschränkt steuerpflichtig sind. 14

Vorgenannte Ausführungen sind allgemein bekannt unter dem Begriff der Besteuerung von **Grenzpendlern**.[5] 15

C. Ermittlung der steuerlichen Bemessungsgrundlage

I. Ermittlung des zu versteuernden Einkommens

Bemessungsgrundlage für die Einkommensteuer ist das **zu versteuernde Einkommen**. Ausgehend von den Einkünften[6] (= Einnahmen abzüglich Betriebsausgaben bzw. Werbungskosten) wird das zu versteuernde Einkommen – auf die wesentlichen Positionen verkürzt dargestellt – wie folgt ermittelt:[7] 16

5 Zu beachten aber sind bei dem Wechsel von unbeschränkter in beschränkte Steuerpflicht die Vorschriften des Außensteuergesetzes (AStG).

6 Einkünfte bezeichnet man bei Betrieben der Land- und Forstwirtschaft, bei Gewerbebetrieben sowie selbständig Tätigen als „Gewinn" bzw. bei nichtselbständig Arbeitenden, bei Kapitaleinkünften, bei Vermietung und Verpachtung sowie bei sonstigen Einkünften i.S.d. § 22 EStG als „Überschuss der Einnahmen über die Werbungskosten".

7 Vgl. § 2 EStG sowie R 3 EStR 2003.

Einkünfte aus Land- und Forstwirtschaft (§§ 13–14 EStG)
\+ Einkünfte aus Gewerbebetrieb (§§ 15–17 EStG)
\+ Einkünfte aus selbständiger Arbeit (§ 18 EStG)
\+ Einkünfte aus nichtselbständiger Arbeit (§ 19 EStG)
\+ Einkünfte aus Kapitalvermögen (§ 20 EStG)
\+ Einkünfte aus Vermietung und Verpachtung (§ 21 EStG)
\+ Sonstige Einkünfte (§ 22 EStG)
= **Summe der Einkünfte**
– Altersentlastungsbetrag (§ 24a EStG)
– Entlastungsbetrag für Alleinerziehende (§ 24b EStG)
– Freibetrag für Land- und Forstwirte (§ 13 Abs. 3 EStG)
= **Gesamtbetrag der Einkünfte**
– Verlustabzug (§§ 10d, 2 a Abs. 3 Satz 2 EStG)
– Sonderausgaben (§§ 10, 10 b, 10 c EStG)
– außergewöhnliche Belastungen (§§ 33–33 c EStG)
– Steuerbegünstigungen (§§ 10e–10 i EStG)
= **Einkommen**
– Freibeträge für Kinder (§§ 31, 32 Abs. 6 EStG)
= **zu versteuerndes Einkommen**

17 Durch die Vorschrift des § 2 EStG werden zu den persönlichen Voraussetzungen der §§ 1, 1 a EStG die **sachlichen Voraussetzungen** der Besteuerung geschaffen. Im Folgenden werden wir auf die für die Anwaltschaft im Rahmen der Berufsausübung bedeutsamen Einkunftsarten eingehen. Die von der Summe der Einkünfte abziehbaren Beträge werden ebenfalls – soweit sie von Bedeutung sind – erläutert.

II. Besondere Berechnung für die Berücksichtigung von Verlusten

18 Ein Dorn im Auge des Gesetzgebers war und ist die – zulässige – Verrechnung von negativen mit positiven Einkünften. Mit dem Steuerentlastungsgesetz 1999/2000/2002 vom 24.3.1999 (BGBl. I S. 402) wurde die steuerliche Berücksichtigung von Verlusten zur Ermittlung der Einkünfte vollständig neu geregelt. Eine Mindestbesteuerung sollte gewährleistet sein. Anhaltende Kritik und ein kaum mehr nachvollziehbarer Berechnungsmarathon führten zu einer Entschärfung der neu eingeführten Vorschriften. § 2 Abs. 3 EStG wurde erneut geändert.[8] Ab dem Veranlagungszeitraum 2004 ist entsprechend der gesetzlichen Regelung ein vollständiger Verlustausgleich wieder möglich. Bestand hat die alte gesetzliche Regelung allerdings für den Zeitraum 1999 bis 2003. Die Vorschrift des § 2b EStG wurde hingegen beibehalten. Hierin ist die (Nicht-)Berücksichtigung steuerlicher Verluste aus Verlustzuweisungs-

8 Gesetz zur Umsetzung der Protokollerklärung der Bundesregierung zur Vermittlungsempfehlung zum Steuervergünstigungsabbaugesetz vom 22.12.2003, BGBl. I 2003, S. 2840.

gesellschaften geregelt, auf die hier nicht weiter eingegangen wird. Die Beschränkung der steuerlichen Berücksichtigung von negativen ausländischen Einkünften ist bereits seit 1983 gesetzlich verankert.[9] Auch auf diese Vorschrift wird hier nicht weiter eingegangen. Die nachfolgende Darstellung konzentriert sich auf die steuerliche Berücksichtigung im Inland erlittener Verluste.

Durch Verrechnung von positiven und negativen Einkünften kann das Einkommen nun wieder auf 0 EUR reduziert werden. So kann ein Gewinn (z.B. aus freiberuflicher Tätigkeit) durch entsprechende Verluste (z.B. aus Vermietung und Verpachtung) ohne steuerliche Belastung bleiben. Steuervergünstigungen, wie z.B. die Förderung des selbst genutzten Wohneigentums, sind oftmals an der Höhe des Gesamtbetrags der Einkünfte geknüpft und finden somit zusätzlich Berücksichtigung. 19

D. Einkunftsarten

Die Aufzählung der Einkunftsarten gemäß § 2 EStG ist abschließend. 20

Was zu der Umschreibung „Erzielung von Einkünften" zählt, lässt sich aus § 15 Abs. 2 Satz 1 und Abs. 3 Satz 1 EStG ableiten: Es muss sich um eine nachhaltige Betätigung mit dem Ziel der Einkunftserzielung handeln. Diese Definition passt ohne weiteres auf die ersten sechs Einkunftsarten. Werden hingegen dauerhaft Verluste erzielt, wird diese Betätigung nicht in die Besteuerung aufgenommen, d.h. die erlittenen Verluste bleiben außer Ansatz. Hier wird der Begriff „Liebhaberei" verwandt (vgl. hierzu § 2 Rn 7). Die Prüfung, ob Liebhaberei vorliegt, ist für jede Einkunftsart getrennt vorzunehmen. 21

Durch den Katalog der **sonstigen Einkünfte**[10] werden übrige Einkommensarten in die Besteuerung eingeschlossen, bei denen es z.B. an einer nachhaltigen Betätigung fehlt. So werden auch gelegentliche Vermittlungen oder auch private Veräußerungsgeschäfte, bis 1998 sog. Spekulationsgewinne (§ 23 EStG) besteuert. Diese Einkunftsarten genießen jedoch einen Sonderstatus. Werden Verluste aus § 23 EStG erzielt, sind diese grundsätzlich nicht mit Überschüssen anderer Einkunftsarten auszugleichen.[11] 22

Insoweit erfolgt hier eine einseitige Betrachtungsweise: Werden Überschüsse erzielt, so werden sie zur Besteuerung herangezogen und erhöhen das Gesamteinkommen; 23

9 Vgl. § 2a EStG.
10 Vgl. § 22 EStG.
11 Vgl. Schmidt/*Weber-Grellet*, EStG, § 23 Rz 97.

werden hingegen Verluste erzielt, so wird das Gesamteinkommen nicht tangiert. Lediglich Gewinne aus gleichartigen sonstigen Einkünfte dürfen hier verrechnet werden (vgl. Rn 18 f. und 47 ff.). Es empfiehlt sich daher, auch in Jahren, die mit einem Verlust aus Spekulationsgeschäften abschließen, diese steuerlich zu erklären und feststellen zu lassen. Nur so bleiben diese Verluste in späteren Jahren als Ausgleichspotential für Spekulationsgewinne erhalten.

24 Auch steuerfreie Einnahmen sieht das Gesetz vor. Welche Einnahmen steuerfrei sind, zählt § 3 EStG auf (vgl. auch Rn 127 ff.).

25 Im Folgenden sind ausschließlich Einkunftsarten ausgewählt, die mit der Ausübung des Berufes „Rechtsanwalt" erzielt werden können. Es folgen daher die Abschnitte „Einkünfte aus nichtselbständiger Arbeit" (Rn 68 ff.) und „Einkünfte aus selbständiger/freiberuflicher Tätigkeit" (§ 2). Einkünfte aus Gewerbebetrieb, die die Anwaltskapitalgesellschaft erzielt, werden in § 4 „Besteuerung der Anwalts-GmbH" eingehend erläutert.

E. Steuerwirksame Privatausgaben

I. Altersentlastungsbetrag (§ 24a EStG)

26 Die Regelungen zum Altersentlastungsbetrag wurden geändert mit Auswirkungen ab dem Veranlagungszeitraum 2005 ff.[12] Der Altersentlastungsbetrag wird demjenigen gewährt, der vor Beginn des Kalenderjahres, in dem das Einkommen erzielt wird, das 64. Lebensjahr vollendet hat. Der Altersentlastungsbetrag beträgt im Jahre 2005 40 v.H. des Arbeitslohnes und der positiven Einkünfte, maximal aber 1.900 EUR p.a.; Versorgungsbezüge sowie Einkünfte aus Leibrenten scheiden aus der Bemessungsgrundlage aus. Der Vomhundertsatz und der Höchstbetrag werden bis zum Jahre 2040 jährlich reduziert, bis schließlich der Abzug 0 EUR beträgt.

II. Entlastungsbetrag für Alleinerziehende (§ 24b EStG)

27 Der Entlastungsbetrag für Alleinerziehende ist aus dem Haushaltsfreibetrag hervorgegangen.[13]

12 Gesetz zur Neuordnung der einkommensteuerrechtlichen Behandlung von Altersvorsorgeaufwendungen und Altersbezügen (Alterseinkünftegesetz – AltEinkG) vom 5.7.2004, BGBl. I 2004, S. 1427.

13 Haushaltsbegleitgesetz 2004 (HBeglG 2004) vom 29.12.2003, BGBl. I 2003, S. 3076, 3080.

Handelte es sich bei dem Haushaltsfreibetrag um einen Jahresbetrag, so wird der Entlastungsbetrag für Alleinerziehende nur zeitanteilig für den Zeitraum gewährt, in dem die Voraussetzungen des Gesetzes vorlagen. 28

Darüber hinaus ist der jährliche Höchstbetrag auf 1.308 EUR deutlich reduziert worden. 29

Ferner haben sich die Voraussetzungen für den Personenkreis geändert. So wird der Entlastungsbetrag nicht mehr gewährt, wenn im Haushalt des Steuerpflichtigen weitere volljährige Personen leben, für die der Steuerpflichtige keinen Kinderfreibetrag erhält (z.B. Lebenspartner, Eltern). In den Fällen, in denen eine weitere volljährige Person im Haushalt lebt, wird (widerlegbar) vermutet, dass diese Personen eine Haushaltsgemeinschaft bilden. 30

III. Sonderausgaben (§§ 10–10c EStG)

Bei Sonderausgaben handelt es sich grundsätzlich um Aufwendungen der privaten Lebensführung, die nach § 12 Satz 1 Nr. 1 EStG steuerlich an sich nicht abzugsfähig sind. Diese ausnahmsweise steuerlich abzugsfähigen Aufwendungen dürfen nicht den Betriebsausgaben oder den Werbungskosten zuzuordnen sein. § 10 Abs. 1 EStG sowie § 10b EStG enthalten u.a. folgende Ausgabenpositionen: 31

- Unterhaltsleistungen an den geschiedenen Ehegatten bis 13.805 EUR p.a., sofern der Empfänger diese versteuert. Wird in diesem Zusammenhang ein steuerlicher Ausgleich gezahlt, so wird auch dieser als Unterhaltsleistung gewertet und ist abzugsfähig. 32
- Beiträge zu Kranken-, Risikolebens-, Kapitallebens- (unter bestimmten Voraussetzungen), Renten-, Haftpflicht-, Unfall- und Pflegeversicherungen bis zu bestimmten Höchstbeträgen. Ebenfalls begünstigt sind Einzahlungen zu einer Kapital gedeckten Alterversorgung. Die Höchstbeträge und Berechnungen hierzu ergeben sich aus § 10 Abs. 2 bis 4a EStG. Beiträge zu einer zusätzlichen Altersvorsorge werden nach § 10a EStG gefördert. 33
- Gezahlte Kirchensteuer in unbegrenzter Höhe. 34
- Steuerberatungskosten in unbegrenzter Höhe. 35
- Aufwendungen für die eigene Berufsausbildung bis 4.000 EUR p.a. Mit diesem Betrag sind Aufwendungen für eine auswärtige Unterbringung abgegolten. 36
- 30 v.H. des an eine anerkannte Ersatzschule gezahlten Schulgeldes. 37
- Spenden und Mitgliedsbeiträge für gemeinnützige, mildtätige, religiöse, kirchliche und wissenschaftliche Zwecke bis zu 5 v.H. des Gesamtbetrags der Ein- 38

künfte. Für wissenschaftliche, mildtätige und besonders förderungswürdige kulturelle Zwecke erhöht sich der Vomhundertsatz um weitere 5 v.H.

Zuwendungen an Stiftungen des öffentlichen Rechts und an Stiftungen des privaten Rechts (wenn sie nach § 5 Abs. 1 Nr. 9 KStG steuerbefreit sind und steuerbegünstigte Zwecke i.S.d. §§ 52 bis 54 AO verfolgen, mit Ausnahme der Zwecke, die nach § 52 Abs. 2 Nr. 4 AO gemeinnützig sind) sind darüber hinaus bis zur Höhe von 20.450 EUR abziehbar. Überschreitet eine Einzelzuwendung von mindestens 25.565 EUR zur Förderung wissenschaftlicher, mildtätiger oder als besonders förderungswürdig anerkannter kultureller Zwecke diese Höchstsätze, ist sie im Rahmen der Höchstsätze im Veranlagungszeitraum der Zuwendung, im vorangegangenen und in den fünf folgenden Veranlagungszeiträumen abzuziehen. Zuwendungen anlässlich der Neugründung einer Stiftung (unter den vorgenannten Voraussetzungen) können im Jahr der Zuwendung und auf Antrag in den folgenden neun Jahren bis zu einem Betrag von 307.000 EUR abgezogen werden.[14]

Spenden an politische Parteien werden zunächst nach § 34g EStG gefördert. Hiernach übersteigende Beträge können bis zu 1.650 EUR als Sonderausgaben abgezogen werden.

IV. Außergewöhnliche Belastungen (§§ 33–33c EStG)

39 Als außergewöhnliche Belastungen werden Aufwendungen definiert, die **zwangsläufig** entstehen und den Steuerpflichtigen **stärker belasten** als die Mehrzahl der anderen Steuerpflichtigen. Zwangsläufig entstehen Aufwendungen dann, wenn man sich aus rechtlichen, tatsächlichen oder sittlichen Gründen den Aufwendungen nicht entziehen kann. Ferner dürfen diese Aufwendungen nicht den Betriebsausgaben bzw. Werbungskosten oder den Sonderausgaben zuzuordnen sein. Bei außergewöhnlichen Belastungen „allgemeiner Art“ ist zudem ein zumutbarer Eigenanteil (in Abhängigkeit von Einkommen, Familienstand und Kinderzahl) in Abzug zu bringen (§ 33 Abs. 3 EStG). Zu diesen Aufwendungen gehören z.B. **Krankheits- und Kurkosten, Kosten der Beerdigung** (soweit diese die Höhe des Nachlasses übersteigen) oder **Kosten für die Neubeschaffung von Hausrat** nach Hochwasser. Nicht zwangsläufig und daher keine außergewöhnlichen Belastungen stellen beispielsweise Kosten für eine Adoption dar.[15]

14 Vgl. § 10 Abs. 1a EStG.

15 BFH vom 20.3.1987, BStBl. II 1987, S. 596.

Hinweis 40
Aufwendungen für außergewöhnliche Belastungen, wie z.B. Krankheitskosten oder Medikamente, können sich – wenn sie in einem Jahr entstehen – u.U. steuermindernd auswirken. Werden diese Kosten allerdings über mehrere Jahre verteilt, so bleiben diese Ausgaben u.U. steuerlich unberücksichtigt, wenn der Betrag der steuerlich „zumutbaren Belastung" gemäß § 33 Abs. 3 EStG nicht überschritten wird. Daher ist es empfehlenswert, soweit wie möglich auch diese Aufwendungen zu planen und auf ein Jahr zu konzentrieren, wenn nur durch eine Zusammenballung überhaupt die zumutbare Belastung überschritten werden kann.

Beispiel
Sie benötigen im laufenden Jahr Medikamente im Wert von 500 EUR. Zudem hielten Sie sich im laufenden Jahr für mehrere Wochen im Krankenhaus auf. Die Ihnen belasteten Kosten beliefen sich auf 1.400 EUR. Für das Folgejahr ist eine umfangreiche Zahnbehandlung vorgesehen. Die Kosten hierfür betragen voraussichtlich 2.500 EUR.

Gemäß § 33 Abs. 3 EStG beträgt für einen Ledigen die **zumutbare Belastung** bei einem angenommenen Gesamtbetrag der Einkünfte von 50.000 EUR 6 v.H., also 3.000 EUR. Werden die Kosten der Zahnbehandlung – wie vorgesehen – erst im Folgejahr gezahlt, so wirken sich die Gesamtaufwendungen beider Jahre steuerlich nicht aus, da der Betrag der zumutbaren Belastung von 3.000 EUR jeweils nicht überschritten wird (im laufenden Jahr 1.900 EUR Aufwendungen; im Folgejahr 2.500 EUR Aufwendungen). Wird die Zahnbehandlung aber vorgezogen, so betragen die Gesamtaufwendungen im laufenden Jahr 4.400 EUR. Von diesen Aufwendungen können nun 1.400 EUR steuerlich geltend gemacht werden. 41

Daneben sieht das Gesetz eine Reihe von außergewöhnlichen Belastungen vor, die ohne Berücksichtigung einer zumutbaren Belastung steuermindernd geltend gemacht werden können. Hierzu zählen **Unterhaltsleistungen** i.S.d. § 33a Abs. 1 EStG u.a. an unterhaltsberechtigte Personen, für die kein Kinderfreibetrag oder Kindergeld gewährt wird. Als weitere außergewöhnliche Belastung in besonderen Fällen gelten die **Ausbildungskosten** i.S.d. § 33a Abs. 2 EStG für ein Kind, für das ein Kinderfreibetrag oder Kindergeld gewährt wird. Weiterhin können Personen, die das 60. Lebensjahr vollendet haben, Kosten für die **Beschäftigung einer Hilfe im Haushalt** (§ 33a Abs. 3 Satz 1 EStG) steuermindernd geltend machen oder – in gleicher Höhe – vergleichbare Aufwendungen bei einer **Unterbringung im Heim** (§ 33a Abs. 3 Satz 2 EStG) zum Abzug bringen. Die Vorschrift des § 33a Abs. 3 Satz 1 42

EStG ist auch bei nicht vollendetem 60. Lebensjahr anzuwenden, wenn wegen Krankheit (u.a. auch des Ehegatten) Aufwendungen für die Beschäftigung einer Hilfe im Haushalt erforderlich war. Der Betrag erhöht sich von 624 EUR auf 924 EUR, wenn Aufwendungen für eine Haushaltshilfe z.B. aufgrund von Behinderung erforderlich waren.

43 § 33b EStG regelt steuerliche Pauschalbeträge, die **Behinderte und Pflegepersonen** geltend machen können. Auch bei diesen Aufwendungen ist keine zumutbare Belastung zu berücksichtigen.

44 Als außergewöhnliche Belastungen gelten auch Aufwendungen für **Kinderbetreuungskosten** (§ 33c EStG). Die Vorschrift wurde durch das Zweite Gesetz zur Familienförderung neu eingefügt, nachdem die bisherige Vorschrift aufgehoben wurde.[16] Aufwendungen für Dienstleistungen zur Betreuung eines im Haushalt lebenden Kindes unter 14 Jahren (unter 27 Jahren bei Kindern, die aufgrund einer Behinderung außer Stande sind, sich selbst zu unterhalten) können abgezogen werden, soweit die Aufwendungen 1.548 EUR übersteigen. Bei nicht zusammenlebenden Eltern sind Aufwendungen berücksichtigungsfähig, wenn der Betrag der Ausgaben je Kind 774 EUR übersteigt.

45 Begünstigter Personenkreis sind Alleinstehende, die erwerbstätig sind oder aufgrund von Krankheit Aufwendungen für die Betreuung ihres Kindes haben, oder Ehegatten, wenn einer der Ehepartner erwerbstätig war und durch Krankheit des anderen Aufwendungen für die Betreuung des Kindes angefallen sind. Der abzugsfähige Höchstbetrag ist auf 750 EUR bzw. 1.500 EUR begrenzt.

V. Steuerbegünstigungen (§§ 10e–10 i EStG)

46 Die in den §§ 10e–10 i EStG geregelten Steuerbegünstigungen stehen im Zusammenhang mit der Förderung von bestimmten Baumaßnahmen. Gefördert wurden z.B. Aufwendungen für die selbstgenutzte Wohnung (jetzt: Eigenheimzulagegesetz), für schutzwürdige Kulturgüter oder Baudenkmäler. Die Anwendung der Vorschriften ist für neue Maßnahmen mit Ausnahme der §§ 10f und 10 g EStG nicht mehr möglich.[17]

16 Zweites Gesetz zur Familienförderung vom 16.8.2001, BGBl. I 2001, S. 2074.

17 Zur zeitlichen Anwendung der Vorschriften vgl. § 52 Abs. 26 bis 29 EStG.

VI. Verlustabzug (§ 10d EStG)

Die Berücksichtigung steuerlicher Verluste wurde durch das Steuerentlastungsgesetz 1999/2000/2002 erheblich eingeschränkt. Aufgrund anhaltender Kritik wurde die Vorschrift zwischenzeitlich erneut geändert.[18] Ist im Entstehungsjahr eines Verlustes eine vollständige Berücksichtigung des erlittenen Verlustes nicht möglich, so regelt § 10d EStG die steuerliche Berücksichtigung in einem Vor- oder einem Folgejahr. Unterschieden wird hier der **Verlustrücktrag** und der **Verlustvortrag**. 47

Negative Einkünfte, die bei der Ermittlung des Gesamtbetrags der Einkünfte nicht ausgeglichen werden, sind zunächst bis zu einem Betrag von 511.500 EUR (bei Ehegatten 1.023.000 EUR) von dem Gesamtbetrag der Einkünfte des vorangegangenen Wirtschaftsjahres abzuziehen (§ 10d Abs. 1 EStG). Diesen Vorgang bezeichnet man als **Verlustrücktrag** und wird – bis zu den gesetzlich höchstmöglichen Beträgen – von Amts wegen durchgeführt. Auf Antrag kann auf die automatische Berücksichtigung verzichtet werden. Auch ist eine betragsmäßige Begrenzung möglich. Dies ist für die Fälle interessant, in denen in der Vergangenheit nur geringe Einkünfte erzielt wurden und mit hohen Einkünften in den nächsten Jahren gerechnet wird. 48

Wurde der festgestellte Verlust durch einen Rücktrag nicht aufgezehrt, so sind darüber hinausgehende Beträge von dem Gesamtbetrag der Einkünfte der folgenden Jahre abzuziehen (§ 10d Abs. 2 EStG). Hierbei spricht man von einem **Verlustvortrag**. Dieser ist in den folgenden Veranlagungszeiträumen bis zu einem Gesamtbetrag der Einkünfte von 1 Million Euro unbeschränkt, darüber hinaus bis zu 60 vom Hundert des 1 Million Euro übersteigenden Gesamtbetrags der Einkünfte vorrangig vor Sonderausgaben, außergewöhnlichen Belastungen und sonstigen Abzugsbeträgen abzuziehen. Auch hier verdoppelt sich der Betrag von 1 Million Euro auf 2 Millionen Euro bei Ehegatten. 49

Beispiel

A hat im Jahr 2003 Rechtswissenschaften studiert. Während des Studiums ging er einer Nebenbeschäftigung nach, aus der er ein zu versteuerndes Einkommen in Höhe von 11.000 EUR erzielte. Die hieraus resultierende Einkommensteuer beträgt 850 EUR. Im Jahr 2004 hat er seine Kanzlei eröffnet. Das Jahr 2004 schließt er aufgrund der Anlaufkosten mit einem Verlust von 12.000 EUR ab. Aufgrund der positiven Geschäftsentwicklung geht A davon aus, dass er im Jahre 2005 einen Gewinn erzielen und ein zu versteuerndes Einkommen von rd. 60.000 EUR erreichen wird.

18 Geändert durch Gesetz zur Umsetzung der Protokollerklärung der Bundesregierung zur Vermittlungsempfehlung zum Steuervergünstigungsabbaugesetz vom 22.12.2003, BGBl. I 2003, S. 2840.

Nach dem Wortlaut des Gesetzes werden nun 11.000 EUR in das Jahr 2003 zurückgetragen; ein Betrag von 1.000 EUR wird in das nächste Jahr 2005 vorgetragen. Die Einkommensteuerentlastung durch den Verlust 2004 beträgt 850 EUR aus dem Verlustrücktrag nach 2003 und 420 EUR aus dem Verlustvortrag nach 2005.
Stellt A aufgrund seiner positiven Geschäftserwartung hingegen den Antrag, keinen Verlustrücktrag, sondern ausschließlich einen Verlustvortrag vornehmen zu lassen, wird das negative Ergebnis des Jahres 2004 ausschließlich in 2005 berücksichtigt. Hieraus resultiert dann eine Steuerersparnis von 4.598 EUR.

VII. Kinderfreibetrag (§ 32 Abs. 6 EStG)

50 Zunächst ist zu definieren, welche Kinder im steuerlichen Sinne berücksichtigungsfähig sind. § 32 Abs. 1 bis 5 EStG definiert die steuerliche Eigenschaft „Kind" und ihre Berücksichtigungsfähigkeit. Neben dem Verwandtschaftsverhältnis sind auch das Alter des Kindes und sein Einkommen für die steuerliche Kindeigenschaft maßgebend. Sind die Voraussetzungen erfüllt, erhält der Steuerpflichtige einen Kinderfreibetrag.

51 Der Kinderfreibetrag hat an Bedeutung verloren, da durch die Anhebung und Auszahlung des **Kindergeldes** der Kinderfreibetrag im „Normalfall" abgegolten ist. Der Kinderfreibetrag kommt noch dann zum Tragen, wenn die steuerliche Entlastung hierdurch höher ist als das erhaltene Kindergeld. Diese Berechnung wird von Amts wegen durchgeführt und wirkt sich erst bei hohen Einkommen aus (Günstigerprüfung).

52 Bei der Berechnung der auf die Einkommensteuer entfallenden Kirchensteuer und des Solidaritätszuschlages findet der Kinderfreibetrag – unabhängig von der Günstigerprüfung – auf jeden Fall Berücksichtigung.

F. Veranlagungsarten und Tarif (§§ 26–26c und §§ 32a–32c EStG)

I. Veranlagungsarten

53 In den Vorschriften der §§ 26 –26 c und §§ 32 a –32 c EStG werden lediglich die Besonderheiten der **Ehegattenveranlagung** beschrieben. Ehegatten, die beide unbeschränkt steuerpflichtig sind und nicht dauernd getrennt leben, können zwischen der Zusammenveranlagung nach § 26b EStG und der getrennten Veranlagung nach § 26a EStG wählen. Es besteht zudem die Option im Jahr der Eheschließung zur besonderen Veranlagung nach § 26c EStG.

Bei der **Zusammenveranlagung** werden die Einkünfte beider Ehepartner zusammengerechnet. Eventuelle Freibeträge oder Freigrenzen des Steuerrechts werden regelmäßig verdoppelt. Die Steuerbelastung des gemeinschaftlichen Einkommens ist genauso hoch, als wenn beide Ehepartner bei einzelner Betrachtung jeweils Einkommen in gleicher Höhe erzielt hätten. Der Vorteil der Zusammenveranlagung liegt letztlich in der Kappung der Progression. Nachfolgendes Beispiel der Ehegatten A und B soll die Auswirkungen der Grund- und Splittingtabellen verdeutlichen: 54

Beispiel 1

Zu versteuerndes Einkommen 80.000 EUR, A und B erzielen je 40.000 EUR.

Steuer nach Splittingtabelle[19]		18.446 EUR
Steuer A nach Grundtabelle	9.223 EUR	
Steuer B nach Grundtabelle	9.223 EUR	18.446 EUR

Beispiel 2

Zu versteuerndes Einkommen 80.000 EUR, A erzielt 20.000 EUR, B erzielt 60.000 EUR.

Steuer nach Splittingtabelle		18.446 EUR
Steuer A nach Grundtabelle	2.850 EUR	
Steuer B nach Grundtabelle	17.286 EUR	20.136 EUR

Im zweiten Beispiel wird der Vorteil der Splittingtabelle deutlich, da das Einkommen von 60.000 EUR bereits einer relativ höheren Steuerbelastung unterliegt als das Einkommen von 20.000 EUR. Stellt man die steuerliche Betrachtung auf das Familieneinkommen ab, so handelt es sich um einen nur gedanklichen Vorteil: Das Familieneinkommen beträgt letztlich „nur" 80.000 EUR; die Steuer in Höhe von 18.446 EUR ist somit zutreffend. 55

Die Wahl zu einer **getrennten Veranlagung** kann u.a. vorteilhaft sein, wenn einer der Ehegatten selbständig tätig ist und der andere Partner einer nichtselbständigen Arbeit nachgeht. Durch höhere berücksichtigungsfähige Sonderausgaben (siehe Rn 33) kann das Einkommen steuerlich gesenkt werden, so dass bei zwei Einzelberechnungen eine niedrigere Steuerlast eintritt. Diese Vergleichsberechnung sollte bei vorgenannter Konstellation auf jeden Fall angestellt werden. 56

Die Option zur **besonderen Veranlagung** soll steuerliche Nachteile vermeiden, die im Jahr der Eheschließung eintreten können. Die Ehegatten werden so behandelt, als hätten sie im betreffenden Jahr die Ehe nicht geschlossen. Steuerliche Vergünstigungen wie z.B. der Anspruch auf Anwendung des Splittingtarifs im Jahr nach dem Tode 57

19 Alle Steuerbeträge nach Tarif 2005.

des früheren Ehegatten bleiben durch die Wahl der besonderen Veranlagung erhalten. Auch dieses Wahlrecht sollte zumindest steuerlich ausgerechnet werden. Es gilt – wie bereits in Rn 53 erwähnt – nur im Jahr der Eheschließung.

II. Tarif

58 Der Einkommensteuertarif unterscheidet nur zwischen einer Besteuerung nach der **Grundtabelle** (§ 32a Abs. 4 EStG) und einer Besteuerung nach der **Splittingtabelle** (§ 32a Abs. 5 EStG) für Ehegatten.[20]

59 Ein **besonderer Steuersatz** wird ermittelt, wenn im Jahr bestimmte Einnahmen erzielt wurden. Es handelt sich hierbei entweder um ausländische Einkünfte, die nach einem Doppelbesteuerungsabkommen bereits einer örtlichen Steuer unterworfen wurden, oder um steuerfreie Einnahmen wie z.B. Arbeitslosengeld, Insolvenzgeld, Mutterschaftsgeld, Krankengeld, Arbeitslosenhilfe. § 32b EStG enthält hierzu eine Aufzählung. Diese Einnahmen werden zunächst als steuerfrei deklariert (z.B. das Arbeitslosengeld in § 3 Nr. 2 EStG). Zur Ermittlung des persönlichen Steuersatzes werden diese Einnahmen jedoch hinzugerechnet und der so ermittelte – höhere – Steuersatz wird auf das zu versteuernde Einkommen angewandt (Progressionsvorbehalt).

60 § 32c EStG sieht schließlich eine **Tarifbegrenzung** gewerblicher Einkünfte vor. Die Einschränkung auf gewerbliche Einkünfte hängt mit der Belastung der Gewerbebetriebe mit der Gewerbesteuer zusammen. Eine Ausdehnung dieser Tarifbegrenzung auch auf andere Einkunftsarten ist nicht zu erwarten. Höchstrichterlich wurde dies abschlägig bei den Einkünften aus selbständiger Arbeit entschieden.[21] Die Begünstigung gewerblicher Einkünfte in dieser Form ist durch das Steuersenkungsgesetz wieder aufgehoben. Sie findet letztmals Anwendung für Wirtschaftsjahre, die vor dem 1.1.2001 beginnen (bei Wirtschaftsjahr = Kalenderjahr also letztmals für die Veranlagung 2000). Stattdessen werden Gewerbebetriebe nun in Form eines Anrechnungsverfahrens der Gewerbesteuer auf die Einkommensteuer steuerlich entlastet (§ 35 EStG i.d.F. des Steuersenkungsgesetzes).

61 Zu der besonderen Berechnung der Steuer im Rahmen von außerordentlichen Einkünften, wie z.B. nach einer Betriebsveräußerung, vgl. § 3 Rn 93 ff.

20 Zu der besonderen Besteuerung nach der Splittingtabelle (z.B. als sog. Gnadensplitting) vgl. § 32a Abs. 6 EStG.

21 BFH vom 4.11.1999, Az. IV R 40/99.

G. Sonstige Steuerermäßigungen

Bei den nachfolgenden Steuerbegünstigungen handelt es sich um unmittelbare Steuerermäßigungen, d.h. die Förderung wird unmittelbar von der Steuerschuld abgezogen. 62

Folgende Abzugsbeträge von der Steuerschuld sind im Wesentlichen zu berücksichtigen: 63

- Mitgliedsbeiträge und Spenden an politische Parteien (§ 34g EStG) sowie
- Kinderzulage bei einer Förderung des Wohnungseigentums nach § 10e EStG (§ 34f EStG).

Zu den vorgenannten Steuerermäßigungen hinzugekommen ist die Steuerermäßigung bei Aufwendungen für haushaltsnahe Beschäftigungsverhältnisse und für die Inanspruchnahme haushaltsnaher Dienstleistungen (§ 35a EStG).[22] 64

Für **haushaltsnahe Beschäftigungen** in einem inländischen Haushalt vermindert sich die Einkommensteuer um 10% der Ausgaben bei geringfügiger Beschäftigung, maximal jedoch um 510 EUR, bzw. um 20% der Ausgaben bei sozialversicherungspflichtigen Beschäftigungsverhältnissen, maximal jedoch um 2.400 EUR. Bei den Ausgaben darf es sich nicht um Betriebsausgaben oder Werbungskosten handeln. Bei den Maximalbeträgen handelt es sich jeweils um einen Jahresbetrag, der sich für jeden Monat, in der keine Beschäftigung vorlag, um ein Zwölftel reduziert. 65

Anstelle der Förderung für eine Beschäftigung kann die **Inanspruchnahme eines Dienstleistungsunternehmens** begünstigt werden. Diese liegt bei 20% der Ausgaben, maximal jedoch 600 EUR. Voraussetzung ist die Vorlage einer entsprechenden Rechnung und der Nachweis der bargeldlosen Zahlung. 66

Zweifelsfragen im Zusammenhang mit dieser Förderung sollen mit zwei Schreiben des BMF ausgeräumt werden.[23] 67

H. Einkünfte aus nichtselbständiger Arbeit

I. Allgemeines

Auch wenn die Einkünfte aus nichtselbständiger Arbeit (§ 19 EStG) im Einkommensteuerrecht nach den Einkünften aus selbständiger Arbeit (§ 18 EStG) geführt wer- 68

22 Eingefügt durch Zweites Gesetz für moderne Dienstleistungen am Arbeitsmarkt vom 23.12.2002, BGBl. I 2002, S. 4621, 4630.

23 BMF-Schreiben vom 14.8.2003, IV A 5 – S 2296b – 13/03, BStBl. I 2003, 408 und BMF-Schreiben vom 1.11.2004, IV C 8 – S 2296b – 16/04, BStBl. I 2004, S. 958.

den, so wollen wir diese doch vorab behandeln. Schließlich befindet sich ein nicht unerheblicher Teil der über 130.000 in Deutschland zugelassenen Rechtsanwälte in einem Beschäftigungsverhältnis – sei es als Justitiar, als Angestellter bei einem Berufskollegen oder auch als angestellter Gesellschafter bei „seiner" GmbH.

1. Definition „nichtselbständige Arbeit"

69 Einkünfte aus nichtselbständiger Arbeit werden von „Arbeitnehmern" bezogen. Wer **Arbeitnehmer** ist, ergibt sich nicht aus § 19 EStG. Hier wird lediglich beispielhaft aufgezählt, welche Arten von Einnahmen zu den Einnahmen aus nichtselbständiger Arbeit zählen. Die Arbeitnehmereigenschaft wird in § 1 Abs. 1 LStDV sowie in H 67 LStH beschrieben. Voraussetzung für die Arbeitnehmereigenschaft ist danach das Vorliegen eines **Dienstverhältnisses**.[24] Beispielhaft sind Kriterien wie persönliche Abhängigkeit, Weisungsgebundenheit, feste Arbeitszeiten, Urlaubsanspruch, kein Unternehmerrisiko und keine Unternehmerinitiative. Hieraus ergibt sich zwingend, dass Arbeitnehmer nur natürliche Personen sein können. Auch der „Rechtspraktikant" ist Arbeitnehmer[25] mit der Folge, dass auch für ihn alle Bestimmungen über Werbungskosten etc. gelten.

70 Für die steuerrechtliche Beurteilung eines Dienstverhältnisses ist die **zivilrechtliche Wirksamkeit** unerheblich. Dies gilt aber nicht im Umkehrschluss. Auch wenn zivilrechtlich wirksame Vereinbarungen über ein Arbeitnehmerverhältnis geschlossen worden sind, so ist die steuerliche, aber auch die sozialversicherungsrechtliche Anerkennung nicht zwingend.

71 Zu den **Einnahmen** aus nichtselbständiger Arbeit gehören neben dem Arbeitslohn aus einer gegenwärtigen Tätigkeit auch Entschädigungen oder Einnahmen, die aufgrund eines früheren Dienstverhältnisses vom Arbeitnehmer oder seinem Rechtsnachfolger bezogen werden (z.B. Beamtenpensionen an den Pensionär oder dessen Witwe).[26] Auch Vergütungen, die der Arbeitnehmer von einem Dritten (z.B. innerhalb eines Konzerns) erhält, gehören zum Arbeitslohn, auch wenn der Dritte nicht die eigentliche Funktion des Arbeitgebers hat.

72 **Arbeitslohn** sind alle Einnahmen, die dem Arbeitnehmer zufließen. Auf die Bezeichnung und die Form der Entlohnung kommt es nicht an. Zu den steuerpflichtigen Einnahmen gehören dagegen nicht Zuwendungen, die entweder von der Defi-

24 Vgl. § 1 Abs. 2 LStDV und H 67 LStH 2005.
25 BFH vom 19.4.1985, BStBl. II 1985, S. 465 und vom 24.9.1985, BStBl. II 1986, S. 184.
26 Vgl. § 24 Nr. 2 EStG, § 2 Abs. 2 Nr. 2 LStDV.

nition „Arbeitslohn“ nicht erfasst sind (z.B. Aufmerksamkeiten des Arbeitgebers)[27] oder die ausdrücklich steuerfrei zu belassen sind (z.B. Sozialversicherungsleistungen des Arbeitgebers).[28] Ebenso sind Leistungen von dem Begriff „Arbeitslohn“ ausgenommen, die der Arbeitgeber in überwiegend eigenbetrieblichem Interesse tätigt (z.B. Fortbildungskosten).[29]

2. Besteuerung des Arbeitslohnes

Nach § 38 Abs. 1 EStG wird die Einkommensteuer auf Einkünfte aus nichtselbständiger Arbeit durch den **Lohnsteuerabzug** vom Arbeitslohn einbehalten. Zu beachten ist, dass der Arbeitgeber auch den Lohnsteuerabzug für den Arbeitslohn vorzunehmen hat, den der Arbeitnehmer von einem Dritten erhält.[30] Für die zutreffende Besteuerung im Laufe des Jahres hat die für den Arbeitnehmer zuständige Gemeinde eine **Lohnsteuerkarte** auszustellen (§ 39 Abs. 1 EStG). Die Besteuerung erfolgt nach der auf der Lohnsteuerkarte eingetragenen **Lohnsteuerklasse** (§ 38b EStG). Für Arbeitnehmer, die schuldhaft keine Lohnsteuerkarte vorlegen, ist der Lohnsteuerabzug nach Steuerklasse VI vorzunehmen (§ 39c EStG). 73

Die unterschiedlichen **Steuerklassen** sollen eine möglichst zutreffende Besteuerung bereits vor der Einkommensteuerveranlagung bewirken. So werden in den Steuerklassen gesetzlich feststehende Steuerermäßigungen bereits einkommensmindernd berücksichtigt. Unabhängig von der eingetragenen Lohnsteuerklasse wird die Einkommensteuer im Rahmen der Einkommensteuerveranlagung nach lediglich einer Einkommensteuertabelle (Grund- oder Splittingtabelle) ermittelt. 74

Der Lohnsteuerabzug erfolgt für laufenden Arbeitslohn nach § 39b Abs. 2 EStG. Eine besondere Ermittlung der Lohnsteuer ist nach § 39b Abs. 3 EStG für sonstige Bezüge vorzunehmen. Zum laufenden Arbeitslohn gehören neben den üblichen Monatsgehältern auch Zuschläge zum Monatsgehalt, Nachzahlungen aus dem gleichen Kalenderjahr und geldwerte Vorteile. Zu den sonstigen Bezügen gehören u.a. Weihnachts- oder Urlaubsgelder sowie Tantiemen oder sonstige Einmalzahlungen. Für die zutreffende Lohnbesteuerung hat der Arbeitgeber in diesen Fällen den Lohnsteuerabzug unter Berücksichtigung des voraussichtlichen Jahresarbeitslohnes vorzunehmen. 75

27 Vgl. R 73 LStR 2005.
28 Vgl. § 3 Nr. 62 EStG.
29 Vgl. R 74 LStR 2005.
30 § 38 EStG i.d.F. des Steueränderungsgesetzes 2003 vom 15.12.2003, BGBl. I 2003, S. 2645.

3. Ermittlung der Einkünfte aus nichtselbständiger Arbeit

76 Die Einkünfte aus nichtselbständiger Arbeit werden ermittelt durch den Abzug der Werbungskosten und eines eventuellen Versorgungsfreibetrags von den Einnahmen.

77 Zu den **Einnahmen** zählen alle Entgeltformen in Geld oder Geldeswert (vgl. beispielhaft Rn 105 ff.).

78 Abzuziehen sind alle tatsächlich angefallenen **Werbungskosten** (vgl. beispielhaft Rn 161 ff.). Unter Werbungskosten versteht man alle Aufwendungen, die zur Erwerbung, Sicherung und Erhaltung der Einnahmen getätigt werden.[31] Mindestens wird aber eine Werbungskostenpauschale in Höhe von 920 EUR berücksichtigt.[32] Diese Pauschale ist auch dann in voller Höhe abzuziehen, wenn nicht das ganze Jahr über Arbeitslohn erzielt wurde.

Hinweis

Die Aufwendungen, z.B. für eine mehrjährige Fortbildungsmaßnahme, sollten möglichst in einem Jahr geballt gezahlt werden, wenn üblicherweise keine Werbungskosten über die Werbungskostenpauschale hinaus anfallen.

Beispiel

Die Fortbildungskosten in Höhe von insgesamt 1.500 EUR für eine zweijährige Maßnahme können in Raten zu je 750 EUR p.a. gezahlt werden. Weitere Werbungskosten liegen nicht vor. Wird die Ratenzahlung in Anspruch genommen, übersteigen die tatsächlichen Werbungskosten nicht die Pauschale. Werden die Kosten im Voraus gezahlt, so sind im ersten Jahr 1.500 EUR Werbungskosten abzugsfähig. Im Folgejahr wird die Pauschale von 920 EUR berücksichtigt.

79 Ein **Versorgungsfreibetrag** nach § 19 Abs. 2 EStG wird für Bezüge aus früheren Dienstverhältnissen u.a. für den Bezug von Ruhegehältern, Witwen- oder Waisengeldern aufgrund beamtenrechtlicher Vorschriften oder aufgrund Erreichen einer Altersgrenze sowie bei Berufs- oder Erwerbsunfähigkeit gewährt. Der Freibetrag beträgt 40 v.H. dieser Bezüge, maximal aber 3.000 EUR im Veranlagungszeitraum bis einschließlich 2005. Im Rahmen der Neuregelung der Besteuerung von Alterseinkünften wird sowohl der Vomhundertsatz als auch der Freibetrag bis zum Jahre 2004 auf Null abgeschmolzen.[33] Der Bezug einer Betriebsrente fällt unter vorgenannten Voraussetzungen unter diese Vorschrift.

31 Vgl. § 9 Abs. 1 Satz 1 EStG.

32 Vgl. § 9a Satz 1 Nr. 1 a EStG.

33 Vgl. § 19 Abs. 2 EStG, geändert durch Gesetz zur Neuordnung der einkommensteuerrechtlichen Behandlung von Altersvorsorgeaufwendungen und Altersbezügen (Alterseinkünftegesetz – AltEinkG) vom 5.7.2004, BGBl. I 2004, S. 1427.

Für die Einkünfte aus nichtselbständiger Arbeit gilt grundsätzlich das **Zufluss-/Abflussprinzip** nach § 11 EStG. Danach gilt laufender Arbeitslohn als in dem Kalenderjahr bezogen, in dem der Lohnzahlungszeitraum endet (§ 38a Abs. 1 Satz 2 EStG), d.h. ein zu Beginn des Folgejahres ausgezahltes Dezembergehalt gilt als im alten Jahr zugeflossen. Sonstige Bezüge gelten als in dem Kalenderjahr bezogen, in dem sie dem Arbeitnehmer tatsächlich zufließen (§ 38a Abs. 1 Satz 3 EStG). In der Regel stellt die Feststellung der Einnahmen aus nichtselbständiger Arbeit kein Problem dar, da hierfür die ausgestellte Lohnsteuerbescheinigung herangezogen wird. In strittigen Fällen, z.B. bei Nichtauszahlung des Arbeitslohnes aufgrund von Zahlungsschwierigkeiten des Arbeitgebers, ist die Ermittlung der erhaltenen Einnahmen jedoch abweichend hiervon vorzunehmen.[34] 80

Für Werbungskosten ist das Zufluss-/Abflussprinzip nach § 11 EStG grundsätzlich ebenfalls anzuwenden. 81

Hinweis

In besonderen Fällen ist eine Geltendmachung von Werbungskosten bereits dann möglich, wenn Verfügungsmacht erlangt wurde. In der Praxis ist dies bei Anschaffungen von Gegenständen der Fall, die über einen längeren Zeitraum abgeschrieben werden. Dies bedeutet, dass Abschreibungen für Anschaffungen schon geltend gemacht werden können, auch wenn die Zahlung für den Kauf erst im Folgejahr vorgenommen wird.

Das Zufluss-/Abflussprinzip wird durch eine sog. **10-Tage-Regelung** durchbrochen. Diese besagt, dass wiederkehrende Ausgaben bereits geltend gemacht werden können, auch wenn die Zahlung erst kurze Zeit (= bis zu zehn Tagen) nach Ende des Veranlagungszeitraums erfolgt. Diese Regelung kommt z.B. bei Mietzahlungen für Dezember in den ersten Januartagen zur Anwendung (ausführlich hierzu § 2 Rn 124). 82

4. Besondere Besteuerungsformen

a) Pauschalbesteuerung

Die §§ 40, 40 a und 40 b EStG sehen für bestimmte Bezüge eine **Pauschalierung der Lohnsteuer** vor. Diese pauschale Lohnsteuer beträgt – je nach Art des Bezuges – 2 bis 25% des Arbeitslohnes. Die Lohnsteuer ist grundsätzlich vom Arbeitgeber zu tragen. Eine Abwälzung auf den Arbeitnehmer ist mit lohnsteuerlicher Wirkung für den Arbeitnehmer nicht zulässig (§ 40 Abs. 3 Satz 2 EStG). 83

34 Vgl. R 104 a LStR 2005.

aa) Pauschalierung in besonderen Fällen, § 40 EStG

84 Bei diesen „besonderen Fällen" handelt es sich um sonstige Bezüge. Für die Anwaltschaft kann diese Möglichkeit der Besteuerung insbesondere interessant sein bei Zuwendungen im Rahmen von **Betriebsveranstaltungen** oder bei Vergütungen für **Verpflegungsmehraufwendungen**. Zuwendungen im Rahmen von üblichen Betriebsveranstaltungen – bis zu zweimal im Jahr – sind bis 110 EUR je Veranstaltung steuerfrei. Übersteigende Beträge müssen nicht mit dem persönlichen – hohen – Steuersatz des Arbeitnehmers und der Sozialversicherung belastet werden, wenn der Arbeitgeber eine Pauschalierung der Lohnsteuer in Höhe von 25 v.H. vornimmt. Verpflegungsmehraufwendungen werden nach § 2 Abs. 2 RVG, Nr. 7005 VV bereits ab der vierten Stunde dem Mandanten berechnet; der Höchstbetrag beträgt 60 EUR. Überschreitet der Arbeitgeber bei der Erstattung von Reisekosten die steuerlichen Pauschalen und zahlt Beträge gemäß Nr. 7005 VV zumindest teilweise aus, so müssen diese ebenfalls nicht mit dem persönlichen Steuersatz (nebst Sozialversicherung) belastet werden. Werden die steuerlich zulässigen Pauschalen gemäß § 4 Abs. 5 Satz 1 Nr. 5 EStG um nicht mehr als 100 v.H. überschritten, so kann der Arbeitgeber hierzu die pauschale Lohnsteuer in Höhe von 25 v.H. der Mehrzahlung übernehmen. Wird die Grenze von 100 v.H. überschritten, so handelt es sich bei der Erstattung von Reisekosten um „normalen" Arbeitslohn.

85 Weiterhin ist die Pauschalierung der Lohnsteuer zulässig in den Fällen, bei denen der Arbeitgeber zusätzlich zum ohnehin geschuldeten Arbeitslohn Zuschüsse für die Aufwendungen des Arbeitnehmers für **Fahrten zwischen Wohnung und Arbeitsstätte** zahlt.[35] Die Höhe der begünstigten Zuschüsse ist auf die Beträge begrenzt, die der Arbeitnehmer anderenfalls als Werbungskosten geltend machen könnte.[36] Der pauschale Steuersatz beträgt 15%.

bb) Pauschalierung bei Teilzeitbeschäftigten, § 40a EStG

86 Diese Variante ist weniger für den zugelassenen Anwalt als für den in Ausbildung befindlichen Juristen interessant. Unterschieden werden die **geringfügige Beschäftigung** (vgl. Rn 101) und die **kurzfristige Beschäftigung**. In beiden Fällen kann auf die Lohnsteuerkarte verzichtet werden, wenn bestimmte Grenzen zur Arbeitszeit, zur Dauer der Beschäftigung und zum Verdienst nicht überschritten werden. Neben den steuerlichen Vorschriften sind in hohem Maße auch sozialversicherungsrechtliche Vorschriften zu beachten. Eine ausführliche Darstellung würde den Rahmen sprengen.

35 Vgl. § 40 Abs. 2 Satz 2 EStG.

36 Vgl. § 9 Abs. 1 Satz 3 Nr. 4 und Abs. 2 EStG.

cc) Pauschalierung bei bestimmten Zukunftssicherungsleistungen, § 40b EStG

Unter diese Zukunftssicherungsleistungen fallen betriebliche **Direktversicherungen** (Beitrag bis 1.752 EUR p.a.) sowie eine betriebliche **Gruppenunfallversicherung** (Beitrag bis 62 EUR p.a.). 87

Hinweis

Im Rahmen der Neuregelungen durch das Alterseinkünftegesetz[37] laufen die bis 2004 steuerlich möglichen Steuervorteile der Pauschalbesteuerung aus.[38] Stattdessen ist die Begünstigung von Beiträgen zur Altersvorsorge unter bestimmten Voraussetzungen nach § 3 Nr. 63 EStG möglich.

b) Außerordentliche Einkünfte

§ 34 Abs. 2 EStG nennt als außerordentliche Einkünfte u.a. **Entschädigungen** i.S.d. § 24 Nr. 1 EStG sowie die Vergütung für mehrjährige Tätigkeiten. **Abfindungen** des Arbeitgebers fallen regelmäßig unter diese Vergütungsform. 88

Außerordentliche Einkünfte werden einer gesonderten Besteuerung unterworfen. Würden diese Einkunftsteile „normal" besteuert, wäre die Belastung in dem Jahr des Zuflusses sehr hoch. Durch eine sog. Fünftel-Regelung wird die Steuerlast regelmäßig reduziert. Ferner werden für Abfindungen zusätzlich Freibeträge gewährt. In Abhängigkeit von Alter und Dauer der Beschäftigung werden Teile der Abfindung steuerfrei belassen.[39] Ausführliche Hinweise zur Anwendung dieser Regelung finden sich in § 3 Rn 102 ff. 89

5. Weitere Hinweise

a) Berufsrecht

Obwohl § 43a Abs. 1 BRAO besagt, dass der Rechtsanwalt keine Bindungen eingehen darf, die seine berufliche Unabhängigkeit gefährden, ist die Abhängigkeit im Rahmen eines Dienstverhältnisses zugelassen. Nach § 26 der Berufsordnung darf diese Beschäftigung allerdings nur zu angemessenen Bedingungen erfolgen, wobei neben den finanziellen Bedingungen auch Kriterien wie z.B. „angemessene Zeit zur Fortbildung" gemeint sind. Angesichts zunehmender Anwaltsdichte und derzeit insgesamt schwieriger wirtschaftlicher Rahmenbedingungen ist eine finanzielle Ange- 90

37 Gesetz zur Neuordnung der einkommensteuerrechtlichen Behandlung von Altersvorsorgeaufwendungen und Altersbezügen (Alterseinkünftegesetz – AltEinkG) vom 5.7.2004, BGBl. I 2004, S. 1427.

38 Vgl. § 52 Abs. 52a EStG.

39 Vgl. § 3 Nr. 9 EStG.

messenheit schwierig zu beurteilen. Zur Angemessenheit der Vergütung eines angestellten Rechtsanwalts wurden zuletzt in den BRAK-Mitteilungen 5/1996 Hinweise gegeben. Als **angemessene Vergütung** nach dem 2. juristischen Staatsexamen wurden seinerzeit für eine 50-Stunden-Woche dort genannt:

- 1. Berufsjahr: 4.200 DM,
- 2. Berufsjahr: 5.000 DM,
- 3. Berufsjahr: 6.000 DM,
- 4. Berufsjahr: 6.500 DM.

Weitere Umfragen zur Einkommenssituation von Rechtsanwälten (z.B. durch das Institut für Freie Berufe, Nürnberg[40]) weisen regelmäßig Durchschnittseinkommen aus. Sie sagen allerdings nichts über die geforderte Angemessenheit der Vergütung aus.

b) Sozialversicherung

91 Mit Eingehen eines Beschäftigungsverhältnisses unterliegt der Rechtsanwalt in seiner Eigenschaft als Arbeitnehmer den allgemeinen Bestimmungen des Sozialversicherungsrechts.[41] Bis zur Höhe der jeweiligen Beitragsbemessungsgrenzen[42] werden Pflichtbeiträge zu allen Zweigen der gesetzlichen Sozialversicherung abgeführt. Die Beiträge zur Kranken-, Pflege-, Arbeitslosen- und Rentenversicherung tragen Arbeitgeber und Arbeitnehmer je zur Hälfte. Eine Ausnahme besteht lediglich für Beiträge zur gesetzlichen Krankenversicherung (Arbeitnehmer zahlen einen Zuschlag von 0,9 %) sowie zur Pflegeversicherung in Sachsen (Arbeitnehmer tragen die Beiträge in voller Höhe). Weitere Sozialversicherungsbeiträge (gesetzliche Unfallversicherung sowie Umlagebeiträge) werden von dem Arbeitgeber in voller Höhe getragen.

92 Die Zuschüsse zum Gesamtsozialversicherungsbeitrag, die der Arbeitgeber aufgrund seiner gesetzlichen Verpflichtung zu tragen hat, gehören nicht zu den Einkünften aus nichtselbständiger Arbeit des Beschäftigten (§ 3 Nr. 62 EStG); sie sind also steuerfrei.

93 Die **Wahl der Krankenkasse** ist grundsätzlich frei. Benennt der Arbeitnehmer keine Krankenkasse, so kann der Arbeitgeber eine Kasse auswählen, sofern der Arbeitnehmer gesetzlich krankenversichert ist. Beläuft sich der Arbeitslohn bis zur Höhe der jährlich neu festgesetzten Beitragsbemessungsgrenze, so liegt eine Pflichtversiche-

40 BRAK-Mitt. 2/2000, S. 67 oder BRAK-Mitt. 6/2003, S. 254.

41 § 2 SGB IV.

42 Für 2005 in der Kranken- und Pflegeversicherung jährlich 42.300 EUR und in der Renten- und Arbeitslosenversicherung 62.400 EUR (West) bzw. 52.800 EUR (Ost).

rung in einer gesetzlichen Krankenkasse vor; wird ein höheres Einkommen erzielt, so kann der Rechtsanwalt sich freiwillig bei der gesetzlichen Krankenkasse oder privat versichern. Der Zugang zu einer privaten oder freiwilligen Versicherung wurde ab dem Jahre 2003 erschwert.[43] Auch der gesetzliche Zuschuss, den der Arbeitgeber für eine private Krankenversicherung zahlt, fällt unter § 3 Nr. 62 EStG und ist bis zu jährlich neu festgelegten Höchstbeträgen steuerfrei.

Beiträge zu einem **Versorgungswerk der Rechtsanwälte** stehen den Beiträgen zur Bundesanstalt für Angestellte (BfA) gleich. Der Rechtsanwalt hat seine Mitgliedschaft in einem Versorgungswerk zu beantragen und wird von der Beitragsentrichtung an die BfA befreit. Für diese Beitragszuschüsse des Arbeitgebers gilt ebenfalls § 3 Nr. 62 EStG. 94

c) Scheinselbständigkeit

Das Thema der Scheinselbständigkeit hat sich nach Zuspitzung im Jahre 1999 zwischenzeitlich wieder entschärft. Die ehemals schwierig zu erfüllenden Kriterien wurden gelockert. Insbesondere bei Existenzgründern, die zu Beginn ihrer Tätigkeit oftmals für nur einen Auftraggeber arbeiten, wurde der Weg von der Scheinselbständigkeit in eine Selbständigkeit ermöglicht. 95

So gelten Bezieher des Existenzgründungszuschusses nach § 421l SGB III als Selbständige i.S.d. § 7 Abs. 4 SGB IV. Den Existenzgründungszuschuss erhalten aber nur diejenigen, die keine Arbeitnehmer oder nur Familienangehörige beschäftigen – früher oftmals ein K.-o.-Argument für die Selbständigkeit. Zu beachten ist allerdings, dass die Sozialversicherungsträger die Selbständigkeit unter Inkaufnahme der dort genannten Kriterien für zunächst drei Jahre (maximaler Zeitraum für den Existenzgründerzuschuss, Zeitraum der Befreiungsmöglichkeit von der gesetzlichen Rentenversicherung gemäß § 6 Abs. 1a SGB VI) akzeptieren. 96

An der dauerhaften Beurteilung, ob eine Selbständigkeit oder eine Scheinselbständigkeit vorliegt, hat sich nichts geändert. Auch wenn die Vermutungskriterien nach altem Recht aufgehoben wurden, so können sie für eine Beurteilung selbstverständlich herangezogen werden. Diese ehemals in § 7 Abs. 4 SGB IV festgeschriebenen **Vermutungskriterien** lauteten: 97

- Es werden keine versicherungspflichtigen Arbeitnehmer mit einem Arbeitsentgelt von mehr als 400 EUR beschäftigt.
- Es gibt im Wesentlichen und dauerhaft nur einen Auftraggeber.

43 Zugang zu einer privaten oder freiwilligen Krankenversicherung kann nur derjenige erlangen, der eine erhöhte Beitragsbemessungsgrenze überschreitet (46.800 EUR für das Jahr 2005).

- Der Auftraggeber lässt vergleichbare Tätigkeiten regelmäßig durch bei ihm Beschäftigte verrichten.
- Typische Merkmale unternehmerischen Handelns sind nicht erkennbar.
- Für den Auftraggeber wurden nach dem äußeren Erscheinungsbild zuvor die Tätigkeit aufgrund eines Beschäftigungsverhältnisses ausgeführt.

Waren seinerzeit drei der fünf Kriterien erfüllt, so trat die Rechtsvermutung für das Vorliegen einer Beschäftigung gegen Arbeitsentgelt ein. § 7a SGB IV sieht allerdings vor, dass der Betroffene eine Statusanfrage bei der Bundesversicherungsanstalt für Angestellte (bzw. ab dem 1.10.2005 der Deutschen Rentenversicherung Bund) stellen kann.

98 Wird die **Scheinselbständigkeit** festgestellt, so wird der bisherige Auftraggeber sozialversicherungsrechtlich zum Arbeitgeber. Als Folge hieraus sind Beiträge zu allen Zweigen der Sozialversicherung abzuführen. Für die Zukunft entstehen für den Arbeitgeber nun Aufwendungen in Höhe der Arbeitgeberanteile; der Arbeitnehmer hingegen erfährt eine Minderung seines Einkommens, da die Arbeitnehmerbeiträge zur Sozialversicherung abzuführen sind. Rückwirkend kann der Arbeitgeber nur bis zu drei Monaten von dem nun als Arbeitnehmer qualifizierten Mitarbeiter die Arbeitnehmeranteile zur Sozialversicherung verlangen. Liegt die Aufnahme der Beschäftigung länger zurück, so trägt er beide Anteile zur gesetzlichen Sozialversicherung. Es liegt also durchaus im Interesse des Arbeitgebers bzw. des Auftraggebers, Rechtssicherheit zu erlangen.

99 Die einkommensteuerliche Umqualifizierung hat hierbei eine eher untergeordnete Bedeutung. So kann ein im Sinne des Sozialversicherungsrechts geltender Arbeitnehmer steuerlich ausdrücklich als Selbständiger klassifiziert werden.[44]

d) Arbeitnehmerähnliche Selbständigkeit

100 Eine – zumindest für den Auftraggeber – interessante Alternative zu der Gefahr, dass der Auftragnehmer als Scheinselbständiger „umqualifiziert“ wird, ist die Feststellung, dass dieser „arbeitnehmerähnlich selbständig“ ist. Sind die Voraussetzungen hier erfüllt, tritt Rentenversicherungspflicht ein, die der Auftragnehmer allerdings alleine trägt und der Auftraggeber als Arbeitgeber keine Beiträge zu leisten hat.[45] Im Übrigen ist der Auftragnehmer grundsätzlich selbständig.

44 So z.B. der Rundfunkermittler, vgl. BStBl. II 1999, S. 534.

45 Vgl. § 2 Nr. 9 SGB VI, § 6 Abs. 1a SGB VI.

e) Geringfügig entlohnte Beschäftigungen

Grundsätzlich stellt sich die Frage, ob ein Anwalt, der nur zu angemessenen Bedingungen beschäftigt werden darf (siehe Rn 90), einer solchen Tätigkeit überhaupt nachgehen kann, da für die Pauschalierung der Lohnsteuer der zulässige Monatsverdienst seit dem 1.4.2003 auf 400 EUR begrenzt ist. Sicher nicht unüblich sind solche Beschäftigungen für die Dauer des Studiums. 101

Neben steuerlichen Voraussetzungen sind für die Beurteilung einer solchen Beschäftigung auch sozialversicherungsrechtliche Bestimmungen zu beachten. 102

Liegen die Voraussetzungen einer geringfügigen Beschäftigung vor, so ist dieser Arbeitslohn gemäß § 40a Abs. 2 EStG pauschal mit 2 % durch den Arbeitgeber zu versteuern, für den Arbeitnehmer sind die Einnahmen aus einem solchen Beschäftigungsverhältnis steuerfrei. 103

f) Lohnersatzleistungen

Einnahmen nach dem Dritten Buch Sozialgesetzbuch (SGB III), wie z.B. **Arbeitslosengeld, Übergangsgeld**, sowie Leistungen der Krankenkasse, wie z.B. **Krankengeld, Mutterschaftsgeld**, sind grundsätzlich steuerfrei. Diese Einnahmen unterliegen aber dem Progressionsvorbehalt nach § 32b EStG, d.h. sie werden nicht unmittelbar der Steuer unterworfen. Vielmehr werden diese Einnahmen zur Ermittlung des persönlichen Steuersatzes fiktiv in das Einkommen einbezogen. Der ermittelte (höhere) Steuersatz wird dann auf das zu versteuernde Einkommen (ohne Lohnersatzleistungen) angewandt. 104

II. ABC der steuerpflichtigen Einnahmen

Aufgeführt sind die Arten von Einnahmen, die üblicherweise im Beruf des Rechtsanwalts vorkommen können. Auf Entlohnungsmöglichkeiten in anderen Branchen (Speisen und Getränke im Gaststättengewerbe, Kost und Logis im Hotelgewerbe oder Vorteile verbilligter Warenabgaben im Einzel- und Großhandel bzw. der Industrie) sei hier nur hingewiesen. 105

> *Hinweis*
> Soweit es sich um steuerpflichtige Einnahmen handelt, die lediglich einen anderen Begriff als „Arbeitslohn“, wie z.B. „Gehalt“, tragen, wird auf eine Erläuterung verzichtet.

106 ■ **Abfindungen**

Im Zusammenhang mit dem Dienstverhältnis gezahlte Abfindungen gehören zum Arbeitslohn (§ 24 EStG). Ggf. sind Teile der Abfindungen steuerfrei (§ 3 Nr. 9 EStG) oder werden ermäßigt besteuert (§ 34 EStG). Vgl. hierzu BMF-Schreiben vom 24.5.2004 (BStBl. I 2004, S. 487) sowie Verfügung der OFD Chemnitz vom 2.12.2004 (Az. S 2290-19/10-St22).

107 ■ **Abschlagszahlungen**

Arbeitslohn liegt auch dann vor, wenn es sich um eine Vorauszahlung von Lohn/Gehalt handelt. Hierbei ist es unerheblich, ob es sich um einen Abschlag auf den bereits erdienten Arbeitslohn oder um einen Vorschuss auf künftigen Arbeitslohn handelt. Eine Vorschusszahlung ist nicht als Arbeitslohn zu behandeln, wenn es sich um ein Darlehen an den Arbeitnehmer handelt (z.B. bei besonderen Situationen des Arbeitnehmers).

108 ■ **Aktien**

Die unentgeltliche oder verbilligte Überlassung von Aktien vom Arbeitgeber stellt in Höhe der Differenz zwischen Börsenkurs und Höhe der eventuellen Zuzahlung Arbeitslohn dar.

109 ■ **Ausbildungsvergütung**

Unabhängig davon, ob es sich um Vergütungen an Auszubildende zu Rechtsanwaltsfachangestellten handelt oder ob es sich um eine Vergütung an Rechtsreferendare (Unterhaltszuschüsse) handelt, gelten diese Zuwendungen als Arbeitslohn.

110 ■ **Dienstwagen** → Kfz

111 ■ **Ergebnisbeteiligung**

112 ■ **Garagenstellplatz**

Stellt der Arbeitgeber seinem Arbeitnehmer einen ihm zuzuordnenden Stellplatz für den privaten Pkw zur Verfügung, so handelt es sich um steuerpflichtigen Arbeitslohn.

113 ■ **Gehalt**

114 ■ **Gewinnbeteiligung**

115 ■ **GmbH-Anteile** → Aktien

116 ■ **Gratifikation**

117 ■ **Jubiläumszuwendungen**

Gehören seit 1999 in vollem Umfang zum steuerpflichtigen Arbeitslohn.

Kfz 118

Die Gestellung eines Fahrzeuges zur privaten Mitbenutzung stellt steuerpflichtigen Arbeitslohn dar. Der Privatanteil wird nach § 8 Abs. 2 EStG i.V.m. § 6 Abs. 1 Nr. 4 Satz 2 EStG ermittelt. Bemessungsgrundlage des steuerlichen Vorteils ist der inländische Bruttolistenpreis des Fahrzeugs zum Zeitpunkt der Erstzulassung. Dabei sind Sonderausstattungen, wie z.B. Leichtmetallfelgen oder ein Navigationssystem (BFH, Urteil vom 16.2.2005, Az. VI R 37/04), werterhöhend zu berücksichtigen. Nicht zu berücksichtigen ist hingegen die zusätzliche Ausstattung mit einem Autotelefon (§ 3 Nr. 45 EStG). Als Arbeitslohn unterliegt zum einen die allgemeine Privatnutzung der Besteuerung. Hierfür wird ein Wert von 1% des Bruttolistenpreises je Monat als Arbeitslohn angesetzt. Zum anderen sind die Fahrten zwischen Wohnung und Arbeitsstätte zu berücksichtigen. Dieser Vorteil wird mit 0,03% vom Bruttolistenpreis multipliziert mit der Kilometeranzahl für die einfache Fahrt (Entfernungskilometer) monatlich bewertet. Für den Arbeitgeber besteht die Möglichkeit, den auf die Fahrten zwischen Wohnung und Arbeitsstätte entfallenden Arbeitslohn der pauschalen Lohnbesteuerung zu unterwerfen. In diesen Fällen entfällt der Werbungskostenabzug durch den Arbeitnehmer.

Kontoführungsgebühren 119

Lohn 120

Provisionen 121

Tantiemen 122

Unterhaltszuschüsse 123

Zuwendungen an Rechtsreferendare während der Ausbildung stellen Arbeitslohn dar (BFH vom 19.4.1985, BStBl. II 1985, S. 465 und vom 24.9.1985, BStBl. II 1986, S. 184).

Urlaubsgeld und Urlaubsabgeltung 124

Vermögenswirksame Leistungen 125

Arbeitgeberanteile zur Vermögensbildung sind grundsätzlich steuerpflichtig. Als Besonderheit siehe § 19a EStG (Überlassung von Vermögensbeteiligungen an Arbeitnehmer).

126 ■ **Vorschüsse** → Abschlagszahlung

■ **Weihnachtsgeld**

III. ABC der steuerfreien Einnahmen

127 Nachfolgende Aufzählung erhebt keinen Anspruch auf Vollständigkeit. Es wurden vielmehr die Arten von steuerfreien Einnahmen aufgelistet, die im Beruf des Rechtsanwalts üblicherweise vorkommen können. Grundsätzlich gilt, dass jede Zahlung des Arbeitgebers an seinen Arbeitnehmer bei diesem Einnahmen darstellen. Daher ist eine Reihe von Vorschriften zur Steuerfreistellung dieser Einnahmen erforderlich.

128 ■ **Abfindungen**

Zahlungen des Arbeitgebers an den Arbeitnehmer für die vom Arbeitgeber veranlasste oder gerichtlich ausgesprochene Auflösung des Dienstverhältnisses sind bis zu einem Betrag von 7.200 EUR steuerfrei. Hat der Arbeitnehmer das 50. Lebensjahr vollendet und hat das Dienstverhältnis 15 Jahre und mehr bestanden, so bleibt ein Betrag von 9.000 EUR steuerfrei. Hat der Arbeitnehmer das 55. Lebensjahr vollendet und hat das Dienstverhältnis 20 Jahre bestanden, so bleibt ein Betrag von 11.000 EUR steuerfrei (vgl. § 3 Nr. 9 EStG). Der übersteigende Betrag wird ermäßigt besteuert (vgl. Rn 106).

129 ■ **Altersversorgung**

Beiträge des Arbeitgebers aus dem **ersten Dienstverhältnis** an einen Pensionsfonds, eine Pensionskasse oder für eine Direktversicherung zum Aufbau einer kapitalgedeckten betrieblichen Altersversorgung bis zu 4 v.H. der Beitragsbemessungsgrenze der gesetzlichen Rentenversicherung. Die Auszahlung darf nur in Form einer Rente oder eines Auszahlungsplans erfolgen. Zu den weiteren Voraussetzungen vgl. § 3 Nr. 63 EStG.

130 ■ **Arbeitgeberanteil zur gesetzlichen Sozialversicherung**

Leistungen des Arbeitgebers zur Zukunftssicherung des Arbeitnehmers, die aufgrund gesetzlicher Vorschriften zu leisten sind, sind steuerfrei. Hierunter fallen u.a. Kranken-, Renten-, Arbeitslosen- und Pflegeversicherungsbeiträge (§ 3 Nr. 62 EStG).

131 ■ **Arbeitnehmersparzulagen**

Arbeitnehmersparzulagen, die der Arbeitnehmer gemäß § 13 des 5. VermBG erhält, sind steuerfrei.

■ **Arbeitskleidung** 132

Sofern es sich um für die Ausübung des Berufes notwendige Berufskleidung handelt (sicher nicht der Anzug des Rechtsanwalts, wohl aber die Robe), ist die Zahlung durch den Arbeitgeber steuerfrei.

■ **Arbeitsmittel** 133

Zur Berufsausübung notwendige Ausstattung, die der Arbeitgeber dem Arbeitnehmer bereit stellt (Fachliteratur), bleibt steuerfrei.

■ **Aufmerksamkeiten** 134

Im gesellschaftlichen Verkehr übliche Sachzuwendungen (40 EUR Grenze p.a.), die der Arbeitgeber dem Arbeitnehmer gewährt, sind steuerfrei.[46]

■ **Aushilfslohn** 135

Unter bestimmten Voraussetzungen ist der Bezug von Aushilfslohn steuerfrei (vgl. Rn 86 und 101).

■ **Auslagenersatz** 136

Soweit es sich um Zahlungen an den Arbeitnehmer handelt, die ihm gezahlt werden, um Ausgaben für den Arbeitgeber zu tätigen (durchlaufende Gelder), sind die Ersatzleistungen steuerfrei (§ 3 Nr. 50 EStG). Ebenso ist die Erstattung von Ausgaben steuerfrei, die er für den Arbeitgeber getätigt hat (Auslagenersatz). Die steuerfreie Erstattung setzt eine Einzelaufstellung voraus. Pauschal erstattete Aufwendungen führen zu Arbeitslohn.

■ **Bahn-Card** 137

Die vom Arbeitgeber erstatteten Kosten einer Bahn-Card können auch für Fahrten zwischen Wohnung und Arbeitsstätte steuerfrei genutzt werden. Voraussetzung ist, dass die Einsparungen durch die Benutzung der Bahn-Card auf Dienstreisen höher sind als die Kosten der Bahn-Card selbst.

■ **Beiträge zu Berufsverbänden** 138

Wenn die Mitgliedschaft im Verband überwiegend im Interesse des Arbeitgebers erfolgt, ist die Übernahme der Beitragszahlung durch den Arbeitgeber für den Arbeitnehmer steuerfrei.

■ **Beiträge zu Versicherungen** 139

Sofern es sich um eindeutig betrieblich veranlasste Versicherungen handelt (z.B. Dienstreise-Versicherungen), können diese Beiträge steuerfrei erstattet werden.

46 Vgl. R 73 LStR 2005.

140 ■ **Betriebsveranstaltungen**
Die Zuwendungen im Rahmen einer üblichen betrieblichen Veranstaltung sind bis zu einem Betrag von 110 EUR je Veranstaltung steuerfrei. Im Jahr werden zwei Veranstaltungen als üblich angesehen.[47]

141 ■ **Bewirtungskosten**
Die Erstattung ist steuerfrei, soweit es sich um Kostenersatz durch den Arbeitgeber handelt.

142 ■ **Darlehen**
Der Zufluss eines Darlehens durch den Arbeitgeber ist steuerfrei. Lohnsteuerlich relevant ist ein → Zinsvorteil.

143 ■ **Diebstahl**
Der durch den Arbeitnehmer entwendete Betrag führt nicht zu Arbeitslohn, wohl aber der Verzicht des Arbeitgebers auf Erstattung des entwendeten Betrags. Der Ersatz von gestohlenen, auf einer Dienstreise für dienstliche Zwecke benötigten Gegenständen ist steuerfrei. Dies gilt nicht für entwendete Privatkleidung.

144 ■ **Eintrittskarten**
Die Überlassung von Eintrittskarten ist dann steuerfrei, wenn die Teilnahme aus dienstlichen Gründen erfolgt.

145 ■ **Fahrtkostenerstattung**
Die Erstattung von Fahrtkosten zwischen Wohnung und Arbeitsstätte kann für den Arbeitnehmer in der Höhe steuerfrei erfolgen, in der der Arbeitnehmer anderenfalls die Aufwendungen als Werbungskosten geltend machen könnte. Der Arbeitgeber hat diese Bezüge pauschal zu versteuern (§ 40 Abs. 2 EStG).

146 ■ **Fahrtkostenerstattung für Sammelbeförderung**
Die unentgeltliche oder verbilligte Sammelbeförderung mit betrieblichen Fahrzeugen ist steuerfrei, soweit die Sammelbeförderung betrieblich notwendig ist (vgl. § 3 Nr. 32 EStG).

147 ■ **Geburtszuwendung**
Anlässlich der Geburt eines Kindes kann eine Zuwendung bis 315 EUR steuerfrei erfolgen (§ 3 Nr. 15 EStG).

148 ■ **Heiratszuwendung**
Anlässlich der Hochzeit des Arbeitnehmers kann eine Zuwendung bis 315 EUR steuerfrei erfolgen (§ 3 Nr. 15 EStG).

47 R 72 LStR 2005.

■ **Internet** → Telefonkosten 149

■ **Jobticket** 150

Die Zahlung eines Jobtickets durch den Arbeitgeber ist nicht mehr steuerfrei möglich. Allerdings kann die Zuwendung unter bestimmten Voraussetzungen nach § 8 Abs. 2 EStG (max. 44 EUR je Monat) steuerfrei erfolgen. Im Übrigen gelten die gleichen Voraussetzungen wie bei „üblichen" Fahrtkostenerstattungen.

■ **Jubiläumszuwendungen** 151

Eine steuerfreie Zahlung anlässlich eines Betriebsjubiläums ist seit 1999 nicht mehr zulässig.

■ **Kfz** 152

Die Nutzung betrieblicher Fahrzeuge zu ausschließlich dienstlichen Fahrten ist steuerfrei.

■ **Kinderbetreuungskosten** 153

Leistungen des Arbeitgebers für die Unterbringung und Betreuung nicht schulpflichtiger Kinder des Arbeitnehmers in Kindergärten oder vergleichbaren Einrichtungen sind steuerfrei (§ 3 Nr. 33 EStG).

■ **Kostenersatz** → Auslagenersatz 154

■ **Reisekostenerstattung** 155

Aufwendungen des Arbeitnehmers, die bei Dienstreisen entstehen, können vom Arbeitgeber steuerfrei erstattet werden (§ 3 Nr. 16 EStG).

■ **Sozialversicherung** → Arbeitgeberanteil zur gesetzlichen Sozialversicherung 156

■ **Telefonkosten** 157

Die Erstattung dienstlich veranlasster Telefonate auf Dienstreisen oder Erstattungen als Auslagenersatz sind steuerfrei. Ferner kann der Arbeitgeber auch dienstlich veranlasste Telefonkosten des Arbeitnehmers erstatten, die er vom privaten Anschluss aus tätigt. Problematisch dürfte regelmäßig ein geeigneter Nachweis sein, der die Aufteilung privater und dienstlicher Telefonate ermöglicht. Fallen erfahrungsgemäß beruflich veranlasste Telefonkosten vom privaten Anschluss an, können aus Vereinfachungsgründen 20% des Rechnungsbetrags, maximal aber 20 EUR steuerfrei erstattet werden (R 22 Abs. 2 LStR).

■ **Trinkgelder** 158

Trinkgelder werden nicht steuerlich erfasst (§ 3 Nr. 51 EStG).

■ **Umzugskosten** 159

Aufwendungen für vom Arbeitgeber veranlassten Umzug können steuerfrei erstattet werden (§ 3 Nr. 16 EStG).

160 ■ **Zinsvorteil**

Bis zu einer Darlehenssumme von 2.600 EUR am Ende des Lohnzahlungszeitraumes bleibt ein Zinsvorteil außer Betracht. Ist die Darlehenssumme höher, gilt als Zinsvorteil der Betrag, der aus einem Effektivzins erzielt wird, der unter 5% liegt (R 31 (11) LStR). Dieser Vorteil unterliegt der Besteuerung.

IV. ABC der Werbungskosten

161 ■ **Abschreibungen**

Anschaffungen von über 410 EUR ohne Umsatzsteuer können nicht im Jahr des Erwerbs in vollem Umfang geltend gemacht werden. Vielmehr sind die Kosten der Anschaffung auf die Dauer der voraussichtlichen Nutzung zu verteilen (= abzuschreiben). Die Dauer der voraussichtlichen Nutzung wird durch die Finanzbehörden pauschal angenommen. Abweichungen hiervon sind im Einzelfall zu begründen. Die Abschreibung hat (mit Ausnahme der Sofortabschreibung für geringwertige Wirtschaftsgüter) stets zeitanteilig zu erfolgen.

162 ■ **Arbeitskleidung**

Aufwendungen für Kleidung des täglichen Lebens (z.B. Anzug) werden auch dann nicht zum Abzug zugelassen, wenn sie ausschließlich beruflich getragen wird. Neben der Nutzung ist eine berufliche Funktion – wie z.B. bei der Robe – erforderlich.

163 ■ **Arbeitsmittel**

Die steuerliche Anerkennung von Aufwendungen für Arbeitsmittel setzt eine nahezu ausschließlich berufliche Verwendung voraus. Unter den Oberbegriff der Arbeitsmittel fallen u.a. Fachliteratur und -zeitschriften, Computer und Schreibtisch. Grundsätzlich sind die Aufwendungen hierfür nachzuweisen. Aufwendungen für Arbeitsmittel bis 410 EUR ohne Umsatzsteuer können im Jahr des Erwerbs in voller Höhe als Werbungskosten geltend gemacht werden (sog. Sofortabschreibung auf geringwertige Wirtschaftsgüter). Liegen die Anschaffungskosten über 410 EUR ohne Umsatzsteuer, so sind die Aufwendungen auf die Zeit der Nutzung zu verteilen (siehe auch → Abschreibungen). Die Finanzverwaltung akzeptiert jedoch regelmäßig einen Betrag von 110 EUR für Arbeitsmittel ohne Einzelnachweis (einen Vertrauensschutz auf diese Handhabung gibt es allerdings nicht). Besonderheiten zu einzelnen Arbeitsmitteln sind unter dem jeweiligen Stichwort aufgeführt.

Arbeitszimmer 164

Die Kosten für ein häusliches Arbeitszimmer sind grundsätzlich nicht abzugsfähig (vgl. § 9 Abs. 5 i.V.m. § 4 Abs. 5 Satz 1 Nr. 6 b EStG). Das Abzugsverbot wurde höchstrichterlich bestätigt (u.a. BFH vom 21.11.1997, BStBl. II 1998, S. 351).

Unter bestimmten Voraussetzungen sind Aufwendungen für ein Arbeitszimmer abzugsfähig. Unbeschränkt abzugsfähig sind die Kosten für ein häusliches Arbeitszimmer nur dann, wenn das Arbeitszimmer Mittelpunkt der gesamten beruflichen und betrieblichen Tätigkeit darstellt. Dies ist bei einem Arbeitnehmer nur dann der Fall, wenn an keinem anderen Ort die Möglichkeit besteht, der Tätigkeit nachzugehen. Dies kann bei Heimarbeitern der Fall sein, nicht jedoch z.B. bei Richtern.

Ist die vorstehende Voraussetzung nicht erfüllt, besteht die Möglichkeit eines eingeschränkten Werbungskostenabzugs bis 1.250 EUR, wenn in dem Arbeitszimmer mehr als 50% der Gesamtarbeitszeit verbracht wird (z.B. bei nur tageweiser Anwesenheit im Büro und darüber hinaus vereinbarter Heimarbeit) oder wenn der Arbeitgeber für die berufliche Tätigkeit nicht in vollem zeitlichen Umfang einen Arbeitsplatz zur Verfügung stellt (z.B. an Schulen, die nachmittags für das Lehrpersonal nicht zugänglich sind). Festzuhalten ist, dass es sich bei dem Betrag von 1.250 EUR nicht um einen Pauschalbetrag handelt. Die Aufwendungen sind im Einzelnen nachzuweisen; lediglich der Abzug ist auf 1.250 EUR beschränkt. Zudem ist der Betrag für jeden Monat anteilig zu kürzen, in dem die Voraussetzungen für die Anerkennung als Arbeitszimmer nicht vorliegen.

Weitere für beide Varianten geltende Voraussetzungen sind: Die Kosten für ein häusliches Arbeitszimmer sind grundsätzlich nur dann abzugsfähig, wenn der Raum so gut wie ausschließlich beruflich genutzt wird. Hierbei darf es sich beispielsweise nicht um ein Durchgangszimmer handeln, es sei denn, die private Mitbenutzung ist von nur untergeordneter Bedeutung (BFH vom 19.8.1988, BStBl. II 1988, S. 1000). Ein Indiz für die nahezu ausschließlich berufliche Nutzung ist u.a. auch die Ausstattung. Ist die steuerliche Anerkennung gegeben, sind sämtliche Aufwendungen, die mit dem Arbeitszimmer in Verbindung stehen, abzugsfähig. Neben der Ausstattung gehören hierzu auch anteilige Kosten für das ganze Haus bzw. die ganze Wohnung (z.B. anteilige Miete, Nebenkosten, Abschreibungen, Zinsen, Grundbesitzabgaben, Versicherungen).

Die zwischenzeitlich geborene Idee, das Abzugsverbot der laufenden Aufwendungen für ein häusliches Arbeitszimmer durch ein Mietverhältnis mit dem Arbeitgeber zu umgehen, wird regelmäßig als Gestaltungsmissbrauch nach § 42 AO gewertet (OFD Magdeburg vom 31.8.1999, DB 1999, 1929 und OFD Kiel vom 13.12.1999,

DStR 2000, 632). Eine steuerliche Anerkennung ist nur dann möglich, wenn die Anmietung durch den Arbeitgeber erkennbar im betrieblichen Interesse erfolgt. Dies ist bei Heimarbeitern sicher der Fall – hier greift aber auch das Abzugsverbot nicht.

165 ■ **Ausbildungskosten**

Aufwendungen für die eigene Ausbildung stellen keine Werbungskosten, sondern Aufwendungen der privaten Lebensführung dar. Sie sind nach § 10 Abs. 1 Nr. 7 EStG als Sonderausgaben bis zu einem Betrag von 4.000 EUR p. a. abziehbar. Unter „Ausbildung" wird steuerlich die Maßnahme gefasst, die als Grundlage für eine Berufsausübung durchgeführt wird. Anders als Aufwendungen zur → Fort- oder Weiterbildung handelt es sich bei Ausbildungskosten um Aufwendungen, die die Grundlage schaffen, in einem Beruf erstmalig tätig zu werden. Der Beruf wird während der Ausbildung nicht ausgeübt.

166 ■ **Ausstattungsgegenstände**

Gegenstände zur Ausstattung eines Arbeitszimmers sind nur dann Werbungskosten, wenn es sich um ein anerkanntes Arbeitszimmer handelt. Zur Ausstattung eines Arbeitszimmers gehören z.B. Lampen, Gardinen und Teppiche. Hiervon zu unterscheiden sind → Einrichtungsgegenstände.

167 ■ **Bahn-Card**

Wird die Bahn-Card ausschließlich für Dienstreisen oder für Familienheimfahrten im Rahmen einer → doppelten Haushaltsführung genutzt, stellen die Ausgaben hierfür Werbungskosten dar. Bei ausschließlicher Nutzung der Bahn-Card für → Fahrten zwischen Wohnung und Arbeitsstätte siehe dort. Bei einer Nutzung zu vorgenannten Zwecken und zu privaten Zwecken ist die Aufteilung des Gesamtpreises im Rahmen des Schätzungsweges erforderlich.

168 ■ **Berufshaftpflichtversicherung**

Ausgaben für eine Berufshaftpflichtversicherung stellen Werbungskosten dar; ein Abzug als Sonderausgaben ist dann nicht möglich. Alternativ ist der Ansatz bei den Sonderausgaben möglich. Empfehlenswert ist der Ansatz dort jedoch nicht, da Aufwendungen für Versicherungen als Sonderausgaben begrenzt sind.

169 ■ **Berufsverbände**

Beiträge, die an Interessensvertretungen des Berufsstandes entrichtet werden, sind Werbungskosten. Werden durch den Verband Veranstaltungen ausgerichtet, gelten für die steuerliche Anerkennung die Voraussetzungen wie bei Fortbildungsveranstaltungen, siehe → Fortbildungskosten.

■ **Bewerbungskosten** 170

Der Begriff der Werbungskosten umfasst auch Aufwendungen, die entstehen, bevor Einnahmen erzielt werden (vorweggenommene Werbungskosten). Neben → Umzugskosten können auch Bewerbungskosten steuerlich berücksichtigt werden. Neben den direkten Aufwendungen wie z.B. Porto, Passfoto, Kopierkosten, Umschläge gehören auch → Reisekosten für ein Vorstellungsgespräch zu den abzugsfähigen Aufwendungen.

■ **Bewirtungskosten** 171

Bewirtungsaufwendungen (zur Definition vgl. R 21 Abs. 5 bis 9 EStR 2003) stellen nur unter bestimmten Voraussetzungen Werbungskosten dar. Sie müssen angemessen und beruflich veranlasst sein. Indiz einer beruflichen Veranlassung ist z.B. eine erfolgsabhängige Vergütung (BFH vom 16.3.1984, BStBl. II 1984, S. 433). Zudem ist für die Anerkennung die Beachtung von Formvorschriften erforderlich. Bei Bewirtungen in der häuslichen Wohnung wird die steuerliche Anerkennung regelmäßig versagt. Eine Abzugsfähigkeit ist nur zu 70% möglich (vgl. § 4 Abs. 5 Satz 1 Nr. 2 EStG und R 21 Abs. 5 bis 9 EStR 2003). Eine steuerliche Anerkennung wird seitens der Finanzverwaltung zunehmend erschwert. Es wird der Standpunkt vertreten, dass bei einer ausschließlich betrieblichen Veranlassung der Arbeitgeber die Kosten der Bewirtung übernehmen würde.

■ **Computer** 172

Aufwendungen für einen Computer können Werbungskosten sein, wenn dieser beruflich genutzt wird. Handelt es sich um einen Spielecomputer, entfällt der Werbungskostenabzug. Die von der Finanzverwaltung früher aufgestellten Kriterien (z.B. OFD Bremen, Verfügung vom 16.7.1997, DB 1997, 1594), wann es sich um einen (auch) privat genutzten Computer handeln könne, dürften überholt sein. Es gibt heute kaum mehr Geräte, die eine private Benutzung als Spielecomputer technisch verhindern. Zudem ist ein in der Vergangenheit streng gehandhabtes Aufteilungs- und Abzugsverbot hinsichtlich Werbungskosten einerseits oder Aufwendungen zur privaten Lebensführung andererseits ebenfalls durch die Rechtsprechung überholt (konkret zu den Aufwendungen eines gemischt genutzten Computers vgl. BFH-Urteil vom 19.2.2004, VI R 135/01, BFH/NV 2004, S. 872).

■ **Darlehen** 173

Gewährt der Arbeitnehmer dem Arbeitgeber ein Darlehen, kann der Verlust des Darlehens bei den Werbungskosten berücksichtigt werden, wenn der Arbeitnehmer aus beruflichen Gründen das Risiko des Darlehensverlustes eingegangen ist (vgl. BFH vom 7.5.1993, BStBl. II 1993, S. 663).

174 ■ **Dienstreisen**

Eine Dienstreise liegt vor, wenn der Arbeitnehmer vorübergehend außerhalb seiner Wohnung und seiner Arbeitsstätte beruflich tätig wird. Zu den Aufwendungen → Reisekosten.

175 ■ **Doktorwürde** → Promotion

176 ■ **Doppelte Haushaltsführung**

Eine doppelte Haushaltsführung liegt dann vor, wenn zur Ausübung des Berufes ein zweiter Hausstand unterhalten werden muss. Aufwendungen hierfür stellen nach § 9 Abs. 1 Satz 3 Nr. 5 EStG Werbungskosten dar. Die Geltendmachung von Aufwendungen ist für Arbeitnehmer mit eigenem Hausstand am Wohnort zeitlich unbegrenzt möglich. Arbeitnehmer ohne eigenen Hausstand können keinen doppelten Haushalt begründen (Ausnahme bei Arbeitnehmern ohne eigenen Hausstand mit Einsatzwechseltätigkeit, vgl. R 43 Abs. 12 LStR 2005).

Voraussetzung für die Anerkennung eines doppelten Haushalts ist die notwendige Übernachtung am Beschäftigungsort.

Am Wohnort muss sich hingegen der Mittelpunkt der Lebensinteressen befinden. Dies ist bei Ehegatten, wo der Partner am Wohnort verbleibt, sicher der Fall. Im Übrigen sind geeignete Nachweise zu erbringen (aktive Vereinstätigkeit, Freundeskreis etc.), wobei davon auszugehen ist, dass sich der Mittelpunkt der Lebensinteressen am Heimatort befindet, wenn der Arbeitnehmer seine dortige Wohnung mindestens zweimal monatlich aufsucht.

Ein eigener Hausstand liegt vor, wenn die am Heimatort unterhaltene Wohnung durch den Arbeitnehmer in der Haushaltsführung wesentlich bestimmt oder mitbestimmt wird. Es ist jedoch nicht erforderlich, dass während der Abwesenheit hauswirtschaftliches Leben herrscht (Ausnahme bei einer Wohnung im Ausland).

Zu den geltend zu machenden Mehraufwendungen gehören die Kosten der Zweitwohnung, die Fahrtkosten der ersten und letzten Fahrt als → Reisekosten, Kosten für Familienheimfahrten (einmal je Woche) in Höhe der Fahrten zwischen Wohnung und Arbeitsstätte oder alternativ die Gebühren für ein tatsächliches Telefonat mit der Familie (bis zu 15 Minuten wöchentlich, BFH vom 18.3.1988, BStBl. II, S. 988), Mehraufwendungen für Verpflegung für die ersten drei Monate (als Übergangszeit) in Höhe von 24 EUR kalendertäglich sowie die nachgewiesenen notwendigen Umzugskosten zum Bezug der Zweitwohnung.

177 ■ **Einrichtungsgegenstände**

Anschaffung von beruflich genutzten Einrichtungsgegenständen stellen regelmäßig → Arbeitsmittel dar. Die Aufwendungen für Einrichtungsgegenstände (z.B. Regale,

Schreibtisch) können auch dann Werbungskosten sein, wenn die steuerliche Anerkennung eines häuslichen Arbeitszimmers nicht gegeben ist. Hiervon zu unterscheiden sind → Ausstattungsgegenstände.

■ **Fachliteratur** 178

Für die Anerkennung ist die Beachtung von sog. Formvorschriften erforderlich. Der Beleg hat genaue Angaben über Titel und Autor zu enthalten (FG Rheinland-Pfalz vom 19.3.1987, Az. I 87/74). Der oft verwendete allgemeine Text „Fachliteratur" genügt nicht. Siehe auch → Arbeitsmittel.

■ **Fachtagungen** 179

Aufwendungen im Zusammenhang mit Fachtagungen können steuerlich berücksichtigt werden, wenn im Zusammenhang mit der Fachtagung keine privaten Interessen verbunden sind. Zu den berücksichtigungsfähigen Kosten gehören Teilnehmergebühren, Reisekosten und eventuelle Nebenkosten wie z.B. Telefonkosten für Telefonate mit dem Arbeitgeber oder dem Mandanten. Kritisch sind regelmäßig nicht die Arten der Aufwendungen, sondern die Anerkennung der Fachtagung als berufliche Fortbildung. Dies gilt insbesondere für Seminare im Ausland. Grundsätzlich gilt: Je geringer der Freizeitanteil bei mehrtägigen Fortbildungen ist und je detaillierter ein Fortbildungsprogramm ausgestaltet wird, umso größer ist die Wahrscheinlichkeit, dass es sich tatsächlich um eine anzuerkennende Fortbildung handelt. Handelt es sich bei dem Veranstaltungsort jedoch um ein bekanntes touristisches Ziel und wird die Fortbildung mit einem Privataufenthalt verbunden (z.B. in Begleitung des Ehegatten), sprechen die Indizien für ein nicht unerhebliches privates Interesse. § 12 Nr. 1 EStG qualifiziert diese Kosten dann in vollem Umfang als Aufwendungen der privaten Lebensführung und versagt in vollem Umfang die steuerliche Anerkennung.

Findet die Fortbildung zudem im Ausland statt, werden die Maßstäbe für die Anerkennung sehr hoch gesetzt (vgl. hierzu OFD Frankfurt vom 2.11.1999, DStR 2000, 551 ff.). Anderer Ansicht und von Bedeutung ist hier das Urteil des EuGH vom 28.10.1999 (Az. C-55/98, Skatteministeriet (Dänemark) gegen Bent Vestergaard). In diesem Urteil wird festgehalten, dass es gegen Art. 59 des EG-Vertrags (neu: Art. 49) spricht, wenn die Anerkennung von Aufwendungen steuerlich nur deshalb abgelehnt wird, weil die Fortbildungsveranstaltung in einem Mitgliedstaat stattfindet, welches als Urlaubsland gilt.

■ **Fahrtkosten auf Dienstreisen** → Reisekosten 180

■ **Fahrtkosten für Fahrten zwischen Wohnung und Arbeitsstätte** 181

Grundsätzlich gelten mit der Entfernungspauschale von 0,30 EUR je Entfernungskilometer, maximal aber 4.500 EUR p.a. die Aufwendungen für Fahrten zwischen

Wohnung und Arbeitsstätte als abgegolten (§ 9 Abs. 1 Satz 3 Nr. 4 EStG). Berücksichtigungsfähig ist regelmäßig die kürzeste Entfernung zwischen Wohnung und Arbeitsstätte (Ausnahme: erhebliche Zeitersparnis durch Umweg). Mit dem Kilometer-Pauschbetrag sind sämtliche Aufwendungen, wie z.B. Parkgebühren, Finanzierungskosten, abgegolten. Als Ausnahme sind zum Abzug zugelassen außergewöhnliche Fahrzeugkosten wie z.B. Unfallkosten auf dem Weg zur oder von der Arbeit (nicht bei Umwegfahrten!) sowie Haftpflicht- und Unfallversicherungsbeiträge im Rahmen der Sonderausgaben nach § 10 Abs. 1 Nr. 3 a EStG.

Kein Ansatz der Entfernungspauschale ist möglich bei Flugstrecken oder bei Nutzung einer steuerfreien Sammelbeförderung.

Bei Nutzung öffentlicher Verkehrsmittel stellen die angefallenen Aufwendungen Werbungskosten dar. Hierzu zählen auch Kosten einer Jahreskarte oder Bahn-Card. Eine private Mitbenutzung ist hierbei unschädlich, wenn die Anschaffung der Karte für Fahrten zwischen Wohnung und Arbeitsstätte ursächlich war.

182 ■ **Fernsprecher** → Telefonkosten

183 ■ **Fortbildungskosten**

Fortbildungskosten können Werbungskosten sein. Als Fortbildung gilt steuerlich die Maßnahme, die zur Vertiefung und Erweiterung der Kenntnisse im ausgeübten Beruf durchgeführt wird. Zur Abgrenzung → Ausbildungskosten. Ausführlicher → Fachtagungen.

184 ■ **Friseurkosten**

Diese Aufwendungen gehören zur privaten Lebensführung auch dann, wenn der Arbeitgeber oder die Ausübung des Berufes ein entsprechendes Auftreten verlangt.

185 ■ **Geschenke**

Für die steuerliche Anerkennung als Werbungskosten gelten zunächst die Grundsätze wie zu → Bewirtungsaufwendungen (Angemessenheit, Veranlassung). Der Abzug von Aufwendungen für Geschenke ist ferner auf 35 EUR pro Jahr je Empfänger begrenzt. Wird der Betrag von 35 EUR für einen Empfänger überstiegen, entfallen sämtliche für diesen Empfänger getätigten Aufwendungen (nicht nur der 35 EUR übersteigende Betrag).

186 ■ **Kammerbeiträge**

Beiträge zu den Berufskammern stellen Werbungskosten dar. Bei in den Beiträgen evtl. enthaltenen Anteilen für die Altersversorgung (z.B. bei den Abgaben an die Ländernotarkassen) handelt es sich hingegen um Sonderausgaben i.S.d. § 10 EStG.

■ **Kongresse** → Fachtagungen 187

■ **Kontoführungsgebühren** 188

Für das Gehaltskonto werden ohne Nachweis Gebühren in Höhe von 16 EUR als Werbungskosten anerkannt (BFH, Urteil vom 19.1.1996 – VI R 77/94).

■ **Kraftfahrzeugkosten** 189

Aufwendungen für das private Kraftfahrzeug können anfallen für → Fahrten zwischen Wohnung und Arbeitsstätte, für → Dienstreisen und schließlich kann das Kraftfahrzeug u.U. → Arbeitsmittel sein.

■ **Krankheitskosten** 190

Aufwendungen hierfür gehören grundsätzlich zu den Aufwendungen der privaten Lebensführung (§ 12 Satz 1 Nr. 1 EStG). Als Ausnahme können lediglich Krankheitskosten für typische Berufskrankheiten als Werbungskosten geltend gemacht werden. So können Aufwendungen eines Rechtsanwalts in Folge eines Herzinfarktes Werbungskosten darstellen (BFH, BStBl. II 1969, S. 179).

■ **Leasingkosten** 191

Leasingkosten für → Arbeitsmittel sind Werbungskosten. Auch die Leistung einer Sonderzahlung ist im Jahr der Zahlung in vollem Umfang abzugsfähig. Siehe auch → Kraftfahrzeugkosten.

■ **Nachträgliche Werbungskosten** 192

Alle genannten Arten von Werbungskosten können auch nach Beendigung der Tätigkeit noch als solche berücksichtigt werden. Voraussetzung hierfür ist, dass die Aufwendungen in wirtschaftlichem Zusammenhang mit der Tätigkeit stehen.

■ **Pistole** 193

Ist auch für einen Richter in Strafsachen kein Arbeitsmittel (FG Baden-Württemberg vom 26.7.1979, EFG 1979, 546).

■ **Promotion** 194

Aufwendungen zur Erlangung der Doktorwürde stellen grundsätzlich → Ausbildungskosten dar. Diese können als Sonderausgaben gemäß § 10 Abs. 1 Nr. 7 EStG bis zu einem Betrag von 4.000 EUR p.a. geltend gemacht werden. Die Anerkennung als Fortbildungskosten (und damit in voller Höhe der angefallenen Kosten) war in der Vergangenheit nur dann möglich, wenn die Promotion wesentlicher Gegenstand des Arbeitsvertrages ist (BFH vom 27.3.1991, BStBl. II 1991, S. 637 und BFH vom 9.10.1992, BStBl. II 1993, S. 115). Inzwischen reicht bereits ein konkreter Zusammenhang zwischen der Promotion und der auf Einkunftserzielung gerichteten Tätigkeit, um die Ausgaben als Werbungskosten geltend machen zu können (BFH-Urteil vom 4.11.2003, VI R 96/01, BStBl. II 2004, S. 891).

195 ■ **Rechtsschutzversicherung**

Aufwendungen für eine Rechtsschutzversicherung sind als Werbungskosten abzugsfähig, sofern der Beitrag hierzu ausschließlich beruflich veranlasst ist. Ein alternativer Abzug als Sonderausgaben ist nicht möglich.

196 ■ **Reisekosten**

Für → Dienstreisen werden die Kosten regelmäßig durch den Arbeitgeber übernommen. Die Erstattung durch den Arbeitgeber erfolgt im Rahmen der steuerlichen Grenzen steuerfrei. Erstattungen, die darüber hinaus geleistet werden, führen zu steuerpflichtigem Arbeitslohn. Eine Berücksichtigung als Werbungskosten entfällt, soweit Reisekosten steuerfrei erstattet wurden.

Zu Werbungskosten gehören jedoch regelmäßig Reisekosten für den Besuch von Fortbildungsveranstaltungen, Kongressen o.Ä. Zu den typischen Reisekosten zählen:

Fahrtkosten

Entstandene Aufwendungen für öffentliche Verkehrsmittel können in angefallener Höhe geltend gemacht werden. Aufwendungen für die Benutzung des privaten Pkw können mit 0,30 EUR und bei Benutzung eines Motorrades/Motorroller mit 0,13 EUR je gefahrenen Kilometer geltend gemacht werden. Mit diesen Pauschalen sind sämtliche Aufwendungen, also auch Parkgebühren oder Mitnahme von Gepäck, abgegolten. Für die Mitnahme einer weiteren Person erhöht sich die Pauschale um 0,02 EUR.

Verpflegungskosten

Kosten für Verpflegungsmehraufwendungen können pauschal mit folgenden Beträgen berücksichtigt werden:

- Abwesenheit von mehr als 8, aber weniger als 14 Stunden: 6 EUR,
- Abwesenheit von mehr als 14, aber weniger als 24 Stunden: 12 EUR,
- Abwesenheit von mehr als 24 Stunden: 24 EUR täglich.

Der Ansatz nachgewiesener Aufwendungen für Verpflegung ist nicht berücksichtigungsfähig. Mehrere Dienstreisen an einem Tag sind zusammenzurechnen. Eine Dienstreise, die nach 16 Uhr beginnt und vor 8 Uhr des Folgetages endet, ohne dass eine Übernachtung stattgefunden hat, ist zusammenhängend dem Tag der überwiegenden Abwesenheit zuzurechnen. Siehe aber → Bewirtungskosten. Ist in den Kosten der Unterbringung auch ein Frühstück enthalten, so sind von den Verpflegungskosten 4,50 EUR je Tag abzuziehen.

Kosten der Unterbringung

Entstandene Kosten für Hotel, Pension etc. können in nachgewiesener Höhe geltend gemacht werden. Eine Übernachtungskostenpauschale im Inland gibt es lediglich für die Erstattung durch den Arbeitgeber; ein pauschaler Ansatz als Werbungskosten ist für Übernachtungen im Inland nicht möglich (vgl. H 40 LStH 2005). Übernachtungskosten im Ausland können hingegen in Höhe der zulässigen Pauschale ohne Nachweis geltend gemacht werden. Die Pauschalen werden jährlich neu festgesetzt.

Sonstige Nebenkosten

Als Reisenebenkosten können Telefongespräche, Eintrittsgelder, Gepäckbeförderung etc. geltend gemacht werden. Eine private Veranlassung muss ausgeschlossen sein.

■ **Schuldzinsen** 197

Zinsaufwendungen zur Finanzierung von Arbeitsmitteln, Fortbildungsmaßnahmen usw. sind als Werbungskosten abziehbar.

■ **Steuerberatungskosten** 198

Diese können, soweit sie auf die Ermittlung der Einkünfte entfallen, als Werbungskosten geltend gemacht werden. Hierzu wäre die Aufteilung der Kosten erforderlich. Bei Steuerberatungskosten bis 520 EUR p.a. kann die Aufteilung unterbleiben (R 102 EStR 2003). Die Aufwendungen gelten dann als Sonderausgaben gemäß § 10 Abs. 1 Nr. 6 EStG.

■ **Studienreisen** → Fachtagungen 199

■ **Studium** 200

Kosten für ein Studium sind regelmäßig → Ausbildungskosten und keine → Fortbildungskosten. Ausbildungskosten können Sonderausgaben nach § 10 Abs. 1 Nr. 7 EStG sein. Die Höhe der geltend zu machenden Aufwendungen ist auf 4.000 EUR p.a. begrenzt. Ist das Studium jedoch Bestandteil des Arbeitsvertrages (z.B. bei Werkstudenten), können diese Aufwendungen Werbungskosten darstellen. Kosten für ein berufsbegleitendes erstmaliges Hochschulstudium können ebenfalls Werbungskosten sein (BFH, Urteil vom 17.12.2002 – VI R 137/01). Siehe auch → Promotion

■ **Telefonkosten** 201

Aufwendungen für berufliche Telefonate vom häuslichen Anschluss können als Werbungskosten geltend gemacht werden. Ist eine Zuordnung eindeutig möglich, z.B. durch Einzelverbindungsnachweis, so können die angefallenen Gebühren in entsprechender Höhe berücksichtigt werden. Aus Vereinfachungsgründen kann der ermittelte Wert über einen repräsentativen Zeitraum von drei Monaten für den gesamten

Veranlagungszeitraum zugrunde gelegt werden. Fallen bei einem Arbeitnehmer erfahrungsgemäß beruflich veranlasste Telefonate vom privaten Anschluss an, so können ohne Einzelnachweis 20% des Rechnungsbetrags, maximal aber 20 EUR monatlich als Werbungskosten berücksichtigt werden (R 33 Abs. 5 LStR 2005).

202 ■ **Übernachtungskosten** → Reisekosten

203 ■ **Umzugskosten**

Kosten für einen beruflich veranlassten Umzug sind Werbungskosten. Eine berufliche Veranlassung liegt vor, wenn die Entfernung oder die Dauer der Fahrtzeit zwischen Wohnung und Arbeitsstätte erheblich verkürzt (mehr als eine Stunde täglich) wird, der Umzug auf Veranlassung des Arbeitgebers vorgenommen wird oder mit dem Umzug die anerkannte → doppelte Haushaltsführung endet und die bisherige Zweitwohnung zur Hauptwohnung wird. Zu den Umzugskosten gehören die Aufwendungen der Wohnungssuche, die Kosten für ein Umzugsunternehmen, Reisekosten im Zusammenhang mit dem Umzug und sonstige Umzugskosten. Ohne Nachweis werden die Pauschalen des § 10 BUKG als sonstige Umzugsauslagen anerkannt. Diese Pauschale gilt nicht für einen Umzug bei Begründung eines doppelten Haushalts. Daneben können andere Umzugskosten gemäß § 9 BUKG geltend gemacht werden.

204 ■ **Verpflegungsmehraufwendungen** → Reisekosten

205 ■ **Vorweggenommene Werbungskosten**

Aufwendungen, die vor Aufnahme einer Tätigkeit entstehen (z.B. → Bewerbungskosten), können als Werbungskosten berücksichtigt werden, wenn diese Aufwendungen im Zusammenhang mit der Aufnahme einer Arbeit stehen (BFH vom 8.2.1983, BStBl. II 1983, S. 554).

206 ■ **Weiterbildung** → Fortbildungskosten

§ 2 Einkünfte aus selbständiger Tätigkeit und Buchführung

Helmut Kögler/Thomas Block/Peter Pauly

A. Der Anwalt als Einzelunternehmer

I. Allgemeines

1. Definition „selbständige Tätigkeit"

Neben der Berufsausübung in einem abhängigen Beschäftigungsverhältnis – sei es als angestellter Rechtsanwalt bei einem Berufskollegen (vgl. § 1 Rn 68 ff.) oder als Angestellter einer Rechtsanwalts-GmbH (vgl. § 4 Rn 34 ff.) – ist die Berufsausübung als selbständiger Anwalt möglich und am meisten verbreitet. 1

Der Begriff der Selbständigkeit ist bei der konkreten Betrachtung des Anwaltsberufes in doppelter Hinsicht zu prüfen. Zunächst ist die Selbständigkeit in Abgrenzung zu einer abhängigen Beschäftigung zu prüfen. Im Weiteren ist die Selbständigkeit in Abgrenzung zur gewerblichen Tätigkeit zu betrachten. Da die steuerlichen Auswirkungen von diesen Einordnungen erheblich sind, werden nachfolgend die Abgrenzungskriterien dargestellt. 2

Eine **Selbständigkeit** (in Abgrenzung zur Nichtselbständigkeit) liegt vor, wenn der Anwalt 3

a) selbständig unternehmerisch und
b) nachhaltig tätig wird
c) mit Absicht handelt, Gewinne zu erzielen, und
d) am allgemeinen wirtschaftlichen Verkehr teilnimmt.

Die vorgenannten Kriterien zur Definition der Selbständigkeit von Freiberuflern sind analog der Umschreibung einer Selbständigkeit des Gewerbetreibenden aus § 15 Abs. 2 EStG abgeleitet.

Zu a) **Selbständigkeit:** Das Kriterium ist erfüllt, wenn der Anwalt auf **eigene Rechnung und Gefahr** tätig wird. Er muss das Risiko seiner unternehmerischen Tätigkeit (Unternehmerrisiko) tragen. Die Tätigkeit muss unabhängig ausgeübt werden, d.h. er kann über den Ort und den Umfang seines unternehmerischen Engagements selbst entscheiden (Unternehmerinitiative). Ein weiteres Merkmal der Selbständigkeit ist die nicht vorhandene Weisungsgebundenheit. 4

5 Zu b) **Nachhaltigkeit:** Auch bei einer nur vorübergehenden Tätigkeit liegt Nachhaltigkeit vor, wenn bei erstmaliger Ausführung der Tätigkeit eine **Wiederholungsabsicht** bestand. Abzugrenzen hiervon ist die gelegentliche oder die einmalige Tätigkeit, wie z.B. die einmalige Veräußerung von Gegenständen des Privatvermögens (zur steuerlichen Auswirkung der Veräußerung einer Immobilie vgl. aber BFH GrS, 1/98, BStBl. II 2002, S. 291).

6 Zu c) **Gewinnerzielungsabsicht:** Wesentliches Merkmal der Selbständigkeit ist die Gewinnerzielungsabsicht. Abzugrenzen ist hiervon die steuerrechtliche Liebhaberei. Eine Gewinnerzielungsabsicht liegt vor, wenn durch die unternehmerische Tätigkeit versucht wird, einen **Totalgewinn** (Vermögensunterschied zwischen Ende und Beginn der beruflichen Tätigkeit) zu erzielen.

7 Das Thema der steuerrechtlichen **Liebhaberei** ist in Verlustjahren – zumeist bei Aufnahme der selbständigen Tätigkeit – von Bedeutung. Die Finanzverwaltung geht in diesen Fällen häufig nicht von unternehmerischen Beweggründen aus, dieser Tätigkeit nachzugehen. Vielmehr sollen in diesen Fällen persönliche, privat veranlasste Gründe im Vordergrund stehen. Werden die wirtschaftlichen Ergebnisse als Liebhaberei eingestuft, so unterbleibt auch eine steuerliche Aufrechnung mit evtl. anderen positiven Einkünften z.B. aus Kapitalvermögen. In einem Urteil[1] hat der BFH allerdings entschieden, dass die freiberufliche Berufsausübung regelmäßig nicht dazu geeignet sei, persönlichen Interessen nachzugehen. Ausnahmen dieser Regel lassen sich durch folgende Entscheidungen bestätigen: Langjährige Verluste eines Rechtsanwalts aufgrund anhaltend niedriger Einnahmen auf niedrigem Niveau ohne erkennbaren Grund lassen zur Annahme persönlicher Gründe für die Berufsausübung schließen, wenn der Lebensunterhalt durch hohe andere positive Einkünfte bestritten wird und durch die Verluste aus anwaltlicher Tätigkeit ein Verlustausgleich erfolgt.[2] Ein weiterer Fall: Anhaltende Verluste, die hingenommen werden, um die Praxis an den sich noch in Ausbildung befindenden Sohn übergeben zu können, werden als privat veranlasst gesehen.[3]

8 Zu d) **Teilnahme am allgemeinen wirtschaftlichen Verkehr:** Dieses Kriterium ist erfüllt, wenn die „Dienstleistung“ Rechtsberatung dem Markt, also einer unbestimmten Zahl von Interessenten, gegen Entgelt angeboten wird.

9 Sind vorgenannte Kriterien erfüllt, so liegt grundsätzlich Selbständigkeit vor. Zur besonderen Betrachtung der Scheinselbständigkeit vgl. § 1 Rn 95 ff.

1 Vgl. BStBl. II 1998, S. 663.
2 BFH, Urteil vom 14.12.2004, XI R 6/02.
3 BFH, Urteil vom 31.5.2001, IV R 81/99, BFH/NV 2001, S. 1331 und BFH, Urteil vom 26.2.2004, IV R 43/02, BStBl. II, S. 455.

Die Selbständigkeit kann in der einfachen Form der Einzelpraxis ausgeübt werden. Aber auch als Partner einer Sozietät[4] oder als Gesellschafter einer Partnerschaftsgesellschaft[5] werden selbständige Einkünfte erzielt, da in der Eigenschaft als Gesellschafter dieser Gesellschaftsformen eine Mitunternehmerschaft vorliegt.[6] 10

Der Rechtsanwalt übt in vorgenannter Form einen **freien Beruf** aus.[7] Seine Einkünfte gehören grundsätzlich zu denen aus selbständiger Arbeit;[8] er übt einen sog. **Katalogberuf** aus. 11

Die Zuordnung zu den **Einkünften aus selbständiger Arbeit** hat weit reichende Bedeutung: Einkünfte aus selbständiger Arbeit unterliegen – anders als Einkünfte aus Gewerbebetrieb – nicht der Gewerbesteuer. Aufgrund dieses Steuerprivilegs wird seit Jahren über die Trennung der Einkunftsarten diskutiert. Aufsätze und Gerichtsurteile zu diesem Thema könnten Bände füllen.[9] 12

2. Abgrenzung zur gewerblichen Tätigkeit

Voraussetzung für die Einordnung als Einkünfte aus **selbständiger Tätigkeit als Rechtsanwalt** (in Abgrenzung zur **Gewerblichkeit**) ist die 13

a) persönliche Ausübung durch einen Berufsträger sowie
b) leitende und eigenverantwortliche Tätigkeit des Berufsträgers und
c) dass die Tätigkeit im Einzelfall keine gewerbliche Betätigung darstellt.

Zu a) **Persönliche Ausübung durch einen Berufsträger:** Als Abgrenzung zur gewerblichen Betätigung setzt die selbständige Arbeit, z.B. als Rechtsanwalt, eine besondere berufliche Qualifikation voraus. Diese muss der Unternehmer selbst besitzen. Zudem ist für die sog. Katalogberufe (vgl. § 18 Abs. 1 Nr. 1 EStG) in der Regel ein besonderes Zulassungsverfahren erforderlich. So übt z.B. ein Dolmetscher oder Übersetzer mit entsprechender Qualifikation eine selbständige Tätigkeit aus. Fehlt ihm die berufliche Qualifikation, so wird die an sich gleiche Arbeit als gewerblich eingestuft. 14

Eine besondere Bedeutung hat die Notwendigkeit der persönlichen Berufsausübung im Erbfall. Fehlt dem Erben die berufliche Qualifikation, so werden die zukünftigen 15

4 Vgl. § 59a BRAO.
5 Vgl. § 1 PartGG.
6 Analoge Anwendung des § 15 Abs. 1 Nr. 2 EStG.
7 Vgl. § 2 Abs. 1 BRAO.
8 Vgl. § 18 Abs. 1 Nr. 1 EStG.
9 *Anne Caspers*, Die Besteuerung freiberuflicher Einkünfte, 1999.

Einkünfte als gewerbliche eingestuft. Zudem gibt es weitere berufsrechtliche Einschränkungen: Eine Rechtsanwaltspraxis kann nicht von einem Erben, der nicht als Rechtsanwalt zugelassen ist, fortgeführt werden.

16 War der Verstorbene Mitglied einer Sozietät, so hat auch in diesen Fällen die dauerhafte Übernahme des Kapitalanteils (ohne persönliche Betätigung) durch den Berufsfremden die Umqualifizierung sämtlicher Einkünfte zur Folge; es handelt sich fortan um Einkünfte aus Gewerbebetrieb (vgl. § 3 Rn 279 f.).

17 Im Vordergrund steht zudem der Einsatz der persönlichen – geistigen – Arbeitskraft und nicht der Einsatz von Kapital in Form eines Maschinenparks.

18 Zu b) **Leitende und eigenverantwortliche Tätigkeit:** Wurde früher auch die Beschäftigung von Mitarbeitern als schädlich angesehen (da die persönliche Arbeitsleistung nicht mehr in vollem Umfang gegeben war), so wurde durch die Einfügung der Sätze 3 und 4 in § 18 Abs. 1 Nr. 1 EStG hier eine flexiblere Handhabung ermöglicht, wobei nach wie vor der Berufsangehörige nicht vollständige Teile seiner beruflichen Betätigung an Berufsfremde abgeben darf.

19 Ein Freiberufler muss Fachkenntnisse über sämtliche von ihm bearbeiteten Tätigkeitsgebiete einbringen. Es muss ihm möglich sein, die Arbeitsergebnisse seiner Mitarbeiter eingehend zu prüfen, was bei einer Vielzahl von Mitarbeitern und nur einem Berufsangehörigen wohl kaum mehr möglich sein dürfte. Zudem müssen die Mitarbeiter entsprechend fachlich qualifiziert sein.

20 Zu c) **Tätigkeit stellt im Einzelfall keine gewerbliche Tätigkeit dar:** Die grundsätzliche Qualifikation der anwaltlichen Tätigkeit als Einkünfte aus selbständiger Arbeit[10] hat nicht zur Folge, dass sämtliche durch den Anwalt ausgeführten Tätigkeiten als Einkünfte nach § 18 EStG zu betrachten sind. Im Einzelfall ist zu prüfen, ob die jeweilige Tätigkeit als anwaltliche Leistung i.S.v. § 18 Abs. 1 Nr. 1 EStG zu beurteilen ist. Gelangt man zu dem Ergebnis, dass die entsprechende Tätigkeit als gewerbliche Betätigung zu bewerten ist, hat dies u.a. die Gewerbesteuerpflicht hinsichtlich der Einkünfte aus dieser Tätigkeit zur Folge.[11]

21 Eine gewerbliche Betätigung liegt u.a. bei der berufsfremden entgeltlichen Vermittlung von Vermögensanlagen,[12] bei der Tätigkeit als Treuhänder im Rahmen einer Baubetreuung,[13] bei der Herausgabe eines juristischen Informationsdienstes und u.U.

10 Vgl. § 18 Abs. 1 Nr. 1 EStG.

11 Zur erweiterten Problematik im Rahmen der gemeinschaftlichen Berufsausübung (Infektionstheorie/Abfärberegelung) vgl. Rn 324 ff.

12 Vgl. BFH vom 8.2.1990, BFH/NV 1991, S. 435.

13 Vgl. BFH vom 1.2.1990, BStBl. II 1990, S. 534.

bei der Finanz- und Kreditberatung vor. Ob diese Tätigkeiten standesrechtlich zulässig sind, ist für die steuerliche Beurteilung grundsätzlich unmaßgeblich.[14]

Die nach § 18 Abs. 1 Nr. 3 EStG zu beurteilenden **sonstigen selbständigen Tätigkeiten** (u.a. als Testamentsvollstrecker, Vermögensverwalter, Insolvenzverwalter, Hausverwalter, Treuhänder, Betreuer und Aufsichtsratsmitglied) sind regelmäßig mit dem Beruf des Rechtsanwalts vereinbar bzw. gehören zu dessen freiberuflichen Aufgaben. Eine solche sonstige selbständige Tätigkeit eines Rechtsanwalts ist unter § 18 EStG zu subsumieren, wenn diese Tätigkeit isoliert betrachtet eine selbständige Tätigkeit i.S.d. § 18 EStG darstellt.[15] Im Rahmen der sonstigen selbständigen Tätigkeit ist die sog. **Vervielfältigungstheorie** zu beachten. Anders als bei der originären rechtsanwaltlichen Tätigkeit kann die Beschäftigung von mehr als einem qualifizierten Mitarbeiter hier bereits die gewerbliche Qualifizierung der Einkünfte zur Folge haben.[16] Im Einzelnen ist auf folgende Urteile hinzuweisen: Insolvenzverwalter = BFH vom 11.8.1994 (BStBl. II 1994, S. 936) und BFH vom 12.12.2001 (BStBl. II 2002, S. 202); Testamentsvollstrecker = BFH vom 5.11.1981 (BStBl. II 1982, S. 184); Aufsichtsrat = RFH vom 19.5.1932 (RStBl. 1932, S. 731); Betreuer = FG Mecklenburg-Vorpommern vom 25.8.1999 (EFG 1999, S. 1080).[17] Letztlich ist für jeden Einzelfall zu entscheiden, ob eine sonstige selbständige Tätigkeit i.S.d. § 18 Abs. 1 Nr. 3 EStG vorliegt. Es liegt nahe, dass eine gewerbliche Betätigung des Rechtsanwalts vorliegen kann, wenn dieser im Wesentlichen nur als Insolvenzverwalter tätig wird und er sich hierbei der Mithilfe von dutzenden Mitarbeitern (ohne berufliche Qualifikation als Rechtsanwälte) bedient. U.E. ist die Tätigkeit eines Rechtsanwalts als Betreuer i.S.d. §§ 1896 ff. BGB, der in diesem Rahmen im Wesentlichen Tätigkeiten ausführt, die zum originären Aufgabenbereich eines Rechtsanwalts gehören,[18] als selbständige Arbeit zu werten. 22

14 Vgl. BFH, BStBl. II 1982, S. 340.

15 Vgl. BFH vom 11.8.1994, BStBl. II 1994, S. 936 – aber nicht unumstritten, vgl. *Blümich/Hutter*, § 18 EStG Rn 125 m.w.N.

16 Zur Vervielfältigungstheorie vgl. Schmidt/*Wacker*, EStG § 18 Rz 23 m.w.N.

17 U. E. zur typischen Tätigkeit eines Rechtsanwalts als Betreuer nicht einschlägig. Auch die zur Tätigkeit eines Vormundes ergangenen BFH-Urteile vom 28.2.1991, BFH/NV 1991, S. 632 und vom 4.12.1980, BStBl. II 1981, S. 193 sind u. E. nicht einschlägig, da sie zum ermäßigten Umsatzsteuersatz nach § 12 Abs. 2 Nr. 5 UStG a.F. ergangen sind.

18 Beachtenswert ist insoweit auch die Änderung der Überschrift der §§ 1896 ff. BGB durch das BtÄndG vom 25.6.1998: „*Rechtliche* Betreuung".

II. Buchführung und Aufzeichnungen

1. Möglichkeiten für eine sachgerechte Aufzeichnung

23 Bei den Aufzeichnungen, die der Rechtsanwalt über seine betrieblichen Vorgänge zu erstellen hat, gilt es zu unterscheiden, ob diese für externe oder interne Zwecke benötigt werden.

a) Aufzeichnungen für externe Zwecke

24 Für jedes Kalenderjahr hat der Steuerpflichtige, der Einkünfte aus selbständiger Tätigkeit erzielt, seinen Gewinn durch Gegenüberstellung von Betriebseinnahmen und Betriebsausgaben nach § 4 Abs. 3 EStG zu ermitteln und diese dem Finanzamt mitzuteilen. Freiwillig kann er den Gewinn alternativ auch durch einen Betriebsvermögensvergleich (Bilanz) nach § 4 Abs. 1 EStG ermitteln. In aller Regel wird ein Rechtsanwalt die Gewinnermittlung nach § 4 Abs. 3 EStG wählen, da hier für die zeitliche Erfassung von Betriebseinnahmen und Betriebsausgaben in der Regel der entsprechende Geldzufluss bzw. -abfluss entscheidend ist. Bei der Gewinnermittlung durch Betriebsvermögensvergleich ist hingegen stets die wirtschaftliche Zugehörigkeit von Einnahmen und Ausgaben maßgeblich. Die am Ende des Kalenderjahres einem Mandanten berechneten Gebühren für erbrachte Leistungen, die erst im Folgejahr durch den Mandanten beglichen werden, wären bei einer Gewinnermittlung nach § 4 Abs. 3 EStG erst bei Zufluss im Folgejahr zu versteuern; bei der Gewinnermittlung durch Betriebsvermögensvergleich nach § 4 Abs. 1 EStG jedoch bereits im Zeitpunkt der wirtschaftlichen Zugehörigkeit, hier in dem Jahr, in dem die Leistung erbracht und berechnet wurde.

25 Es kann insoweit festgehalten werden, dass bei einer Gewinnermittlung durch Gegenüberstellung von Betriebseinnahmen und -ausgaben keine gesetzliche Buchführungspflicht besteht. Jedoch verlangt der Gesetzgeber ab dem Kalenderjahr 2005 zusammen mit der Steuererklärung die Abgabe einer **standardisierten Einnahme-Überschussrechnung** in Form eines amtlich vorgeschriebenen Vordrucks, der **Anlage EÜR**,[19] wenn die Betriebseinnahmen mehr als 17.500 EUR[20] im Kalenderjahr betragen. In der Anlage EÜR sind Einnahmen und Ausgaben nach bestimmten Kategorien zusammenzufassen.

19 Vgl. § 60 Abs. 4 EStDV, kritisch hierzu *Weilbach*, DB 2005, 578.

20 BMF-Schreiben vom 10.2.2005, BStBl. I 2005, S. 320.

Für Zwecke der Umsatzsteuer muss der Unternehmer im Wesentlichen die erhaltenen Entgelte und die Entgelte der für sein Unternehmen ausgeführten Leistungen, soweit hieraus ein Vorsteuerabzug geltend gemacht wurde, aufzeichnen.[21] 26

Neben diesen beiden grundsätzlichen Aufzeichnungspflichten zur Steuerdeklaration ist eine Vielzahl weiterer spezieller Aufzeichnungspflichten nach den Steuergesetzen zu beachten (vgl. Rn 50 ff.). 27

b) Aufzeichnungen für interne Zwecke

Wurden (zumindest in kleineren) Rechtsanwaltspraxen vor zwei Jahrzehnten Aufzeichnungen lediglich zur Steuerdeklaration geführt, ist heute der Aspekt der betriebswirtschaftlichen Kontrolle des Unternehmensergebnisses immer mehr in den Vordergrund getreten. Spätestens nach Einführung von Ratingverfahren durch potenzielle Kreditgeber der Kanzlei erscheint ein zeitnah geführtes betriebliches Rechnungswesen nach standardisierten Grundsätzen für die überwiegende Mehrzahl der Kanzleien unverzichtbar. 28

Fasst man die externen und internen Erfordernisse für Aufzeichnungen zusammen, so ist es insbesondere aufgrund der auszufüllenden Anlage EÜR zweckmäßig, Einnahmen und Ausgaben nach bestimmten Kategorien sortiert festzuhalten. Zweckmäßigerweise werden diese Aufzeichnungen so geführt, dass aus ihnen auch die notwendigen Eintragungen für die Umsatzsteuervoranmeldung entnommen werden können (vgl. § 5 Rn 55 ff.). 29

Die Bandbreite der praktischen Möglichkeiten zur Führung der Aufzeichnungen ist groß und reicht von den handschriftlichen Aufzeichnungen in einem sog. Spaltenbuch bis zu einer EDV-gestützten Einnahme-Überschussrechnung mit einem speziellen Buchführungsprogramm. Weiterhin ist grundsätzlich abzuwägen, ob die Aufzeichnungen durch den Rechtsanwalt bzw. die Kanzlei selbst geführt werden sollen oder ob dies ein externer Dienstleister (Steuerberater) übernehmen soll. Bei dieser Entscheidung gilt es abzuschätzen, ob für die Erlernung der Buchführungstechnik und der entsprechenden rechtlichen Grundlagen sowie für die laufende Buchführung Zeiten aufgewendet werden müssen, für die der Rechtsanwalt in seinem originären Geschäftsfeld Gebührenansprüche generieren könnte. Möglich ist durchaus auch die arbeitsteilige Erstellung der Aufzeichnungen durch Rechtsanwalt und Steuerberater. 30

Im Wesentlichen kommen folgende technische Möglichkeiten für die Erstellung der Aufzeichnungen in Betracht: 31

21 Zu den umsatzsteuerlichen Aufzeichnungspflichten im Einzelnen: § 22 UStG.

a) Handschriftliche Katalogisierung anhand eines Spaltenbuchs
b) Katalogisierung mit Hilfe eines Tabellenkalkulationsprogramms (z.B. Microsoft Excel®)
c) EDV-Programme zur Einnahme-Überschussrechnung wie z.B. Lexware Buchhalter®, WISO Buchhaltung® und DATEV-Rechnungswesen compact®, aber auch Buchführungsmodule, die in sog. Kanzleisoftware (z.B. RA-Micro) integriert sind. Die genannten EDV-Programme basieren auf dem System der **doppelten Buchführung** und erlauben alternativ die Erstellung einer Einnahme-Überschussrechnung oder eines Betriebsvermögensvergleichs.

32 Da heute nahezu jede Rechtsanwaltskanzlei mit einem PC-System ausgestattet ist, soll auf die handschriftlichen Aufzeichnungen nicht weiter eingegangen werden, da hier nur unnötiger manueller Rechenaufwand erforderlich ist.

33 Die Katalogisierung anhand einer **Excel®-Tabelle** empfiehlt sich für kleinste Unternehmen oder eine nebenberufliche Tätigkeit. Es wird hierbei jeweils eine Tabellenspalte für Einnahmen, Umsatzsteuer, Vorsteuer und die verschiedenen Kostenarten (z.B. Miete, Kfz-Kosten, Telefonkosten) angelegt. Bei der Einrichtung der Tabellenspalten sind zweckmäßigerweise die in der Anlage EÜR genannten für den Betrieb relevanten Kostenarten zu berücksichtigen.

34 Soweit Umsatzsteuervoranmeldungen abzugeben sind (vgl. § 5 Rn 55 ff.), wird für jeden Voranmeldungszeitraum (Monat oder Vierteljahr) eine solche Tabelle angelegt. Die Spaltensummen für Erlöse, Umsatzsteuer und Vorsteuer können nun für die Eintragungen in der entsprechenden Umsatzsteuervoranmeldung herangezogen werden. Die für das Kalenderjahr zusammengefassten Spaltensummen können dann die Grundlage für die Erstellung der Einnahme-Überschussrechnung bilden. Die Technik der Excel®-Tabellen stößt an die Grenzen der Praktikabilität, wenn sehr viele verschiedene Kostenarten erfasst werden müssen oder unterjährig eine Beurteilung des betriebswirtschaftlichen Ergebnisses erfolgen soll.

35 Aus vorgenanntem Grund ist in aller Regel zu einer Aufzeichnung von Betriebseinnahmen und -ausgaben mit Hilfe eines **Buchführungsprogramms** zu raten. Da die Kosten für entsprechende Systeme zwischenzeitlich geringfügig sind, spricht hiergegen nur noch, dass der Rechtsanwalt sich in die Systematik der doppelten Buchführung einarbeiten muss. Diesem Einarbeitungsaufwand stehen jedoch vielfältige Synergieeffekte entgegen, die moderne Buchführungsprogramme bieten: So wird die Umsatzsteuervoranmeldung automatisch erstellt und kann über das Internet an die Finanzverwaltung übertragen werden. Auch die automatische Übernahme der Buchführungsdaten in die Umsatzsteuerjahreserklärung und die Anlage EÜR vermeidet

unnötigen doppelten Erfassungsaufwand. Als weiterer Vorteil sind die unterjährigen Möglichkeiten zur betriebswirtschaftlichen Analyse des Kanzleiergebnisses zu nennen, die z.B. auch als Grundlage für Bankengespräche genutzt werden können.

An dieser Stelle muss auf die **Archivierungspflicht** der mit Hilfe von EDV-Syste- 36
men erstellten Aufzeichnungen hingewiesen werden. Der Steuerpflichtige hat, unabhängig von Systemwechseln in Software oder Hardware, dafür Sorge zu tragen, dass die elektronisch archivierten Unterlagen der Finanzverwaltung in maschinenlesbarer Form zur Verfügung gestellt werden können.[22] Der Papierausdruck entbindet nicht von dieser originären elektronischen Archivierungspflicht.

> *Hinweis*
> Schon aus dem Grund der Kontinuität des Buchführungssystems, auch im Hinblick auf die Archivierungspflichten, aber auch wegen der zeitnahen Aktualisierung aufgrund gesetzlicher Änderungen ist dringend zum Erwerb von Buchführungssoftware eines etablierten Herstellers zu raten.

2. Die Finanzbuchhaltung – Einrichtung, Systematik und Beispiele

Mit dem Erwerb einer entsprechenden Software alleine ist es nicht getan. Auch wenn 37
das Finanzbuchhaltungsprogramm sowohl von der Bedienung als auch von der Sicherheit als hochwertig einzustufen ist, muss der Bediener des Programms ein **Grundverständnis des Systems „Buchhaltung“** mitbringen oder erlernen.

a) Einrichtung und Vorüberlegungen

Vor der ersten Buchung muss die Finanzbuchhaltung einmalig eingerichtet werden. 38
Dies erfolgt bei nahezu allen Buchhaltungsprogrammen mit der Einrichtung eines Mandanten, der Anwaltskanzlei. Hier werden erstmalig die Weichen für die Erfassung der Buchungssätze und den aus der Buchhaltung gewünschten Auswertungen gestellt. **Grundlegende Einstellungen** sind z.B. die Wahl der Gewinnermittlungsart (Einnahme-Überschussrechnung oder Bilanz) oder die Umsatzsteuerpflicht (Kleinunternehmereigenschaft oder Regelbesteuerung).[23] Auf die weiteren „Stammdaten“ wie Anschrift, zuständiges Finanzamt etc. wird hier nicht weiter eingegangen.

22 Im Einzelnen: *Klein/Brockmeyer*, AO, §147 Rn 10 ff.

23 Bei Unternehmern mit einem Jahresumsatz bis zu 17.500 EUR im Vorjahr und voraussichtlich bis zu 50.000 EUR Umsatz im laufenden Jahr (jeweils einschließlich Umsatzsteuer) wird gemäß § 19 Abs. 1 UStG auf die Erhebung der Umsatzsteuer verzichtet. Option zur Regelbesteuerung ist möglich; vgl. § 5 Rn 12).

39 Im nächsten Schritt sollte die Überlegung erfolgen, welche **Auswertungen** über eventuelle „Pflichtauswertungen" (siehe Rn 24 ff.) hinaus erwünscht und zweckmäßig sind. Denkbar und in der Praxis nicht selten anzutreffen ist beispielsweise die Aufteilung der Umsätze. Eine Trennung der Einnahmen nach Personen (Partner untereinander und/oder angestellte Rechtsanwälte), nach einzelnen Rechtsgebieten oder nach der Art des Mandantenstamms (Unternehmer oder Privatpersonen) geben weitere Hinweise über die Anteile der Praxiseinnahmen, auch wenn diese nicht gesetzlich vorgeschrieben sind. Empfehlenswert kann unter dem Gesichtspunkt der Transparenz (aber z.T. auch aus steuerlichen Gründen) die Aufteilung einzelner Kostenpositionen sein.[24]

40 Eine tiefer gehende Aufgliederung der Finanzbuchhaltung kann regelmäßig auch zu einem späteren Zeitpunkt erfolgen. Allerdings gehen Informationen zu den dann separierten Positionen aus den Vorjahren verloren, da diese nicht getrennt erfasst wurden.

> *Hinweis*
>
> **Vor** der erstmaligen Einrichtung der Finanzbuchhaltung (auch bei Beauftragung eines Steuerberaters) sollten Überlegungen über den Umfang der Auswertungen angestellt werden. Üblicherweise spricht der Steuerberater, der stets den betriebswirtschaftlichen Aspekt berücksichtigen wird, diese Problematik bei der Mandatsaufnahme an.

b) Systematische Gliederung der Buchhaltung

41 Alle Systeme von Finanzbuchhaltungen – ob Spaltenbuch oder EDV-gestützte Systeme – setzen eine sinnvolle Gliederung der benötigten oder gewünschten „Konten" voraus. Wird im weiteren Verlauf von „**Konten**" gesprochen, sind nicht Bankkonten, sondern die Konten der Finanzbuchhaltung gemeint.

42 Als Standard durchgesetzt haben sich in der Vergangenheit die „Spezialkontenrahmen" der DATEV.[25] Auch wenn diese Kontenrahmen weit verbreitet sind, gesetzliche Normierungen zur Gliederung der Konten oder zur Vergabe der Kontennummern gibt es nicht. Üblich ist die Vergabe eines vierstelligen Nummernsystems, welches anhand des weit verbreiteten „**SKR 04**" kurz erläutert werden soll.

24 Hier sei nur das Beispiel der privaten Fahrzeugnutzung genannt. Der Wert der Nutzungsentnahme kann auf die Höhe der angefallenen Kosten für dieses Fahrzeug begrenzt werden. Voraussetzung hierfür ist allerdings eine separate Aufzeichnung aller Kosten für dieses Fahrzeug.

25 Die DATEV e.G. Nürnberg hat für viele Berufszweige und Unternehmensarten – basierend auf Standardkontenrahmen – oftmals in Verbindung mit Interessensverbänden Spezialkontenrahmen entwickelt. So z.B. auch für die Anwaltschaft in Zusammenarbeit mit der Arbeitsgemeinschaft Anwaltsmanagement im Deutschen Anwaltverein.

- **Konten 0001 bis 0999: Anlagevermögen**
  In diesem Bereich werden beispielsweise Konten angelegt für Gegenstände, die der Anwalt erwirbt und die für einen längeren Zeitraum in der Praxis verbleiben. Typische Beispiele wären hier das Fahrzeug des Anwalts, aber auch die Büroeinrichtung der Kanzlei.
- **Konten 1000 bis 1999: Umlaufvermögen**
  Hierunter werden üblicherweise Werte erfasst, die in der Praxis nur kurze Zeit verbleiben bzw. im Wert einer laufenden Veränderung unterliegen. Zu nennen sind hier Bankkonten, Kassenbestände, aber auch Vorsteuerkonten (abzugsfähige Umsatzsteuer, die dem Anwalt von anderen Unternehmen in Rechnung gestellt wird und die er vom Finanzamt erstattet bekommt). Forderungen gegenüber Mandanten sind ebenfalls in diesem Bereich zu finden, wenn diese aufgrund der Wahl der Gewinnermittlungsart zu buchen sind.
- **Konten 2000 bis 2999: Kapital**
  Das Eigenkapital eines Unternehmens wird hier ausgewiesen, beispielsweise das Stammkapital einer GmbH. Kapitalkonten werden nicht geführt bei Anwälten, die ihren Gewinn mittels einer Einnahme-Überschussrechnung ermitteln. Gleichwohl wird dieser Kontenbereich für die Erfassung von Privatentnahmen verwandt.
- **Konten 3000 bis 3999: Verbindlichkeiten**
  Neben Rückstellungen und Lieferantenverbindlichkeiten (nur bei bilanzierenden Anwaltskanzleien) sind hier Bankdarlehen anzutreffen. Darüber hinaus wird hier die Umsatzsteuer erfasst, die der Anwalt auf seinen Rechnungen ausweist (und die ebenfalls eine Verbindlichkeit gegenüber dem Finanzamt darstellt).
- **Konten 4000 bis 4999: Erlöse**
  Hier werden sowohl die Umsätze aus anwaltlicher Tätigkeit als auch Erlöse erfasst, die nicht unmittelbar mit der anwaltlichen Tätigkeit im Zusammenhang stehen (z.B. der Wert der Entnahme für die private Nutzung des Geschäftsfahrzeuges, aber auch Versicherungserstattungen).
- **Konten 5000 bis 5999: Materialeinsatz**
  Da der Anwalt keinen „Materialeinsatz" hat, wird dieser Bereich nicht angesprochen.
- **Konten 6000 bis 6999: Verwaltungskosten**
  Der Bereich der Verwaltungskosten ist weit zu fassen. In diesem Bereich werden Personalkosten, Abschreibungen, Versicherungsbeiträge und Gebühren, Fahrzeugkosten, Werbekosten, Büro- und eigene Beratungskosten (z.B. für den Steuerberater) gebucht. Auch die Aufwendungen für die Inanspruchnahme eines Korrespondenzanwalts sind hier zu finden.

- **Konten 7000 bis 7999: sog. „neutrale" Ergebniskonten**
  Ausgewiesen werden hier u.a. Zinsaufwendungen und -erträge, aber auch betriebliche Steuern (nicht aber Umsatzsteuer) wie z.B. Kraftfahrzeugsteuern oder Gewerbe- und Körperschaftsteuer der Anwalts-GmbH.
- **Konten 8000 bis 8999:** *nicht belegt*
- **Konten 9000 bis 9999: Vortragskonten**
  Hierbei handelt es sich um Hilfskonten im Rahmen des Jahreswechsels.

43 Vorgenannte Ausführungen sind – wie bereits erwähnt – auf den sehr umfassenden Kontenrahmen „SKR 04" der DATEV abgestellt. Andere Kontenrahmen oder andere Buchführungssysteme mögen andere Nummern verwenden oder Bereiche anders zusammenfassen. Wichtig bleibt aber festzuhalten, dass derjenige, der die Finanzbuchhaltung einrichtet, eine Systematik aufbaut bzw. derjenige, der die Buchungen vornimmt, die Systematik des eingerichteten Kontenrahmens erkennt und versteht. Die Vorteile liegen auf der Hand: Kontenbezeichnungen sind frei wählbar und können sich ggf. wiederholen – erst der eingerichtete Nummernkreis sorgt für eine eindeutige Identifizierung des Sachverhaltes.

c) Beispiele

44 Wie bereits ausgeführt besteht kein Formzwang für die Erstellung der Finanzbuchhaltung, soweit keine besonderen steuerlichen Anforderungen gestellt werden. Bei einer bloßen Auflistung von Einnahmen und Ausgaben (in Papierform oder auch als Excel®-Tabelle) sind die einfachsten Formen der Aufzeichnungen erfüllt. Wird hingegen eine Buchführungssoftware genutzt, werden zwangsläufig zwei Konten angesprochen. Durch jede Buchung auf einem Konto (z.B. Umsatzerlöse) wird eine weitere Buchung auf einem anderen Konto (z.B. Bankkonto) ausgelöst. Dieses Vorgehen soll anhand weniger Beispiele verdeutlicht werden. Eine umfassende Sammlung von „**Musterbuchungen**" hat die DATEV in Zusammenarbeit mit dem Deutschen Anwaltverein herausgegeben.[26]

45 Bei den Angaben in Klammern handelt es sich um die Kontennummern im SKR 04. Buchungen unter Berücksichtigung steuerlicher Sondervorschriften (Bewirtungskosten, Verwarnungsgelder, Geschenke, Geringwertige Wirtschaftsgüter) würden zusammen mit den hierzu erforderlichen Erläuterungen den Rahmen sprengen. Die nachgenannten Buchungen sollen daher lediglich die Systematik aufzeigen.

26 Buchungs-ABC – Geschäftsvorfälle in Rechtsanwaltskanzleien, 1. Auflage, zu beziehen für Mitglieder der DATEV unter Art.-Nr. 11 451.

Beispiel 1 46

Honorareinnahme auf dem Bankkonto i.H.v. 1.160 EUR

Der Bestand des Bankkontos erhöht sich um den Betrag einschließlich Umsatzsteuer. Als Kanzleierlös verbleibt der Nettobetrag. Die Umsatzsteuer ist an das Finanzamt abzuführen.

Bankkonto (1800) mit	1.160 EUR
gegen	
Honorareinnahmen (4400) mit	1.000 EUR
Umsatzsteuer (3805) mit	160 EUR

Beispiel 2 47

Kauf von Büromaterial im Wert von 46,40 EUR, Bezahlung aus Bürokasse

Kosten für Büromaterial fallen in Höhe von 40,00 EUR an, der an den Lieferanten zu zahlende Gesamtbetrag enthält die Umsatzsteuer (Vorsteuer); dieser Betrag wird im Rahmen der Umsatzsteuer-Voranmeldung von dem Finanzamt erstattet. Der Bestand der Bürokasse mindert sich hingegen um den Gesamtbetrag.

Büromaterial (6815) mit	40,00 EUR
Vorsteuer (1405) mit	6,40 EUR
gegen	
Barkasse (1600) mit	46,40 EUR

Beispiel 3 48

Kauf eines Büroschrankes mit einem Betrag von 2.320 EUR am 1. Juli, Bezahlung vom Privatkonto des Anwalts

Die Ausgaben für den Büroschrank sind im Jahr der Anschaffung nicht in voller Höhe als Betriebsausgabe abzugsfähig. Vielmehr ist der Wert des Schrankes über seine voraussichtliche betriebsgewöhnliche Nutzungsdauer zu verteilen.[27] Der erworbene Gegenstand wird also aktiviert, d.h. dem Anlagevermögen der Praxis zugeordnet. Auch hier wird lediglich der Betrag ohne Umsatzsteuer erfasst; die Vorsteuer wird – ordnungsgemäße Rechnung und betriebliche Nutzung vorausgesetzt – vom Finanzamt erstattet. Diese wird zudem im Rahmen der Umsatzsteuer-Voranmeldung sofort in voller Höhe erstattet; sie ist nicht über die betriebsgewöhnliche Nutzungsdauer des Büroschrankes zu verteilen. Hinsichtlich der Bezahlung vom Privatkonto des Anwalts handelt es sich um eine Privateinlage. Um die Systematik der Buchung zu verstehen, muss man sich verdeutli-

27 Derzeit gültiges Verzeichnis über die betriebsgewöhnliche Nutzungsdauer von allgemein verwendbaren Anlagegütern, vgl. BMF-Schreiben vom 15.12.2000, BStBl. I 2000, S. 1532.

chen, dass es sich um eine „Schuld“ der Kanzlei gegenüber der Privatperson handelt. Es handelt sich um eine Erhöhung des „Kapitals“ des Anwalts.

Büroeinrichtung (0650) mit 2.000 EUR
Vorsteuer (1405) mit 320 EUR
gegen
Privateinlagen (2180) mit 2.320 EUR

49 *Beispiel 4*

Abschreibung des Büroschrankes

Der Büroschrank wird über die Dauer von zehn Jahren (betriebsgewöhnliche Nutzungsdauer) „abgeschrieben“. Damit wird der Wert des Schrankes um jährlich 1/10 gemindert. Im Jahr der Anschaffung ist die Abschreibung nur zeitanteilig vorzunehmen. Die Abschreibung stellt eine Betriebsausgabe dar; der Wert des buchmäßigen Vermögens der Kanzlei wird entsprechend gemindert.

Abschreibung (6220) mit 100 EUR
gegen
Büroeinrichtung (0650) mit 100 EUR

3. ABC der Aufzeichnungs- und Aufbewahrungspflichten

50 Bei dem nachfolgenden ABC gehen wir grundsätzlich von einer Gewinnermittlung gemäß § 4 Abs. 3 EStG aus.

51 ■ **Anderkonto**[28]

Der Rechtsanwalt hat trotz seines Auskunftsverweigerungsrechts gemäß § 102 AO den Nachweis dafür zu erbringen, dass es sich um Fremdgelder handelt. Die Pflicht zur Verschwiegenheit gemäß § 43a Abs. 2 BRAO tritt in diesem Fall hinter die Mitwirkungspflichten im Rahmen des eigenen Besteuerungsverfahrens des Rechtsanwalts zurück. Für Gelder auf Anderkonten, die auf diese Weise klar vom Eigenvermögen getrennt sind, gilt allerdings eine widerlegbare Vermutung dafür, dass es sich hierbei um Fremdgelder handelt. Bei den **Anderkonten** handelt es sich um eine Unterart des offenen Treuhandkontos, welches nicht den eigenen Zwecken des Anwalts dient. Gleichwohl ist er gegenüber dem Kreditinstitut allein berechtigt und verpflichtet. Werden die Gelder entgegen § 43a Abs. 5 BRAO jedoch nicht auf ein Anderkonto eingezahlt, so besteht keine widerlegbare Vermutung für die Eigen-

28 Vgl. die Bedingungen für Anderkonten und Anderdepots von Notaren, DNotZ 2004, 401 ff.; für Anderkonten von Rechtsanwälten bestehen üblicherweise besondere Bedingungen der Kreditinstitute.

schaft als Fremdgeld, so dass der Rechtsanwalt den vollen Nachweis gemäß § 159 Abs. 1 AO erbringen muss.[29]

Anlageverzeichnis 52

Zur Erstellung eines besonderen Anlageverzeichnisses besteht bei § 4 Abs. 3 EStG grundsätzlich keine gesetzliche Verpflichtung. Beachte jedoch Rn 66 f., 74. Im Regelfall ist die (freiwillige) Erstellung eines Anlageverzeichnisses sinnvoll, um in den Folgejahren die Absetzungen für Abnutzung (AfA) zutreffend bis zur vollständigen Absetzung ermitteln zu können.

Ansparabschreibungen 53

Im Fall der sog. Ansparabschreibungen gemäß § 7g Abs. 3, 7 EStG müssen Bildung und Auflösung der Rücklage in der Buchführung verfolgt werden können. Bei der Gewinnermittlung gemäß § 4 Abs. 3 EStG gilt diese Vorschrift gemäß § 7g Abs. 6 EStG mit der Maßgabe, dass die Bildung der Rücklage als Betriebsausgabe (Abzug) und ihre Auflösung als Betriebseinnahme (Zuschlag) zu behandeln ist. Dazu sind entsprechende Aufzeichnungen erforderlich.[30] Das einzelne Wirtschaftsgut, für welches eine Ansparabschreibung gebildet wird, ist nach seiner Funktion zu benennen. Die Höhe der voraussichtlichen Anschaffungs- bzw. Herstellungskosten sowie das Wirtschaftsjahr der voraussichtlichen Investition sind ebenfalls zu vermerken. Die dazu erforderliche Dokumentation ist zeitnah vorzunehmen. Da die Angaben bei der Ansparabschreibung für jedes einzelne Wirtschaftsgut erforderlich sind, reichen Sammelbuchungen nicht aus. Die Beträge der Ansparabschreibung sind vielmehr getrennt zu buchen bzw. aufzuzeichnen.[31]

Arbeitszimmer 54

Der Abzug der Aufwendungen für ein häusliches Arbeitszimmer ist eingeschränkt gemäß § 4 Abs. 5 Nr. 6b EStG. Die Aufwendungen für das Arbeitszimmer sind darüber hinaus einzeln und getrennt von den übrigen Betriebsausgaben aufzuzeichnen (§ 4 Abs. 7 EStG).[32]

Aufbewahrungspflichten 55

Freiberufler, die ihren Gewinn gemäß § 4 Abs. 3 EStG ermitteln, unterliegen grundsätzlich nicht den Aufbewahrungspflichten in § 147 AO. Die Pflicht zur Aufbewah-

29 Vgl. auch die BFH-Beschlüsse vom 16.10.1986, BFH/NV 1988, S. 424 und 426; rkr. Urteil des FG München vom 11.12.2002, EFG 2003, S. 625.

30 Vgl. H 142 EStH „Aufzeichnungspflicht".

31 Vgl. BMF-Schreiben vom 25.2.2004, BStBl. I 2004, S. 337, Tz 8, 15 f.

32 Zu Erleichterungen bei den Aufzeichnungspflichten vgl. BMF-Schreiben vom 7.1.2004, BStBl. I 2004, S. 143, Tz 21.

rung ist nämlich akzessorisch zur Buchführungs- und Aufzeichnungspflicht[33] nach §§ 140, 141 AO, der Freiberufler nicht unterworfen sind.[34] Zu den Aufzeichnungspflichten bei Gewinnermittlung gemäß § 4 Abs. 3 EStG vgl. Rn 57. Um jedoch insbesondere der Gefahr einer Schätzung durch das Finanzamt gemäß § 162 AO vorzubeugen, empfiehlt es sich gleichwohl, Aufzeichnungen zu führen und Belege aufzubewahren. Der Freiberufler sollte sich deshalb freiwillig an den Regelungen in § 147 AO orientieren. Daraus ergibt sich für folgende Unterlagen eine Aufbewahrungsdauer von **zehn Jahren**:

- Gewinnermittlungen nach § 4 Abs. 3 EStG
- Aufzeichnungen zu den obigen Gewinnermittlungen
- Jahresabschlüsse, Inventare und die dazugehörigen Bücher
- Buchungsbelege, insbesondere Eingangs- und Ausgangsrechnungen, Kontoauszüge, Kassenberichte, Eigenbelege u.a.

Die Aufbewahrungspflicht verkürzt sich auf **sechs Jahre** für:

- Lohnkonten und Unterlagen zum Lohnkonto
- Empfangene und abgesandte Geschäftsbriefe
- sonstige für die Besteuerung bedeutsame Unterlagen.

Die obigen Aufbewahrungsfristen beginnen mit Ablauf des Kalenderjahres, in dem die letzten Eintragungen vorgenommen, die Gewinnermittlungen bzw. Jahresabschlüsse aufgestellt oder die Belege u.a. erstellt bzw. empfangen worden sind.

56 ■ **Aufzeichnungen**

Aufzeichnungen sind alle dauerhaft verkörperten Erklärungen über Geschäftsvorfälle in Schriftform oder auf Medien mit Schriftersatzfunktion.[35] Sie können gemäß § 146 Abs. 5 AO grundsätzlich auch in einer geordneten Ablage von Belegen bestehen. Aufzeichnungen sind vollständig, richtig, zeitgerecht und geordnet vorzunehmen (Grundsätze der Wahrheit, der Klarheit sowie der fortlaufenden Verbuchung).

57 ■ **Aufzeichnungspflichten bei Gewinnermittlung gemäß § 4 Abs. 3 EStG?**

Bei der Ermittlung des Überschusses der Betriebseinnahmen über die Betriebsausgaben ordnet § 4 Abs. 3 EStG nicht ausdrücklich eine allgemeine Aufzeichnungspflicht für die Betriebseinnahmen und -ausgaben an.[36] Eine generelle Aufzeichnungspflicht lässt sich u.E. auch nicht ableiten aus der allgemeinen Mitwirkungspflicht des Steuer-

33 Vgl. *Drüen*, in: Tipke/Kruse, § 147 AO Rz 1.

34 Vgl. BFH, Urteil vom 15.4.1999, BStBl. II 1999, S. 481.

35 Vgl. *Kruse/Drüen*, in: Tipke/Kruse, vor § 140 AO Rz 10.

36 Vgl. *Tipke*, in: Tipke/Kruse, vor § 85 AO Rz 10. Zu den speziellen Aufzeichnungspflichten bei Gewinnermittlung gemäß § 4 Abs. 3 EStG vgl. Rn 54, 59, 65 ff., 70, 73 ff.

pflichtigen in § 90 Abs. 1 AO.[37] Allerdings ist auch bei Freiberuflern die Aufzeichnungspflicht nach § 22 UStG zu beachten (vgl. Rn 76), nach der u.a. die Umsätze einzeln festzuhalten sind. Im Einzelfall kann sich darüber hinaus eine Schätzungsbefugnis des Finanzamts aus § 162 AO ergeben, wenn das Finanzamt den Gewinn nicht ermitteln kann, etwa weil der Steuerpflichtige überhaupt keine Belege oder Nachweise vorweisen und somit nichts zur Aufklärung beitragen kann. Der Steuerpflichtige trägt also die Gefahr einer Schätzung durch das Finanzamt, wenn er nicht wenigstens durch die Vorlage von Belegen oder sonstigen Nachweisen an der Ermittlung der Besteuerungsgrundlagen mitwirkt. Außerdem ist zu beachten, dass den Steuerpflichtigen die objektive Beweislast (Feststellungslast) für den Abzug von Betriebsausgaben trifft, weil dadurch seine Steuerschuld gemindert wird.[38] Der Rechtsanwalt beugt diesen Gefahren also bestmöglich vor, indem er (freiwillig) ein Mindestmaß an Aufzeichnungen vornimmt oder zumindest eine geordnete Belegsammlung vorlegen kann.

- **Ausland** 58

Eine besondere Aufzeichnungspflicht besteht gemäß § 90 Abs. 3 AO bei Sachverhalten mit Auslandsbezug, sofern der Steuerpflichtige Geschäftsbeziehungen mit nahe stehenden Personen i.S.d. § 1 Abs. 2 Außensteuergesetz (AStG) unterhält. In diesen Fällen sind Art und Inhalt der Geschäftsbeziehungen, u.a. auch die wirtschaftlichen und rechtlichen Grundlagen für die Preisgestaltung gesondert aufzuzeichnen. Nahe stehend ist eine Person in diesem Sinne z.B. dann, wenn eine wesentliche Beteiligung an dieser Person oder dem Steuerpflichtigen oder wenn ein beherrschender Einfluss besteht. Zu Art, Inhalt und Umfang der Aufzeichnungsvorschriften ist eine besondere Rechtsverordnung ergangen, die Gewinnabgrenzungsaufzeichnungsverordnung (GaufzV) vom 13.11.2003 (BGBl. I 2003, S. 2296).

37 Vgl. *Drüen*, in: Tipke/Kruse, § 141 AO Rz 7 f.; *Seer*, in: Tipke/Kruse, § 90 AO Rz 2; vgl. auch BFH-Urteil vom 15.4.1999, BStBl. II 1999, S. 481; Schmidt/*Heinicke*, EStG, § 4 Rz 374 f. Die gesetzlichen Grundlagen für die Aufzeichnungspflichten im Rahmen der Gewinnermittlung nach § 4 Abs. 3 EStG liegen also im Verborgenen. Umso erstaunlicher ist es, dass der Gesetzgeber im Laufe der letzten Jahre eine Vielzahl von speziellen Aufzeichnungsvorschriften bei Gewinnermittlung nach § 4 Abs. 3 EStG in diversen Einzelvorschriften angeordnet hat, ohne die Grundlagen zu regeln. Der Höhepunkt dieser wenig durchdachten Entwicklung ist die Anordnung in § 60 Abs. 4 EStDV zur Abgabe einer besonderen Anlage „EÜR", deren Erstellung letztlich die umfassende und spezifizierte Aufzeichnung sämtlicher Betriebseinnahmen und -ausgaben voraussetzen würde. Dass ein Großteil der Steuerpflichtigen, die ihren Gewinn gemäß § 4 Abs. 3 EStG ermitteln, *freiwillig* Aufzeichnungen im Rahmen moderner EDV-Systeme führen, ändert nichts daran, dass eine gesetzliche Verpflichtung dafür nicht besteht. Der Gesetzgeber scheint jedoch offenbar eine (faktische?) Verpflichtung zu unterstellen.

38 Vgl. *Tipke*, in: Tipke/Kruse, § 88 AO Rz 32.

59 ■ **Bewirtungskosten**

Nach § 4 Abs. 7 EStG sind u.a. die Bewirtungskosten einzeln und getrennt von den sonstigen Betriebsausgaben aufzuzeichnen. Ist diese Voraussetzung nicht erfüllt, dann sind die Betriebsausgaben nicht abzugsfähig. Eine geordnete Belegablage reicht in diesem Fall nur dann aus, wenn die Summe der Aufwendungen periodisch und zeitnah auf einem besonderen Konto erfasst wird.[39] Zusätzlich ist der besondere Nachweis der Höhe und der betrieblichen Veranlassung zu erbringen.[40]

60 ■ **Durchlaufende Posten**

Nach § 4 Abs. 3 Satz 2 EStG sind sog. durchlaufende Posten nicht als Betriebseinnahmen bzw. -ausgaben bei der Gewinnermittlung zu berücksichtigen, weil es sich dabei um Beträge handelt, die im Namen und für Rechnung eines anderen vereinnahmt und verausgabt werden. Bei Rechtsanwälten kommen regelmäßig die verauslagten Gerichtskosten sowie Zeugen- und Sachverständigengebühren als durchlaufende Posten in Betracht. Werden derartige Beträge verauslagt, ohne dass der Rechtsanwalt später einen Auslagenersatz vereinnahmen kann, so sind die Beträge als Betriebsausgabe zu berücksichtigen, und zwar in dem Kalenderjahr, in dem erstmals nicht mehr mit einer Erstattung gerechnet werden kann. Wenn der Rechtsanwalt vor Verauslagung der Gerichtskosten entsprechende Vorschüsse des Klienten vereinnahmt, sollte er auf eine klare Trennung zwischen Kosten- und Honorarvorschüssen achten, z.B. anhand der Register-Nummer. Mangelt es an einer klaren Trennung oder stehen den vereinnahmten Kostenvorschüssen für längere Zeit keine Auslagen gegenüber, wird die Finanzverwaltung im Regelfall einen näheren Nachweis darüber verlangen, dass es sich lediglich um durchlaufende Posten und nicht um vereinnahmte Honorare handelt.

61 ■ **Erhöhte Absetzungen** → vgl. Sonderabschreibungen (Rn 74).

62 ■ **Fahrtenbuch**

Soll die private Mitbenutzung eines zum Betriebsvermögen gehörenden Pkw nicht nach der sog. 1%-Methode (vgl. dazu Rn 262), sondern nach den tatsächlich auf die privaten Fahrten entfallenden Aufwendungen ermittelt werden, so setzt dies nach § 6 Abs. 1 Nr. 4 Satz 3 EStG die Führung eines ordnungsgemäßen Fahrtenbuchs voraus.[41] Zusätzlich sind die auf den Pkw insgesamt entfallenden Aufwendungen durch Belege nachzuweisen.

39 Vgl. H 22 EStH „Besondere Aufzeichnung“.

40 Vgl. im Einzelnen R 21 Abs. 5 bis 9 EStR.

41 Zu den Anforderungen im Einzelnen vgl. BMF-Schreiben vom 21.1.2002, BStBl. I 2002, S. 148 Tz 16 ff. sowie Schmidt/*Glanegger*, EStG, § 6 Rz 422.

■ **Fremdgelder** → vgl. Anderkonto (Rn 51) 63

■ **Geldwäsche** 64

Den Rechtsanwalt treffen im Rahmen der Identifizierungspflichten in den in § 3 Abs. 1 Nr. 1 Geldwäschegesetz aufgeführten Fällen auch die entsprechenden Aufzeichnungsvorschriften nach § 9 dieses Gesetzes. Dazu wird an dieser Stelle auf die §§ 3, 9 Geldwäschegesetz verwiesen. Soweit ein Strafverfahren zur Verfolgung einer Straftat nach § 261 StGB und den in § 261 Abs. 1 Satz 2 Nr. 1 bis 5 StGB genannten Straftaten eingeleitet wird, müssen die Finanzbehörden entsprechend informiert werden. Dabei dürfen auch die Aufzeichnungen nach § 9 Geldwäschegesetz an die Finanzbehörden weitergegeben werden.

■ **Geschenkaufwendungen** 65

Die Aufwendungen für Geschenke (§ 4 Abs. 5 Nr. 1 EStG) sind gemäß § 4 Abs. 7 EStG einzeln und getrennt von den übrigen Betriebsausgaben aufzuzeichnen. Diese gesonderte Aufzeichnung ist Voraussetzung für den Abzug als Betriebsausgaben. Gleiches gilt für die Aufwendungen nach § 4 Abs. 5 Nr. 2 (Bewirtungsaufwendungen), Nr. 3 (Gästehäuser), Nr. 4 (Jagd, Fischerei u.a.), Nr. 6b (Arbeitszimmer) und Nr. 7 (sonstige, die private Lebensführung berührende Aufwendungen). Jede Gruppe muss getrennt von den übrigen Gruppen aufgezeichnet werden.

■ **Grund und Boden** 66

Grund und Boden ist – wie die übrigen nicht abnutzbaren Wirtschaftsgüter des Anlagevermögens – auch bei Einnahme-Überschussrechnern gesondert aufzuzeichnen, indem ein Verzeichnis mit dem Tag der Anschaffung bzw. Herstellung und den angefallenen Anschaffungs-/Herstellungskosten erstellt und laufend fortgeführt wird (Anlageverzeichnis).[42]

■ **GWG (geringwerte Wirtschaftsgüter)** 67

Die sog. GWG (geringwerte Wirtschaftsgüter) sind gemäß § 6 Abs. 2 Satz 4 f. EStG in einem besonderen Verzeichnis (Anlageverzeichnis) zu erfassen. Darin sind die Anschaffungs-/Herstellungskosten und der Tag der Investition zu verzeichnen. Auf das Verzeichnis kann verzichtet werden, wenn die Aufwendungen – vermindert um einen darin enthaltenen Vorsteuerbetrag – nicht mehr als 60 EUR betragen.

■ **Handakte** 68

Die Aufbewahrungspflicht für Handakten beträgt nach § 50 Abs. 2 BRAO fünf Jahre, beginnend ab Beendigung des Auftrags. Zu beachten ist aber, dass die Handakte u.U. nach Steuerrecht aufbewahrungspflichtige Unterlagen enthält, z.B. die Berechnung der Vergütung nach § 10 RVG. Diese Ausgangsrechnung unterliegt

42 Vgl. § 4 Abs. 3 Satz 5 EStG.

einer zehnjährigen Aufbewahrungspflicht aufgrund des § 147 Abs. 1 Nr. 4, Abs. 3 AO, beginnend mit dem Ablauf des Kalenderjahres, in dem die Rechnung erstellt wurde. Daneben ergibt sich eine Zehnjahresfrist aus § 14b Abs. 1 UStG für alle vom Unternehmer erteilten und von ihm erhaltenen Rechnungen.

69 ▪ **Kassenbuch**

Gemäß § 146 Abs. 1 Satz 2 AO sollen Kasseneinnahmen und Kassenausgaben täglich festgehalten werden. Anwaltspraxen weisen jedoch im Regelfall nur einen sehr geringen baren Geschäftsverkehr mit ihren Mandanten auf. Der Barverkehr bezieht sich überwiegend auf die Barausgaben für Porto und Praxisbedarf. Hinzu kommt, dass der Rechtsanwalt nach § 10 Abs. 1 RVG seine Vergütung nur aufgrund einer von ihm unterzeichneten und dem Auftraggeber mitgeteilten Berechnung einfordern kann. Im Gegensatz zu einem auf überwiegende Barzahlung ausgerichteten Geschäftsbetrieb (z.B. bei einer Bäckerei), bei dem am Tagesende ein Nachweis jedes einzelnen Bargeschäfts gar nicht mehr möglich ist, wird die Anwaltspraxis jede Bareinnahme einzeln nach Betrag und Klient belegen können. Da ein Einnahme-Überschussrechner zudem seine Vermögensbestände, also auch den Kassenendbestand nicht zu erfassen hat, stellt sich zu Recht die Frage, ob der Rechtsanwalt zur Führung eines Kassenbuchs mit der Möglichkeit zur täglichen Bestandskontrolle verpflichtet ist.[43] Wir gehen davon aus, dass eine fortlaufende, tägliche Aufzeichnung der Bareinnahmen und -ausgaben ohne Erfassung des Kassenbestandes bei einer Anwaltspraxis i.d.R. ausreicht. Ist der Umfang der Bareinnahmen jedoch objektiv nicht von untergeordneter Bedeutung, z.B. bei täglichem Anfall von Bareinnahmen, sollte auf die Führung eines ordentlichen Kassenbuchs nicht verzichtet werden. Dies gilt zumal dann, wenn im Einzelfall ein Teil der Honorare bar vereinnahmt wird, ohne dass eine Berechnung der Vergütung nach § 10 Abs. 1 RVG vorgenommen wird.

70 ▪ **Lohnkonten**

Für den Bereich der Lohnabrechnung ergeben sich besondere Aufzeichnungspflichten aus § 41 EStG, § 4 LStDV und § 28f SGB IV. Danach muss der Arbeitgeber insbesondere ein Lohnkonto für jeden Mitarbeiter führen, auf dem u.a. die Personalstammdaten, der Arbeitslohn, der Tag der jeweiligen Lohnzahlung und verschiedene andere Daten zu erfassen sind.

43 Vgl. BFH-Urteile vom 22.2.1973, BStBl. II 1973, S. 480, vom 1.10.1969, BStBl. II 1970, S. 45 und vom 7.6.2000, BFH/NV 2000, S. 1462.

■ **Online-Banking** 71

Beim Online-Banking erhält der Kunde in der Regel einen elektronischen Kontoauszug. Der Ausdruck dieses Kontoauszugs genügt allerdings nicht den nach § 147 AO bestehenden Aufbewahrungspflichten. Aus diesem Grund erteilen die Kreditinstitute regelmäßig monatliche Sammelkontoauszüge in Papierform, die vom Steuerpflichtigen aufzubewahren sind.

■ **Private Bankkonten** 72

Zur Aufbewahrung von privaten Bankkonten des Rechtsanwalts besteht keine gesetzliche Verpflichtung, zumal bei Gewinnermittlung gemäß § 4 Abs. 3 EStG noch nicht einmal eine Pflicht zur Aufbewahrung der betrieblichen Belege besteht (vgl. Rn 55). Die Vorlage privater Konten des Rechtsanwalts etwa durch die Betriebsprüfung kann demnach nicht verlangt werden.[44] Problematisch sind jedoch die Fälle, in denen der Rechtsanwalt einen Teil seiner Betriebseinnahmen oder -ausgaben über ein privates Bankkonto abwickelt. In diesen Fällen empfiehlt sich die (freiwillige) Aufbewahrung und etwaige Vorlage der Konten, um einer Schätzung vorzubeugen bzw. den Nachweis für die Betriebsausgaben führen zu können (Feststellungslast).

■ **Schuldzinsen** 73

Sind Schuldzinsen betrieblich veranlasst, so ist ihr Abzug als Betriebsausgaben durch die Regelungen in § 4 Abs. 4a EStG beschränkt. Um die dazu nötigen Berechnungen vornehmen zu können, ordnet Satz 6 der Vorschrift an, dass bei Gewinnermittlung gemäß § 4 Abs. 3 EStG die Entnahmen und Einlagen des Steuerpflichtigen gesondert aufzuzeichnen sind. Soweit die Schuldzinsen nicht auf sog. Investitionsdarlehen entfallen, sind sie nicht abzugsfähig, sofern und soweit die Entnahmen die Summe des Gewinns und der Einlagen überschreiten (sog. Überentnahme). Der Betrag der nicht abzugsfähigen Schuldzinsen wird pauschal ermittelt mit 6% der Überentnahme, wobei Überentnahmen aus Vorjahren hinzuzurechnen und Unterentnahmen abzuziehen sind.[45]

■ **Sonderabschreibungen** 74

Gemäß § 7a Abs. 8 EStG sind Wirtschaftsgüter, für die erhöhte Absetzungen oder Sonderabschreibungen geltend gemacht werden, in ein besonderes Verzeichnis (Anlageverzeichnis) aufzunehmen. Darin sind die Anschaffungs- und Herstellungskosten, der Tag der Anschaffung bzw. Herstellung, die betriebsgewöhnliche Nut-

44 Vgl. *Tipke*, in: Tipke/Kruse, § 97 AO Rz 5; *Drüen*, in: Tipke/Kruse, § 147 AO Rz 23.

45 Vgl. im Einzelnen zu § 4 Abs. 4a EStG die BMF-Schreiben vom 22.5.2000 bzw. vom 28.3.2001, BStBl. I 2000, S. 588 bzw. BStBl. I 2001, S. 245.

zungsdauer und die Höhe der jährlichen Absetzungen für Abnutzung (AfA), der erhöhten Absetzungen sowie der Sonderabschreibungen aufzuzeichnen.

75 ■ **Übertragung stiller Reserven gemäß §§ 6b und 6c EStG**

Bei der Veräußerung bestimmter, langlebiger Wirtschaftsgüter, namentlich bei Grund und Boden sowie Gebäuden gestattet der Gesetzgeber in § 6b EStG, dass die durch die Veräußerung aufgedeckten stillen Reserven auf bestimmte, vom Steuerpflichtigen angeschaffte oder hergestellte Wirtschaftsgüter übertragen werden können. So können stille Reserven, die bei der Veräußerung von Grund und Boden aufgedeckt worden sind, auf die Anschaffungskosten von anderweitig erworbenem Grund und Boden oder auf die Anschaffungs- oder Herstellungskosten von Gebäuden übertragen werden. Voraussetzung ist u.a., dass die veräußerten Wirtschaftsgüter ununterbrochen mindestens sechs Jahre zum Betriebsvermögen einer inländischen Betriebsstätte des Steuerpflichtigen gehörten.[46]

Bei Steuerpflichtigen, die ihren Gewinn gemäß § 4 Abs. 3 EStG ermitteln, gilt diese Regelung gemäß § 6c EStG entsprechend. Voraussetzung ist in diesem Fall, dass der Steuerpflichtige – ähnlich wie bei § 7a Abs. 8 EStG – die angeschafften oder hergestellten Wirtschaftsgüter in ein besonderes, laufend zu führendes Verzeichnis (Anlageverzeichnis) aufnimmt, in dem u.a. die Anschaffungs- bzw. Herstellungskosten, der Tag der Anschaffung oder Herstellung und die Höhe der nach § 6b EStG übertragenen stillen Reserven zu erfassen sind.

76 ■ **Umsatzsteuer**

Aus § 22 UStG ergeben sich besondere Aufzeichnungsvorschriften für den Bereich der Umsatzsteuer.[47] Bei Versteuerung nach vereinnahmten Entgelten (§ 20 UStG) muss der Rechtsanwalt die vereinnahmten Entgelte (netto) getrennt nach Steuersätzen (regelmäßig 16%) aufzeichnen. Steuerfreie Umsätze sind gesondert zu erfassen, ebenso erhaltene Vorschüsse. Aufzuzeichnen sind auch die Entgelte sowie die darauf entfallenden Steuerbeträge für die steuerpflichtigen Leistungen, die an den Rechtsanwalt für seine Praxis ausgeführt worden sind (Vorsteuer). Bei unentgeltlichen Wertabgaben (Abgabe von Gegenständen, Ausführung von sonstigen Leistungen) der Praxis für Zwecke außerhalb der Praxis sind die Bemessungsgrundlagen (netto) festzuhalten.

Die besonderen umsatzsteuerlichen Aufzeichnungspflichten haben auch für die Einkommensbesteuerung Bedeutung.[48]

46 Vgl. § 6b EStG sowie R 41a–41c EStR.

47 Zu weiteren Einzelheiten vgl. §§ 63 bis 67 UStDV.

48 Vgl. BFH, Urteil vom 26.2.2004, BStBl. II 2004, S. 599; ebenso FG München, Urteil vom 11.12.2002, EFG 2003, S. 625.

■ **Wahl der Gewinnermittlungsart** 77

Die Wahl der Gewinnermittlungsart (Bilanzierung oder Einnahme-Überschussrechnung) übt der Steuerpflichtige durch die Art seiner Aufzeichnungen zu Beginn des jeweiligen Kalenderjahres aus: „Die Art der Aufzeichnungen bestimmt die Art der Gewinnermittlung.“[49] Sammelt der Steuerpflichtige seine Belege, dann wählt er die Einnahme-Überschussrechnung. Stellt er hingegen eine Eröffnungsbilanz auf den Beginn des Kalenderjahres auf, dann hat er sich verbindlich für die Bilanzierung entschieden.

> *Hinweis*
>
> Angesichts der technischen Möglichkeiten moderner Buchführungsprogramme, bei denen quasi auf Knopfdruck wahlweise eine Bilanz mit Gewinn- und Verlustrechnung oder eine Einnahme-Überschussrechnung erstellt werden kann, halten wir eine derartige Einschränkung des Wahlrechts zur Gewinnermittlung für zweifelhaft. Die Einschränkung ist mit dem Wortlaut des Gesetzes in § 4 Abs. 3 EStG nicht in Einklang zu bringen.[50]

Der Steuerpflichtige ist bei einem Wechsel zwischen den Gewinnermittlungsarten im Regelfall hieran für drei Jahre gebunden, so dass ein erneuter Wechsel ohne wirtschaftlichen Grund nicht möglich ist.[51]

III. Betriebsvermögen

1. Notwendiges und gewillkürtes Betriebsvermögen

Der Begriff des **Betriebsvermögens (= Praxisvermögen)** ist nicht nur im Rahmen der Gewinnermittlung durch Betriebsvermögensvergleich,[52] sondern auch bei der Gewinnermittlung durch Gegenüberstellung von Betriebseinnahmen und Betriebsausgaben nach § 4 Abs. 3 EStG von entscheidender Bedeutung. So ist z.B. der Erlös aus der Veräußerung eines Wirtschaftsgutes nur dann als Betriebseinnahme an- 78

49 Vgl. *Kruse/Drüen*, in: Tipke/Kruse, vor § 140 AO Rz 21.

50 Zu den Zweifeln vgl. auch die BFH-Entscheidung vom 9.11.2000, BStBl. II 2001, S. 102; differenzierend und mit ausführlicher Begründung *Drüen*, DStR 1999, 1589 ff. Nach dem Wortlaut des § 4 Abs. 3 EStG übt der Steuerpflichtige sein Wahlrecht zugunsten der Bilanzierung (erst dann) aus, wenn er, sofern er nicht zur Buchführung verpflichtet ist, freiwillig einen Abschluss erstellt. Durch die Erstellung einer Eröffnungsbilanz wäre das Wahlrecht also noch nicht abschließend zugunsten der Bilanzierung ausgeübt worden.

51 Vgl. BFH vom 9.11.2000, BStBl. II 2001, S. 102.

52 Vgl. § 4 Abs. 1 EStG, § 5 EStG.

zusetzen, wenn das Wirtschaftsgut dem Betriebsvermögen zuzurechnen ist. Unter den Begriff des Betriebsvermögens fallen sowohl aktive als auch passive Vermögensgegenstände des Betriebsvermögens. Der ursprünglich handelsrechtliche Begriff des Vermögensgegenstandes[53] ist mit dem steuerrechtlichen Begriff des Wirtschaftsgutes deckungsgleich. **Wirtschaftsgüter** sind Sachen, Rechte oder tatsächliche Zustände, konkrete Möglichkeiten oder Vorteile für den Betrieb, deren Erlangung der Kaufmann sich etwas kosten lässt, die einer besonderen Bewertung zugänglich sind, in der Regel einen Nutzen für mehrere Wirtschaftsjahre erbringen und zumindest dem Betrieb übertragen werden können.[54]

79 Bei den **aktiven Wirtschaftsgütern** sind die **materiellen Wirtschaftsgüter** (Sachen i.S.d. BGB) und die **immateriellen Wirtschaftsgüter** (z.B. Firmenwert, Patente, Genossenschaftsanteile) sowie andere Wirtschaftsgüter wie Forderungen zu unterscheiden. Materielle Wirtschaftsgüter können sowohl bewegliche als auch unbewegliche Sachen (Grundstücke) sein.

80 Zu den **passiven Vermögensgegenständen** zählen Schulden und Rückstellungen.[55]

81 Aktive und passive **Rechnungsabgrenzungsposten** sind ebenfalls als Vermögensgegenstände in diesem Sinne zu betrachten.

82 Wirtschaftsgüter sind dem Betriebsvermögen zuzurechnen, wenn der Gegenstand dem Betrieb dient (**funktionelle Zurechnung**) oder zu dienen bestimmt ist und er dem Steuerpflichtigen persönlich zuzurechnen ist (**persönliche Zurechnung**). Ob der Gegenstand dem Betrieb funktionell zuzurechnen ist, bleibt eine Einzelfallentscheidung. Entscheidend ist in diesem Zusammenhang ausschließlich die tatsächliche Nutzung oder Nutzungsmöglichkeit des Wirtschaftsgutes im Betrieb des Steuerpflichtigen.

83 Da der Begriff des Betriebsvermögens im EStG nicht näher definiert ist, geht die Rechtsprechung von einer **Dreiteilung des Vermögens** aus: Als Betriebsvermögen gilt sowohl das **notwendige** als auch das **gewillkürte Betriebsvermögen**. Vom Betriebsvermögen abzugrenzen ist das **Privatvermögen**. Gewillkürtes Betriebsvermögen ist entgegen der früheren Rechtsauffassung des BFH auch bei Steuerpflichti-

53 Vgl. § 246 Abs. 1 HGB.

54 BFH-Beschluss vom 16.2.1990, BStBl. II 1990, S. 794.

55 Im Rahmen von Rückstellungen werden zukünftige Risiken des Betriebes erfasst. Der Hauptanwendungsfall betrifft Rückstellungen für ungewisse Verbindlichkeiten. Im Einzelnen vgl. § 249 HGB und § 5 Abs. 2 a bis 4 b EStG.

gen denkbar, die ihren Gewinn durch Gegenüberstellung von Betriebseinnahmen und Betriebsausgaben nach § 4 Abs. 3 EStG ermitteln.[56]

Notwendiges Betriebsvermögen liegt vor, wenn ein Wirtschaftsgut ausschließlich 84 und unmittelbar für eigenbetriebliche Zwecke des Steuerpflichtigen genutzt wird oder dazu bestimmt ist (Beispiel: spezielle Rechtsanwalts-Software/Kanzleilösung). Wirtschaftsgüter des notwendigen Betriebsvermögens erlangen ihre Zugehörigkeit zum Betriebsvermögen – anders als beim gewillkürten Betriebsvermögen – alleine durch ihre objektive Nutzungsbestimmung. Der Wille des Steuerpflichtigen, das Wirtschaftsgut als Betriebsvermögen behandeln zu wollen, ist insoweit unmaßgeblich. Der Begriff „notwendig“ bedeutet in diesem Zusammenhang jedoch nicht, dass das Wirtschaftsgut für den Betrieb des Steuerpflichtigen notwendig im Sinne von unentbehrlich sein muss. Der ausschließlich betrieblich genutzte Computer eines Rechtsanwalts stellt unzweifelhaft notwendiges Betriebsvermögen dar, auch wenn der Computer – anstatt einer Schreibmaschine – für den Betrieb nicht zwingend notwendig ist.

Gewillkürtes Betriebsvermögen kann bei Wirtschaftsgütern vorliegen, die in 85 einem gewissen objektiven Zusammenhang mit dem Betrieb stehen und ihn zu fördern bestimmt und geeignet sind. Erst durch die subjektive Zuordnungsentscheidung des Steuerpflichtigen, regelmäßig manifestiert durch entsprechende Buchung in seiner Buchführung, wird das Wirtschaftsgut dem gewillkürten Betriebsvermögen zugeordnet. Bei Steuerpflichtigen, die keine zeitnahe Buchführung erstellen, sondern ihren Gewinn nach § 4 Abs. 3 EStG ermitteln, gelten erhöhte Anforderungen an die Dokumentation der Zuordnungsentscheidung. Diese kann z.B. durch die zeitnahe Erfassung in einem Bestandsverzeichnis oder die ausdrückliche Erklärung gegenüber dem Finanzamt erfolgen.

Der Steuerpflichtige hat bei entsprechenden Wirtschaftsgütern somit die Wahl, diese 86 seinem Betriebs- oder Privatvermögen zuzuordnen. Ein typisches Beispiel für gewillkürtes Betriebsvermögen bilden Wertpapiere, die der Stärkung des Betriebskapitals dienen sollen.[57]

Gemischt genutzte Wirtschaftsgüter, die nicht Grundstücke oder Grundstücksteile 87 sind (vgl. Rn 95 ff.), werden dem notwendigen Betriebsvermögen zugerechnet,

56 BFH, Urteil vom 2.10.2003, BFH/NV 2004, S. 132. Gewillkürtes Betriebsvermögen wird durch den Übergang von der Gewinnermittlung durch Betriebsvermögensvergleich zur Gewinnermittlung nach § 4 Abs. 3 EStG nicht zum notwendigen Privatvermögen. Gleiches gilt für eine Nutzungsänderung, die bei der Gewinnermittlung durch Betriebsvermögensvergleich keine Entnahme darstellen würde (sog. geduldetes Betriebsvermögen), vgl. § 4 Abs. 1 Satz 3 EStG.

57 BFH, Urteil vom 19.2.1997, BStBl. II 1997, S. 399.

wenn sie zu mehr als 50% eigenbetrieblich genutzt werden. Liegt die private Nutzung bei mehr als 90%, ist das Wirtschaftsgut dem notwendigen Privatvermögen zuzurechnen. Bei einer betrieblichen Nutzung von mindestens 10% bis zu 50% kann das Wirtschaftsgut als gewillkürtes Betriebsvermögen behandelt werden.[58] Aufgrund der einheitlichen Zuordnung eines Wirtschaftsgutes zum Betriebs- oder Privatvermögen ist es erforderlich, dass der private Mitnutzungsanteil von Wirtschaftsgütern des Betriebsvermögens als Privatentnahme und Betriebseinnahme behandelt wird (vgl. Rn 167).

88 Grundsätzlich sind Wirtschaftsgüter entsprechend der zivilrechtlichen Regelung dem **Eigentümer** persönlich zuzurechnen.[59] Abweichend hiervon können Wirtschaftsgüter dem sog. **wirtschaftlichen Eigentümer**[60] zuzurechnen sein. Wirtschaftliches Eigentum liegt vor, wenn ein anderer als der (zivilrechtliche) Eigentümer die tatsächliche Herrschaft über ein Wirtschaftsgut in der Weise ausübt, dass er den Eigentümer im Regelfall für die gewöhnliche Nutzungsdauer von der Einwirkung auf das Wirtschaftsgut ausschließen kann. Die gleichen Grundsätze gelten auch für Wirtschaftsgüter, die im (Mit-)Eigentum des Ehegatten stehen.[61] Zur Beurteilung eines im Miteigentum des Ehegatten stehenden Gebäudes vgl. Rn 109.

89 Bei **Treuhandverhältnissen** sind die Wirtschaftsgüter dem Treugeber, bei **Sicherungseigentum** dem Sicherungsgeber und bei **Eigenbesitz** dem Eigenbesitzer zuzurechnen. Unter **Eigentumsvorbehalt** erworbene Wirtschaftsgüter sind bereits dem anwartschaftsberechtigten Erwerber zuzurechnen. Die Zurechnung von Wirtschaftsgütern im Rahmen von Leasingverträgen[62] wurde ebenso wie die steuerliche Behandlung von Mietereinbauten[63] detailliert von der Finanzverwaltung geregelt. Der Nießbraucher wird i.d.R. nicht zum wirtschaftlichen Eigentümer.[64] Zur persönlichen Zurechnung von Wirtschaftsgütern bei Mitunternehmerschaften (Personengesellschaften u. Ä.) vgl. Rn 333 ff.

90 **Betriebsvermögen** kann durch Anschaffung, Herstellung, Nutzungsänderung bzw. Einlage **begründet** werden.

91 Die **Anschaffung** der einzelnen Wirtschaftsgüter des Betriebsvermögens kann auch im Rahmen des Erwerbs des ganzen Betriebes erfolgen. In diesem Fall ist ein einheit-

58 Vgl. R 13 Abs. 1 EStR 2003.
59 Vgl. § 39 Abs. 1 AO.
60 Vgl. § 39 Abs. 2 AO.
61 Unerheblich ist es insoweit, ob die Ehegatten nach § 26b EStG zusammenveranlagt werden.
62 BMF-Schreiben, BStBl. I 1971, S. 264; 1972, S. 188; 1987, S. 440; 1992, S. 13; 1996, S. 9.
63 BMF-Schreiben vom 15.1.1976, BStBl. I 1976, S. 66.
64 BFH, Urteil vom 28.7.1999, Az. X-R-38/98.

licher Kaufpreis für den Betrieb im Verhältnis der Teilwerte[65] der einzelnen Wirtschaftsgüter aufzuteilen. Wird ein Betrieb im Ganzen unentgeltlich erworben, führt der Erwerber die Buchwerte des Rechtsvorgängers fort.[66] Im Einzelnen zur Gründung und Beendigung eines Betriebs vgl. § 3.

Entsteht ein Wirtschaftsgut durch **Herstellung** im eigenen Betrieb, ist es mit seinen Herstellungskosten (einschließlich notwendiger Gemeinkosten)[67] zu aktivieren. Zu beachten ist hier u.a. das Aktivierungsverbot für selbst hergestellte immaterielle Wirtschaftsgüter,[68] welches insbesondere bei selbst erstellter Software zu beachten ist. 92

Die Betriebsvermögenseigenschaft eines Wirtschaftsgutes kann auch durch eine **Nutzungsänderung** begründet werden. Wird z.B. eine bisher ausschließlich privat genutzte Schreibmaschine nunmehr ausschließlich betrieblich genutzt, begründet diese Nutzungsänderung eine Einlage der Schreibmaschine in das Betriebsvermögen. Einlagen sind grundsätzlich mit dem Teilwert im Zeitpunkt der Einlage zu bewerten.[69] Die Bewertung erfolgt jedoch höchstens mit den Anschaffungs- bzw. Herstellungskosten (ggf. abzüglich Abschreibungen), wenn das Wirtschaftsgut in den letzten drei Jahren vor der Einlage angeschafft oder hergestellt wurde. Unabhängig hiervon ist bei der Bemessung der Abschreibungen § 7 Abs. 1 Satz 5 EStG[70] zu beachten. Wirtschaftsgüter des gewillkürten Betriebsvermögens (vgl. Rn 85 ff.) können auch ohne Nutzungsänderung durch alleinige Zuordnungsentscheidung des Unternehmers im Rahmen einer Einlage ihre Eigenschaft als Betriebsvermögen erlangen. 93

Die Zugehörigkeit eines Wirtschaftsgutes zum **Betriebsvermögen** kann analog durch **Veräußerung, Nutzungsänderung bzw. Entnahme** oder durch **Verlust beendet** werden. 94

Bei der **Veräußerung** eines Wirtschaftsgutes des Betriebsvermögens ist die Differenz zwischen Veräußerungserlös und Buchwert des Wirtschaftsgutes im Zeitpunkt des Ausscheidens gewinnerhöhend zu erfassen.[71] D.h. die stillen Reserven sind grundsätzlich aufzudecken und zu versteuern. Eine Aufdeckung der stillen Reserven 95

65 Vgl. § 10 BewG.
66 Vgl. § 6 Abs. 3 EStG.
67 Vgl. R 33 EStR 2003.
68 Vgl. § 5 Abs. 2 EStG.
69 Vgl. § 6 Abs. 5 EStG.
70 Eingefügt durch das Steuerentlastungsgesetz 1999/2000/2002 vom 24.3.1999; zum Anwendungszeitraum vgl. § 52 Abs. 21 EStG.
71 Hinzuweisen ist in diesem Zusammenhang auf die Möglichkeit, stille Reserven nach den §§ 6b und 6c EStG zu übertragen.

erfolgt grundsätzlich ebenso bei einer Entnahme,[72] beim Tausch oder dem Verlust eines Wirtschaftsgutes.

96 Unter dem **Verlust** eines Wirtschaftsgutes ist insoweit dessen Ausscheiden aus dem Betriebsvermögen durch Zerstörung, Diebstahl o.Ä. zu subsumieren. Die sich in diesem Zusammenhang z.B. durch eine Versicherungsentschädigung über dem Buchwert ergebende sofortige Aufdeckung von stillen Reserven kann ggf. vermieden werden.[73]

97 Besondere Regeln gelten bei dem Ausscheiden von Wirtschaftsgütern durch eine Betriebsveräußerung oder -aufgabe und ähnliche Vorgänge (vgl. § 3 Rn 46 ff.).

98 Ob die durch ein Wirtschaftsgut des Betriebsvermögens verursachten Aufwendungen als nicht abziehbare Betriebsausgabe (vgl. u.a. Rn 227) zu beurteilen sind, ist für die Zugehörigkeit eines Wirtschaftsgutes zum Betriebsvermögen unmaßgeblich. Somit unterliegen auch hier die stillen Reserven der vollen Steuerpflicht, obwohl die Abschreibungen nicht steuermindernd geltend gemacht werden konnten. Abschließend ist darauf hinzuweisen, dass der ertragsteuerliche Begriff des Betriebsvermögens nicht deckungsgleich mit dem umsatzsteuerlichen Begriff des Unternehmensvermögens ist (vgl. § 5 Rn 3).

2. Immobilien

99 Besondere Regelungen gelten für die Beurteilung von Immobilien als Wirtschaftsgüter des Betriebsvermögens. Abweichend von der zivilrechtlichen Einheitlichkeit von Grund und Boden nebst aufstehendem Gebäude[74] stellen Grund und Boden einerseits und Aufbauten andererseits **selbständig zu beurteilende Wirtschaftsgüter** dar.

100 Der **Grund und Boden** ist als selbständiges, unbewegliches und **nicht abnutzbares** Wirtschaftsgut zu beurteilen und mit den Anschaffungskosten oder dem dauerhaft niedrigeren Teilwert anzusetzen. Unbebaute Grundstücke können nach den allgemeinen Kriterien (vgl. Rn 78 ff.) Betriebsvermögen darstellen. Der Grund und Boden eines bebauten Grundstücks teilt hinsichtlich seiner Betriebsvermögenseigenschaft grundsätzlich das Schicksal des aufstehenden Gebäudes.

101 Ein **Gebäude** stellt ertragsteuerlich ein selbständiges, unbewegliches und **abnutzbares** Wirtschaftsgut dar und ist mit den Anschaffungs- oder Herstellungskosten abzüglich Abschreibungen (vgl. Rn 197 ff.) oder dem dauerhaft niedrigeren Teilwert zu bewerten.

72 Vgl. § 6 Abs. 1 Nr. 4 EStG.
73 Durch Übertragung von stillen Reserven bei Ersatzbeschaffung, vgl. R 35 EStR 2003.
74 Vgl. § 94 BGB.

Vom Grund und Boden sowie dem Gebäude sind weitere, hiermit in Verbindung stehende, aber selbständig zu bewertende Wirtschaftsgüter abzugrenzen. Hierzu zählen **Betriebsvorrichtungen**, **Scheinbestandteile** und **sonstige Mietereinbauten**.[75] 102

Während Betriebsvorrichtungen und Scheinbestandteile[76] als abnutzbare bewegliche Wirtschaftsgüter zu beurteilen sind, ist die Gruppe der sonstigen Mietereinbauten weiter zu differenzieren.[77] Wird ein Gebäude im vollen Umfang zu eigenbetrieblichen Zwecken genutzt, stellt es unzweifelhaft ein Wirtschaftsgut des notwendigen Betriebsvermögens dar. Bei Nutzung eines Gebäudes für unterschiedliche Zwecke (z.B. Nutzung des Erdgeschosses zu eigenberuflichen Zwecken und des Obergeschosses für eigene Wohnzwecke), ist es – anders als gemischt genutzte bewegliche Wirtschaftsgüter – in separate, selbständige, unbewegliche Wirtschaftsgüter aufzuteilen.[78] Die Aufteilung der Anschaffungs- und Herstellungskosten des gesamten Gebäudes erfolgt i.d.R. im Verhältnis der Nutzflächen der einzelnen Gebäudeteile. Man unterscheidet bei diesen nach unterschiedlichen Nutzungen und Funktionen des Gebäudes aufgeteilten Gebäudeteilen die folgenden **vier Nutzungs- und Funktionszusammenhänge**: eigenbetriebliche Nutzung, fremdbetriebliche Nutzung, Nutzung zu fremden Wohnzwecken und Nutzung zu eigenen Wohnzwecken. 103

■ **Grundstücksteile als notwendiges Betriebsvermögen** 104

Ausschließlich und unmittelbar zu eigenen betrieblichen oder beruflichen Zwecken genutzte Gebäudeteile stellen notwendiges Betriebsvermögen dar. Eigenbetrieblich genutzte Grundstücksteile brauchen nicht als Betriebsvermögen behandelt zu werden, wenn ihr Wert nicht mehr als ein Fünftel des Wertes des gesamten Grundstücks und nicht mehr als 20.500 EUR (einschließlich Grund und Boden) beträgt (sog. **Grundstücksteile von untergeordnetem Wert**).[79] Die Einhaltung dieser Wertgrenzen ist in jedem Kalenderjahr erneut zu überprüfen. Auch wenn eine Behandlung als Betriebsvermögen aus den vorgenannten Gründen unterbleibt, sind die mit dem Grundstücksteil verbundenen Aufwendungen (einschließlich der Abschreibung) als Betriebsausgabe abzugsfähig.[80]

■ **Grundstücksteile als notwendiges Privatvermögen** 105

Grundstücksteile, die zu eigenen Wohnzwecken genutzt werden, stellen notwendiges Privatvermögen dar.

75 Vgl. R 13 EStR 2003 m.w.N.

76 Vgl. § 95 BGB und R 42 Abs. 4 EStR 2003.

77 BMF-Schreiben vom 15.1.1976, BStBl. I 1976, S. 66.

78 Vgl. § 7 Abs. 5 a EStG und R 13 Abs. 4 ff. EStR 2003.

79 Vgl. § 8 EStDV.

80 Vgl. R 18 Abs. 2 EStR 2003.

106 ■ **Grundstücksteile als gewillkürtes Betriebsvermögen**[81]

Grundstücksteile, die weder dem notwendigen Betriebsvermögen noch dem notwendigen Privatvermögen zuzurechnen sind (fremdbetriebliche Vermietung oder Vermietung für fremde Wohnzwecke), können als gewillkürtes Betriebsvermögen behandelt werden, wenn sie in einem gewissen objektiven Zusammenhang mit dem Betrieb stehen und ihn zu fördern bestimmt und geeignet sind.

107 ■ **Einheitliche Behandlung des Grundstücks (Altregelung)**[82]

Stellte das Grundstück zu mehr als der Hälfte notwendiges oder gewillkürtes Betriebsvermögen dar, so konnten auch Grundstücksteile, die für sich betrachtet kein (gewillkürtes) Betriebsvermögen darstellten, als Betriebsvermögen behandelt werden. Dies galt jedoch nicht für zu eigenen Wohnzwecken genutzte Gebäudeteile.

108 Besondere Beachtung verdient im Zusammenhang mit der Beurteilung von Grundstücksteilen als notwendiges Betriebsvermögen das **häusliche Arbeitszimmer**.[83] Ungeachtet dessen, dass die Aufwendungen eines häuslichen Arbeitszimmers ggf. (teilweise) nicht als Betriebsausgabe abzugsfähig sind (vgl. im Einzelnen Rn 215), ist ein ausschließlich betrieblich/beruflich genutztes Arbeitszimmer dem notwendigen Betriebsvermögen zuzurechnen. Soweit auf die Behandlung als Betriebsvermögen wegen des nicht untergeordneten Wertes dieses Grundstückteils nicht verzichtet werden kann (vgl. Rn 104), kann es zu dem i.d.R. unerwünschten steuerlichen Ergebnis kommen, dass die Aufwendungen für das Arbeitszimmer einerseits nicht abzugsfähig sind, die (anteiligen) stillen Reserven bei einer Veräußerung oder Nutzungsänderung aber andererseits der Besteuerung unterliegen. Aus diesem Grund ist die Einrichtung eines häuslichen Arbeitszimmers in Bezug auf die ertragsteuerlichen Folgen gründlich zu prüfen.

109 Errichtet ein Ehegatte **auf seine Kosten** auf dem im **Miteigentum seines Ehegatten** stehenden Grundstücks ein Gebäude für eigenbetriebliche Zwecke, so stellen die Aufwendungen hinsichtlich seines Miteigentumsanteils ein selbständiges abnutzbares Wirtschaftsgut (Gebäudeteil) dar. Soweit das Grundstück hierbei dem Ehegatten zuzurechnen ist (50%), sind die vom Steuerpflichtigen getragenen Anschaffungs- oder Herstellungskosten „wie ein materielles Wirtschaftsgut" zu behandeln.[84] Die Regelungen für Abschreibungen von Gebäuden sind insoweit sinngemäß anzuwenden. Im Ergebnis kann der Steuerpflichtige somit die Aufwendungen für das mit

81 Zum gewillkürten Betriebsvermögen bei Gewinnermittlung nach § 4 Abs. 3 EStG vgl. Rn 83.

82 Diese Regelung wurde für Anschaffungen, Herstellungen und Einlagen nach dem 31.12.1998 aufgehoben, vgl. R 13 Abs. 10 Satz 5 EStR 2003.

83 Vgl. § 4 Abs. 5 Nr. 6 b EStG.

84 Vgl. BFH, Beschluss vom 30.1.1995, BStBl. II 1995, S. 281 und vom 23.8.1999, Az. GrS-5/97.

eigenen Mitteln errichtete, aber nicht ausschließlich in seinem Eigentum stehende Gebäude in vollem Umfang geltend machen. Allerdings unterliegen auch die stillen Reserven des Gebäudes im vollen Umfang der Besteuerung (strittig). Diese Ausführungen gelten entsprechend, wenn der weitere Miteigentumsanteil nicht im Eigentum des Ehegatten, sondern eines fremden Dritten steht. Werden die Anschaffungs- bzw. Herstellungskosten eines ausschließlich betrieblich genutzten, im Miteigentum des Steuerpflichtigen stehenden Gebäudes nur hinsichtlich seines Miteigentumsanteils von diesem getragen, wird das Gebäude auch nur entsprechend des Miteigentumsanteils anteilig im Betriebsvermögen des Steuerpflichtigen erfasst. Dies gilt ebenso für selbständig zu bewertende Gebäudeteile (vgl. Rn 103 ff.).

Errichtet der Steuerpflichtige ein Gebäude auf dem im **Alleineigentum des Ehegatten** 110
stehenden Grundstück, führt dies ebenfalls zur Aktivierung des Gebäudes „wie ein materielles Wirtschaftsgut", wenn ein Aufwendungsersatzanspruch nach § 951 Abs. 1 BGB vereinbart wurde und die Aufwendungen für das Gebäude ausschließlich durch den Steuerpflichtigen getragen wurden.[85] Das in Ausübung eines dinglichen Rechts (Erbbaurecht oder Nießbrauch) auf fremdem Grund und Boden errichtete Gebäude ist ebenso wie ein als Scheinbestandteil zu beurteilendes Gebäude im Betriebsvermögen desjenigen zu erfassen, der das Gebäude auf seine Kosten errichtet hat.

Zur Problematik des im (Mit-)Eigentum stehenden Gebäude(teil)s bei Ehegatten vgl. 111
ausführlich Schmidt/*Heinicke*, EStG, § 4 Rz 131 ff. m.w.N.

3. Betriebliche Schulden

Schulden (Verbindlichkeiten) sind passive Wirtschaftsgüter des Betriebsvermögens, 112
wenn sie durch den Betrieb veranlasst sind. Ein solcher betrieblicher **Veranlassungszusammenhang** kann sich nur aus der tatsächlichen Verwendung der Schuld ergeben, z.B. bei einer Darlehensaufnahme zur Finanzierung der Herstellungs-/Anschaffungskosten eines (aktiven) Wirtschaftsgutes des Betriebsvermögens oder zur Finanzierung von betrieblichen Aufwendungen. Schulden, die zum Erwerb eines Betriebes oder Mitunternehmeranteils aufgenommen werden, sind ebenfalls Betriebsschulden. Hingegen sind Schulden zur Finanzierung des Erwerbs eines Anteils an einer Rechtsanwalts-GmbH im Rahmen des § 17 EStG berücksichtigungsfähig.[86] Dient eine Schuld nur teilweise der Finanzierung eines Wirtschaftsgutes des Betriebsvermögens (z.B. bei der Anschaffung oder Errichtung eines gemischt

85 Vgl. BFH, Urteil vom 10.4.1997, BStBl. II 1997, S. 718.

86 Die Schuldzinsen sind hier regelmäßig als Werbungskosten i.R.v. § 20 EStG zu berücksichtigen.

genutzten Gebäudes), ist die Schuld nur in dem Umfang als Betriebsschuld zu qualifizieren, in dem ein betrieblicher Veranlassungszusammenhang besteht. Ein rein **rechtlicher Zusammenhang** der Schuld mit Wirtschaftsgütern des Betriebsvermögens ist insoweit **unmaßgeblich**. So wird eine Darlehensschuld für die Anschaffung eines zu eigenen Wohnzwecken genutzten Gebäudes nicht dadurch zur Betriebsschuld, dass das Darlehen hypothekarisch im Grundbuch eines (anderen) Betriebsgrundstücks abgesichert wird.

113 Bei der Aufnahme einer Schuld zur Tilgung einer anderen Schuld (**Umschuldung**) ist für die Beurteilung der neuen Schuld der betriebliche Veranlassungszusammenhang der ursprünglichen Schuld maßgeblich.[87] Wird ein aktives Wirtschaftsgut durch Einlage zu Betriebsvermögen, wird auch die ursprünglich dem Erwerb dieses Wirtschaftsgutes dienende Schuld zu einer Betriebsschuld. Wird umgekehrt ein Wirtschaftsgut des Betriebsvermögens in das Privatvermögen entnommen, wird die zur Finanzierung des Wirtschaftsgutes aufgenommene Schuld zur Privatschuld. Bei Veräußerung eines Wirtschaftsgutes des Betriebsvermögens bleibt die zur Finanzierung des Wirtschaftsgutes aufgenommene Schuld eine Betriebsschuld, wenn der Veräußerungserlös dem Betriebsvermögen zufließt. Wird der Veräußerungserlös dagegen entnommen, wird die ursprüngliche Schuld zur Privatschuld. Im Fall einer Veräußerung oder Aufgabe eines gesamten Betriebes bilden nicht getilgte Betriebsschulden weiterhin Betriebsvermögen, soweit der Veräußerungserlös oder Entnahmewert zur Tilgung der Betriebsschulden verwendet wurde.[88]

114 **Bürgschaftsschulden** stellen Betriebsschulden dar, wenn die Bürgschaft (ausnahmsweise) aus betrieblichen Gründen übernommen wurde (z.B. wegen der Sicherung einer Geschäftsbeziehung).[89] **Erbfallschulden** (Vermächtnis-, Pflichtteilsschulden und Erbersatzansprüche) stellen keine Betriebsschulden dar.[90] Schulden für im Rahmen der Erbauseinandersetzung erworbene Wirtschaftsgüter des Betriebsvermögens stellen Betriebsschulden dar, soweit Leistungen über den Erbteil hinaus erbracht werden. Keine Betriebsschulden liegen vor bei Darlehen, die zur Begleichung der Erbschaftsteuer aufgenommen wurden. Dies gilt auch, wenn ein Betrieb der einzige Nachlassgegenstand war.

87 Vgl. BFH, Urteil vom 15.11.1990, BStBl. II 1991, S. 226.

88 Vgl. BFH, Urteil vom 12.11.1997, BStBl. II 1998, S. 144; beachte aber auch BFH, Urteil vom 19.8.1998, BStBl. II 1999, S. 353 zur Umwidmung einer Betriebsschuld nach Betriebsaufgabe.

89 Vgl. FG München, Urteil vom 12.11.1996, Az. 2-K-3259/92.

90 Vgl. FG München, Urteil vom 28.6.1995, Az. 13-V-308/95.

Zur Begrenzung des betrieblichen Schuldzinsenabzugs wird auf Rn 289 f. verwiesen. Besonderheiten sind auch zu beachten im Zusammenhang mit Policendarlehen und der Abtretung von Lebensversicherungsleistungen (vgl. Rn 277). 115

IV. Gewinnermittlung und Gewinnermittlungsarten

Ermittelt der Arbeitnehmer seine steuerpflichtigen Einkünfte durch den Abzug von Werbungskosten vom Arbeitslohn (vgl. § 1 Rn 76 ff.), so ermittelt ein Selbständiger (zunächst unabhängig davon, ob eine Einzelpraxis oder eine Sozietät besteht) seine Einkünfte durch die **Saldierung von Betriebseinnahmen und Betriebsausgaben**. 116

Während der Arbeitnehmer im Rahmen seiner Steuererklärung regelmäßig sämtliche steuerlich relevanten Unterlagen (die Lohnsteuerkarte für die Einnahmen sowie Ausgabenbelege) beim Finanzamt einreicht, ist die Handhabung bei den Einkünften aus selbständiger Arbeit eine andere: Der Unternehmer führt eigene Aufzeichnungen über die Summe der Einnahmen und Ausgaben; dem Finanzamt wird letztlich nur eine zusammengefasste Übersicht in Form einer **Gewinn- und Verlustrechnung** (oder **Einnahme-Überschussrechnung**) vorgelegt. 117

Zu beachten ist, dass Steuerpflichtige, die ihren Gewinn nach § 4 Abs. 3 EStG ermitteln, für Wirtschaftsjahre, die nach 2004 beginnen, eine Gewinnermittlung nach amtlich vorgeschriebenem Vordruck abzugeben haben. Dieser amtliche Vordruck, das **Formular EÜR**, verlangt eine Vielzahl von Angaben, die einer entsprechenden Vorbereitung bereits in der Buchhaltung bedürfen. Zu den Einzelheiten dieser vorgeschriebenen Form der Gewinnermittlung vgl. BMF-Schreiben vom 10.2.2005, Az. IV A 7 - S 1451 - 14/05. 118

Zur Überprüfung der Angaben ist in Abständen eine Überprüfung in Form der **Außenprüfung** (früher Betriebsprüfung) vorgesehen.[91] Unberührt bleiben hiervon selbstverständlich die Vorschriften zur Mitwirkung (§§ 90 ff. AO) bei der Sachverhaltsermittlung durch Finanzbehörden. 119

Neben den sich ergebenden Aufzeichnungserfordernissen für das Formular EÜR ergeben sich darüber hinaus aus einer Reihe von Einzelbestimmungen (z.B. § 22 UStG, § 4 Abs. 5 Nr. 7 EStG, § 6 Abs. 2 EStG) oder auch aus der Rechtsprechung (zur Anerkennung bestimmter Aufwendungen als Betriebsausgaben) weitere Aufzeichnungspflichten. 120

Das Steuerrecht kennt mehrere Formen der Gewinnermittlung. Als Besonderheit sei hier die Ermittlung des Gewinns nach Durchschnittssätzen für die Land- und Forst- 121

91 Vgl. § 193 Abs. 1 AO.

wirtschaft[92] genannt. Ebenso kann für bestimmte Berufsgruppen mangels geeigneter Aufzeichnungen eine Gewinnermittlung anhand pauschaler Betriebsausgaben vorgenommen werden.[93]

122 Unabhängig von der Wahl der Gewinnermittlungsart während der aktiven beruflichen Tätigkeit ergibt sich – über den gesamten Zeitraum der beruflichen Tätigkeit betrachtet – für beide nachfolgend erläuterten Gewinnermittlungsformen insgesamt ein identisches Ergebnis (**Totalgewinngleichheit**). Unterschiedlich kann hierbei allerdings die steuerliche Belastung sein, da im Laufe der Jahre z.B. immer wieder Tarife geändert werden.

Beispiel
Rechtsanwalt A ermittelt seinen Gewinn durch eine Einnahme-Überschussrechnung. Rechtsanwalt B ermittelt seinen Gewinn durch Betriebsvermögensvergleich. Beide stellen am 30.12. eine Rechnung über erbrachte Beratungsleistungen, die der Mandant im Januar des Folgejahres ausgleicht. Während A diese Einnahme erst bei Geldeingang versteuern muss, hat B bereits im alten Jahr eine Forderung zu erfassen und somit seinen Gewinn zu erhöhen. Betrachtet man nun beide Jahre zusammen, so haben beide ein identisches Ergebnis erzielt.

1. Einnahme-Überschussrechnung

123 Die für die Anwaltschaft wohl übliche Form der Gewinnermittlung ist die bloße Gegenüberstellung von Betriebseinnahmen und Betriebsausgaben gemäß **§ 4 Abs. 3 EStG**. Bei dieser Form der Gewinnermittlung werden grundsätzlich nur die **tatsächlichen Geldflüsse** als Betriebseinnahme und Betriebsausgabe erfasst; es gilt § 11 EStG (Zufluss-/Abflussprinzip). Gelten Geldeingänge erst mit Gutschrift auf dem Konto unter einem Datum des alten Jahres als im alten Jahr zugeflossen, so gelten Betriebsausgaben bereits dann als abgeflossen, wenn eine Überweisung bereits der Bank zugegangen ist.[94]

124 Mit Ausnahme der sog. 10-Tage-Regel[95] kommt es auf eine wirtschaftliche Zurechnung zu einem bestimmten Zeitraum nicht an. Typische Beispiele für einen Sofortabzug, obwohl die wirtschaftliche Zuordnung eine andere ist, sind Leasing-

92 Vgl. § 13a EStG.
93 Vgl. H 143 EStH 2003.
94 Zu Einzelfällen des Zu- bzw. Abflusszeitpunktes vgl. H 116 EStH 2003.
95 Vgl. § 11 Abs. 1 Satz 2 bzw. Abs. 2 Satz 2 EStG.

sonderzahlungen, Versicherungsbeiträge oder ein einbehaltenes Disagio bei der Darlehensauszahlung.

Nicht als Betriebseinnahme bzw. Betriebsausgabe sind Bewegungen zu erfassen, die im Namen und für Rechnung eines anderen getätigt wurden (**durchlaufende Posten**).[96] 125

Als weitere Ausnahme vom reinen Geldflussprinzip sind **Anschaffungen** zu nennen. 126
Auch bei der Gewinnermittlung nach § 4 Abs. 3 EStG sind Wirtschaftsgüter des Anlagevermögens über den Zeitraum der betriebsgewöhnlichen Nutzungsdauer abzuschreiben (vgl. Abschreibungen, Rn 197 ff.).

Zu beachten ist bei dieser Form der Gewinnermittlung, dass aufgrund der besseren 127
Übersichtlichkeit Forderungen und Verbindlichkeiten nicht im Rahmen der Buchhaltung erfasst werden dürfen. Dies hätte zwar den Vorteil, aus dem Buchhaltungsprogramm heraus Mahnungen erstellen bzw. automatisch Zahlungen an Lieferanten veranlassen zu können. Allerdings werden diese Aufzeichnungen als das freiwillige Führen von Büchern gewertet, so dass auch der Gewinn nun nach § 4 Abs. 1 EStG zu ermitteln ist.[97] Unproblematisch ist u. E. hingegen das Führen einer Offene-Posten-Buchhaltung (z.B. für Mahnzwecke) losgelöst von der Finanzbuchhaltung.

2. Betriebsvermögensvergleich

Für den Anwalt besteht auch die Möglichkeit, seinen Gewinn freiwillig durch 128
Betriebsvermögensvergleich gemäß **§ 4 Abs. 1 EStG** zu ermitteln. Grundlage hierfür sind ordnungsmäßig geführte Bücher, aus denen neben den Betriebseinnahmen und Betriebsausgaben auch Veränderungen des Praxisvermögens ersichtlich sind. Buchungen sind nach den allgemeinen kaufmännischen Regeln vorzunehmen.[98]

Wie die Vorschrift des § 4 Abs. 1 EStG im Wortlaut schon ausdrückt, wird das 129
Ergebnis durch Vergleich des Betriebsvermögens[99] am Anfang des Jahres mit dem Betriebsvermögen am Ende des Jahres ermittelt.

Werden bei der Einnahme-Überschussrechnung (vgl. Rn 123) nur die Bewegungen 130
auf den Finanzkonten (Kasse, Bank) verglichen, so werden nun die Bestände der Finanzkonten, der **Forderungs- und Verbindlichkeitskonten** sowie sonstige Bestandskonten, wie z.B. Anlagevermögen, verglichen.

96 Vgl. § 4 Abs. 3 Satz 2 EStG sowie Rn 150.
97 Vgl. BStBl. III 1960, S. 188.
98 Vgl. BStBl. III 1966, S. 496.
99 Zum Begriff des Betriebsvermögens vgl. Rn 78 ff.

131 Die Gewinnermittlung durch Betriebsvermögensvergleich berücksichtigt – da dieser Vergleich sämtliche Positionen des Betriebsvermögens zu enthalten hat – auch aktive und passive Positionen, die bei einer Einnahme-Überschussrechnung nach § 4 Abs. 3 EStG keine Rolle spielen. Nachfolgend eine Aufzählung der wesentlichen Abweichungen:

132 **Gewinnerhöhend** wirken sich u.a. aus

- Honorarforderungen,
- Erfassung und Bewertung teilfertiger (angefangener) Arbeiten,
- aktive Rechnungsabgrenzungen (geleistete Zahlungen vor dem Bilanzstichtag für Aufwendungen, die wirtschaftlich einem Zeitraum nach dem Bilanzstichtag zuzuordnen sind).

133 **Gewinnmindernd** wirken sich u.a. aus

- Rückstellungen,[100]
- Verbindlichkeiten, z.B. gegenüber Lieferanten,
- Anzahlungen von Mandanten.

134 **Gewinnneutral** hingegen wird bei der Gewinnermittlung durch Betriebsvermögensvergleich die Umsatzsteuer behandelt.[101]

135 § 4 Abs. 1 EStG sieht für die Gewinnermittlung durch **Betriebsvermögensvergleich** folgende **Schritte** vor:

- Bestand des Betriebsvermögens am Ende des Jahres
- abzüglich Bestand des Betriebsvermögens am Anfang des Jahres
- zuzüglich Privatentnahmen
- abzüglich Privateinlagen.

3. Ermittlung des steuerlichen Gewinns

136 Da der Rechtsanwalt für seine Praxis keine handelsrechtliche Gewinnermittlung vornimmt, entfällt hier eine Angleichung des errechneten Ergebnisses an steuerliche Vorschriften.

137 Zu prüfen sind allerdings die Ausgabenpositionen hinsichtlich der vollständigen steuerlichen Abzugsfähigkeit, wie z.B. Bewirtungskosten.[102]

100 Rückstellungen werden gebildet für Verbindlichkeiten, die wirtschaftlich dem alten Jahr zuzurechnen sind, aber dem Grunde und der Höhe nach zum Bilanzstichtag noch nicht bekannt sind. Vgl. hier § 249 HGB, § 5 Abs. 2 a ff. EStG sowie R 31 c EStR 2003.

101 Vgl. → Steuern, Rn 299.

102 Vgl. hierzu insgesamt Rn 195 ff.

Ebenso ist die Einnahmenseite hinsichtlich der Vollständigkeit[103] zu prüfen.[104] 138

V. ABC der Betriebseinnahmen

- **Abfindungen** → Entschädigungen 139

- **Anderkonten** → Durchlaufende Posten 140

- **Aufsichtsratvergütungen** 141

Vergütungen für die Tätigkeit in einem Aufsichtsrat stellen gemäß § 18 Abs. 1 Nr. 3 EStG Einkünfte aus sonstiger selbständiger Arbeit dar und sind als Betriebseinnahmen zu erfassen.

- **Ausländische Einkünfte** 142

Unbeschränkt steuerpflichtige Personen mit Wohnsitz oder gewöhnlichem Aufenthalt im Inland unterliegen grundsätzlich auch mit ihren ausländischen Einkünften der deutschen Einkommensteuer (sog. Welteinkommensprinzip, § 2 Abs. 1 EStG). Etwas anderes gilt, wenn die Einkünfte durch ein Doppelbesteuerungsabkommen (DBA) von der deutschen Besteuerung freigestellt sind. Im Regelfall werden die Einkünfte aus selbständiger Tätigkeit im Ansässigkeitsstaat besteuert, wenn der Unternehmer im Ausland für die Ausübung seiner Tätigkeit keine feste Einrichtung unterhält. Wird eine feste Einrichtung unterhalten, steht i.d.R. dem Staat das Besteuerungsrecht zu, in dem die Einkünfte erzielt werden. Sind die ausländischen Einkünfte im Inland von der Besteuerung freigestellt, sind sie regelmäßig im Rahmen des Progressionsvorbehalts (§ 32b EStG) zu berücksichtigen.

- **Beratung** 143

Einnahmen aus Finanz- oder Kreditberatung können gewerbliche Einkünfte darstellen (vgl. Rn 21).

- **Bestechungsgelder** 144

Bestechungs- oder Schmiergelder sind beim Empfänger als Betriebseinnahmen zu erfassen, wenn sie im Zusammenhang mit seiner betrieblichen Tätigkeit stehen. Dies gilt unabhängig von der steuerlichen Behandlung beim Leistenden (vgl. Rn 225).

- **Betreuung** 145

Einnahmen aus der Betreuung i.S.d. §§ 1896 ff. BGB sind regelmäßig als Betriebseinnahmen zu erfassen. Ggf. können hinsichtlich dieser Tätigkeit gewerbliche Einkünfte vorliegen (vgl. Rn 22).

103 Z.B. die Entnahme von Gegenständen in das Privatvermögen.

104 Vgl. Rn 193 ff.

146 ■ **Betriebsveräußerungen** → Veräußerungserlöse

147 ■ **Buchgewinne** → Veräußerungserlöse

148 ■ **Darlehen**

Die Auszahlung der Darlehensvaluta eines für betriebliche Zwecke aufgenommenen Darlehens stellt keine Betriebseinnahme, sondern einen nicht steuerbaren Vorgang auf der Vermögensebene dar. Das Gleiche gilt für die Rückzahlung eines aus betrieblichen Gründen gewährten Darlehens. Die Darlehenszinsen eines mit betrieblicher Veranlassung einem Dritten gewährten Darlehens sind als Betriebseinnahmen zu erfassen. Zu Policendarlehen siehe auch Rn 277.

149 ■ **Doppelbesteuerungsabkommen** → Ausländische Einkünfte

150 ■ **Durchlaufende Posten**

Durchlaufende Posten (Fremdgelder) sind im Namen und für Rechnung eines Dritten vereinnahmte (und verausgabte) Gelder. Wenn die Verpflichtung und der Wille zur Weiterleitung bereits im Zeitpunkt des Zuflusses zweifelsfrei erkennbar sind, werden durchlaufende Posten bei der Gewinnermittlung durch Gegenüberstellung von Betriebseinnahmen und Betriebsausgaben nicht erfasst (§ 4 Abs. 3 Satz 2 EStG). Insoweit ist darauf zu achten, dass Bestände auf Fremdgeldkonten im Rahmen der Aufzeichnungen abgestimmt werden. Von einem Anwalt für den Mandanten verauslagte Gerichtskosten(-vorschüsse) und Zeugengelder stellen unter diesen Voraussetzungen durchlaufende Posten dar. Keine durchlaufenden Posten sind jedoch dem Mandanten weiterbelastete Auslagen für Porti, Telefon etc. Die Umsatzsteuer ist bei der Gewinnermittlung durch Gegenüberstellung von Betriebseinnahmen und Betriebsausgaben (§ 4 Abs. 3 EStG) als Betriebseinnahme bzw. Betriebsausgabe (vgl. Rn 299) zu erfassen – anders bei der Gewinnermittlung durch Betriebsvermögensvergleich (§ 4 Abs. 1 und § 5 EStG). Bei der Vereinnahmung von Vorschüssen liegen durchlaufende Posten hinsichtlich der Vorschüsse für verauslagte Gerichtskosten und Zeugengelder vor, wenn aus der Vorschuss-Rechnung ersichtlich ist, in welcher Höhe der Vorschuss auf die verauslagten Fremdgelder entfällt. Zur umsatzsteuerlichen Behandlung von durchlaufenden Posten vgl. § 5 Rn 73.

151 ■ **Entschädigungen**

Entschädigungen können sein: Abfindungen, Abstandszahlungen, Versicherungsentschädigungen, Vertragsstrafen, Schadensersatzleistungen etc. Auf die Bezeichnung des Entgeltes kommt es für die ertragsteuerliche Würdigung nicht an. Entschädigungen sind als Betriebseinnahmen zu erfassen, wenn der Grund für die Entstehung des Anspruchs im betrieblichen Bereich liegt. Auf die ertragsteuerliche Behandlung beim Leistenden kommt es grundsätzlich nicht an. Werden entgangene

Betriebseinnahmen entschädigt, stellt der Ersatz der Betriebseinnahmen selbst eine Betriebseinnahme dar. Etwas anderes kann nur gelten, wenn steuerfreie Einnahmen ersetzt werden. Werden betriebliche Aufwendungen durch einen Dritten ersetzt, liegen hinsichtlich der hierfür erhaltenen Leistungen ebenfalls Betriebseinnahmen vor. Entschädigungen unterliegen ggf. dem ermäßigten Steuersatz (§ 34 Abs. 2 Nr. 2 EStG). Zur umsatzsteuerlichen Behandlung von Entschädigungen und Schadenersatz vgl. § 5 Rn 75.

■ **Existenzgründerzuschüsse** 152

Zuschüsse an Existenzgründer nach § 421l SGB III („Hartz II", „Ich-AG") sind nach § 3 Nr. 2 EStG steuerfrei und unterliegen nicht dem Progressionsvorbehalt.

■ **Fremdgelder** → Durchlaufende Posten 153

■ **Geschenke** 154

Geldschenkungen stellen beim Empfänger Betriebseinnahmen dar, wenn die Zuwendung betrieblich veranlasst ist. Siehe auch → Bestechungsgelder. Unentgeltliche Sachzuwendungen von einzelnen Wirtschaftsgütern aus betrieblichen Gründen sind in Höhe des gemeinen Wertes (§ 9 BewG) des zugewendeten Wirtschaftsgutes als Betriebseinnahmen zu erfassen, wenn es sich um aktivierungspflichtige Wirtschaftsgüter oder um ein geringwertiges Wirtschaftsgut (vgl. Rn 250) handelt. Der gemeine Wert gilt ebenfalls als Anschaffungskosten des zugewendeten Wirtschaftsgutes (§ 6 Abs. 4 EStG) und bildet die Bemessungsgrundlage für Abschreibungen (vgl. Rn 197 ff.). Werden Wirtschaftsgüter aus privaten Gründen unentgeltlich zugewendet und sodann vom Empfänger betrieblich genutzt, ist dieser Vorgang als Einlage zu werten (§ 6 Abs. 1 Nr. 5 EStG).

■ **Gutachterhonorar** 155

Das Honorar für die Erstellung von Rechtsgutachten ist als Betriebseinnahme des Rechtsanwalts zu erfassen (BFH, BStBl. II 1971, S. 132).

■ **Hausverwaltung** 156

Die Einnahmen aus der Tätigkeit als Hausverwalter können als Einkünfte aus selbständiger Arbeit i.S.v. § 18 Abs. 1 Nr. 3 EStG zu erfassen sein. Ggf. liegen jedoch gewerbliche Einkünfte vor (vgl. Rn 22).

■ **Hilfsgeschäfte** 157

Einnahmen aus Hilfs- oder Nebengeschäften, die sich aus der betrieblichen Tätigkeit ergeben, sind als Betriebseinnahmen zu erfassen. Beispiele: → Veräußerungserlöse und → Mieterträge aus der Nutzungsüberlassung von Wirtschaftsgütern des Betriebsvermögens, → Zinseinnahmen aus betrieblich veranlasster Darlehensgewährung, → Entschädigungen, → Bestechungsgelder.

158 ■ **Ich-AG** → Existenzgründerzuschüsse

159 ■ **Insolvenzverwaltung**

Einnahmen aus einer Insolvenzverwaltung können als Einkünfte aus selbständiger Arbeit i.S.v. § 18 Abs. 1 Nr. 3 EStG zu erfassen sein. Zur gewerblichen Tätigkeit eines Insolvenzverwalters vgl. Rn 22.

160 ■ **Investitionszulagen**

Zulagen nach dem Investitionszulagengesetz gehören, soweit sie mit Betriebsvermögen in Zusammenhang stehen, nicht zu den steuerpflichtigen Einkünften i.S.d. EStG (§ 8 InvZulG 2005).

161 ■ **Krankentagegeld**

Das von einer Krankenversicherung bei Arbeitsunfähigkeit des Unternehmers gezahlte Kranken(tage)geld ist steuerfrei (§ 3 Nr. 1 a EStG). Werden die Zahlungen jedoch von einer gesetzlichen Krankenkasse geleistet, unterliegen sie (anders als die Leistungen von privaten Krankenversicherungen) dem Progressionsvorbehalt (§ 32b Abs. 1 Nr. 1 b EStG).

162 ■ **Mieterträge**

Miet- und Pachterträge sind als Betriebseinnahmen zu erfassen, wenn Wirtschaftsgüter des Betriebsvermögens (vgl. Rn 78 ff.) vermietet bzw. verpachtet werden. Ebenso zählen Einnahmen aus der Untervermietung von Räumen an einen Berufskollegen zu den Betriebseinnahmen.

163 ■ **Nachträgliche Betriebseinnahmen**

Einnahmen nach Beendigung der betrieblichen Tätigkeit sind als Betriebseinnahmen zu erfassen, wenn sie ihren Grund in der ehemaligen betrieblichen Tätigkeit haben (§ 24 Nr. 2 EStG). Siehe auch →Veräußerungserlöse.

164 ■ **Nebengeschäfte** → Hilfsgeschäfte

165 ■ **Nutzungsvorteile**

Die bloße (unentgeltliche) Nutzung eines Wirtschaftsgutes für betriebliche Zwecke stellt i.d.R. keine Betriebseinnahme dar.

166 ■ **Preisgelder**

Preisgelder stellen Betriebseinnahmen dar, wenn bestimmte betriebliche Leistungen des Unternehmers ausgezeichnet werden, z.B. bei der Preisauslobung für Architektenentwürfe. Keine Betriebseinnahmen liegen vor, wenn das Gesamtwerk, eine bestimmte Forschungstätigkeit oder die Persönlichkeit des Preisträgers geehrt wird (z.B. Nobelpreis). Bei Verlosungspreisen liegen i.d.R. keine Betriebseinnahmen vor. Vgl. im Einzelnen BMF-Schreiben vom 5.9.1996 (BStBl. I 1996, S. 1150).

Privatnutzung 167

Der private Nutzungsanteil von Wirtschaftsgütern des Betriebsvermögens (vgl. Rn 78 ff.) ist als Betriebseinnahme zu erfassen. Siehe auch Rn 261 ff.

Reisekostenerstattung 168

Die dem Mandanten in Rechnung gestellten Reisekosten stellen – unabhängig von ihrer Abzugsfähigkeit als Betriebsausgaben (vgl. Rn 251) – Betriebseinnahmen dar.

Renten 169

Wird ein Betrieb gegen Vereinbarung einer Leibrente veräußert, steht dem Veräußerer ein Besteuerungswahlrecht (R 139 Abs. 11 EStR) zu:

- **Sofortbesteuerung:** Der nach dem Bewertungsgesetz zu ermittelnde Rentenbarwert ist abzüglich der Veräußerungskosten und der Buchwerte des Betriebsvermögens als ein nach den §§ 16 Abs. 4 und 34 EStG begünstigter Veräußerungsgewinn zu versteuern. Die Ertragsanteile der Rentenzahlungen stellen in diesem Fall beim Veräußerer sonstige Einkünfte (§ 22 EStG) dar.
- **Zuflussbesteuerung:** Die Rentenzahlungen sind bis zu dem Zeitpunkt steuerneutral zu behandeln, in dem ihr Kapitalwert (saldiert) die Höhe des steuerlichen Kapitalkontos zzgl. der Veräußerungskosten erreicht hat. Die dann zufließenden Rentenzahlungen stellen in voller Höhe zu versteuernde → nachträgliche Betriebseinnahmen dar. Die in den Rentenzahlungen enthaltenen Zinsanteile stellen schon vor der Verrechnung bei Zufluss Betriebseinnahmen dar. Bei der Zuflussbesteuerung werden die Vergünstigungen der §§ 16 Abs. 4 und 34 EStG nicht gewährt.

Werden einzelne Wirtschaftsgüter des Betriebsvermögens gegen Rentenvereinbarung veräußert, gelten die Ausführungen zur Sofortbesteuerung mit Ausnahme der hier nicht zu gewährenden Begünstigung des Veräußerungsgewinns entsprechend. Zur Rentenvereinbarung im Rahmen der vorweggenommenen Erbfolge vgl. BMF-Schreiben vom 13.1.1993 (BStBl. I 1993, S. 80).

Repetitor 170

Für die nebenberufliche selbständige Tätigkeit als Repetitor ist ggf. der Steuerfreibetrag gemäß § 3 Nr. 26 EStG i.H.v. 1.848 EUR zu gewähren (vgl. DStR 1990, 352).

Sachzuwendungen 171

Sachzuwendungen in Geldeswert als Gegenleistung für betriebliche Leistungen sind in Höhe des gemeinen Wertes (§ 9 BewG) des zugewendeten Gegenstandes als Betriebseinnahme zu erfassen. Zu unentgeltlichen Sachzuwendungen siehe → Geschenke.

172 ■ **Sanierungsgewinne**

Die Steuerbefreiung von Sanierungsgewinnen (§ 3 Nr. 66 EStG a.F.) gilt letztmals im Wirtschaftsjahr 1997. Sanierungsgewinne sind ab 1998 nach allgemeinen Kriterien i.d.R. steuerpflichtig.

173 ■ **Schadensersatz** → Entschädigungen

174 ■ **Schmiergelder** → Bestechungsgelder

175 ■ **Sonderbetriebseinnahmen**

Sonderbetriebseinnahmen sind Einnahmen des Gesellschafters einer Personengesellschaft, die dem Gesellschafter selbst (und nicht der Gesellschaft) zufließen. Vgl. im Einzelnen hierzu Rn 333 ff.

176 ■ **Spekulationsgewinne** → Wertpapiererträge

177 ■ **Steuererstattungen**

Die Erstattung betrieblicher Steuern (vgl. hierzu im Einzelnen Rn 299) ist als Betriebseinnahme zu erfassen.

178 ■ **Steuerfreie Einnahmen** → Ausländische Einkünfte, → Investitionszulagen, → Krankentagegeld, → Überbrückungsgeld

179 ■ **Stille Reserven** → Veräußerungserlöse

180 ■ **Tausch**

Beim Tausch eines zum Betriebsvermögen gehörenden Wirtschaftsgutes ist der → Veräußerungserlös in Höhe des gemeinen Wertes (§ 9 BewG) des hingegebenen Wirtschaftsgutes als Betriebseinnahme zu erfassen.

181 ■ **Testamentsvollstrecker**

Einnahmen aus der im Rahmen der rechtsanwaltlichen Tätigkeit durchgeführten Testamentsvollstreckung sind als Betriebseinnahmen zu erfassen (vgl. auch BFH, BStBl. 1998 II, S. 760 zu § 191 AO). Die Tätigkeit als Testamentsvollstrecker ist als sonstige selbständige Tätigkeit in § 18 Abs. 1 Nr. 3 EStG aufgeführt. Ggf. können hinsichtlich dieser Tätigkeit gewerbliche Einkünfte vorliegen (vgl. Rn 22).

182 ■ **Treuhänder**

Die Einnahmen aus der Tätigkeit als Treuhänder können als Einkünfte aus selbständiger Arbeit nach § 18 Abs. 1 Nr. 3 EStG zu erfassen sein. Zur gewerblichen Tätigkeit eines Treuhänders vgl. Rn 22 f.

183 ■ **Überbrückungsgeld**

Das bei Aufnahme einer selbständigen Tätigkeit nach § 57 SGB III gezahlte Überbrückungsgeld ist steuerfrei (§ 3 Nr. 2 EStG) und unterliegt seit dem 1.1.2003 nicht mehr dem Progressionsvorbehalt.

■ **Unentgeltliche Tätigkeit** → Verzicht auf Einnahmen 184

■ **Unentgeltliche Zuwendungen** → Geschenke, → Zuschüsse 185

■ **Veräußerungserlöse** 186

Der Erlös aus der Veräußerung betrieblicher Wirtschaftsgüter ist als Betriebseinnahme zu erfassen. Bei aktivierungspflichtigen Wirtschaftsgütern ist der Restbuchwert im Gegenzug im Zeitpunkt der Veräußerung als Betriebsausgabe anzusetzen. Im Ergebnis werden somit die **stillen Reserven** des Wirtschaftsgutes bei der Veräußerung besteuert. Der Erlös aus der Veräußerung eines gesamten Betriebes oder eines Teilbetriebes ist nach den §§ 16, 18 Abs. 3 EStG steuerpflichtig. Siehe auch → Renten, → Tausch.

■ **Vermittlung von Vermögensanlagen** 187

Entsprechende Einnahmen sind i.d.R. als Einkünfte aus Gewerbebetrieb zu erfassen (vgl. Rn 21).

■ **Vermögensverwalter** 188

Auch Einnahmen aus der Tätigkeit als Vermögensverwalter können als Betriebseinnahme nach § 18 Abs. 1 Nr. 3 EStG zu erfassen sein. Zur gewerblichen Tätigkeit eines Vermögensverwalters vgl. Rn 22.

■ **Versicherungsentschädigungen** → Entschädigungen 189

■ **Verzicht auf Einnahmen** 190

Der (nachträgliche) Verzicht auf Betriebseinnahmen ist bei der Gewinnermittlung durch Gegenüberstellung von Betriebseinnahmen und Betriebsausgaben (§ 4 Abs. 3 EStG) im Rahmen einer Entnahme als Betriebseinnahme zu erfassen, wenn der Verzicht aus privaten Gründen erfolgt. Erfolgt der Verzicht aus betrieblichen Gründen (Zahlungsunfähigkeit des Mandanten, Erwartung neuer Aufträge), ist keine Betriebseinnahme anzusetzen. Wird der Unternehmer von vornherein aus betrieblichen Gründen unentgeltlich tätig, liegt diesbezüglich ebenfalls keine Betriebseinnahme vor.

■ **Vorschüsse** 191

Bei der Gewinnermittlung durch Gegenüberstellung von Betriebseinnahmen und Betriebsausgaben (§ 4 Abs. 3 EStG) sind Vorschüsse für betriebliche Leistungen im Zeitpunkt ihres Zuflusses als Betriebseinnahme zu erfassen. Siehe auch → Durchlaufende Posten.

■ **Wertpapiererträge** 192

Soweit Wertpapiere im Betriebsvermögen gehalten werden (vgl. Rn 86), stellen deren Erträge und Veräußerungsgewinne Betriebseinnahmen dar. Werden die Papiere hingegen im Privatvermögen gehalten, erfolgt die Besteuerung der laufenden Erträge nach § 20 EStG; Veräußerungserlöse sind im Rahmen von § 23 EStG zu erfassen.

193 ■ **Zinseinnahmen**

Die Zinsen eines mit betrieblicher Veranlassung einem Dritten gewährten Kredites sind als Betriebseinnahmen zu erfassen. Erhaltene oder erstattete Zinsen auf Steuern können Betriebseinnahmen darstellen (vgl. analog Rn 289).

194 ■ **Zuschüsse**

Zuschüsse und Zulagen sind i.d.R. als Betriebseinnahme zu erfassen, wenn ein Zusammenhang mit dem Betrieb besteht. Dies gilt nicht für → Investitionszulagen. Werden Wirtschaftsgüter des Anlagevermögens mit Zuschüssen angeschafft, hat der Unternehmer ein Wahlrecht (R 34 EStR):

- Er kann die Zuschüsse als Betriebseinnahmen ansetzen; in diesem Fall ist die Bemessungsgrundlage der Abschreibungen (vgl. Rn 197 ff.) nicht um die erhaltenen Zuschüsse zu kürzen.
- Die Zuschüsse können gewinnneutral behandelt werden, kürzen dann aber die Bemessungsgrundlage der Abschreibungen.

VI. ABC der Betriebsausgaben

195 ■ **Abbruchkosten**

Abbruchkosten eines Gebäudes stellen i.d.R. Betriebsausgaben dar. Beim Erwerb mit Abbruchabsicht können sie jedoch Anschaffungskosten des Grund und Bodens oder Herstellungskosten des neu errichteten Gebäudes darstellen (H 33 a EStH).

196 ■ **Abfindungen**

Soweit betrieblich veranlasst (Abstandszahlungen zur vorzeitigen Beendigung eines Mietverhältnisses, Abfindungen bei Beendigung eines Arbeitsverhältnisses), liegen Betriebsausgaben vor. Zur steuerlichen Behandlung beim abgefundenen Arbeitnehmer vgl. § 1 Rn 106. Zur Abfindung eines sog. lästigen Gesellschafters → Gesellschafter.

197 ■ **Abschreibungen**

Aufwendungen (Anschaffungs- und Herstellungskosten) für Wirtschaftsgüter mit einer betrieblichen Nutzungsdauer von mehr als einem Jahr stellen nicht im Jahr der Verausgabung Betriebsausgaben dar, sondern sind in jährlichen Teilbeträgen im Rahmen der **Absetzung für Abnutzung (AfA)** zu berücksichtigen. Die Nutzungsdauer des jeweiligen Wirtschaftsgutes wird in den amtlichen AfA-Tabellen festgelegt oder aufgrund der bisherigen betrieblichen Erfahrungen ermittelt. Abzugsfähige

Vorsteuerbeträge (→ Steuern) zählen i.d.R. nicht zu den Anschaffungs- und Herstellungskosten (§ 9b EStG).

Man unterscheidet im Wesentlichen die **lineare AfA** (§ 7 Abs. 1 EStG), bei der die Anschaffungskosten gleichmäßig auf die betriebsgewöhnliche Nutzungsdauer verteilt werden, und die **degressive AfA** (§ 7 Abs. 2 EStG – AfA in fallenden Jahresbeträgen) für bewegliche Wirtschaftsgüter des Anlagevermögens, bei der ein gleichbleibender Abschreibungs-Prozentsatz auf die Anschaffungskosten und später auf den verbleibenden Restbuchwert am Ende des Kalenderjahres angewendet wird. Der Prozentsatz bei der degressiven AfA beträgt maximal das Doppelte des Prozentsatzes der linearen AfA, höchstens jedoch 20%. Ein Wechsel von der degressiven zur linearen AfA ist zulässig, ein umgekehrter Wechsel jedoch nicht. 198

Im **Jahr der Anschaffung** eines Wirtschaftsgutes, der **Veräußerung** sowie der **Einlage** oder **Entnahme** ist die AfA zeitanteilig je Monat **(pro rata temporis)** zu ermitteln. Besonderheiten in Bezug auf die AfA gelten bei → Geringwertigen Wirtschaftsgütern. 199

Bei **Gebäuden** bzw. selbständigen Gebäudeteilen (vgl. Rn 101 ff.) im Betriebsvermögen, die nicht Wohnzwecken dienen, beträgt die lineare AfA 3% p.a., wenn der Bauantrag nach dem 31.3.1985 gestellt wurde, anderenfalls 4% p.a. 200

Soweit diese Voraussetzungen nicht gegeben sind (kein Betriebsvermögen oder keine Nutzung zu Wohnzwecken), beträgt die lineare AfA bei Gebäuden, die nach dem 31.12.1924 fertiggestellt wurden, 2% p.a., anderenfalls 2,5% p.a. 201

Die **degressive AfA bei Gebäuden** richtet sich nach § 7 Abs. 5 EStG und gliedert sich aufgrund von Gesetzesänderungen in eine Vielzahl verschiedener Alternativen auf, die vom Datum des Bauantrags abhängig sind. Für Gebäude im Betriebsvermögen scheidet eine degressive AfA aus, wenn der Bauantrag nach dem 31.12.1993 gestellt wurde. 202

Besonderheiten in Bezug auf die AfA gelten bei nachträglichen Herstellungskosten (R 43 Abs. 5 EStR), Einlage, Entnahme und Nutzungsänderung (R 43 Abs. 6 EStR und R 44 Abs. 11 EStR). Wird ein Wirtschaftsgut des Betriebsvermögens **veräußert**, stellt der Veräußerungserlös Betriebseinnahmen und der Restbuchwert beim Ausscheiden Betriebsausgaben dar. Bei Zuschüssen zu den Anschaffungs- oder Herstellungskosten für Wirtschaftsgüter des Anlagevermögens vgl. Rn 194. 203

Neben der AfA sind ggf. **Sonderabschreibungen** möglich. Hier ist für die anwaltliche Praxis regelmäßig nur die Sonderabschreibung nach § 7g Abs. 1 EStG für neue bewegliche Wirtschaftsgüter des Anlagevermögens relevant. 204

205 § 7g Abs. 3 EStG bietet die steuergestalterisch sehr interessante Möglichkeit, für die künftige Anschaffung oder Herstellung eines Wirtschaftsgutes eine steuermindernde Rücklage von bis zu 40% der geplanten Anschaffungs- oder Herstellungskosten geltend zu machen. Diese sogenannte **Ansparabschreibung** ist im Jahr der Anschaffung des Wirtschaftsgutes, spätestens jedoch mit Ablauf des zweiten auf die Bildung der Rücklage folgenden Wirtschaftsjahres gewinnerhöhend aufzulösen. Erfolgt die Auflösung der Rücklage ohne eine entsprechende Anschaffung, ist ein Gewinnzuschlag von 6% p.a. zu berücksichtigen. Faktisch bietet die Ansparabschreibung somit ein Instrumentarium zur **Vorwegnahme von Abschreibungen oder zur Steuerstundung**. Die von der Finanzverwaltung im Erlass vom 25.2.2004 (BStBl. I 2004, S. 337) dargelegten Erfordernisse sind hierbei zu beachten. Besondere Regelungen gelten in diesem Zusammenhang für **Existenzgründer**. Neben einem erweiterten Investitionszeitraum von fünf Jahren entfällt bei ihnen auch der Gewinnzuschlag, sollte keine Anschaffung erfolgen.

206 Weitere Sonderabschreibungen im Betriebsvermögen sind möglich nach § 7f EStG für das Anlagevermögen privater Krankenhäuser, nach § 82f EStDV für Handels- und Seefischereischiffe und Luftfahrzeuge sowie nach dem Fördergebietsgesetz für Wirtschaftsgüter in den neuen Bundesländern (bis einschließlich 1998).

207 An die Stelle der AfA können auch **erhöhte Absetzungen** treten. Dies gilt gemäß § 7h EStG für Gebäude in Sanierungsgebieten und städtebaulichen Entwicklungsbereichen, gemäß § 7i EStG für Baudenkmale, gemäß § 7k EStG für Wohnungen mit Sozialbindung und gemäß § 10g EStG für Kulturgüter. Mindert sich der Wert eines Wirtschaftsgutes durch außergewöhnliche Ereignisse, ist eine Absetzung für **außergewöhnliche** technische oder wirtschaftliche **Abnutzung** zulässig (§ 7 Abs. 1 Satz 7 EStG). Bei Bergbauunternehmen etc. ist eine Absetzung für Substanzverringerung möglich. Abschließend ist noch auf die **Teilwertabschreibung** (§ 6 Abs. 1 Nr. 1 Satz 2 und Nr. 2 Satz 2 EStG) für bilanzierende Betriebe hinzuweisen.

208 ■ **Absetzung für Abnutzung** → Abschreibungen

209 ■ **Abstandszahlungen** → Abfindungen

210 ■ **Altersversorgung** (betriebliche)

Aufwendungen für die betriebliche Altersversorgung der Arbeitnehmer stellen i.d.R. Betriebsausgaben dar. Bei bilanzierenden Unternehmen ist für Pensionsrückstellungen § 6a EStG zu beachten (siehe auch § 4 Rn 59). Aufwendungen für die Altersversorgung des Unternehmers sind keine Betriebsausgaben, sondern Sonderausgaben (§ 10 Abs. 1 Nr. 2 EStG).

■ **Angehörige** 211

Betrieblich veranlasste Zahlungen (Löhne, Gehälter, Miet- und Pachtzahlungen, Darlehenszinsen) an Angehörige (§ 15 AO) stellen Betriebsausgaben dar, wenn die Vereinbarungen einem Fremdvergleich (Drittvergleich) standhalten. Die Vereinbarung muss formwirksam, angemessen und tatsächlich durchgeführt sein (R 19 EStR).

■ **Anlaufkosten** 212

Aufwendungen für die Praxiseröffnung und die Ingangsetzung und Erweiterung des Geschäftsbetriebes stellen ertragsteuerlich sofort abzugsfähige Betriebsausgaben dar, soweit keine Anschaffungs- oder Herstellungskosten für Wirtschaftsgüter des Betriebsvermögens vorliegen, → Abschreibungen.

■ **Anschaffungskosten** → Abschreibungen 213

■ **Ansparabschreibung** → Abschreibungen 214

■ **Anwaltsgebühren** 215

Aufwendungen für Anwaltsgebühren für die Inanspruchnahme eines Berufskollegen stellen Betriebsausgaben dar, wenn und soweit die anwaltliche Leistung im Zusammenhang mit dem Betrieb steht. Siehe auch → Rechtsberatungskosten und Rechtsverfolgungskosten.

■ **Arbeitsleistung, eigene** 216

Die eigene Arbeitsleistung des Unternehmers ist im Rahmen des Betriebsausgabenabzugs ebenso wie bei der Ermittlung der → Herstellungskosten eines betrieblichen Wirtschaftsgutes nicht berücksichtigungsfähig.

■ **Arbeitslohn** 217

Der Arbeitslohn für Arbeitnehmer, die im Betrieb beschäftigt sind, ist einschließlich der Arbeitgeberanteile zur Sozialversicherung als Betriebsausgabe abzugsfähig. Siehe auch → Altersversorgung (betriebliche).

■ **Arbeitsmittel** 218

Arbeitsmittel wie → Fachliteratur, Arbeitskleidung (vgl. Rn 264) u.a. sind als Betriebsausgaben abzugsfähig, soweit sie betrieblich veranlasst sind. Wenn eine private Mitveranlassung der Anschaffung gegeben und eine Trennung der privaten und betrieblichen Nutzung nicht nach objektiven Kriterien möglich ist, stellen die Kosten insgesamt nicht abzugsfähige Aufwendungen der privaten Lebensführung dar (§ 12 Nr. 1 EStG). Haben Arbeitsmittel eine betriebsgewöhnliche Nutzungsdauer von mehr als einem Jahr, sind die Anschaffungs- und Herstellungskosten nur im Rahmen der → Abschreibung zu berücksichtigen.

219 ■ **Arbeitszimmer** (häusliches)

Begrifflich liegt ein häusliches Arbeitszimmer vor, wenn sich dieses in der eigenen zu Wohnzwecken genutzten Wohnung befindet. Aufwendungen für das häusliche Arbeitszimmer (Miete, Nebenkosten, Versicherung, Reinigung, → Abschreibungen etc.) sind nur im Rahmen der Regelung des § 4 Abs. 5 Nr. 6 b EStG als Betriebsausgaben abzugsfähig. Hiernach sind folgende Fallgestaltungen zu unterscheiden:

- Die Kosten sind im vollen Umfang abzugsfähig, wenn das häusliche Arbeitszimmer den Mittelpunkt – nahezu ausschließlich – der gesamten beruflichen und betrieblichen Tätigkeit bildet („Wohnzimmerkanzlei").
- Die nachgewiesenen Kosten sind bis zu einem Höchstbetrag von 1.250 EUR abzugsfähig, wenn
  - die gesamte berufliche und betriebliche Tätigkeit zu mehr als 50% – aber nicht ausschließlich – im Arbeitszimmer ausgeübt wird oder
  - für die berufliche oder betriebliche Tätigkeit kein anderer Arbeitsplatz zur Verfügung steht.

    Im Falle einer nebenberuflichen anwaltlichen Tätigkeit, für die nur der Arbeitsplatz im Arbeitszimmer zur Verfügung steht, gilt die vorgenannte Begrenzung.

    Wird neben der anwaltlichen Tätigkeit eine weitere Tätigkeit (z.B. als Schriftsteller) von zu Hause aus ausgeübt, können Kosten für das Arbeitszimmer in Höhe bis zu 1.250 EUR geltend gemacht werden.
- Die Kosten für ein häusliches Arbeitszimmer sind nicht abzugsfähig, wenn der Anwalt in der Regel in seinen Kanzleiräumen tätig wird und nur in geringem Umfang Arbeiten im häuslichen Arbeitszimmer ausführt.

Kosten für → Arbeitsmittel im häuslichen Arbeitszimmer sind ungeachtet der Regelung des § 4 Abs. 5 Nr. 6 b EStG abzugsfähig. Wegen der Einzelheiten zur Abzugsfähigkeit der Kosten für ein häusliches Arbeitszimmer vgl. BMF-Schreiben, BStBl. I 2004, S. 143.

220 ■ **Ausbildungskosten**

Kosten für die eigene Berufsausbildung (ohne Ausbildungsarbeitsverhältnisse) sind nach § 10 Abs. 1 Nr. 7 EStG bis zu einer Höhe von 4.000 EUR p.a. als Sonderausgaben abzugsfähig. Dagegen sind Fortbildungskosten in einem ausgeübten Beruf voll als Betriebsausgaben abzugsfähig. Siehe auch → Promotionskosten, → Sprachkurse, → Studienreisen, Fachtagungen.

■ **Auto** → Kfz-Kosten 221

■ **Bausparkassenbeiträge** 222

Der Sonderausgabenabzug für Beiträge an Bausparkassen ist mit Ablauf des Kalenderjahres 1995 weggefallen. Zinsen und Gebühren für Bausparkassendarlehen können nur in Sonderfällen Betriebsausgaben darstellen, wenn ein betrieblicher Zusammenhang gegeben ist.

■ **Beiträge an Berufsverbände** 223

Beiträge an Berufsverbände sind als Betriebsausgaben abzugsfähig, da sie regelmäßig der Förderung betrieblicher oder berufspolitischer Zwecke dienen.

■ **Berufsausbildungskosten** → Ausbildungskosten 224

■ **Bestechungsgelder** 225

Bestechungs- und Schmiergelder und damit in Zusammenhang stehende Aufwendungen sind gemäß § 4 Abs. 5 Nr. 10 EStG nicht abzugsfähige Betriebsausgaben, wenn die Zuwendung eine rechtswidrige Handlung darstellt, die den Tatbestand eines Strafgesetzes oder eines Gesetzes verwirklicht, das die Ahndung mit einer Geldbuße zulässt. Die abstrakte Strafbarkeit einer Tat reicht für die Nichtabzugsfähigkeit aus; ein Verschulden, ein Strafantrag oder eine Verurteilung ist nicht erforderlich. Für Staatsanwaltschaften, Gerichte und Verwaltungsbehörden besteht bei Bekanntwerden eines Verdachts einer solchen Tat eine Mitteilungspflicht gegenüber den Finanzbehörden. Umgekehrt besteht für die Finanzbehörden eine Mitteilungspflicht gegenüber der Staatsanwaltschaft und den Verwaltungsbehörden.

■ **Betriebsveranstaltungen** 226

Aufwendungen für Betriebsveranstaltungen wie Weihnachtsfeiern, Betriebsausflüge u.Ä. stellen Betriebsausgaben dar. Für den Arbeitnehmer gilt Folgendes: Die Aufwendungen gehören als Leistungen im ganz überwiegenden betrieblichen Interesse des Arbeitgebers nicht zum Arbeitslohn des Arbeitnehmers, wenn nicht mehr als zwei Veranstaltungen pro Jahr durchgeführt werden. Etwas anderes gilt, wenn die Zuwendungen nicht üblich sind. Zuwendungen von mehr als 110 EUR je begünstigtem Arbeitnehmer und Veranstaltung stellen steuerpflichtigen Arbeitslohn des Arbeitnehmers dar und können ggf. vom Arbeitgeber pauschal besteuert werden (vgl. § 1 Rn 84 und R 72 LStR 2004).

■ **Bewirtungskosten** 227

Angemessene Kosten für die Bewirtung von Personen aus geschäftlichem Anlass stellen zu 30% nicht abzugsfähige Betriebsausgaben dar (§ 4 Abs. 5 Nr. 2 EStG). Die gemäß § 15 Abs. 1 a Nr. 1 UStG nicht abziehbare Vorsteuer aus den Bewirtungsaufwendungen ist nach § 12 Nr. 3 EStG nicht als Betriebsausgabe abzugsfähig. Folgende schriftliche Angaben sind für die (teilweise) Abzugsfähigkeit der Bewirtungskosten erforderlich: Ort, Tag, Teilnehmer (einschließlich des Bewirtenden) und Anlass der Bewirtung sowie Höhe der Aufwendungen. Auf diese Angaben kann auch nicht mit Verweis auf die anwaltliche Schweigepflicht verzichtet werden (BFH-Urteil, BStBl. II 2004, S. 502). Die Kosten müssen zudem auf einem gesonderten Konto in der Buchführung erfasst oder gesondert in der Aufzeichnung der Betriebsausgaben ausgewiesen werden (§ 4 Abs. 7 EStG). Fehlbuchungen führen hier jedoch nicht zur vollständigen Nichtabziehbarkeit der Aufwendungen (BFH vom 19.8.1999, DStR 2000, 321). Für die Aufwendungen muss eine maschinell erstellte Rechnung (Registrierkasse) vorhanden sein, die Anzahl und Art der Speisen und Getränke im Einzelnen ausweist. Nach allgemeiner Verkehrsauffassung unangemessene Bewirtungsaufwendungen sind insgesamt nicht abzugsfähig. Die Beschränkung der Abzugsfähigkeit nach § 4 Abs. 5 Nr. 2 EStG besteht nicht bei der Gewährung von Aufmerksamkeiten in geringem Umfang (Kaffee, Tee und Gebäck) anlässlich betrieblicher Besprechungen, bei Produkt-/Warenverkostungen sowie bei Bewirtungen, an denen außer dem Steuerpflichtigen nur seine Arbeitnehmer teilnehmen. Siehe auch → Betriebsveranstaltungen.

228 ■ **Bürgschaft**

Aufwendungen für die Inanspruchnahme als Bürge stellen nur Betriebsausgaben dar, wenn die Bürgschaft (ausnahmsweise) aus betrieblichen Gründen übernommen wurde, z.B. wegen der Sicherung einer Geschäftsbeziehung (FG München, Az. 2-K-3259/92).

229 ■ **Bußgeld** → Geldstrafen, Bußgelder

230 ■ **Computer**

Aufwendungen für einen betrieblich genutzten Computer stellen im Rahmen der → Abschreibung Betriebsausgaben dar. Eine geringfügige (< 10%) private Mitbenutzung ist unschädlich. Wird der Computer darüber hinaus privat mitbenutzt, muss sich der betriebliche Nutzungsanteil anhand geeigneter Unterlagen nachweisen lassen, um die (teilweise) Abzugsfähigkeit der Aufwendungen zu sichern. Lässt sich der betriebliche Nutzungsanteil nicht nach objektiven Kriterien ermitteln, greift das Aufteilungs-/Abzugsverbot des § 12 Nr. 1 EStG.

231 ■ **Damnum/Disagio**

Diese als Differenz zwischen Darlehensrückzahlungsbetrag und Darlehensauszahlung einbehaltene Zinsvorauszahlung ist bei der Gewinnermittlung durch Betriebsvermögensvergleich (§ 4 Abs. 1 und § 5 EStG) auf den Zinsbindungszeitraum durch Bildung eines aktiven Rechnungsabgrenzungspostens „abzuschreiben“. Bei der

Gewinnermittlung durch Gegenüberstellung von Betriebseinnahmen und -ausgaben (§ 4 Abs. 3 EStG) stellt das Damnum/Disagio im Zeitpunkt der Darlehensauszahlung in vollem Umfang sofort abzugsfähige Betriebsausgaben dar, wenn es üblich ist (5% der Darlehensumme). Siehe auch → Darlehen.

■ **Darlehen** 232

Die Darlehensauszahlung und -tilgung beeinflusst nicht die Höhe des steuerlichen Gewinns. Hingegen stellen die gezahlten Darlehenszinsen Betriebsausgaben dar, wenn das Darlehen aus betrieblichen Gründen aufgenommen wurde (vgl. Rn 112). Die Uneinbringlichkeit eines aus betrieblichen Gründen gewährten Darlehens ist beim Darlehensgeber als Betriebsausgabe zu berücksichtigen. Bei der Darlehensgewährung unter → Angehörigen sind Besonderheiten zu beachten. Siehe auch → Damnum/Disagio, → Policendarlehen, → Schuldzinsen.

■ **Diebstahl** 233

Der Diebstahl von betrieblichem Bargeld (Kassenbestand) stellt Betriebsausgaben dar. Darüber hinaus gilt bei der Gewinnermittlung durch Gegenüberstellung von Betriebseinnahmen und -ausgaben (§ 4 Abs. 3 EStG) Folgendes: Der Diebstahl eines nicht aktivierungspflichtigen (geringwertigen) Wirtschaftsgutes oder von Umlaufvermögen (Warenbestand) wurde schon in der Weise berücksichtigt, dass die Anschaffungskosten Betriebsausgaben dargestellt haben. Der Verlust durch Diebstahl ist deshalb nicht erneut als Betriebsausgabe zu berücksichtigen. Bei Diebstahl eines Wirtschaftsgutes des Anlagevermögens liegt in Höhe des Restbuchwertes eine Betriebsausgabe vor. Siehe auch → Unterschlagung.

■ **Doppelte Haushaltsführung** 234

Die Aufwendungen (→ Fahrtkosten, → Telefongebühren, → Übernachtungskosten, → Verpflegungsmehraufwendungen) einer aus betrieblichem Anlass begründeten doppelten Haushaltsführung sind unter sinngemäßer Berücksichtigung der Vorschrift des § 9 Abs. 1 Nr. 5 EStG als Betriebsausgabe abzugsfähig (vgl. § 1 Rn 176).

■ **Drittaufwand** 235

Drittaufwand liegt vor, wenn ein Dritter Aufwendungen für den Steuerpflichtigen tätigt. Diese Aufwendungen können nur unter bestimmten Voraussetzungen als Betriebsausgaben des Steuerpflichtigen anerkannt werden (z.B. in Fällen des abgekürzten Zahlungsweges). Zu dieser komplexen Thematik vgl. Schmidt/*Heinicke*, EStG, § 4 Rz 500. Die Problematik des Drittaufwandes ist besonders bei der betrieblichen Nutzung eines im Eigentum des Steuerpflichtigen und seines Ehegatten befindlichen Gebäudes zu beachten → Gebäudenutzung.

236 ■ **Durchlaufende Posten**

Vgl. hierzu die Ausführungen in Rn 150.

237 ■ **Ehescheidung**

Kosten der Ehescheidung stellen keine Betriebsausgaben, sondern nach § 33 EStG zu berücksichtigende außergewöhnliche Belastungen dar.

238 ■ **Einbürgerungskosten**

Einbürgerungskosten sind als Kosten der Lebensführung nicht abzugsfähig (§ 12 Nr. 1 EStG, FG Rheinland-Pfalz, Az. 1-K-2531/94).

239 ■ **Entschädigungen** → Abfindungen

240 ■ **Erbfall**

Aufwendungen für Erbfallschulden (Vermächtnis-, Pflichtteilsschulden und Erbersatzansprüche) stellen keine Betriebsausgaben dar. Kosten (z.B. Darlehenszinsen) für im Rahmen der Erbauseinandersetzung erworbene Wirtschaftsgüter des Betriebsvermögens stellen Betriebsausgaben dar, soweit Leistungen über den Erbteil hinaus erbracht werden. Wird der sich im Nachlass befindende Betrieb durch die Erben weitergeführt, haben diese die Buchwerte der Wirtschaftsgüter des Rechtsvorgängers fortzuführen (§ 6 Abs. 3 EStG). Eine Gewinnrealisierung ergibt sich in diesem Fall nicht. Werden in Erfüllung von Vermächtnissen oder Pflichtteilsschulden einzelne Wirtschaftsgüter dem Betriebsvermögen entnommen, haben die Erben den Entnahmegewinn zu versteuern. Keine Betriebsausgaben stellen Zinsaufwendungen für Darlehen dar, die zur Begleichung der Erbschaftsteuer aufgenommen wurden. Dies gilt auch, wenn ein Betrieb der einzige Nachlassgegenstand war. Weitere Ausführungen zur steuerlichen Behandlung der Erbauseinandersetzung und vorweggenommenen Erbfolge vgl. BMF-Schreiben, BStBl. I 1993, S. 62 und 80.

241 ■ **Erhaltungsaufwand**

Laufende Kosten der Instandhaltung oder Instandsetzung eines Wirtschaftsgutes stellen i.d.R. sofort abzugsfähige Betriebsausgaben dar. Nur bei einer über die zeitgemäße Erneuerung hinausgehenden wesentlichen Verbesserung des Zustandes können im Rahmen der → Abschreibung zu berücksichtigende Herstellungskosten vorliegen (vgl. R 157 EStG).

242 ■ **Fachliteratur**

Aufwendungen für Fachliteratur (Fachbücher und Fachzeitschriften) stellen Betriebsausgaben dar, wenn diese ausschließlich beruflich genutzt wird. Eine private (Mit-)Nutzung ist für den Betriebsausgabenabzug schädlich (§ 12 Nr. 1 EStG). Bei der Anschaffung von Fachbüchern ist darauf zu achten, dass in der Rechnung der Titel des Buches angegeben wird. Die alleinige Angabe „Fachliteratur“ wird i.d.R.

von der Finanzverwaltung nicht anerkannt. Zur Abzugsfähigkeit einzelner Fachzeitschriften existiert eine Vielzahl von Finanzgerichtsurteilen (Schmidt/*Heinicke*, EStG, § 4 Rz 520). Tageszeitungen befriedigen regelmäßig auch den privaten Informationsbedarf und sind deshalb insgesamt den nicht abzugsfähigen Kosten der Lebensführung zuzurechnen. Betragen die Anschaffungskosten des einzelnen Buches mehr als 410 EUR (ohne USt), sind die Aufwendungen im Rahmen der → Abschreibung zu berücksichtigen. Zum Begriff der „Einheit von Büchern" vgl. FG Köln, Finanz-Rundschau 1999, S. 847. Der einmalige Erwerb mehrerer Jahrgänge einer Zeitschrift wird nicht als **ein** Buch betrachtet, sondern als separate Anschaffung jedes einzelnen Bandes.

■ **Fachtagungen** → Studienreisen 243

■ **Fahrtkosten** → Kfz-Kosten 244

■ **Finanzierungskosten** 245

Finanzierungskosten für einen aus betrieblicher Veranlassung aufgenommenen Kredit (z.B. zur Finanzierung eines betrieblichen Wirtschaftsgutes) sind grundsätzlich als Betriebsausgaben abzugsfähig. Vorfälligkeitsentschädigungen sind ebenfalls als Finanzierungskosten sofort abzugsfähig. Siehe auch → Darlehen, → Damnum/Disagio, → Schuldzinsen.

■ **Fortbildungskosten** → Ausbildungskosten 246

■ **Führerschein** 247

Aufwendungen für den Erwerb der Fahrerlaubnis stellen i.d.R. Kosten der privaten Lebensführung dar (§ 12 Nr. 1 EStG). Sie sind nur als Betriebsausgaben abzugsfähig, wenn sie ausschließlich betrieblich veranlasst sind, z.B. bei Erwerb der Fahrerlaubnis für einen Lkw bei einem Berufskraftfahrer (FG Baden-Württemberg, EFG 1991, S. 662).

■ **Gebäudenutzung** 248

Die Aufwendungen eines für betriebliche Zwecke angemieteten Gebäudes sind als Betriebsausgaben abzugsfähig. Der Eigentümer eines zu eigenen beruflichen Zwecken genutzten Gebäudes kann neben den Kosten der laufenden Unterhaltung (Heizung, Grundsteuer etc.) auch → Schuldzinsen und → Abschreibungen für das Gebäude geltend machen. Wird ein im Eigentum von Ehegatten befindliches Gebäude teilweise für betriebliche Zwecke eines Ehegatten genutzt, kann dieser Abschreibungen geltend machen, wenn er die anteiligen Anschaffungs-/Herstellungskosten des Gebäudes getragen hat (BFH-Beschluss, Az. GrS 5/97; *Wassermeyer*, DB 1999, 2486; vgl. auch Rn 109).

249 ■ **Geldstrafen, Bußgelder**

Die in einem Strafverfahren festgesetzten Geldstrafen sind nicht abzugsfähig (§ 12 Nr. 4 EStG). Dies gilt nur für „eigene" Strafen, nicht für die für Arbeitnehmer übernommenen Strafen. Die von einem inländischen Gericht oder einer Behörde sowie von Organen der Europäischen Union festgesetzten Geldbußen, Ordnungsgelder und Verwarnungsgelder sind als Betriebsausgaben nicht abzugsfähig (§ 4 Abs. 5 Nr. 8 EStG). Dasselbe gilt für Leistungen zur Erfüllung von Auflagen oder Weisungen, die in einem berufsrechtlichen Verfahren erteilt werden, soweit die Auflagen/Weisungen nicht lediglich der Wiedergutmachung des Schadens dienen. Das Abzugsverbot für Geldbußen gilt nicht, soweit durch sie der wirtschaftliche Vorteil, der durch den Gesetzesverstoß erlangt wurde, abgeschöpft wird und die Ertragsteuern bei der Bemessung der Buße nicht abgezogen wurden. Ausländische Geldbußen können Betriebsausgaben sein; für ausländische Geldstrafen gilt dies nur, wenn sie der deutschen Rechtsordnung widersprechen.

250 ■ **Geringwertige Wirtschaftsgüter**

Die Anschaffungskosten für Wirtschaftsgüter mit geringem Wert (GWG) können im Jahr der Anschaffung (und nicht erst bei Zahlung der Rechnung) in vollem Umfang als Betriebsausgabe geltend gemacht werden, wenn die Anschaffungskosten des Wirtschaftsgutes nicht mehr als 410 EUR (ohne USt) betragen haben (§ 6 Abs. 2 EStG). Das GWG muss selbständig nutzbar sein. So liegt z.B. kein GWG bei der Anschaffung eines PC-Druckers vor, gleichwohl aber bei einem sog. Multifunktionsgerät (Drucker-Faxkombi). Für die GWG ist ein gesondertes Bestandsverzeichnis zu führen.

251 ■ **Geschäftsreise**

Eine Geschäftsreise liegt vor, wenn der Unternehmer vorübergehend (nicht länger als drei Monate) außerhalb seiner Wohnung und seiner gewöhnlichen betrieblichen Wirkungsstätte tätig wird. Folgende Kosten sind abzugsfähig: Aufwendungen für Fahrtkosten (Kosten für die Benutzung öffentlicher Verkehrsmittel und → Kfz-Kosten) bzw. Kosten für die Benutzung eines Flugzeugs; → Verpflegungsmehraufwendungen; Nebenkosten (Telefon, Parkgebühren etc.); Übernachtungskosten (ohne die Kosten des Frühstücks, ggf. Schätzung der nicht gesondert ausgewiesenen Kosten des Frühstücks mit 4,50 EUR). Bei Auslandsreisen können die Übernachtungskosten mit den von der Finanzverwaltung festgesetzten Pauschbeträgen angesetzt werden. Siehe auch → Doppelte Haushaltsführung.

■ **Geschenke** 252

Geschenke an Personen, die nicht Arbeitnehmer des Unternehmers sind, können als Betriebsausgaben abgezogen werden, wenn die Aufwendungen je begünstigte Person im Wirtschaftsjahr 35 EUR (ohne USt) nicht übersteigen (§ 4 Abs. 5 Nr. 1 EStG). Voraussetzung für die Abzugsfähigkeit ist, dass die Aufwendungen gesondert aufgezeichnet werden und der Name der beschenkten Person auf dem Buchungsbeleg vermerkt wird bzw. aus der Buchung ersichtlich ist. Übersteigen die Aufwendungen die Grenze von 35 EUR, sind sie **insgesamt** nicht abzugsfähig. Nicht von der Abzugsbegrenzung betroffen sind die angemessenen Geschenke an Arbeitnehmer und Geschenke, die vom Empfänger ausschließlich betrieblich genutzt werden können, Kränze und Blumen anlässlich von Beerdigungen sowie Preise anlässlich eines Preisausschreibens.

■ **Gesellschafter** (Abfindung eines sog. lästigen Gesellschafters) 253

Wird ein aus einer Personengesellschaft austretender Gesellschafter abgefunden, weil er sich geschäftsschädigend verhalten hat, kann diese Abfindung ggf. als Betriebsausgabe abgezogen werden, soweit sie nicht der Abfindung des ideellen Anteils am Betriebsvermögen dient (BFH, BFH/NV 1990, S. 496).

■ **Gründungskosten** → Anlaufkosten 254

■ **Grundstückskosten** → Gebäudenutzung 255

■ **GWG** → Geringwertige Wirtschaftsgüter 256

■ **Herstellungskosten** 257

Die Herstellungskosten eines betrieblich genutzten Wirtschaftsgutes sind im Rahmen von → Abschreibungen als Betriebsausgaben zu berücksichtigen.

■ **Instandhaltungskosten** → Erhaltungsaufwand 258

■ **Jagd** 259

Aufwendungen für Jagdkosten als Repräsentationsaufwendungen sind, soweit sie nicht bereits als nicht abzugsfähige Kosten der Lebensführung zu beurteilen sind (§ 12 Nr. 1 EStG), als Betriebsausgaben gemäß § 4 Abs. 5 Nr. 4 EStG nicht abzugsfähig.

■ **Jubiläumszuwendungen** 260

Zuwendungen an Arbeitnehmer anlässlich eines Dienstjubiläums stellen Betriebsausgaben dar. Bei bilanzierenden Steuerpflichtigen können unter den Voraussetzungen des § 5 Abs. 4 EStG hierfür Rückstellungen gebildet werden. Beim begünstigten Arbeitnehmer stellen diese Zuwendungen steuerpflichtigen Arbeitslohn dar.

261 ■ **Kfz-Kosten**

Es ist zu unterscheiden, ob es sich um Aufwendungen für ein Fahrzeug handelt, welches im Betriebsvermögen gehalten wird (vgl. Rn 78 ff.), oder um ein Fahrzeug, das nicht zum Betriebsvermögen gehört.

262 Ist das Fahrzeug dem Betriebsvermögen zuzurechnen, sind die Kosten für betriebliche Fahrten in vollem Umfang abzugsfähig. Siehe auch → Leasing, → Unfallkosten. Kosten für Privatfahrten stellen keine Betriebsausgaben dar. Fahrten zwischen Wohnung und Betrieb des Steuerpflichtigen sind nur in beschränktem Umfang abzugsfähig. Der **private Nutzungsanteil** ist gemäß § 6 Abs. 1 Nr. 4 EStG durch a) ein ordnungsgemäßes Fahrtenbuch nachzuweisen oder b) mit einem Betrag von 1% des Bruttolisten(neu)preises des Fahrzeugs je Monat anzusetzen; dies gilt auch für gebraucht erworbene Kfz. Vom Kfz-Händler gewährte Rabatte auf den Listenpreis können nicht abgezogen werden. Die Finanzverwaltung stellt an die Ordnungsmäßigkeit eines Fahrtenbuchs hohe Anforderungen. Kosten für **Fahrten zwischen Wohnung und Betrieb** sind in Höhe der positiven Differenz zwischen 0,03% des Listenpreises je Entfernungskilometer und Kalendermonat und einem Betrag von 0,30 EUR je Entfernungskilometer mal Anzahl der monatlichen Fahrten nicht als Betriebsausgaben abzugsfähig (§ 4 Abs. 5 Nr. 6 EStG). Besonderheiten gelten hier bei behinderten Unternehmern und Familienheimfahrten im Rahmen einer → Doppelten Haushaltsführung (R 23 EStR 2003).

263 Aufwendungen für betriebliche Fahrten eines nicht zum Betriebsvermögen gehörenden Fahrzeugs können mit einem Pauschbetrag von 0,30 EUR je gefahrenem Kilometer angesetzt werden; entsprechende Fahrten zwischen Wohnung und Betrieb mit 0,30 EUR je Entfernungskilometer. Aufwendungen für ein Kfz, das nur von Arbeitnehmern genutzt wird, stellen in vollem Umfang Betriebsausgaben dar. Jedoch liegt ggf. steuerpflichtiger Arbeitslohn des Arbeitnehmers hinsichtlich der Privatnutzung und der Nutzung für Fahrten zwischen Wohnung und Arbeitsstätte vor (§ 1 Rn 118). Zur Angemessenheit von hochwertigen Fahrzeugen im Betriebsvermögen eines Rechtsanwalts vgl. FG München vom 20.11.1998, Az. 8-K-3912/96.

264 ■ **Kleidung**

Aufwendungen für Kleidung stellen i.d.R. nicht abzugsfähige Kosten der privaten Lebensführung dar, wenn die Kleidung grundsätzlich auch privat genutzt werden kann. Dies soll selbst dann gelten, wenn die Kleidung nachweislich nur beruflich getragen wird. Zur Abzugsfähigkeit sog. Berufsbekleidung existiert eine Vielzahl von Urteilen der Finanzgerichte (siehe hierzu Schmidt/*Heinicke*, EStG, § 4 Rz 520 m.w.N.).

- **Kontokorrentzinsen** → Schuldzinsen 265
- **Kraftfahrzeugkosten** → Kfz-Kosten 266
- **Krankheitskosten** 267

Diese stellen i.d.R. Kosten der privaten Lebensführung dar, die ggf. nach § 33 EStG als außergewöhnliche Belastungen zu berücksichtigen sind. Betriebsausgaben können bei Aufwendungen wegen typischer Berufskrankheiten (ablehnend zum Herzinfarkt eines Rechtsanwalts: BFH, BStBl. II 1969, S. 179) abgezogen werden.

- **Kundschaftsessen** → Bewirtungskosten 268
- **Leasing** 269

Bei typischen Leasingverträgen über bewegliche Wirtschaftsgüter (z.B. Kfz) ist der Leasinggegenstand dem Leasinggeber zuzurechnen und als dessen Betriebsvermögen zu aktivieren. In Sonderfällen kann die Zurechnung des Leasinggegenstandes zum Betriebsvermögen des Leasingnehmers in Betracht kommen (BMF-Schreiben, BStBl. I 1971, S. 264; 1972, S. 188; 1987, S. 440; 1992, S. 13; 1996, S. 9). Ist der Leasinggegenstand dem Leasinggeber zuzurechnen, stellen die Leasingraten für betrieblich genutzte Wirtschaftsgüter Betriebsausgaben beim Leasingnehmer dar. Dies gilt im Rahmen der Gewinnermittlung durch Gegenüberstellung von Betriebseinnahmen und Betriebsausgaben (§ 4 Abs. 3 EStG) in vollem Umfang auch für Leasing-Sonderzahlungen, wenn die Leasingdauer nicht mehr als fünf Jahre beträgt.

- **Lösegeld** 270

Lösegeldzahlungen bei der Entführung des Unternehmers stellen nicht abzugsfähige Kosten der Lebensführung dar (§ 12 Nr. 1 EStG), können aber als außergewöhnliche Belastungen (§ 33 EStG) berücksichtigt werden. Betriebsausgaben können vorliegen bei Lösegeldzahlungen für entführte Arbeitnehmer oder Kunden.

- **Maklerprovisionen** 271

Maklerprovisionen für die Vermittlung von anzumietenden Geschäftsräumen sind sofort abzugsfähige Betriebsausgaben. Beim Kauf eines betrieblich genutzten Gebäudes stellen sie Anschaffungsnebenkosten dar und sind im Rahmen der → Abschreibung abzugsfähig.

- **Miete** → Gebäudenutzung 272
- **Möbel** 273

Einrichtungsgegenstände sind ungeachtet der Abzugsfähigkeit der Kosten für ein → Arbeitszimmer (häusliches) im Rahmen von → Abschreibungen als Betriebsausgaben abzugsfähig, wenn sie betrieblich genutzt werden und → Arbeitsmittel darstellen.

274 ■ **Nachträgliche Betriebsausgaben**

Betriebsausgaben nach der Beendigung der betrieblichen Tätigkeit sind abzugsfähig, soweit sie mit der ehemaligen Tätigkeit in Zusammenhang stehen. Dies gilt für → Schuldzinsen nur insoweit, als ein betriebliches Darlehen nicht aus dem Veräußerungs- oder Entnahmegewinn getilgt werden konnte (BFH, BStBl. II 1998, S. 144; vgl. auch Rn 113).

275 ■ **Parteispenden**

Spenden und Mitgliedsbeiträge an politische Parteien sind nicht als Betriebsausgaben abzugsfähig (§ 4 Abs. 6 EStG), können aber als Sonderausgaben nach § 10b Abs. 2 EStG oder im Rahmen der Steuerermäßigung des § 34g EStG berücksichtigt werden.

276 ■ **Pauschbeträge**

Betriebsausgaben müssen grundsätzlich nachgewiesen werden, da den Steuerpflichtigen die objektive Beweislast für steuermindernde Tatsachen trifft. Sie können im Rahmen von Pauschbeträgen nur berücksichtigt werden, soweit dies ausdrücklich zugelassen wurde, z.B. bei → Verpflegungsmehraufwendungen. Für hauptberufliche Schriftsteller akzeptiert die Finanzverwaltung ohne Nachweis einen Ansatz der Betriebsausgaben p.a. i.H.v. 30% der Einnahmen, max. 2.454,20 EUR. Bei schriftstellerischer oder wissenschaftlicher Tätigkeit sowie bei Vortrags- und Lehrtätigkeiten werden 25% der Einnahmen, max. 613,55 EUR als Betriebsausgaben ohne Nachweis akzeptiert, wenn es sich um eine Nebentätigkeit handelt.

277 ■ **Policendarlehen**

Ein Darlehen, dessen spätere Tilgung durch Lebensversicherungsleistungen vorgenommen werden soll, stellt Betriebsschulden dar, wenn das → Darlehen für betriebliche Zwecke aufgenommen wurde. Folglich sind die → Schuldzinsen des Darlehens als Betriebsausgaben abzugsfähig. Es ist jedoch zu beachten, dass die Guthabenzinsen der Lebensversicherung in diesen Fällen steuerpflichtige Einnahmen darstellen können (§ 20 Abs. 1 Nr. 6 i.V.m. Abs. 3 EStG). Die Beitragszahlungen zu der für die Tilgung bestimmten Lebensversicherung stellen hingegen keine Betriebsausgaben dar, sondern finden ggf. im Rahmen der Sonderausgaben Berücksichtigung. Die gleichen steuerlichen Konsequenzen können sich aus der Abtretung einer Lebensversicherung zur Besicherung eines betrieblichen Darlehens ergeben. Vgl. auch BMF-Schreiben, BStBl. I 2000, S. 1118.

278 ■ **Praxiswert**

Aufwendungen für den entgeltlichen Erwerb des Praxiswertes sind im Rahmen von → Abschreibungen zu berücksichtigen. Im Einzelnen vgl. hierzu § 3 Rn 47 f.

■ **Promotionskosten** 279

Aufwendungen für die Promotion sind nicht als Betriebsausgaben abzugsfähig. Etwas anderes gilt nur bei sog. Promotionsarbeitsverhältnissen (BFH, BStBl. II 1987, S. 780).

■ **Prozesskosten** → Rechtsberatungs- und Rechtsverfolgungskosten 280

■ **Rechtsberatungskosten und Rechtsverfolgungskosten** 281

Diese Kosten sind als Betriebsausgaben abzugsfähig, wenn sie im Zusammenhang mit der betrieblichen Tätigkeit stehen. Dies gilt ebenso für Rechtsberatungskosten in Zusammenhang mit → Geldstrafen/Bußgeldern, wenn eine berufliche Veranlassung gegeben ist. Kosten im Zusammenhang mit finanzgerichtlichen Verfahren sind abzugsfähig, wenn es sich um einen Rechtsstreit wegen (reiner) Betriebssteuern (Umsatz- und Gewerbesteuer) handelt. Im Gegensatz hierzu sollen Kosten im Zusammenhang mit Rechtsstreitigkeiten wegen Einkommensteuer auch nicht als Betriebsausgaben abzugsfähig sein, soweit es sich um Einkommensteuer auf betriebliche Einkünfte handelt (strittig). Die vorhergehenden Ausführungen gelten auch für Prozesskosten.

■ **Reisekosten** → Geschäftsreise 282

■ **Renten** 283

Rentenzahlungen sind hinsichtlich ihres Zinsanteils nur in Sonderfällen als Betriebsausgaben abzugsfähig, z.B. bei betrieblichen Veräußerungsrenten und betrieblichen Versorgungsrenten. Aufgrund der Übertragung von Betrieben im Rahmen der vorweggenommenen Erbfolge vereinbarte wiederkehrende Leistungen können jedoch als Sonderausgaben abzugsfähig sein (BMF-Schreiben, BStBl. I 2002, S. 893).

■ **Reparaturen** → Erhaltungsaufwand 284

■ **Repräsentationsaufwendungen** 285

Diese stellen i.d.R. Kosten dar, welche die private Lebensführung des Steuerpflichtigen berühren und deshalb insgesamt nicht als Betriebsausgaben abzugsfähig sind (§ 12 Nr. 1 EStG); siehe auch → Jagd.

■ **Säumniszuschläge, Verspätungszuschläge** 286

Nach §§ 240 und 152 AO festzusetzende Zuschläge teilen als steuerliche Nebenleistung hinsichtlich des Betriebsausgabenabzugs das Schicksal der → Steuern, für die sie festgesetzt wurden. So sind Säumniszuschläge auf **Umsatzsteuervorauszahlungen** als Betriebsausgabe abzugsfähig, Verspätungszuschläge wegen einer verspätet abgegebenen Einkommensteuererklärung hingegen nicht.

287 ■ **Schadensersatzleistungen**

Schadensersatzleistungen sind Betriebsausgaben, wenn die Schadensursache in die betriebliche Sphäre fällt, so z.B. die Schadensersatzleistung eines Rechtsanwalts an seinen Mandanten wegen einer versäumten Revisionsfrist. Das Gleiche gilt sinngemäß für Vertragsstrafen. Siehe auch → Abfindungen.

288 ■ **Schmiergelder** → Bestechungsgelder

289 ■ **Schuldzinsen**

Schuldzinsen sind als Betriebsausgaben abzugsfähig, wenn die entsprechende Schuld eine Betriebsschuld darstellt, d.h. die Schuld z.B. zur Finanzierung von Wirtschaftsgütern des Betriebsvermögens aufgenommen wurde. Entscheidend ist insoweit der wirtschaftliche Zusammenhang zwischen Ausgabe und Schuldaufnahme. Dagegen reicht ein ausschließlich rechtlicher Zusammenhang zwischen Schuld und Wirtschaftsgütern des Betriebsvermögens nicht aus (z.B. wenn eine Grundschuld im Grundbuch des Betriebsgrundstücks eingetragen wird, die der Sicherung eines Darlehens zur Finanzierung eines eigengenutzten Einfamilienhauses dient). Vgl. im Einzelnen Rn 112 ff.

290 Der Schuldzinsenabzug bei sog. **Zwei- oder Dreikontenmodellen**, gemischten Kontokorrentkrediten und anderen Schulden wurde durch das Steuerbereinigungsgesetz 1999 grundlegend geändert (§ 4 Abs. 4 a EStG). Demnach sind Schuldzinsen grundsätzlich nicht als Betriebsausgabe abzugsfähig, soweit Überentnahmen getätigt wurden. Eine **Überentnahme** ist der Betrag, um den die Entnahmen die Summe des Gewinns und der Einlagen des Wirtschaftsjahres übersteigen. Verluste werden insoweit nicht berücksichtigt. Entnahmen und Einlagen, die in den letzten drei Monaten des Wirtschaftsjahres getätigt werden, sind nicht zu berücksichtigen, soweit sie in der Summe in den ersten drei Monaten des Folgejahres wieder rückgängig gemacht werden. Die so ermittelte Überentnahme ist unter Berücksichtigung der Summe der Über- bzw. Unterentnahmen der vorangegangenen Jahre (typisiert) mit 6% zu verzinsen. Der sich nun ergebende Betrag, höchstens jedoch der um 2.050 EUR verminderte Betrag der im Wirtschaftsjahr angefallenen Schuldzinsen, ist dem Gewinn hinzuzurechnen. Der Schuldzinsenabzug für die Finanzierung von Anschaffungs- und Herstellungskosten für Wirtschaftsgüter des Anlagevermögens wird nicht durch die Regelung des § 4 Abs. 4 a EStG eingeschränkt, wenn für die Anschaffung/Herstellung ein gesondertes Darlehen aufgenommen wird. Im Einzelnen zur Regelung des § 4 Abs. 4 a EStG vgl. BMF-Schreiben vom 22.5.2000 (BStBl. I 2000, S. 588). Siehe auch → Erbfall, → Damnum/Disagio, → Darlehen, → Nachträgliche Betriebsausgaben, → Policendarlehen.

■ **Software** 291
Anschaffungskosten für Software, die grundsätzlich als immaterielles Wirtschaftsgut zu beurteilen ist, sind im Rahmen von → Abschreibungen als Betriebsausgabe abzugsfähig. Standardsoftware mit Anschaffungskosten von weniger als 410 EUR (ohne USt) ist als materielles Wirtschaftsgut zu beurteilen und kann als → Geringwertiges Wirtschaftsgut im Jahr der Anschaffung in vollem Umfang als Betriebsausgabe angesetzt werden.

■ **Sonderabschreibungen** → Abschreibungen 292

■ **Sonderbetriebsausgaben** 293
Sonderbetriebsausgaben sind Aufwendungen des Gesellschafters einer Personengesellschaft, die der Gesellschafter selbst (und nicht die Gesellschaft) tätigt. Siehe hierzu im Einzelnen 333 ff.

■ **Spenden** 294
Spenden können mit Ausnahme von → Parteispenden bei einer konkreten betrieblichen Veranlassung ausnahmsweise Betriebsausgaben darstellen, sind aber i.d.R. nur im Rahmen der Sonderausgaben (§ 10b EStG) abzugsfähig.

■ **Sponsoring** 295
Unter Sponsoring versteht man die Gewährung von Geld oder geldwerten Vorteilen zur Förderung von Personen, Gruppen und Organisationen in sportlichen, kulturellen, kirchlichen und anderen gesellschaftspolitischen Bereichen, mit der (auch) unternehmensbezogene Ziele der Werbung und Öffentlichkeitsarbeit verfolgt werden. Diese Aufwendungen können ggf. als Betriebsausgaben abgezogen werden. Im Einzelnen vgl. BMF-Schreiben, BStBl. I 1998, S. 212.

■ **Sprachkurse** 296
Aufwendungen für Sprachkurse sind als Betriebsausgaben abzugsfähig, wenn eine konkrete betriebliche Veranlassung besteht. Eine private Mitveranlassung schließt die Abzugsfähigkeit der Kosten aus (§ 12 Nr. 1 EStG).

■ **Sterbegeldumlagen** (der Rechtsanwaltskammer) → Versicherungsbeiträge 297

■ **Steuerberatungskosten** 298
Steuerberatungskosten sind in gleicher Weise wie → Rechtsberatungskosten/Rechtsverfolgungskosten als Betriebsausgaben abzugsfähig, soweit sie mit Betriebssteuern im Zusammenhang stehen. Im Gegensatz hierzu sollen Steuerberatungskosten im Zusammenhang mit Einkommensteuer auch dann nicht als Betriebsausgaben abzugsfähig sein, soweit es sich um Einkommensteuer auf betriebliche Einkünfte handelt (strittig). Nicht als Betriebsausgaben abzugsfähige Steuerberatungskosten können ggf. als Sonderausgaben berücksichtigt werden (§ 10 Abs. 1 Nr. 6 EStG).

299 ■ **Steuern**

Betrieblich veranlasste Steuern wie z.B. Gewerbesteuer, Grundsteuer (für ein Betriebsgrundstück) und Kfz-Steuer (für ein Betriebsfahrzeug) sind als Betriebsausgaben abzugsfähig. Dagegen sind Steuern vom Einkommen (Einkommensteuer) und sonstige Personensteuern (Vermögensteuer) sowie die Umsatzsteuer auf unternehmensfremde Nutzungen (vormals Umsatzsteuer auf den Eigenverbrauch) und nicht abzugsfähige Vorsteuerbeträge, wenn sie auf Leistungen i.S.d. § 12 Nr. 1 und § 4 Abs. 5 Nr. 1 bis 5, 7 oder Abs. 7 EStG entfallen, nicht als Betriebsausgaben abzugsfähig (§ 12 Nr. 3 EStG). Darüber hinaus stellen an das Finanzamt abgeführte Umsatzsteuer(voraus)zahlungen bei der Gewinnermittlung durch Gegenüberstellung von Betriebseinnahmen und Betriebsausgaben (§ 4 Abs. 3 EStG) ebenso wie abzugsfähige Vorsteuerbeträge (§ 15 UStG) Betriebsausgaben dar. Bei der Gewinnermittlung durch Betriebsvermögensvergleich (§ 4 Abs. 1 und § 5 EStG) stellt die Umsatzsteuer (einschließlich der abzugsfähigen Vorsteuerbeträge) einen gewinnneutralen Posten dar. Steuerliche Nebenleistungen wie → Säumniszuschläge/Verspätungszuschläge sowie Zinsen, Zwangsgelder und Kosten teilen hinsichtlich des Betriebsausgabenabzugs das Schicksal der Steuer, auf die sie entfallen. Etwas anderes gilt nur bei Zinsen wegen Steuerhinterziehung (§ 235 AO), die stets nicht als Betriebsausgabe abzugsfähig sind (§ 4 Abs. 5 Nr. 8 a EStG).

300 ■ **Stiller Gesellschafter**

Gewinnanteile eines typischen stillen Gesellschafters (§ 230 HGB) sind beim Geschäftsherrn als Betriebsausgabe abzugsfähig. Hingegen ist der atypisch stille Gesellschafter als Mitunternehmer zu beurteilen (H 138 EStH).

301 ■ **Studienreisen, Fachtagungen**

Aufwendungen für Studienreisen und Fachtagungen sind nur dann als Betriebsausgaben abzugsfähig, wenn die Reise/Tagung im ausschließlichen oder weitaus überwiegenden betrieblichen Interesse erfolgt. Die Finanzverwaltung und die Finanzgerichtsrechtsprechung legen hier sehr strenge Maßstäbe an (Verfügung der OFD Frankfurt vom 3.4.2001, DStR 2001, 1073). Einzelne abgrenzbare Kosten einer ansonsten nicht abzugsfähigen Reise können jedoch Betriebsausgaben darstellen, wenn eine unmittelbare betriebliche Veranlassung besteht.

302 ■ **Telefongebühren**

Telefongebühren stellen, soweit betrieblich veranlasst, Betriebsausgaben dar. Bei privater Mitbenutzung ist der private Anteil ggf. zu schätzen. Die Finanzverwaltung akzeptiert i.d.R. einen privaten Anteil von 20 EUR monatlich. Anschaffungskosten für ein betrieblich genutztes Fernsprech-, Telefaxgerät o.Ä. sind im Rahmen von → Abschreibungen als Betriebsausgaben zu berücksichtigen.

■ **Testamentsvollstrecker** 303

Diese Kosten stellen Betriebsausgaben dar, soweit sie für die Verwaltung (bei Betriebsfortführung) eines im Nachlass befindlichen Betriebes aufgewendet werden. Nicht abzugsfähig sind die Kosten, soweit sie die Nachlassabwicklung betreffen.

■ **Trinkgelder** 304

Nachgewiesene Trinkgelder sind als Betriebsausgaben abzugsfähig, soweit sie mit betrieblichen Vorgängen, wie z.B. → Bewirtungskosten, in Zusammenhang stehen.

■ **Umsatzsteuer** → Steuern 305

■ **Umzugskosten** 306

Durch einen Wechsel des Wohnsitzes des Unternehmers verursachte Kosten sind, ebenso wie im Bereich der Einkünfte aus nichtselbständiger Arbeit (vgl. § 1 Rn 203), nur ausnahmsweise abzugsfähig, wenn der Umzug aus beruflichen Gründen erfolgte (R 41 LStR 2004). Kosten für die Verlegung der Betriebsstätte sind stets als Betriebsausgaben berücksichtigungsfähig. An Arbeitnehmer erstattete Umzugskosten sind Betriebsausgaben und beim Arbeitnehmer ggf. steuerfreier Arbeitslohn (§ 3 Nr. 16 EStG).

■ **Unentgeltliche Zuwendungen** → Geschenke 307

■ **Unfallkosten**, insbesondere Kfz-Unfall 308

Tritt ein Kfz-Unfall auf einer betrieblichen Fahrt ein, stellen die Unfallkosten Betriebsausgaben dar. Dies gilt unabhängig davon, ob der Unfall durch die Fahrlässigkeit des Unternehmers verursacht wurde (Ausnahme: Alkoholgenuss, vgl. BFH, BStBl. II 1984, S. 434). Hingegen sind Unfallkosten bei einem Unfall anlässlich einer Privatfahrt nicht als Betriebsausgaben abzugsfähig. Dies soll jedoch nicht gelten, wenn der private Nutzungsanteil des Kfz durch die sog. 1%-Regelung (→ Kfz-Kosten) ermittelt wurde (vgl. OFD Erfurt DStR 1999, 594). Diese Ausführungen gelten sinngemäß für andere Unfälle in betrieblichem Zusammenhang. Ausführlich hierzu Schmidt/*Heinicke*, EStG, § 4 Rz 520 „Verlust".

■ **Unterschlagung** 309

Die Unterschlagung von betrieblichen Wirtschaftsgütern kann ebenso wie der → Diebstahl zu Betriebsausgaben führen.

■ **Übernachtungskosten** → Geschäftsreise 310

■ **Verluste** → Diebstahl, → Unterschlagung 311

■ **Verpflegungsmehraufwendungen** 312

Mehraufwendungen für die Verpflegung des Unternehmers sind nur in bestimmtem Umfang mit Pauschbeträgen abzugsfähig (§ 4 Abs. 5 Nr. 5 EStG). Tatsächliche Verpflegungskosten (Einzelnachweis) des Unternehmers sind nicht mehr zu berücksichtigen; vgl. aber betrieblich veranlasste → Bewirtungskosten.

Anlässlich einer → Geschäftsreise sind folgende Pauschbeträge abzugsfähig:

- Abwesenheit 24 Stunden: 24 EUR,
- Abwesenheit mind. 14 Stunden: 12 EUR,
- Abwesenheit mind. 8 Stunden: 6 EUR.

Pauschalen für Verpflegungsmehraufwendungen können ebenfalls bei → Doppelter Haushaltsführung, Beschäftigung an ständig wechselnden Einsatzstellen und bei Fahrtätigkeit geltend gemacht werden. Bei Auslandsreisen können besondere, im BStBl. I veröffentlichte Pauschbeträge angesetzt werden. Verpflegungsmehraufwendungen können bis zur Höhe der Pauschbeträge steuerfrei an Arbeitnehmer erstattet werden. Darüber hinaus liegt beim Arbeitnehmer steuerpflichtiger Arbeitslohn vor, der ggf. pauschal durch den Arbeitgeber besteuert werden kann (vgl. § 1 Rn 84; § 40 Abs. 2 EStG).

313 ■ **Versicherungsbeiträge**

Versicherungsbeiträge sind als Betriebsausgaben abzugsfähig, soweit betriebliche Risiken versichert werden, z.B. ausschließlich betriebliche Haftpflicht- und Sachversicherungen, nicht hingegen Kranken- und Lebensversicherungsbeiträge sowie Beiträge an das Versorgungswerk der Rechtsanwälte oder die Sterbegeldumlagen einer Rechtsanwaltskammer. Soweit kein Betriebsausgabenabzug in Betracht kommt, können Versicherungsbeiträge ggf. als Sonderausgaben (§ 10 EStG) berücksichtigt werden. Beiträge für die Zukunftssicherung von Arbeitnehmern (Lebens- und Unfallversicherungen) können als Betriebsausgaben abgezogen werden, stellen aber ggf. steuerpflichtigen Arbeitslohn beim Arbeitnehmer dar. Siehe auch → Altersversorgung (betriebliche), → Policendarlehen.

314 ■ **Versorgungsrente, Veräußerungsrente** → Renten

315 ■ **Verspätungszuschläge** → Säumniszuschläge

316 ■ **Vertragsstrafen**

Vertragsstrafen können ebenso wie → Schadensersatzleistungen Betriebsausgaben darstellen, wenn der zugrunde liegende Vertrag in die betriebliche Sphäre fällt.

317 ■ **Verwarnungsgelder** → Geldstrafen, Bußgelder

318 ■ **Vorsteuer** → Steuern

319 ■ **Vorweggenommene Betriebsausgaben**

Ausgaben vor Betriebseröffnung sind als vorweggenommene Betriebsausgaben abzugsfähig, wenn ein Zusammenhang mit dem zu eröffnenden Betrieb besteht.

Problematisch ist der Nachweis des betrieblichen Zusammenhangs, wenn der Betrieb erwartungswidrig nicht eröffnet wird (sog. vergebliche Betriebsausgaben).

- **Wahlkampfkosten** 320

Kosten der Erlangung eines Mandats stellen i.d.R. keine Betriebsausgaben dar.

- **Zeitungen, Zeitschriften** → Fachliteratur 321
- **Zinsen** → Schuldzinsen 322

B. Gemeinschaftliche Berufsausübung in Sozietät und anderen Gesellschaftsformen

I. Allgemeines

Als Grundform der gemeinschaftlichen Berufsausübung ist regelmäßig die **Gesellschaft bürgerlichen Rechts (GbR)** i.S.d. §§ 705 ff. BGB anzutreffen. Weitere Formen beruflicher Zusammenschlüsse sind entweder von untergeordneter Bedeutung, wie z.B. (noch) die **Anwalts-GmbH**,[105] oder sie bergen im Vergleich zur GbR keine steuerrechtlichen Besonderheiten, wie z.B. die **Partnerschaftsgesellschaft**. Darüber hinaus finden auch ausländische Rechtsformen den Weg in das deutsche Gesellschaftsrecht (wie z.B. die LLP). Hiervon abzugrenzen ist die bloße **Bürogemeinschaft**. Zweck ist hier nicht die gemeinschaftliche Berufsausübung, sondern lediglich die gemeinsame Nutzung von Büroeinrichtung. Es handelt sich regelmäßig um eine Bruchteilsgemeinschaft. 323

Für die Einstufung als freiberufliche **Sozietät** ist die **Berufsangehörigkeit aller Partner** erforderlich. Auch wenn nur ein Gesellschafter z.B. nicht über die berufliche Qualifikation verfügt, so werden die Einkünfte sämtlicher Gesellschafter einheitlich als gewerbliche Einkünfte eingestuft. Schädlich ist hierbei auch eine nur kapitalmäßige Beteiligung eines Berufsfremden an der Gesellschaft.[106] 324

Ein in den letzten Jahren intensiv diskutierter Problemkreis ist die steuerliche Umqualifizierung einer freiberuflichen Sozietät bei teilweise gewerblicher Tätigkeit (**Abfärbe-/Infektionstheorie**). Im Rahmen der freiberuflichen Berufsausübung ist eine Vielzahl von Geschäftstätigkeiten denkbar, die als gewerblich gelten. So gehören Gewinne aus dem Verkauf von Kontaktlinsen eines Augenarztes, aus der Tätigkeit eines Zahnarztes im eigenen Dentallabor für Berufskollegen, aus der Treuhandtätigkeit eines Rechtsanwalts für eine Bauherrengemeinschaft oder aus der Vermittlung 325

105 Die Besteuerung der Anwalts-GmbH wird in § 4des Buches gesondert dargestellt.

106 Vgl. BStBl. II 1987, S. 124.

von Vermögensanlagen durch einen Steuerberater zu den Einkünften aus Gewerbebetrieb. Bislang reichte eine nur geringste gewerbliche Tätigkeit zur Umqualifizierung bereits aus,[107] wobei die aktuelle Rechtsprechung[108] die Grenzen etwas gelockert hat.

326 Eine objektive Trennung[109] der Geschäftstätigkeiten kann jedenfalls diese **Umqualifizierung** vermeiden. Ist die Trennung aus originär freiberuflicher Arbeit von übrigen Tätigkeiten bei einer Einzelpraxis relativ problemlos möglich, so ist die gewerbliche Tätigkeit eines Sozius – ohne klare berufliche Trennung von der Arbeit der Sozietät – schon aufwendiger. Sozietäten können die Freiberuflichkeit der Sozietät durch die Gründung einer personen- und beteiligungsidentischen zweiten Gesellschaft wahren (vgl. § 3 Rn 238 f.). Das Gefahrenpotential steckt hier allerdings darin, dass ein Sozius – ohne Wissen des oder der anderen – gewerbliche Einkünfte erzielt. Durch die Abfärbe- oder Infektionstheorie werden sämtliche Einkünfte – auch der nicht gewerblich tätigen Sozien – als Einkünfte aus Gewerbebetrieb umqualifiziert.

Hinweis

Zur Vermeidung finanzieller Nachteile nach einer steuerlichen Umqualifizierung der Einkünfte aufgrund gewerblicher Tätigkeit nur eines Mitgliedes der Sozietät sollte daher vorab im Gesellschaftsvertrag hierzu eine Regelung getroffen werden.

327 **Steuerpflichtig** im Sinne des Einkommensteuerrechts ist nicht die Gesellschaft; vielmehr sind alle Beteiligten einzeln einkommensteuerpflichtig. Sie erzielen Einkünfte aus selbständiger Arbeit.[110]

328 Die **umsatzsteuerliche Betrachtung** ist eine andere. Hier gibt es die GbR als steuerliches Subjekt,[111] sie ist Unternehmer gemäß § 2 Abs. 1 UStG. In der Praxis tauchen hier durch Vermischung der Unternehmereigenschaft der GbR im Verhältnis zu den Mitgliedern der Sozietät regelmäßig Probleme auf.

329 Zu beachten sind in diesem Zusammenhang **Scheinsozietäten**. Die Aufnahme von „nur" freien Mitarbeitern in den Briefkopf der Sozietät birgt weitere Gefahren. Insbesondere sind zivilrechtliche Haftungsprobleme zu beachten, auch wenn der Anwalt nur auf dem Briefbogen erwähnt wird, ohne gesellschaftsrechtlich Sozius zu

107 Vgl. § 15 Abs. 3 Nr. 1 EStG.
108 Vgl. BFH vom 11.8.1999, Az. XI R 12/98, DStR 1999, 1688.
109 Vgl. DStR 1998, 1379.
110 Vgl. Rn 1 ff.
111 Vgl. § 5 Rn 82 ff.

sein. Steuerlich wird der Scheinsozius nicht als Mitunternehmer[112] betrachtet. Hier taucht eventuell wieder das Problem der Scheinselbständigkeit auf.[113]

Die verschiedenen Formen, eine Sozietät zu begründen, sind im nachfolgenden Kapitel (§ 3 „Gründung, Erweiterung und Beendigung der beruflichen Tätigkeit“) ausführlich beschrieben. Dieses Kapitel beschränkt sich auf die eigentliche Gewinnermittlung und Besteuerung einer Sozietät. 330

II. Laufende Besteuerung und Gewinnermittlung

Hinsichtlich der **Ermittlung des Gewinns** gelten die in diesem Kapitel[114] genannten Regeln. Auch eine Sozietät oder Partnerschaft hat das Wahlrecht, den Gewinn nach § 4 Abs. 3 EStG (Einnahme-Überschussrechnung) oder nach § 4 Abs. 1 EStG (Betriebsvermögensvergleich) zu ermitteln. Zu Beispielen der Betriebseinnahmen und Betriebsausgaben vgl. Rn 139 ff. 331

Für die steuerliche Betrachtung ist zunächst der Status der als Sozius bezeichneten Mitglieder der Sozietät zu prüfen. Einkommensteuerlich zählt nämlich nur derjenige als Partner (= **Mitunternehmer**), der sowohl **Mitunternehmerrisiko** als auch **Mitunternehmerinitiative** entfalten kann. Insoweit sind die **Kriterien der Selbständigkeit**[115] für jeden einzelnen Sozius zu prüfen. 332

Als Besonderheit im Rahmen der Gewinnermittlung einer Sozietät tauchen regelmäßig die Fragen des **Sonderbetriebsvermögens** bzw. der **Sonderbetriebsausgaben** oder **-einnahmen** auf.[116] 333

Als Sonderbetriebsvermögen wird das Vermögen bezeichnet, das sich im Eigentum eines einzelnen Partners oder mehrerer Partner (aber nicht im Gesamthandsvermögen der Sozietät) befindet und der Sozietät zur Nutzung zu dienen bestimmt ist. Hier spricht man vom **Sonderbetriebsvermögen I**. 334

Steuerlich wird weiterhin ein **Sonderbetriebsvermögen II** geführt. Hierbei handelt es sich um Wirtschaftsgüter, die der Beteiligung des Gesellschafters dienen, wie z.B. ein Darlehen, welches zur Finanzierung des Gesellschaftsanteils aufgenommen wurde. 335

112 Vgl. § 3 Rn 57 ff.
113 Vgl. § 1 Rn 95 ff.
114 Vgl. Rn 116 ff.
115 Vgl. Rn 1 ff.
116 Vgl. hierzu ausführlich Schmidt/*Schmidt*, EStG, § 15 Rz 400 ff.

336 Unabhängig von der Zuordnung zum Sonderbetriebsvermögen I oder Sonderbetriebsvermögen II werden die Aufwendungen, die mit einem Sonderbetriebsvermögen im Zusammenhang stehen, als **Sonderbetriebsausgaben** bezeichnet (Einnahmen als **Sonderbetriebseinnahmen**).

> *Beispiel*
> Vermietet ein Sozius in seinem Eigentum stehende Räume als Kanzleiräume an die Sozietät, so erzielt er hiermit nicht Einkünfte aus Vermietung und Verpachtung, sondern insoweit Einkünfte aus selbständiger Arbeit. Es handelt sich um Sonderbetriebseinnahmen aus seinem Sonderbetriebsvermögen I, die lediglich das steuerliche Ergebnis der Sozietät beeinflussen. Das Ergebnis aus der Vermietung ist ihm alleine zuzurechnen.

337 Zu den Sonderbetriebsausgaben aus einem Sonderbetriebsvermögen II zählen häufig Darlehenszinsen, die ein später eingetretenes Mitglied der Sozietät für den Erwerb des Praxisanteils zahlt.

338 Es ist zu beachten, dass auch **Wertveränderungen** im Sonderbetriebsvermögen steuerlich zu erfassen sind.

339 Neben den Sonderbilanzen bzw. **Sonder-Gewinn- und -Verlustrechnungen**, die für das Sonderbetriebsvermögen aufgestellt werden, sind noch sog. **Ergänzungsbilanzen** bzw. **Ergänzungs-Gewinn- und -Verlustrechnungen** denkbar. Diese werden regelmäßig im Zusammenhang mit der Erweiterung einer Sozietät aufgestellt und im nachfolgenden Kapitel erläutert (vgl. § 3 Rn 31 ff.).

III. Gewinnverteilung

340 Ausgehend von dem ermittelten Ergebnis folgt die **Gewinnverteilung** auf die Gesellschafter. Diese entfällt naturgemäß bei einer Einzelpraxis. Im Rahmen einer gemeinschaftlichen Berufsausübung birgt dieses Thema erhebliche Brisanz. Neben der unproblematischen Grundverteilung (zumeist im Rahmen der kapitalmäßigen Beteiligung) führen besondere Aufwendungen oder besondere Leistungen eines Partners häufig zu Streitpunkten.

341 Beispielhaft zu nennen sei hier nur der unterschiedliche Arbeitseinsatz der Partner, der zu unterschiedlichen Auffassungen hinsichtlich der persönlichen Gewinnzurechnung führen kann. Neben der Betreuung besonders lukrativer Mandate ist ferner der nicht abrechenbare Einsatz eines Partners für die Sozietät (z.B. bei der Erstellung der Buchhaltung oder bei organisatorischen Aufgaben für die Sozietät) zu berücksichtigen.

Umgekehrt sind häufig Betriebsausgaben in unterschiedlicher Höhe – hier besonders bei Betriebsfahrzeugen – Anlass für Streitigkeiten. 342

Hinweis

Gerade im Bereich der Kraftfahrzeugkosten lässt sich in diesen Fällen eine recht einfache Regelung finden: Die getätigten Ausgaben sämtlicher strittiger Kostenbereiche werden dem ermittelten Gewinn für Zwecke der Gewinnverteilung wieder hinzugerechnet. Der so bereinigte Betrag wird auf die Partner verteilt. Vor Gutschrift auf eventuell geführte Kapitalkonten oder Ausschüttung an die Partner werden dann die nun individuell zugerechneten Aufwendungen wieder in Abzug gebracht. Als Ergebnis ist der Partner, der z.B. ein luxuriöses Fahrzeug nutzt, auch mit den entsprechend höheren Kosten belastet. Eine solche gesellschaftsrechtlich vereinbarte und durchgeführte Gewinnverteilung wird auch steuerlich anerkannt.

Für Zwecke der Einkommensbesteuerung wird der Gewinn gemäß § 180 Abs. 1 Nr. 2 AO **gesondert und einheitlich** für die Gesellschaft **festgestellt**. 343

Eine davon getrennte einzelne Geltendmachung von Ausgaben entfällt. Wurden also durch einen Partner persönlich Aufwendungen, wie z.B. Schuldzinsen für den Erwerb des Praxisanteils, getragen, so sind diese ebenfalls in der Steuererklärung der Sozietät zu deklarieren. Steuerlich werden diese Sonderbetriebsausgaben – nach Angaben der Sozietät – demjenigen zugerechnet, der sie wirtschaftlich getragen hat. 344

Das steuerliche Ergebnis wird im weiteren Verlauf den Wohnsitzfinanzämtern der einzelnen Sozien mitgeteilt. Eine Geltendmachung weiterer Aufwendungen für die Sozietät im Rahmen der persönlichen Steuererklärung ist nicht möglich.[117] 345

Auch Gewinne aus der Veräußerung von Sozietätsanteilen oder Teile von Sozietätsanteilen werden nach § 180 AO **gesondert und einheitlich festgestellt**. 346

Beispiel der Gewinnermittlung einer Sozietät

A und B üben ihren Beruf gemeinsam aus. Im Sozietätsvertrag ist die Gewinnverteilung wie folgt vorgesehen: A erhält 75% des Praxisgewinns, da B nur teilweise für die Praxis tätig wird. Da B aber die Kontakte zu einem umsatzstarken Mandanten aufgebaut hat, erhält er einen Vorweggewinn in Höhe von 10% des Sozietätsgewinns. Ferner ist vereinbart, dass beide die Kosten ihrer Fahrzeuge selbst tragen. Ferner vermietet A die Praxisräume an die Sozietät. Beide zahlen sich eine monatliche Tätigkeitsvergütung von je 5.000 EUR aus.

117 Vgl. Anwendungserlass zu § 180 AO.

1. Gewinnermittlung

Umsatz	500.000 EUR
Personalkosten	100.000 EUR
Tätigkeitsvergütungen	120.000 EUR
Raumkosten (Miete an A)	60.000 EUR
Kfz-Kosten A	30.000 EUR
Kfz-Kosten B	12.000 EUR
Gewinn	178.000 EUR

2. Gewinn der Sozietät

Der Gewinn der Sozietät beträgt steuerlich nicht 178.000 EUR. Die ausgezahlten Tätigkeitsvergütungen mindern steuerlich das Ergebnis nicht. Ebenso mindern steuerlich die Mietzahlungen an den A nicht dessen Einkünfte aus selbständiger Arbeit. Bei den vermieteten Büroräumen handelt es sich um Sonderbetriebsvermögen. Das steuerliche Ergebnis der Sozietät berechnet sich wie folgt:

Gewinn lt. Gewinnermittlung	178.000 EUR
zzgl. Tätigkeitsvergütung	120.000 EUR
zzgl. Raumkosten	60.000 EUR
Gewinn der Sozietät	358.000 EUR

3. Gewinnverteilung auf die Sozien

	Sozietät EUR	**Verteilung EUR**	**A**	**B**
Gewinn der Sozietät	178.000			
Zurechnung Kfz-Kosten		42.000		
bereinigter Gewinn		220.000		
./. Vorweggewinn B		22.000		22.000
zu verteilen 75 : 25		198.000	148.500	49.500
Abrechnung Kfz-Kosten		42.000	30.000	12.000
Sonderbilanzergebnisse				
Tätigkeitsvergütung	120.000		60.000	60.000
Vermietung	60.000		60.000	
Summe	358.000	0	238.500	119.500

§ 3 Gründung, Erweiterung und Beendigung der beruflichen Tätigkeit

Peter Pauly

A. Allgemeines

I. Vorbemerkung

Die in der obigen Kapitelüberschrift genannten Begriffe der **Gründung, Erweiterung** und **Beendigung** lassen sich auch unter dem Begriff der **Umstrukturierung** der anwaltlichen Tätigkeit zusammenfassen. Gemeinsam ist allen diesen Vorgängen, dass sie eine Veränderung der grundlegenden rechtlichen Verfassung der Anwaltspraxis mit sich bringen und – abgesehen von der echten Neugründung einer Praxis – mit der Übertragung von vorhandenem Praxisvermögen einhergehen. 1

Es liegt nahe, dass derartige Umstrukturierungen in steuerlicher Hinsicht zu speziellen Fragestellungen führen, und zwar in erster Linie aus der Sicht des bisherigen Praxisinhabers und potentiellen Veräußerers. Da es bei Strukturveränderungen in der Regel zudem um größere Vermögenswerte geht, sind die steuerlichen Folgewirkungen auch der Höhe nach von besonderer Bedeutung. Aus der Sicht einer vorausschauenden Planung der Steuerbelastung sind deshalb diese Umstrukturierungen mit besonderer Sorgfalt zu prüfen (**Problem von Besteuerungssprüngen**). 2

Stellen die steuerlichen Fragen im Zusammenhang mit der Umstrukturierung anwaltlicher Tätigkeit den Steuerrechtsanwender somit vor Probleme besonderer Art, so kontrastiert damit das grundsätzliche Bedürfnis der anwaltlichen Praxis, diese **Strukturveränderungen möglichst einfach und ohne Behinderung umsetzen** zu können. Dieses Bedürfnis ist umso stärker ausgeprägt, als in Zeiten zunehmenden Wettbewerbsdrucks und des Zwangs zur Qualifizierung und Spezialisierung ein anhaltender Trend zur gemeinschaftlichen Berufsausübung der Anwälte und Notare und – noch weitergehend – zu einer interdisziplinären Zusammenarbeit verschiedener Berufsstände unverkennbar ist. Hinzu tritt die zu beobachtende Entwicklung, dass eine „lebenslängliche" Tätigkeit am selben Ort in derselben Praxis in Zukunft nicht mehr unbedingt der Normalfall sein wird. 3

Dass die aktuellen Entwicklungen im deutschen Steuerrecht zumindest teilweise dieser Tendenz diametral zuwiderlaufen, ja geradezu anachronistisch anmuten, sei an dieser Stelle bereits vorweg gesagt. 4

5 Die Herausforderung der Steuerrechtspraxis besteht deshalb verstärkt darin, die verbliebenen Gestaltungsspielräume optimal auszuschöpfen, um dem Bedürfnis nach möglichst reibungsloser Umstrukturierung weitestgehend entgegenzukommen.

6 Wer sich mit dem Gedanken einer Sozietätsgründung befasst, wird zuvor u.U. eine ausreichende Erprobungsphase anstreben. Zu diesem Zweck bietet sich grundsätzlich die **Bürogemeinschaft** an. Dieses im Regelfall nicht auf eine gemeinschaftliche Gewinnerzielung angelegte Gesellschaftsverhältnis (sog. Hilfsgesellschaft), welches nur den beteiligten Gesellschaftern für deren Praxis wirtschaftliche Vorteile verschaffen soll, bildet im steuerlichen Sinne keine Mitunternehmerschaft. Steuerrechtlich ist die Mitunternehmerschaft der zentrale Oberbegriff für Personengesellschaften oder Gemeinschaften (z.B. Erbengemeinschaft), bei denen der Tatbestand der Gewinnerzielung durch die Mitunternehmer (vgl. Rn 57 ff.) gemeinschaftlich verwirklicht wird (sog. Subjekt der Gewinnerzielung). Im Sinne einer Praxisumstrukturierung verursacht die Bürogemeinschaft keine besonderen steuerrechtlichen Probleme. Es werden in verfahrenstechnischer Hinsicht lediglich die Betriebsausgaben (und etwaige Betriebseinnahmen) für Besteuerungszwecke gesondert festgestellt. Die Bürogemeinschaft wird deshalb in diesem Kapitel nicht näher erläutert.

II. Praxistypologie

7 Um sich einen besseren Überblick zu verschaffen und insbesondere in die spezifischen Bedürfnisse der einzelnen Sozietäten und ihrer Beteiligten besser hineinversetzen zu können, ist es bei aller gebotenen Einzelfallbetrachtung hilfreich, die Sozietäten nach ihrer **Größe**, der **Altersstruktur** und der **Situation, aus der sie heraus gegründet** werden, in **typische Fallgruppen** zu ordnen. Die nachfolgende Typologie von Anwaltspraxen basiert auf der „Typologie von Steuerberater-Sozietäten“ von *Prof. Günther Felix*:[1]

- die mittelständisch-personalistische Sozietät
- die Anfänger-Sozietät (z.B. mit zwei Berufsanfängern, die Mandate aus ihrer bisherigen Tätigkeit „mitbringen“);
- die Etablierten-Sozietät (z.B. aus zwei älteren Einzelpraxen);
- die Nachfolge-Sozietät (z.B. mit Senior-Inhaber und nachfolgendem Sozius-Mitarbeiter);
- die Familien-Sozietät (z.B. unter Ehegatten oder unter Eltern und Kindern);

1 Zitiert bei *Korn*, Freiberufler-Personen- und -Kapitalgesellschaften, Arbeitskreis für Steuerrecht, Vorwort.

- die Groß-Sozietät – mit Gruppen von Sozien unterschiedlicher Qualität, bei denen sukzessiv nachgerückt wird
- die Kern-Sozien als Spitzenkräfte mit vollberechtigtem Sozietätsanteil;
- die Mittel-Sozien mit abgestuftem (= geringerem) Sozietätsanteil (demnächst Kern-Sozien);
- die Jung-Sozien oder „Briefböger" mit (ggf. erfolgsabhängiger) Tätigkeitsvergütung.

Je nach Sozietätstyp werden die in diesem Abschnitt behandelten steuerlichen Fragestellungen bei der Umstrukturierung einer Praxis unterschiedliche Bedeutung haben. Bestimmte Fragestellungen werden bei einzelnen Typen verstärkt auftauchen (z.B. Eintrittsgelder bei einer Nachfolge-Sozietät), bei anderen Typen dagegen weniger (z.B. Eintrittsgelder bei einer Anfänger-Sozietät). 8

B. Beginn der anwaltlichen Praxistätigkeit

I. Neugründung

1. Neugründung einer Einzelpraxis

In steuerlicher Hinsicht ist die vollständige Neugründung einer Anwaltspraxis am wenigsten problembehaftet. 9

Zum Zwecke der Kanzleieröffnung werden zunächst sämtliche wesentlichen Betriebsgrundlagen erworben oder aus dem bisherigen (Privat-)Vermögen des Anwalts eingebracht. Aufgrund der Anschaffung z.B. von Praxiseinrichtungsgegenständen sind fortan die Abschreibungen auf der Basis der tatsächlichen Anschaffungskosten (oder Herstellungskosten) zu ermitteln.[2] 10

Bei Überführung der Gegenstände aus dem steuerlichen Privatvermögen ist zunächst zu unterscheiden zwischen dem sog. Einlagewert und der Bemessungsgrundlage für die künftigen Absetzungen für Abnutzung (AfA). Die AfA bemessen sich – in Abweichung von dem eigentlich maßgebenden Einlagewert – nach den ursprünglichen Anschaffungskosten des Gegenstandes abzüglich der zwischenzeitlich vorgenommenen Absetzungen für Abnutzung, der Sonderabschreibungen und der erhöhten Absetzungen, sofern das Wirtschaftsgut zuvor der Erzielung von sog. Überschusseinkünften diente.[3] Wurde das Wirtschaftsgut dagegen bislang nicht zur Erzielung von Über- 11

2 Vgl. dazu § 2 Rn 197 ff.

3 Vgl. § 7 Abs. 1 Satz 5 EStG i.d.F. des Steuerentlastungsgesetzes 1999/2000/2002 vom 24.3.1999, BGBl. I 1999, S. 402; zum Begriff der Überschusseinkunftsarten vgl. § 1 Rn 16 Fn 6.

schusseinkünften verwendet, so bleibt für die Bemessung der AfA der Einlagewert maßgeblich.

12 Ist der Einlagewert höher als die so ermittelte AfA-Bemessungsgrundlage, wird diese positive Differenz im Regelfall erst bei einer späteren Veräußerung des Wirtschaftsgutes steuermindernd berücksichtigt.[4]

13 Der **Einlagewert** wird gemäß § 6 Abs. 1 Nr. 6 i.V.m. Nr. 5 EStG ermittelt. Dies ist im Regelfall der **Teilwert** (§ 6 Abs. 1 Nr. 1 Satz 3 EStG), der sich gedanklich nach dem Teil des Gesamtkaufpreises richtet, den ein Erwerber der gesamten Praxis (bei Fortführung der Praxis) für das einzelne Wirtschaftsgut zu zahlen bereit wäre. Da es sich um einen **hypothetischen Wert** handelt, kann der Teilwert bei einer vollständigen Neugründung der Praxis aus dem gemeinen Wert auf dem Beschaffungsmarkt abgeleitet werden. Bei gebrauchten Wirtschaftsgütern wird man sich in der Praxis an dem gemeinen Wert für ein neues Wirtschaftsgut orientieren und dabei entsprechende Abschläge für die zwischenzeitliche Wertminderung vornehmen. Eine Ausnahme von diesem Grundsatz ergibt sich aus § 6 Abs. 1 Nr. 6 i.V.m. Nr. 5 Satz 1 EStG. Danach werden in die Praxis eingelegte Wirtschaftsgüter, die im Zeitpunkt der Einlage nicht älter als drei Jahre sind, höchstens mit ihren seinerzeitigen Anschaffungskosten bewertet. Ist der Teilwert niedriger, so bleibt dieser maßgebend. Handelt es sich darüber hinaus um abnutzbare Wirtschaftsgüter – was der Regelfall bei einer Praxiseröffnung sein dürfte –, sind die Anschaffungskosten um zwischenzeitliche Abschreibungen zu kürzen (sog. **fortgeführte Anschaffungskosten**). Wurde daher beispielsweise die Bewertungsfreiheit geringwertiger Wirtschaftsgüter im Rahmen einer nichtselbständigen Anwaltstätigkeit für Anschaffungen innerhalb der letzten drei Jahre in Anspruch genommen, so beträgt der Einlagewert 0 EUR.[5]

14 Die vor der Praxiseröffnung anfallenden Kosten bleiben nicht unberücksichtigt, sie sind als sog. **vorweggenommene Betriebsausgaben** abzugsfähig.

15 Dies gilt natürlich ebenso für die Finanzierungsaufwendungen, die im Zusammenhang mit einem Praxisdarlehen (etwa zur Finanzierung der Einrichtung) anfallen.

16 Auf die Möglichkeiten der **Ansparabschreibung** für sog. **Existenzgründer** ist besonders hinzuweisen (§ 7g Abs. 7 EStG; Ausnahme: Die Gründung erfolgt im Zusammenhang mit der Übertragung einer Praxis im Rahmen einer vorweggenommenen Erbfolge oder im Rahmen einer Erbauseinandersetzung). Danach kann eine gewinnmindernde Rücklage gebildet werden für künftige Investitionen in neue bewegliche Wirtschaftsgüter des Anlagevermögens, und zwar in Höhe von bis zu

4 Vgl. H 43 EStH 2003 Stichwort „Einlage eines Wirtschaftsguts".
5 Vgl. dazu BFH-Urteil vom 27.1.1994, BStBl. II 1994, S. 638.

40% der geplanten Investitionskosten. Wird die Investition nicht durchgeführt, so muss die Rücklage spätestens im fünften auf das Jahr der Rücklagenbildung folgenden Jahr gewinnerhöhend aufgelöst werden. Zinsen fallen jedoch nicht an. Diese Möglichkeit besteht auch bei Gewinnermittlung gemäß § 4 Abs. 3 EStG (vgl. § 7g Abs. 7 i.V.m. Abs. 6 EStG).[6] Die steuerliche Förderung ist nur dann ausgeschlossen, wenn der Gründer einer Einzelpraxis innerhalb der letzten fünf Jahre vor dem Kalenderjahr der Gründung zu mehr als 10% an einer Kapitalgesellschaft beteiligt war oder bereits Einkünfte aus Gewerbebetrieb, selbständiger Arbeit oder Land- und Forstwirtschaft (= Gewinneinkünfte) erzielt hat.

2. Neugründung einer Sozietät

Wird eine Sozietät neu gegründet, ohne dass dabei eine Praxis erworben oder von einem Sozius eingebracht wird, sind die steuerlichen Folgen ebenso in Rn 9 ff. beschrieben. 17

Bei Einlagen aus dem Privatvermögen eines Sozii in die Sozietät besteht allerdings die folgende Besonderheit: Erfolgt die Sacheinlage gegen Gewährung von Gesellschaftsrechten (**offene Sacheinlage**), so liegt ein tauschähnlicher Vorgang vor. Unter den Voraussetzungen der §§ 17, 23 EStG oder § 21 Umwandlungssteuergesetz (UmwStG) kann sich daraus ggf. ein steuerpflichtiger Veräußerungsvorgang beim einbringenden Sozius ergeben (also z.B. bei Einbringung einer wesentlichen Beteiligung an einer Kapitalgesellschaft oder eines sonstigen Wirtschaftsgutes im Rahmen der sog. Spekulationsfristen).[7] Da es sich aus Sicht der Sozietät spiegelbildlich um eine Anschaffung handelt, gelten für die künftigen Abschreibungen demnach nicht die Einschränkungen des § 7 Abs. 1 Satz 5 EStG (vgl. Rn 11 f.) sowie des § 6 Abs. 1 Nr. 5 Satz 1 Halbsatz 2, Satz 2 EStG (sog. **fortgeführte Anschaffungskosten** bei Einlage innerhalb von drei Jahren nach dem Erwerb, vgl. Rn 13). 18

6 Da die Gründung einer Anwaltspraxis wie jede unternehmerische Existenzgründung mit erheblichen Risiken behaftet ist, sollten diese Gestaltungsmöglichkeiten unbedingt bedacht und ggf. ausgeschöpft werden. Dies gilt auch für die Möglichkeiten eines Verlustrücktrags gemäß § 10d Abs. 1 EStG auf das vorangegangene Kalenderjahr. Zu weiteren Einzelheiten der Ansparabschreibung, auch zur Möglichkeit der Ansparabschreibung vor Eröffnung der Praxis, vgl. das BMF-Schreiben vom 25.2.2004, BStBl. I 2004, S. 337.

7 Vgl. hierzu BFH-Urteil vom 19.10.1998, BStBl. II 2000, S. 230 sowie das BMF-Schreiben vom 29.3.2000, BStBl. I 2000, S. 462. Sach-„Einlagen" gegen Gutschrift auf einem Darlehenskonto führen ebenfalls zu einem Veräußerungsvorgang, da in der Gutschrift eine Gegenleistung liegt. Lediglich bei Einlagen ohne Gegenleistung, auch nicht in Form der Gewährung von Gesellschaftsrechten (verdeckte Einlage), sind die Einlageregeln des § 6 Abs. 1 Nr. 5 EStG anzuwenden (vgl. dazu BMF-Schreiben vom 26.11.2004, BStBl. I 2004, S. 1190).

19 Zur Anerkennung der Sozietät als Existenzgründer i.S.v. § 7g Abs. 7 EStG müssen sämtliche Sozien Existenzgründer sein.

II. Kauf einer bestehenden Anwaltspraxis

1. Kauf unter Gründung einer Einzelpraxis

20 Erfolgt die Existenzgründung durch Erwerb einer bestehenden Anwaltspraxis, dann ist der gezahlte Kaufpreis auf die einzelnen Wirtschaftsgüter zu verteilen. Nach § 6 Abs. 1 Nr. 7 EStG gelten für die Wirtschaftsgüter die Teilwerte, höchstens jedoch die tatsächlichen Anschaffungskosten. Liegen die anteiligen Anschaffungskosten somit unter dem Teilwert, so sind die Anschaffungskosten maßgeblich. Liegen die Anschaffungskosten hingegen über dem Teilwert der einzelnen Wirtschaftsgüter, so wird der über den Teilwert hinausgehende Kaufpreisteil i.d.R. für einen ideellen Praxiswert angefallen sein. Dieser Betrag ist dann ebenfalls zu aktivieren und nach der Nutzungsdauer des Praxiswertes zu verteilen.[8]

21 Bei der Verteilung des Gesamtkaufpreises besteht naturgemäß ein gewisser (faktischer) Spielraum. Sofern im Praxiskaufvertrag nicht eine völlig unrealistische Aufteilung vorgenommen wird, wird die steuerrechtliche Behandlung dieser Aufteilung i.d.R. folgen.

22 Im Normalfall übernimmt der Käufer einer Anwaltspraxis nicht die noch offenen **Honorarforderungen** des Veräußerers. Kann der Erwerber nach Zustimmung der jeweiligen Auftraggeber in die laufenden Mandate eintreten, so werden die aus dem Abschluss der Mandate insgesamt entstehenden Honorare zwischen Erwerber und Veräußerer aufgeteilt. Für den Erwerber ist natürlich nur der auf ihn entfallende Honorarteil eine steuerpflichtige Betriebseinnahme. Zahlt der Erwerber ausnahmsweise dem Veräußerer der Anwaltskanzlei einen Kaufpreis für die Übernahme der noch nicht abgeschlossenen Mandate (und evtl. darüber hinaus für die Übernahme der noch offenen Honorarforderungen), so kann er diesen Kaufpreisanteil im Jahr der Übernahme der Kanzlei sofort als Betriebsausgabe absetzen, sofern er seinen Gewinn gemäß § 4 Abs. 3 EStG ermittelt.[9]

23 Der Praxiserwerber kann ebenso Existenzgründer i.S.v. § 7g Abs. 7 EStG sein wie ein „Neugründer" (vgl. Rn 16), da es nur auf die Person des Käufers ankommt. Für

8 Zur Abschreibung auf den Praxiswert vgl. Rn 48.

9 Vgl. zu dieser Frage auch das Beispiel in Rn 33, 39 zum Fall des Eintritts in eine schon bestehende Sozietät.

vorweggenommene Betriebsausgaben und Finanzierungsaufwendungen gilt ebenfalls das oben Gesagte (vgl. Rn 14 f.).

Wird der **Kaufpreis in Raten** gezahlt, so bemessen sich die Anschaffungskosten für die Praxisgegenstände nach dem Barwert der Raten. Selbst wenn keine Verzinsung der Raten vereinbart wurde, ist bei wirtschaftlicher Betrachtung ein Zinsanteil herauszurechnen, so dass sich für die Bemessung der Abschreibungen somit niedrigere Anschaffungskosten aufgrund des niedrigeren Barwertes der Raten ergeben. Die aus den Raten herausgerechneten Zinsanteile sind als Betriebsausgaben abzugsfähig, ebenso natürlich die zusätzlich zu den Raten zu zahlenden Zinsen, wenn eine Verzinsung vereinbart wurde. 24

Von den Kaufpreisraten sind die **Renten** zu unterscheiden. Bei Erwerb der Praxis von einem fremden Dritten kann grundsätzlich unterstellt werden, dass Leistung und Gegenleistung in kaufmännischer Weise gegeneinander abgewogen worden sind. Sodann liegen betriebliche Veräußerungsrenten vor. Bei nahen Angehörigen werden nur ausnahmsweise derartige Veräußerungsrenten (im Regelfall private Versorgungsrenten)[10] angenommen werden können, sofern z.B. anhand der vertraglichen Vereinbarungen erkennbar ist, dass entgegen der tatsächlichen Vermutung ein Gleichgewicht von Leistung und Gegenleistung gegeben ist. Dazu sind entsprechende Wertermittlungen für die Praxis erforderlich. Die Ernsthaftigkeit dieser Vereinbarung lässt sich u.a. anhand der tatsächlichen Rentenzahlungen ablesen.[11] 25

Bei einer **betrieblichen Veräußerungsrente** kann der Erwerber die Abschreibungen auf der Basis des versicherungsmathematischen Barwertes der Rente ermitteln.[12] Die Rentenzahlungen sind dann grundsätzlich in einen als Betriebsausgabe abzugsfähigen Zinsanteil und einen gewinnneutralen Tilgungsanteil aufzuteilen. Bei Gewinnermittlung gemäß § 4 Abs. 3 EStG räumt die Finanzverwaltung in R 16 Abs. 4 EStR 2003 stattdessen wahlweise die Möglichkeit ein, die Rentenzahlungen zunächst in vollem Umfang erfolgsneutral zu behandeln, um sie nach vollständiger Verrechnung mit dem versicherungsmathematischen Barwert der Rentenverpflichtung dann jedoch in voller Höhe als Betriebsausgabe abzusetzen. Bei Fortfall der Rentenverpflichtung ist unabhängig von der Gewinnermittlungstechnik der noch restierende Barwert der Rentenverpflichtung gewinnerhöhend aufzulösen. Erhöht sich die Rente etwa aufgrund einer Wertsicherungsklausel, so muss bei der Gewinnermittlung 26

10 Vgl. dazu Rn 308 ff.

11 Vgl. Tz. 2 des BMF-Schreibens vom 13.1.1993, BStBl. I 1993, S. 80.

12 Nach R 32 a EStR 2003/H 32 a EStH 2003 „Rentenverpflichtung" soll der Barwert grundsätzlich nach Bewertungsgesetz (BewG, §§ 12 ff., Anlage 9) ermittelt werden; die Finanzverwaltung lässt jedoch auch die Barwertermittlung nach versicherungsmathematischen Grundsätzen zu.

durch Bestandsvergleich der Barwert der Rentenverpflichtung aufgestockt werden; in Höhe des Differenzbetrags ergeben sich sofort abzugsfähige Betriebsausgaben. Bei Gewinnermittlung gemäß § 4 Abs. 3 EStG ist der im jeweiligen Jahr geleistete Betrag der Rentenerhöhung (unabhängig von einem Zins- und Tilgungsanteil) voll abzugsfähig.[13]

27 Im Unterschied zu betrieblichen Veräußerungsrenten steht bei der Vereinbarung von **betrieblichen Versorgungsrenten** nicht der Gedanke einer entgeltlichen Veräußerung der Praxis im Vordergrund, sondern derjenige der Versorgung des bisher tätigen Anwalts (Fürsorgeleistung an den bisherigen Praxisinhaber), z.B. in Anerkennung der bisher geleisteten Dienste. Die Annahme einer derartigen Rente scheidet bei der Übernahme einer Kanzlei in der Regel aus (auch z.B. bei Vereinbarung einer Rente kurz vor dem geplanten Ausscheiden aus einer Sozietät), da der Veräußerungscharakter in diesen Fällen überwiegen dürfte. Bei nahen Angehörigen liegen zwar u.U. Versorgungsmotive vor; jedoch handelt es sich dann in aller Regel um private Versorgungsrenten. Ausnahmsweise wird eine betriebliche Versorgungsrente anerkannt werden können bei Vereinbarung der Rente schon bei Gründung einer Sozietät, ggf. auch bei Vereinbarung während des Bestehens, sofern kein zeitlicher Zusammenhang zum Ausscheiden eines der Sozien gegeben ist. Dann steht die wechselseitige Versorgung in Ansehung der gemeinsamen Berufstätigkeit im Vordergrund. In diesem Fall dürfte auch eine Anerkennung einer derartigen Rente bei nahen Angehörigen möglich sein, vor allem in den Fällen, in denen auch fremde Sozien eine vergleichbare Versorgungszusage erhalten.

28 Sind Rentenzahlungen als betriebliche Versorgungsrenten anzuerkennen, so führen diese beim Empfänger (nach Ausscheiden) zu nachträglichen Einkünften aus selbständiger Arbeit gemäß § 24 Nr. 2 EStG. Bei der Sozietät liegen in vollem Umfang abzugsfähige Betriebsausgaben vor. Die Behandlung ähnelt sehr stark den privaten Versorgungsrenten in Form der dauernden Last, sofern sich diese im Rahmen einer Vermögensübergabe gegen Versorgungsleistungen bewegen.[14] Dies zeigt sich auch daran, dass eine Passivierung bei der Sozietät unterbleibt. Es sind gedanklich vorbehaltene Erträge aus der Praxis für früher geleistete Tätigkeiten.

13 Vgl. BFH-Urteil vom 23.5.1991, BStBl. II 1991, S. 796; im Einzelnen noch strittig, vgl. Schmidt/*Heinicke*, EStG, § 4 Rz 411.

14 Vgl. dazu Rn 308 ff.

2. Kauf unter Gründung einer Sozietät

Schließen sich zwei oder mehr Jung-Anwälte zusammen und erwerben gemeinsam eine bestehende Anwaltspraxis, um sich eine neue Existenz aufzubauen, so finden die oben geschilderten Grundsätze (vgl. Rn 20 ff.) im Rahmen der Gewinnermittlung für die Sozietät gleichermaßen Anwendung (zur Frage der Existenzgründereigenschaft beachte auch Rn 19). 29

Erfolgt der Erwerb einer Anwaltspraxis durch eine schon bestehende Einzelpraxis oder Sozietät (Zukauf einer Praxis), gelten ebenfalls die gleichen Grundsätze. 30

III. Aufnahme in eine Anwaltssozietät

1. Aufnahme unter Erweiterung der Sozietät

Die steuerlichen Folgen für den Berufsstarter sind in denjenigen Fällen, in denen ein „Eintrittsgeld" gezahlt werden muss, gleichviel ob in die Sozietät hinein oder an die einzelnen Sozien, praktisch identisch mit dem Kauf einer Anwaltspraxis (vgl. Rn 20 ff.). Dies gilt auch für den Fall, dass die Alt-Sozien ein steuerliches Wahlrecht besitzen, den etwa durch das Eintrittsgeld erzielten Preis für die Abgeltung von stillen Reserven (vor allem für einen ideellen Praxiswert) nicht sofort versteuern zu müssen (**Buchwertfortführung**).[15] 31

Die zivilrechtlich bedeutsame Unterscheidung zwischen einer (Teil-)Anteilsübertragung und einem Eintritt in die Sozietät im Rahmen einer Abwachsung[16] spielt für die steuerliche Beurteilung keine Rolle. Denn wirtschaftlich betrachtet erwirbt der neue Gesellschafter in beiden Fällen einen Bruchteil an den jeweiligen Wirtschaftsgütern der Sozietät gegen Entgelt.[17] Die Erweiterung der Sozietät entweder durch Abtretung von Teil-Anteilen der Alt-Sozien oder durch gesellschaftsrechtlichen Eintritt in die Sozietät im Wege der Abwachsung zeitigt für den Erwerber damit dieselben steuerlichen Folgen. 32

Beispiel 33
C tritt in die langjährige Sozietät A/B (Anteil A und B = jeweils 50%) zum 1.1.2005 ein. Er übernimmt einen Anteil von 1/3 und zahlt unmittelbar an A und B ein „Eintrittsgeld" **jeweils** in Höhe von 75.000 EUR.

15 Vgl. dazu aus der Sicht der einbringenden Sozien Rn 131 ff., 155 ff.
16 Vgl. dazu *K. Schmidt*, Gesellschaftsrecht, 4. Auflage, § 45 III.
17 Zur steuerrechtlichen Einordnung der Personengesellschaft vgl. im Einzelnen Schmidt/*Wacker*, EStG, § 15 Rz 160 ff.: Die Personengesellschaft ist (nur) partiell Steuerrechtssubjekt.

Die steuerlichen Buchwerte der Sozietät (vor Eintritt des C) zeigen zum 1.1.2005 folgendes Bild:

	Steuerlicher Buchwert	**Zeitwert**
a) Ideeller Praxiswert	0 EUR	150.000 EUR
b) Praxiseinrichtung	75.000 EUR	150.000 EUR
c) Honorarforderungen (nach Abzug aller lfd. Praxisverbindlichkeiten vereinfacht)	150.000 EUR	150.000 EUR
Summe	225.000 EUR	450.000 EUR

34 A und B besitzen danach einen Sozietätsanteil mit einem Wert von je 225.000 EUR. Da der steuerliche Buchwert des Sozietätsanteils von A und B jedoch nur je 112.500 EUR beträgt, sind „stille Reserven“ in Höhe von je 112.500 EUR in den Anteilen von A und B vorhanden. **Stille Reserven** sind also nichts anderes als Mehrwerte, die sich aus dem Vergleich von Zeitwert und steuerlichem Buchwert ergeben. Sie können ihre Ursache darin haben, dass die steuerlichen Abschreibungen z.B. auf die Praxiseinrichtung in der Vergangenheit höher waren als der tatsächliche Werteverzehr, vor allem bei langlebigen Einrichtungsgegenständen, die schon längst abgeschrieben sind. Die Ursache kann aber auch darin liegen (z.B. selbst geschaffener ideeller Praxiswert), dass sich Mehrwerte im Laufe der Jahre ergeben, die steuerlich nicht angesetzt werden dürfen, solange sie noch nicht am Markt – etwa durch Verkauf – realisiert worden sind.

35 Durch den Eintritt des C in die Sozietät übernimmt dieser zunächst anteilig die steuerlichen Buchwerte wie folgt:

C übernimmt **anteilig**:	Steuerlicher Buchwert
a) Ideeller Praxiswert	0 EUR
b) Praxiseinrichtung	25.000 EUR
c) Honorarforderungen	50.000 EUR
Summe	75.000 EUR

Da C jedoch insgesamt 150.000 EUR (2 x 75.000 EUR) aufgewendet hat, hat er für folgende stille Reserven einen Mehrpreis bezahlt: 36

Von C bezahlte Mehrwerte:	Mehrwerte
a) Ideeller Praxiswert	50.000 EUR
b) Praxiseinrichtung	25.000 EUR
c) Honorarforderungen	0 EUR
Summe	75.000 EUR

Diese bezahlten Mehrwerte darf C – wie beim Kauf einer Praxis – in den nächsten 37 Jahren entsprechend der Nutzungsdauer abschreiben, und zwar zusätzlich zu den Abschreibungen, die bei der Sozietät im Gesamthandsvermögen anfallen und anteilig auch auf C entfallen (Fortführung der Abschreibung auf die Praxiseinrichtung). Technisch vollzieht sich dies im Rahmen einer steuerlichen Nebenrechnung zur Gewinnermittlung der Sozietät (sog. **positive Ergänzungsbilanz**). Im Falle der Gewinnermittlung gemäß § 4 Abs. 3 EStG gilt dies genauso.[18] Die Höhe dieser zusätzlichen Abschreibungen hängt von der Höhe der (Rest-)Nutzungsdauer der Wirtschaftsgüter ab, deren stille Reserven mitbezahlt worden sind.[19]

Dadurch, dass A und B jeweils ein Drittel ihres Sozietätsanteils entgeltlich abgege- 38 ben haben, haben sie einen – nicht (mehr) tarifbegünstigten – steuerpflichtigen Veräußerungsgewinn aus dem Verkauf eines Sozietäts-**Teil**anteils (vgl. dazu Rn 69) in Höhe von jeweils 37.500 EUR erzielt. In der Summe entspricht dies den von C bezahlten Mehrwerten von 75.000 EUR.

Geht die Sozietät nach dem Eintritt von C zur **Gewinnermittlung gemäß § 4 Abs. 3** 39 **EStG** über, realisiert sie in Höhe der **Honorarforderungen** zum 1.1.2005 (nach Abzug der lfd. Praxisverbindlichkeiten) einen Übergangsverlust in Höhe von 150.000 EUR, wovon 50.000 EUR auf C entfallen.[20] Dadurch wirkt sich für C dieser Kaufpreisteilbetrag sofort im Eintrittsjahr gewinnmindernd aus.[21] Im Ergebnis wirkt sich somit das gesamte von C gezahlte Eintrittsgeld steuermindernd aus:

18 *Korn*, a.a.O., Rn 118, spricht treffend von einer Ergänzungs-„Überschussrechnung".

19 Zur Höhe der Abschreibungen auf den ideellen Praxiswert vgl. Rn 48.

20 Zur Notwendigkeit des Übergangs auf die Bilanzierung aus der Sicht der veräußernden Sozien, sofern die Sozietät vor Eintritt des C ihren Gewinn zulässigerweise bereits gemäß § 4 Abs. 3 EStG ermittelte, vgl. Rn 195 ff., 201.

21 Vgl. zur Gewinnermittlung gemäß § 4 Abs. 3 EStG allgemein § 2 Rn 123 ff. sowie speziell für den Fall der Praxisveräußerung und -einbringung Rn 117 ff. und 191 ff.

- der anteilig bezahlte Buchwert der Praxiseinrichtung (= 25.000 EUR) über die weiteren Abschreibungen im Rahmen der künftigen Gewinnermittlungen der Sozietät;
- die anteilig bezahlten Honorarforderungen (= 50.000 EUR) im Fall des Übergangs zur Gewinnermittlung gemäß § 4 Abs. 3 EStG über die Ermittlung des Übergangsverlustes wiederum auf der Ebene der Sozietät;
- die anteilig bezahlten Mehrwerte (stillen Reserven) für den Praxiswert (= 50.000 EUR) sowie für die Praxiseinrichtung (= 25.000 EUR) in der steuerlichen Nebenrechnung für C außerhalb der Gewinnermittlung der Sozietät.

40 Scheidet nach dem Eintritt von C ein Wirtschaftsgut aus der Sozietät z.B. durch Verkauf aus, so setzt C zusätzlich seinen Restbuchwert aus seiner positiven Ergänzungsbilanz vom Gewinnanteil aus der Sozietät ab. Verkauft die Sozietät z.B. die Praxiseinrichtung unmittelbar nach dem Eintritt von C für 150.000 EUR, so wird innerhalb der Sozietät zunächst ein Buchgewinn in Höhe von 75.000 EUR realisiert, da der Buchwert nur noch 75.000 EUR betrug. Von diesem Buchgewinn entfallen 25.000 EUR auf C. Dieser setzt jedoch aus seiner positiven Ergänzungsbilanz den Restbuchwert für die Praxiseinrichtung (= von ihm zusätzlich bezahlte stille Reserve für die Einrichtung) ab, so dass er keinen anteiligen Buchgewinn versteuern muss. Das Eintrittsgeld des C wirkt sich also nicht nur über die künftigen Abschreibungen steuerlich bei ihm aus, sondern auch im Falle des Verkaufs von Vermögensgegenständen der Sozietät. Gleiches gilt, sofern C später seinen Sozietätsanteil veräußern sollte.

> *Hinweis*
> Der Anwalt, der neu in eine schon bestehende Sozietät eintritt, sollte bei der Zahlung eines Eintrittsgeldes demnach konkret vereinbaren, wofür er dieses Eintrittsgeld im Einzelnen bezahlt (Aufteilung des Kaufpreises). In der Regel wird man bei der Verhandlung über die Höhe des Eintrittsgeldes ohnehin über die Wertigkeit der Praxis und ihrer einzelnen Vermögensgegenstände sprechen. Die steuerlichen Folgewirkungen der einzelnen Kaufpreisbestandteile hängen nämlich von der voraussichtlichen Restnutzungsdauer dieser Bestandteile ab bzw. davon, ob die Sozietät ihren Gewinn gemäß § 4 Abs. 3 EStG ermittelt oder nicht.

41 Tritt C in die Sozietät ein, ohne ein gesondertes Eintrittsgeld zahlen zu müssen, wird er – abgesehen von Fällen der unentgeltlichen Praxisübertragung – i.d.R. mit einem künftig geringeren Gewinnanteil für die anteilig übernommenen Vermögenswerte der Praxis „bezahlen“. Es handelt sich dann um die sog. Gewinn-Vorab-Lösung (vgl. dazu Rn 182 ff.).

2. Aufnahme in die Sozietät durch Kauf eines (ganzen) Sozietätsanteils (Gesellschafterwechsel)

Aus der Sicht des Erwerbers ergeben sich steuerlich keine Unterschiede dadurch, dass die Sozietät unter Aufnahme des „Neuen" erweitert wird oder ein Gesellschafterwechsel stattfindet, bei dem ein Alt-Sozius die Sozietät verlässt (vgl. Rn 32). 42

Beispiel 43

Sachverhalt wie oben im Beispiel (Rn 33), jedoch veräußert A seinen (gesamten) Sozietätsanteil an C. C zahlt als Kaufpreis hierfür 225.000 EUR unmittelbar an A. B und C führen somit die Sozietät als zweigliedrige Gesellschaft fort.

Da C nunmehr mit 1/2 an der Sozietät beteiligt ist (nicht nur 1/3), hat er insgesamt höhere Anschaffungskosten. Die steuerlichen Folgen insbesondere im Hinblick auf die Geltendmachung von Mehrabschreibungen sind jedoch im Prinzip dieselben, wie im vorgenannten Beispiel erörtert. C hat stille Reserven von 112.500 EUR bezahlt.

3. Eintritt in eine bestehende Einzelpraxis

Die Grundsätze zu Rn 31 ff. gelten – aus Sicht des Eintretenden – auch in dem Fall entsprechend, in dem ein Anwalt in eine bestehende Einzelpraxis als Sozius unter Gründung einer Sozietät aufgenommen wird. 44

IV. Unentgeltliche Übertragung von Praxisvermögen

Siehe hierzu die Ausführungen in Rn 268 ff. 45

C. Veräußerung und Einbringung von Praxisvermögen

Zum besseren Verständnis der steuerlichen Folgen aus der Veräußerung von Praxisvermögen sollen zunächst die wichtigsten steuerlichen Grundbegriffe in diesem Zusammenhang erläutert werden. 46

I. Wesentliche Grundbegriffe

1. Wesen des Praxiswertes

47 Beim Praxiswert handelt es sich um einen von der persönlichen Tüchtigkeit des Praxisinhabers getrennt zu beurteilenden und übertragbaren Vermögenswert.[22] Den wesentlichen Bestandteil des Praxiswertes stellt naturgemäß der **Mandantenstamm** dar, den der bisherige Praxisinhaber aufgrund seiner persönlichen Tüchtigkeit aufgebaut hat. Der Erwerber erhält die Chance, in diese Mandatsbeziehungen einzutreten und ein eigenes Vertrauensverhältnis zu den Mandanten aufzubauen. Ein weiterer Teil des Praxiswertes resultiert im weitesten Sinne aus der **Infrastruktur der Praxis**. Diese Infrastruktur ergibt sich aus einer Vielzahl von einzelnen Faktoren, etwa dem Standort der Kanzlei, der Qualifikation der Mitarbeiter und der Praxisorganisation. Für die steuerliche Betrachtung ist von Bedeutung, dass beide Komponenten des Praxiswertes durchaus ein getrenntes Schicksal erleben können: Der Mandantenstamm kann unabhängig von der Praxis veräußert (oder verpachtet) werden, während der auf der „Infrastruktur" beruhende Teil des Praxiswertes nur mit der Praxis übertragen werden kann, d.h. er wird (zwangsläufig) mit übertragen bei Veräußerung der Praxis oder bleibt beim bisherigen Praxisinhaber im Falle einer Gesamtpraxisverpachtung.[23]

48 In steuerrechtlicher Hinsicht wird zwischen dem **Praxiswert einer freiberuflichen Praxis** und dem **Geschäftswert eines (gewerblichen) Unternehmens** unterschieden. Beiden Werten ist gemein, dass sie die über den Substanzwert hinausgehende Gewinnaussicht repräsentieren. Beim Praxiswert resultiert diese – wie oben geschildert – im Wesentlichen aus den persönlichen Vertrauensbeziehungen (Mandantenstamm). Beim Geschäftswert soll sich dagegen – unabhängig von den handelnden Personen – die Gewinnchance überwiegend aus der betrieblichen Infrastruktur (Ruf, Organisation, Produktpalette etc.) ergeben. Die Nutzungsdauer des erworbenen Praxiswertes (= i.d.R. zwischen drei und fünf Jahren)[24] ist deutlich kürzer als die des Geschäftswertes, da der Praxiswert besonders durch die Persönlichkeit des Praxisinhabers bestimmt wird. Abschreibungsfähig ist naturgemäß nur der entgeltlich erworbene (derivative) Praxiswert. Der selbstgeschaffene (originäre) Praxiswert tritt steuerlich erst bei seiner Veräußerung in Erscheinung. Bis dahin ist er nicht zu erfas-

22 Vgl. Schmidt/*Wacker*, EStG, § 18 Rz 200.

23 Zur Praxisverpachtung vgl. Rn 77 ff.

24 Demgegenüber hat der Gesetzgeber des Bilanzrichtlinien-Gesetzes vom 19.12.1985 (BStBl. I 1985, S. 704) in § 7 Abs. 1 Satz 3 EStG die Nutzungsdauer für den derivativen Geschäftswert auf 15 Jahre fiktiv festgelegt.

sen (= zu aktivieren) und nicht zu versteuern.[25] Handelt es sich um einen **Sozietätspraxiswert**, so geht die BFH-Rechtsprechung davon aus, dass durch die weitere Tätigkeit des Alt-Sozius die Verflüchtigung des Praxiswertes weniger rasch voranschreitet, so dass man typisierend von einer doppelt so langen Abschreibungsdauer ausgeht wie beim Erwerb einer Einzelpraxis, also i.d.R. von sechs bis zehn Jahren.[26]

2. Der Begriff der wesentlichen Betriebsgrundlagen

Für die steuerlichen Rechtsfolgen ist in praktisch allen Fällen von Umstrukturie- 49
rungsmaßnahmen der Begriff der **wesentlichen Betriebsgrundlagen** von erheblicher Tragweite. Insbesondere hängt nämlich die Gewährung von Steuervergünstigungen oder die Einräumung von Bewertungswahlrechten davon ab, ob bei der Umstrukturierung **sämtliche** wesentlichen Betriebsgrundlagen veräußert, eingebracht oder verpachtet werden. U.a. ist an folgende Fälle zu denken:

- **Veräußerung der (ganzen) Praxis oder einer selbständigen Teilpraxis:** Anwendung der §§ 16, 18, 34 EStG (Gewinne aus der Veräußerung von Betriebsvermögen)
- **Veräußerung des (gesamten) Sozietätsanteils:** Anwendung der §§ 16, 18, 34 EStG (Gewinne aus der Veräußerung von Betriebsvermögen)
- **unentgeltliche Übertragung der Praxis:** Anwendung des § 6 Abs. 3 EStG (Zwang zur Buchwertfortführung)
- **Einbringung in eine Sozietät oder in eine Rechtsanwalts-GmbH:** Anwendung der §§ 20 ff. UmwStG (Einbringung von Betriebsvermögen in eine Kapital-/Personengesellschaft)

25 In dieser Unterscheidung zwischen derivativem und originärem Praxiswert liegt auch die Ursache dafür, dass der derivative Wert überhaupt als abnutzbares immaterielles Wirtschaftsgut einer planmäßigen Absetzung für Abnutzung zugänglich ist: Der von der Person des Praxisveräußerers abgeleitete Praxiswert verflüchtigt sich in dem Maße, wie der Erwerber ein eigenes Vertrauensverhältnis zu den Klienten aufbaut. Im Idealfall wird der alte Praxiswert sukzessiv durch den neuen, steuerlich nicht zu erfassenden Praxiswert substituiert, so dass das Entgelt für den erworbenen Praxiswert gleichmäßig abzuschreiben ist.

26 Die ursprüngliche Auffassung, das Entgelt für den Sozietätspraxiswert sei erst mit Ausscheiden des Alt-Sozius abzuschreiben, hat der BFH mit Urteil vom 24.2.1994 (BStBl. II 1994, S. 590) aufgegeben (= Aufgabe der sog. Einheitstheorie für den Praxiswert, wonach nicht zwischen originärem und derivativem Praxiswert unterschieden wurde). Zum Zeitpunkt, ab dem mit der Abschreibung begonnen werden kann, vgl. FG München, Urteil vom 7.12.1999, 16 K 666/98, EFG 2000, S. 349.

- **Verpachtung der Praxis an „eigene“ GmbH:** Anwendung der Rechtsprechung zur Betriebsaufspaltung[27]
- **Verpachtung der Praxis an einen Dritten:** Anwendung der Rechtsprechung zur Betriebsverpachtung.

50 Der Begriff der wesentlichen Betriebsgrundlagen hat keine unmittelbare Grundlage im Gesetz, weder im Einkommensteuer- noch im Umwandlungssteuergesetz. Die Rechtsprechung hat diesen Begriff im Wege der Auslegung entwickelt u.a. aus der Regelung in § 16 Abs. 1 Nr. 1 EStG, in dem von der Veräußerung des **ganzen** Gewerbebetriebs[28] die Rede ist.

51 Nach h.A. ist der Begriff der wesentlichen Betriebsgrundlagen normspezifisch auszulegen, also nach dem Sinn und Zweck der jeweils anzuwendenden Gesetzesvorschrift. Bei den wesentlichen Betriebsgrundlagen wird deshalb grundsätzlich unterschieden zwischen der

- **rein funktionalen Betrachtungsweise:** Wesentlich sind nur die Wirtschaftsgüter, die für die Fortführung der Praxis funktional von größerer Bedeutung sind. Dazu gehören im Regelfall die Wirtschaftsgüter des Anlagevermögens, die dauernd der Praxis zu dienen bestimmt sind. Ob die Wirtschaftsgüter ggf. kurzfristig ausgetauscht werden können, ist unerheblich;
  und der
- **funktional-quantitativen Betrachtungsweise:** Nach dieser Betrachtungsweise sind zu den wesentlichen Betriebsgrundlagen – zusätzlich zur funktionalen Betrachtungsweise – alle Wirtschaftsgüter zu rechnen, in denen erhebliche stille Reserven ruhen.

52 In folgenden Fällen kommt ausschließlich die **funktionale Betrachtungsweise** zur Anwendung:

- unentgeltliche Praxisübertragung[29]

27 Zur Annahme einer Betriebsaufspaltung reicht allerdings die Überlassung lediglich einer wesentlichen Betriebsgrundlage an die Betriebskapitalgesellschaft.

28 In § 18 Abs. 3 EStG (Gewinne aus der Veräußerung von Praxisvermögen) ist für den Fall der Einkünfte aus selbständiger Arbeit zwar nur die Rede von der „Veräußerung des Vermögens“; die Rechtsprechung des BFH wendet jedoch auch hierbei im Rahmen einer einheitlichen, also einkunftsartübergreifenden Auslegung der einkommensteuerrechtlichen Veräußerungstatbestände ebenso den Begriff der wesentlichen Betriebsgrundlagen an; man geht also davon aus, dass das ganze Vermögen veräußert werden muss.

29 Vgl. Schmidt/*Wacker*, EStG, § 16 Rz 101; vgl. auch BFH, BStBl. II 1994, S. 15 und BStBl. II 1995, S. 890.

- Anwendung der §§ 20 ff. UmwStG (im Falle der Buchwertfortführung)[30]
- Praxisverpachtung
- Betriebsaufspaltung.

Dagegen kommt die **funktional-quantitative Betrachtungsweise** in Betracht bei: 53

- Praxisveräußerung einschließlich Veräußerung einer selbständigen Teilpraxis
- Veräußerung des (gesamten) Sozietätsanteils.

In den beiden zuletzt genannten Fällen wird die Anwendung der quantitativen Betrachtungsweise damit gerechtfertigt, dass nach Sinn und Zweck der §§ 16, 18 EStG nur die **zusammengeballte** Realisierung der stillen Reserven begünstigt werden soll.[31] 54

Zu den funktional wesentlichen Betriebsgrundlagen einer Anwaltspraxis zählt in aller Regel auch das Praxisgebäude, sofern dieses der räumliche und funktionale Mittelpunkt der Praxis ist oder für die Bedürfnisse der Praxis besonders hergerichtet oder gestaltet wurde.[32] Im Ergebnis ist damit so gut wie jedes von der Praxis genutzte Gebäude als funktional wesentlich einzustufen.[33] 55

Wesentliche Grundlage einer freiberuflichen Anwaltspraxis ist mit Sicherheit der Praxiswert, insbesondere der **Mandantenstamm**. 56

3. Der Begriff des Mitunternehmers

Aus § 15 Abs. 1 Nr. 2 EStG (Einkünfte aus Gewerbebetrieb) leitet sich der Begriff des Mitunternehmers im Rahmen einer Personengesellschaft ab. Dieser gilt gleichermaßen auch für die hier interessierenden Einkünfte aus selbständiger Arbeit (§ 18 Abs. 4 Satz 2 EStG). Die Funktion dieses Begriffs besteht darin, diejenigen Personen 57

30 S.o. Fn 29; im Falle des Ansatzes zu Teilwerten (fraglich bei Zwischenwertansatz) soll dagegen die funktional-quantitative Betrachtungsweise gelten, vgl. Schmidt/*Wacker*, EStG, § 16 Rz 414; zu § 20 UmwStG (= Einbringung in Kapitalgesellschaften) vgl. auch BMF-Schreiben vom 16.8.2000, BStBl. I 2000, S. 1253, wodurch Tz 20.08 des Umwandlungssteuererlasses des BMF vom 25.3.1998, BStBl. I 1998, S. 268 überholt ist. Nach einem Zusatz der OFD Koblenz vom 31.10.2000 zu dem BMF-Schreiben vom 16.8.2000 sollen diese Grundsätze auch bei § 24 UmwStG, also bei der Einbringung in Personengesellschaften, gelten.

31 Vgl. BStBl. II 1996, S. 527.

32 Vgl. u.a. BFH-Urteil vom 1.7.2003, BStBl. II 2003, S. 757, Ziffer 2. a) der Urteilsgründe sowie vom 23.5.2000, BStBl. II 2000, S. 621. Der BFH hat damit die bisherigen Zweifel daran, ob auch reine Bürogebäude zu den funktional wesentlichen Betriebsgrundlagen gehören, beseitigt (vgl. noch *Kögler/Block/Pauly*, Die Besteuerung von Rechtsanwälten und Anwaltsgesellschaften, 1. Auflage 2001, § 3 Rn 60).

33 Zu Ausnahmen davon vgl. Schmidt/*Wacker*, EStG, § 15 Rz 812.

zu identifizieren, die den Tatbestand der Erzielung von selbständigen Einkünften erfüllen, denen also z.B. im Rahmen einer Sozietät unmittelbar Einkünfte zugerechnet werden können.

58 Mitunternehmer kann grundsätzlich nur sein, wer **zivilrechtlich** als **Gesellschafter** anzusehen ist. Davon gibt es zwei Ausnahmen: Zum einen kann auch der wirtschaftliche Eigentümer eines Gesellschaftsanteils Mitunternehmer sein (§ 39 Abs. 2 Nr. 1 AO – z.B. bleibt der Schenker eines Gesellschaftsanteils im steuerlichen Sinne Mitunternehmer, wenn die Schenkung frei widerruflich ist). Zum anderen kann ein Mitunternehmer ausnahmsweise als verdeckter Mitunternehmer angesehen werden, wenn die Rechtsbeziehungen als (verdeckte) Innengesellschaft zu werten sind (z.B. bei einer Bündelung von Risiken aus verschiedenen Leistungsaustauschverhältnissen mit unüblichen und stark gewinnabhängigen Vergütungen; zumeist liegen Extremgestaltungen mit hoher tatsächlicher Vormachtstellung des verdeckten Mitunternehmers vor).[34]

59 Für die steuerliche Anerkennung eines Sozius als Mitunternehmer ist neben der Möglichkeit zur sog. **Unternehmerinitiative** entscheidend, dass dieser Mitunternehmerrisiko trägt. **Mitunternehmerrisiko** bedeutet grundsätzlich die Teilhabe am Erfolg und Misserfolg der Gesellschaft, was sich im Normalfall in einer Beteiligung am laufenden Gewinn sowie an den stillen Reserven zeigt.[35] Reine „Briefböger" sind deshalb steuerlich im Regelfall nicht als Mitunternehmer anzuerkennen.

60 Hinsichtlich der **Mitunternehmerinitiative** orientiert sich der BFH im Sinne eines Mindeststandard u.a. an den Vorschriften des HGB zur Rechtstellung eines Kommanditisten. Danach muss der Sozius, wenn er nicht zur Geschäftsführung befugt ist, zumindest über gewisse Kontrollrechte (ähnlich § 166 HGB, § 716 Abs. 1 BGB) verfügen, ebenso über Stimm- bzw. Widerspruchsrechte. Beim Umfang der notwendigen Widerspruchsrechte orientiert sich der BFH wiederum an § 164 HGB (Handlungen, die über den gewöhnlichen Betrieb der Gesellschaft hinausgehen). Ausreichend dürften auch die Stimmrechte des von der Geschäftsführung ausgeschlossenen BGB-Gesellschafters sein, etwa in Bezug auf zweck- bzw. gesellschaftsfremde Handlungen der geschäftsführenden Gesellschafter.

34 Vgl. im Einzelnen zu einer verdeckten Mitunternehmerschaft Schmidt/*Schmidt*, EStG, § 15 Rz 280 ff.

35 Vgl. dazu BFH-Urteil vom 28.10.1999, BStBl. II 2000, S. 183: keine Mitunternehmerstellung, wenn weder eine Beteiligung am laufenden Gewinn noch an den stillen Reserven besteht.

4. Der Begriff des Teilbetriebs

An den Begriff des Teilbetriebs werden im Steuerrecht verschiedentlich Begünstigungen oder Erleichterungen geknüpft: 61

- Im Falle der **Veräußerung** eines Teilbetriebs werden die Steuerbegünstigungen genauso gewährt wie im Falle der Veräußerung des ganzen Betriebs (§ 16 Abs. 1 Nr. 1 EStG).
- Wird ein Teilbetrieb in eine Personen- oder Kapitalgesellschaft **eingebracht** (§§ 20, 24 UmwStG), so kann dies unter Vermeidung einer Gewinnrealisierung zu Buchwerten erfolgen.
- Wird eine Personengesellschaft **real unter den Gesellschaftern geteilt**, so sind die Buchwerte fortzuführen, sofern es sich z.B. um einen Teilbetrieb handelt, der von einem Gesellschafter übernommen und fortgeführt wird. Dies gilt auch bei der Spaltung einer Kapitalgesellschaft gemäß §§ 15, 16 UmwStG.

Der Teilbetrieb wird im Gesetz nicht näher definiert. Die bisherige Rechtsprechung des BFH zur Anerkennung von steuerbegünstigten Teilbetrieben ist kasuistisch und im Ergebnis eher restriktiv. Anerkannt werden selbständige Teilbetriebe nur dann, wenn sie: 62

- mit einer gewissen Selbständigkeit ausgestattet sind,
- einen organisch geschlossenen Teil des Gesamtbetriebs darstellen und
- für sich lebensfähig sind.[36]

Anerkannt wurden Teilbetriebe u.a. in folgenden Fällen: 63

- Niederlassung einer Fahrschule,
- räumlich getrennte Gaststätten,
- Filialen und Zweigniederlassungen (sofern ein eigenständiger Kundenkreis vorhanden ist; die örtliche Filialleitung muss Einfluss auf die wesentlichen unternehmerischen Entscheidungen haben, z.B. Wareneinkauf und Preisgestaltung, es sei denn, dass diese Faktoren ausnahmsweise ohne Bedeutung sind).[37]

36 Vgl. die in R 139 Abs. 3 EStR 2003 wiedergegebenen Kriterien für den Teilbetrieb, die eher wie Leerformeln anmuten, als dass sie greifbare Kriterien für die Abgrenzung von Teilbetrieben lieferten. Instruktiver sind dann schon die ESt-Hinweise, z.B. H 147 EStH Stichwort: „Veräußerung/Teilbetrieb": Keine Teilbetriebsveräußerung ist danach der Verkauf einer Großtierpraxis unter Zurückbehaltung einer Kleintierpraxis!

37 Vgl. BFH-Urteil vom 10.3.1998, Az. VIII R 31/95, BFH/NV 1998, S. 1209 ff. zum Fall eines Tabakgroßhandels mit Automatenverkauf, bei dem die Preisgestaltung durch den Markt praktisch vorgegeben war.

64 Gerade bei Freiberufler-Praxen ist die Rechtsprechung jedenfalls dann restriktiv, wenn die Praxis bisher an einem Ort in einheitlichen Räumen und mit einheitlichem Personal geführt wurde und auch die Tätigkeitsbereiche nicht abgrenzbar sind (z.B. Anwaltsbereich getrennt vom Steuerberatungsbereich im Rahmen einer Sozietät aus Rechtsanwälten und Steuerberatern).[38] Etwas anderes kann allerdings gelten, wenn eine Sozietät mehrere Zweigstellen führt, die selbständig von einem oder mehreren Anwälten geleitet werden und mit eigenem Personal und eigenem Mandantenstamm ausgestattet sind. Dann liegt ein „selbständiger Teil des Vermögens, das der selbständigen Arbeit dient" (§ 18 Abs. 3 Satz 1 EStG), also eine selbständige Teilpraxis vor.

5. Die sog. stillen Reserven

65 Vgl. hierzu bereits die Ausführungen in Rn 34.

6. Der Begriff des Sonderbetriebsvermögens

66 Vgl. hierzu die Erläuterungen in Rn 214 ff. sowie in § 2 Rn 333 ff.

II. Grundfall der Veräußerung oder Aufgabe von Praxisvermögen

1. Was sind die konkreten Fragestellungen?

67 Aus der **Sicht des Veräußerers** ergeben sich vor allem folgende Fragen:

- Realisierung sog. **stiller Reserven:** Führt die Praxisumstrukturierung zu insgesamt höheren Verkaufspreisen für die verkauften Wirtschaftsgüter als deren steuerliche Werte (z.B. Verkauf der Anwaltsbibliothek, deren einzelne Bestandteile im Verlauf der Jahre in vollem Umfang als Betriebsausgaben berücksichtigt werden konnten)? – Insbesondere: Führt der Verkauf zur Realisierung eines ideellen Praxiswertes?
- Übergang zur Bilanzierung – Ermittlung eines eventuellen **Übergangsgewinns**: Führt die Umstrukturierung zwingend zu einer Änderung der Gewinnermittlungsart? – Konkret: Muss eine Bilanz aufgestellt werden? – Müssen damit die

38 Vgl. BFH-Urteil vom 4.11.2004, Az. IV R 17/03, BStBl. II 2005, S. 208 zu dem Fall einer allgemein- und einer arbeitsmedizinischen Praxis. Die beiden Tätigkeitsbereiche sind nach Ansicht des BFH zwar wesensverschieden, jedoch müssen sie zur Annahme eines Teilbetriebs auch mit einer notwendigen organisatorischen Selbständigkeit ausgeübt werden. Um die dazu erforderlichen Feststellungen zu treffen, wurde der Fall an das Finanzgericht zurückverwiesen.

– bislang noch nicht vereinnahmten und versteuerten – Honorarforderungen auf einen Schlag erfasst werden?
- Gibt es **Steuervergünstigungen** für einen Veräußerungsgewinn oder Übergangsgewinn?

Aus der Sicht des Veräußerers spielt demnach die Frage nach der Realisierung eines Veräußerungsgewinns und dessen steuerlichen Folgen die entscheidende Rolle. 68

2. Relevante Fallgestaltungen

Zum Grundfall der Veräußerung oder Aufgabe von Praxisvermögen gehören folgende Fallgestaltungen: 69

- Veräußerung oder Aufgabe einer Einzelpraxis
- Veräußerung oder Aufgabe der gesamten Praxis einer Sozietät (zum Sonderfall der sog. Realteilung vgl. Rn 233 ff.)
- Veräußerung oder Aufgabe einer selbständigen Teilpraxis (durch eine Einzelpraxis oder Sozietät)
- Veräußerung des gesamten Sozietätsanteils
- Ausscheiden aus einer Sozietät.

> *Hinweis*
> Die Veräußerung eines Teil-Sozietätsanteils ist nach dem sog. Unternehmenssteuerfortentwicklungsgesetz (UntStFG)[39] bei Veräußerungen nach dem 31.12.2001 steuerlich nicht mehr begünstigt. Derartige Veräußerungsgewinne werden als laufende Gewinne ohne Tarifermäßigung besteuert.

Aus dem Grundfall der Veräußerung leitet sich als Sonderfall die sog. Einbringung von Praxisvermögen in eine Personen- oder Kapitalgesellschaft ab (zur Einbringung in eine Personengesellschaft vgl. Rn 123 ff.). 70

3. Praxisveräußerung bzw. Praxisaufgabe

Der **Grundfall** der Veräußerung (§§ 16, 18 EStG): § 16 EStG bezieht – klarstellend – die Gewinne aus der Veräußerung von Gewerbebetrieben in die Einkünfte aus Gewerbebetrieb (§ 2 Abs. 1 Nr. 2 EStG) mit ein. § 18 Abs. 3 EStG regelt für den Bereich der hier interessierenden Einkünfte aus selbständiger Arbeit gleichermaßen die Einbeziehung der Veräußerungsgewinne in die Steuerpflicht unter gleichzeitiger Verweisung 71

39 Vgl. BGBl. I 2001, S. 3858.

auf § 16 Abs. 2 bis 4 EStG im Hinblick auf die Rechtsfolgen. Beide Vorschriften sind nach Auffassung des BFH im Zusammenhang zu sehen und widerspruchsfrei auszulegen. Im Ergebnis erfolgt die Auslegung des BFH für die Praxis-Veräußerungsgewinne nach dem Leitbild der gewerblichen Veräußerungsgewinne.

72 An die Veräußerungstatbestände der §§ 16, 18 EStG knüpfen folgende Steuervergünstigungen:

- Freibetrag gemäß § 16 Abs. 4 EStG (vgl. Rn 99 ff.)
- Tarifermäßigungen gemäß § 34 EStG:
  a) sog. Fünftel-Regelung (§ 34 Abs. 1 EStG) oder
  b) sog. „halber" bzw. ermäßigter Steuersatz (§ 34 Abs. 3 EStG) (vgl. Rn 102 ff.).

73 Eine **Praxisveräußerung im Ganzen** liegt vor, wenn sämtliche wesentlichen Betriebsgrundlagen in einem Zuge an einen Erwerber veräußert werden und somit die bisherige Tätigkeit des Veräußerers in der bisherigen Praxis beendet wird. Der Erwerber muss damit in die Lage versetzt werden, die Praxis fortführen zu können. Keine Praxisveräußerung im Ganzen liegt deshalb vor, wenn die wesentlichen Betriebsgrundlagen an verschiedene Erwerber veräußert werden oder ein Teil der wesentlichen Betriebsgrundlagen zurückbehalten und in das Privatvermögen überführt werden.

74 In den letztgenannten Fällen kann u.U. eine (ebenfalls begünstigte) **Praxisaufgabe** vorliegen (§ 18 Abs. 3 i.V.m. § 16 Abs. 3 Satz 1 EStG). Die Praxisaufgabe **gilt** nach dem Gesetz als Veräußerung. Sie setzt voraus, dass die bisherige Praxistätigkeit endgültig eingestellt, alle wesentlichen Betriebsgrundlagen in einem einheitlichen Vorgang in das Privatvermögen überführt und/oder an einzelne Erwerber veräußert werden und dadurch die bisherige Praxis zu bestehen aufhört. „Einheitlicher Vorgang" bedeutet, dass die Aufgabe innerhalb kurzer Zeit erfolgen muss. I.d.R. liegt danach keine Praxisaufgabe mehr vor, sondern eine (steuerlich nicht mehr begünstigte) „allmähliche Abwicklung", wenn sich die Realisierung über mehr als zwei Veranlagungszeiträume erstreckt. Werden die wesentlichen Betriebsgrundlagen teilweise veräußert, ein anderer Teil jedoch in einen anderen Betrieb des Steuerpflichtigen überführt, so liegt ebenfalls keine (begünstigte) Betriebsveräußerung oder -aufgabe vor.

75 Die Praxisaufgabe ist von der **Praxisunterbrechung** dadurch zu unterscheiden, dass bei Letzterer die Tätigkeit im Sinne einer ruhenden Praxis innerhalb eines überschaubaren Zeitraums wahrscheinlich wieder aufgenommen wird. Dies dürfte bei einer freiberuflichen Praxis eher die Ausnahme sein, weil die Tätigkeit überwiegend auf den persönlichen Mandatsbeziehungen beruht statt auf jederzeit wieder einsetz-

baren und noch vorhandenen Anlagegütern. Eine nicht zur Gewinnrealisierung führende Praxisunterbrechung ist gegeben, wenn

- nach Tod des bisherigen Praxisinhabers
- die Praxis vorübergehend durch einen Berufsangehörigen (als Abwickler gemäß § 55 BRAO)
- bis zur Übernahme durch den die Berufsqualifikation erwerbenden Rechtsnachfolger, z.B. den Sohn oder die Tochter des verstorbenen Praxisinhabers

fortgesetzt wird.

Für die **Veräußerung einer Teilpraxis** (zur Definition des Teilbetriebs vgl. Rn 61 ff.) sowie die **Veräußerung des gesamten Sozietätsanteils** gelten die obigen 76
Erläuterungen (Rn 71 ff.) sinngemäß. Bei einem Sozietätsanteil ist besonders darauf zu achten, ob sog. Sonderbetriebsvermögen vorhanden ist (dazu näher Rn 214 ff.). In dem (entgeltlichen) **Ausscheiden aus einer Sozietät** liegt steuerrechtlich die Veräußerung eines Sozietätsanteils, und zwar unabhängig davon, ob der Ausscheidende einen Kaufpreis vom Erwerber seines Gesellschaftsanteils (= Gesellschafterwechsel) oder eine Abfindung von den verbleibenden Sozien (Anwachsung) erhält.[40]

4. Praxisverpachtung und Praxis-Betriebsaufspaltung

a) Praxisverpachtung

Im Anwaltsbereich[41] scheint das Thema Praxisverpachtung keines zu sein. Entspre- 77
chende Regelungen sind in der BRAO oder der Berufsordnung nicht enthalten. Die berufsrechtliche Zulässigkeit einer Praxisverpachtung wird – soweit erkennbar – jedoch nicht bestritten.[42] Die steuerrechtlichen Folgen einer Praxisverpachtung ergeben sich wie folgt:

Die Praxisverpachtung ist eine nicht zur Gewinnrealisierung zwingende Praxisunter- 78
brechung im weiteren Sinne. Ihr liegt die Rechtsprechung des BFH zur sog. Betriebsverpachtung im Ganzen (Verpachtung des ganzen Gewerbebetriebs) zugrunde. Bei

40 Vgl. die Übersicht über die einzelnen Formen der Veräußerung bei Schmidt/*Wacker*, EStG, § 16 Rz 412.

41 Bei Notaren könnte sich eine Praxisverpachtung aufgrund des öffentlichen Amtes naturgemäß nur auf die Praxiseinrichtung etc. beziehen, nicht hingegen auf den Kundenstamm.

42 Bedenken gegen eine Praxisverpachtung ergeben sich lediglich für den Beruf des Steuerberaters aus § 59 Abs. 6 der Berufsordnung, was angesichts der berufsrechtlichen Zulässigkeit einer Veräußerung (incl. Rückkauf) unverständlich ist. Die Steuerrechtsprechung zeigt, dass es Verpachtungsfälle dennoch auch – oder gerade – bei Steuerberatern gibt, vgl. z.B. BFH-Urteil vom 13.11.1996, Az. I R 134/94, BFH/NV 1997, S. 438.

dieser wird dem Steuerpflichtigen ein Wahlrecht eingeräumt, die Betriebsaufgabe (sofort oder später) zu erklären oder – mangels Aufgabeerklärung – die Praxis und damit die steuerlichen Buchwerte fortzusetzen. Die Rechtsgrundlage für dieses Wahlrecht leitet der BFH im Wege einer teleologischen Reduktion des Begriffs der Betriebsaufgabe (§ 16 Abs. 3 EStG) aus dem Umstand ab, dass bei Verpachtung im Ganzen noch **sämtliche** wesentlichen Betriebsgrundlagen beim Verpächter liegen und somit objektiv die Möglichkeit besteht, die Praxis später selbst oder durch einen Gesamtrechtsnachfolger oder einen unentgeltlichen Einzelrechtsnachfolger fortzuführen. In subjektiver Sicht muss der Steuerpflichtige auch die Absicht haben, die Praxis auf diese Weise später fortzusetzen. Diese Absicht wird von der Rechtsprechung aus Nachweisgründen unterstellt, solange der Steuerpflichtige nicht eine eindeutige Aufgabeerklärung abgibt.

79 Die Grundsätze der Betriebsverpachtung im Ganzen sind nicht ohne weiteres auf die Verpachtung einer freiberuflichen Praxis übertragbar, und zwar aus den oben schon zur Praxisunterbrechung (Rn 75) erwähnten Gründen der Kurzlebigkeit des auf der Tüchtigkeit des Berufsträgers beruhenden Mandantenstammes. **Eine vorübergehende Verpachtung wird in jedem Fall steuerrechtlich anerkannt**. Erfolgt die Praxisverpachtung durch eine auch aus Berufsfremden bestehenden Erbengemeinschaft, so werden die Pachteinkünfte auf jeden Fall umqualifiziert in gewerbliche Einkünfte.[43] Gleiches soll gelten – also gewerbliche Einkünfte – bei Verpachtung durch einen Berufsträger, und zwar deshalb, weil keine persönliche freiberufliche Tätigkeit durch den verpachtenden Steuerpflichtigen ausgeübt wird.[44]

80 Die steuerliche **Anerkennung einer längerfristigen Praxisverpachtung** ist hingegen vor allem in der Literatur[45] nicht unumstritten. Der BFH hat bisher zwar keinen derartigen Fall entschieden. Aus der Rechtsprechung zur vorübergehenden Praxisverpachtung lässt sich jedoch schließen, dass er zumindest bisher der Anerkennung der längerfristigen Verpachtung zuneigt.[46] Dies ist daraus abzuleiten, dass der BFH

43 Vgl. BFH-Urteil vom 14.12.1993, Az. VIII R 13/93, BStBl. II 1994, S. 922 ff. für den Fall der Verpachtung eines Ingenieurbüros durch eine auch aus Berufsfremden bestehende Erbengemeinschaft; ebenso bereits BFH-Urteil vom 12.3.1992, Az. IV R 29/91, BStBl. II 1993, S. 36 ff. für den Fall der Verpachtung einer Zahnarztpraxis durch den die Berufsqualifikation anstrebenden Vermächtnisnehmer.

44 So jedenfalls *Brandt*, in: Herrmann/Heuer/Raupach, Anm. 22 zu § 18 EStG.

45 Vgl. die Nachweise bei Schmidt/*Wacker*, EStG, § 18 Rz 215.

46 Vgl. BFH-Urteil vom 12.3.1992, Fn 43, Ziffer A./II./3. b) bb) der Urteilsgründe; vgl. auch das BFH-Urteil vom 13.11.1996, Az. I R 134/94, BFH/NV 1997, S. 438 zur Frage der gewerbesteuerlichen Hinzurechnung der Hälfte der Pachtzinsen bei der Ermittlung des Gewerbeertrags des Pächters (§ 8 Nr. 7 GewStG).

zwar ebenso die Kurzlebigkeit des Praxiswertes erkennt, was grundsätzlich gegen eine längerfristige Verpachtung spricht. Da dem Pächter jedoch durch die Überlassung der personellen und sachlichen Grundlagen die Möglichkeit verschafft wird, die Mandatsbeziehungen fortzusetzen, ist auch die Fortführung der Praxis durch den Verpächter nach Beendigung des Pachtverhältnisses nicht auszuschließen.[47] Da bei einem Praxispachtvertrag sukzessiv der vom bisherigen Praxisinhaber angepachtete Praxiswert substituiert und ergänzt wird durch den vom Pächter selbst geschaffenen Praxiswert (ähnlich wie bei einer Substanzerhaltungspflicht), ist eine Rückgabe an den Verpächter nicht ausgeschlossen. Bei Rückgabe der Praxis incl. der neu hinzugeworbenen Mandate liegt u.E. das wirtschaftliche Wertentwicklungsrisiko beim Verpächter, so dass dieser wirtschaftlicher Eigentümer der Praxis bleibt. Wir neigen deshalb dazu, auch eine längerfristige Praxisverpachtung steuerlich anzuerkennen und darin nicht einen veräußerungsähnlichen Tatbestand zu sehen, und zwar zumindest dann nicht, wenn der Praxispachtvertrag z.B. jährlich kündbar ist. Der Verpächter hat damit jederzeit die Möglichkeit, die Praxis wieder an sich zu nehmen und selbst fortzuführen.

b) Praxis-Betriebsaufspaltung

Ist der Verpächter (natürliche Person oder Personengesellschaft) neben der Überlassung der wesentlichen Grundlage in Gestalt des Praxiswertes auch beherrschend an der die Praxis fortführenden **Kapitalgesellschaft** beteiligt, wird die Praxisverpachtung überlagert von der (zwingend) gewerblichen **Praxis-Betriebsaufspaltung**. Nach h.A. ist die durch Richterrecht begründete Betriebsaufspaltung vorrangig vor der ebenfalls durch Richterrecht begründeten Betriebsverpachtung im Ganzen.[48] In diesem Fall erzielt der Verpächter qua Betriebsaufspaltung gewerbliche Einkünfte mit den dementsprechenden Konsequenzen (das gewerbliche Besitzunternehmen 81

47 Die Zweifel an der Anerkennung einer längerfristigen Praxisverpachtung resultieren letztlich aus der Überlegung, dass der Pächter wirtschaftlicher Eigentümer des Praxiswertes werden könnte, sofern die Pachtdauer über die Nutzungsdauer des Praxiswertes hinausgeht (vgl. Schmidt/*Wacker*, EStG, § 18 Rz 215 m.w.N.). Diese Überlegung ist insbesondere aus den Leasingfällen bekannt, bei denen der Leasingnehmer das geleaste Wirtschaftsgut als wirtschaftlicher Eigentümer zu aktivieren hat, sofern die Leasingdauer (fast) der wirtschaftlichen Nutzungsdauer entspricht, der rechtliche Eigentümer somit während der gewöhnlichen Nutzungsdauer praktisch von der eigenen Nutzung ausgeschlossen wird. U.E. sind diese Erwägungen nicht auf eine Praxisverpachtung übertragbar, die als echte Unternehmensverpachtung im Ganzen eingestuft werden kann. Auch bei längerfristigen Unternehmenspachtverträgen mit Substanzerhaltungspflicht des Pächters bleibt der Verpächter nach h.M. wirtschaftlicher Eigentümer der einzelnen Unternehmensgegenstände (vgl. Schmidt/*Weber-Grellet*, EStG, § 5 Rz 702).

48 Vgl. Schmidt/*Wacker*, EStG, § 16 Rz 707.

unterliegt u.a. der Gewerbesteuerpflicht, die Gesellschafter des Besitzunternehmens können etwaig anfallende Gewerbesteuer nach Maßgabe des § 35 EStG auf die Einkommensteuer anrechnen; die GmbH-Anteile gehören zum Betriebsvermögen des Besitzunternehmens). Bei der Betriebsaufspaltung leitet man die Gewerblichkeit beider Unternehmen daraus ab, dass die hinter den beiden Unternehmen tätigen Personen einen einheitlichen geschäftlichen Betätigungswillen haben, der über die (qua Rechtsform immer gewerbliche) Kapitalgesellschaft hinausgeht und auch der vermietenden Tätigkeit des Besitzunternehmens ihr gewerbliches Gepräge gibt.[49]

82 Die **Rechtsfolgen** der Betriebsaufspaltung treten im Übrigen nur bei Überlassung an eine Praxis-Kapitalgesellschaft oder eine gewerbliche Praxis-Personengesellschaft ein. Erfolgt die pachtweise Überlassung dagegen (z.B. durch eine Personengesellschaft) an eine (teilweise beteiligungsidentische) Schwester-Sozietät, so liegt keine sog. **mitunternehmerische Betriebsaufspaltung** vor, sofern die Praxis-Personengesellschaft originär freiberuflich tätig ist und nicht – etwa in Form der Gepräge-GmbH & Co. KG – gewerblich geprägt ist. Die gewerbliche Betriebsaufspaltung setzt nämlich voraus, dass das **Betrieb**sunternehmen gewerblich ist, und zwar entweder originär gewerblich (kraft eigener Betätigung) oder kraft gewerblicher Prägung, sog. **gewerblich geprägte Betriebsaufspaltung** (für Betriebskapitalgesellschaft: vgl. § 8 Abs. 2 KStG; für Betriebs-GmbH & Co. KG: vgl. § 15 Abs. 3 Nr. 2 EStG).[50] Erst recht liegt eine mitunternehmerische Betriebsaufspaltung nicht vor, wenn ein einzelner Sozius „seiner" Sozietät die Praxis verpachtet. Bei Verpachtung (durch eine natürliche Person oder durch eine Schwester-Gesellschaft) an die Sozietät liegen deshalb u.E. in den Pachteinkünften freiberufliche Einkünfte und keine gewerblichen, sofern der Verpächter in der Sozietät weiterhin beruflich aktiv ist. In Form des verpachteten Praxisvermögens liegt Sonderbetriebsvermögen zur Sozietät vor, die Pachteinnahmen sind Sonderbetriebseinnahmen.

49 Zum Wesen der Betriebsaufspaltung vgl. Schmidt/*Schmidt*, EStG, § 15 Rz 800 ff.

50 Vgl. im Einzelnen die Nachweise bei Schmidt/*Schmidt*, EStG, § 15 Rz 855 ff., 858 a.E. und Schmidt/*Wacker*, EStG, § 18 Rz 55 unter Hinweis insbesondere auf das BFH-Urteil vom 13.11.1997, Az. IV R 67/96, BStBl. II 1998, S. 254, Ziffer 2. e) der Urteilsgründe: Im Streitfall lag eine Betriebsaufspaltung zwischen einer kieferorthopädischen Praxis-GbR und einer Labor-GmbH vor, weil die Praxis-GbR neben der originär freiberuflichen Tätigkeit gleichzeitig als Besitzunternehmen wesentliche Betriebsgrundlagen an die GmbH zur Nutzung überließ; dadurch wurde die Freiberufler-GbR (insgesamt) kraft Betriebsaufspaltung gewerblich geprägtes Unternehmen, § 15 Abs. 3 Nr. 1 EStG, sog. Infektion; siehe dazu bereits § 2 Rn 325 f.; a.A. *Patt/Rasche*, GmbHR 1997, 481 ff., 487.

c) Gestaltungsmöglichkeiten

Insbesondere in den Fällen, in denen eine sofortige Gewinnrealisierung nicht opportun ist, kann durch eine (vorübergehende) Praxisverpachtung eine zeitliche Entzerrung erreicht werden. Bei Überlassung an eine Rechtsanwalts-GmbH sind die Folgen der Betriebsaufspaltung zu bedenken. **Vorteile** ergeben sich u.U. schon dadurch, dass ein zeitlich in die Zukunft verlagerter Veräußerungsgewinn auf dann niedrigere laufende Einkünfte trifft, die Steuerbelastung auf den Veräußerungsgewinn somit niedriger ausfällt. 83

Weitere Vorteile können sich daraus ergeben, dass potienzielle Praxisnachfolger zunächst eingearbeitet werden können, ohne dass deren kapitalmäßige Belastung durch „Eintrittsgelder" überspannt wird und ohne dass sich der Praxisinhaber hinsichtlich der Beteiligung am Praxiswert schon zu stark binden muss. Bewährt sich die Zusammenarbeit, folgt die Praxisveräußerung unter Beteiligung der Neuen nach. Bei einer Freiberufler-GmbH besteht dabei der zusätzliche Vorteil, dass das Entgelt für den Praxiswert abschreibbar wird, indem die verpachtete Einzelpraxis entweder an die GmbH oder die Eintretenden veräußert wird.[51] Wird nämlich vom Eintretenden ein originärer Praxiswert indirekt über einen entsprechend höheren Kaufpreis für den GmbH-Anteil bezahlt, nachdem der bisherige Praxisinhaber die Praxis zuvor zu Buchwerten in die GmbH eingebracht hat, so führt dies weder auf der Ebene der GmbH noch auf seiner Ebene zu abschreibungsfähigen Aufwendungen. Erst bei einem späteren Verkauf des GmbH-Anteils würden sich die hohen Anschaffungskosten veräußerungsgewinnmindernd auswirken können. 84

5. Höhe und zeitliche Erfassung des Veräußerungsgewinns

a) Ermittlung des Veräußerungsgewinns

Die Höhe des Veräußerungsgewinns aus dem Verkauf der Anwaltspraxis ergibt sich aus der Gegenüberstellung des Verkaufspreises für die Praxis[52] und dem sog. Buchwert im Zeitpunkt der Veräußerung. Vom Verkaufspreis sind vorab die Veräußerungskosten abzusetzen. Dies sind Kosten, die in einem unmittelbaren Zusammenhang mit dem Verkauf stehen und nicht etwa mit dem laufenden Praxisbetrieb (z.B. Vermittlungsgebühren oder Beratungskosten wegen des Verkaufs). 85

Um den **Buchwert des Praxisvermögens** auf den Zeitpunkt der Veräußerung ermitteln zu können, ist die Erstellung einer Bilanz erforderlich. Dies bedingt bei bisheri- 86

51 Zur Problematik verdeckter Gewinnausschüttungen vgl. § 4 Rn 62 ff.

52 Zzgl. des Entnahmewertes nicht wesentlicher Betriebsgrundlagen.

ger Gewinnermittlung gemäß § 4 Abs. 3 EStG durch Gegenüberstellung der Betriebseinnahmen und -ausgaben den Übergang zum sog. **Bestandsvergleich**.[53] Die Ermittlung des Buchwertes führt insbesondere durch die Erfassung der noch nicht bezahlten Honorarforderungen zu einer Abschichtung des Veräußerungsgewinns vom sog. laufenden Gewinn aus dem Praxisbetrieb bis zum Verkauf.[54]

87 In dem vom Verkaufspreis abzusetzenden Buchwert der Praxis schlagen sich letztlich die steuerlichen Buchwerte der zur Praxis gehörenden Wirtschaftsgüter nieder: beispielsweise die Restbuchwerte des etwa vorhandenen Praxisgrundstücks, die Restbuchwerte der gesamten Praxiseinrichtung (bewegliches Anlagevermögen), die zu aktivierenden Ansprüche aus den Honorarforderungen. Abgesetzt werden die Buchwerte der Passivposten, so etwa laufende Verbindlichkeiten für Praxiskosten, sonstige Verbindlichkeiten und Verbindlichkeiten aus Praxisdarlehen.

b) Zeitpunkt der Praxisveräußerung

88 Der Zeitpunkt der Praxisveräußerung entscheidet darüber, in welchem Jahr der steuerliche Veräußerungsgewinn zu erfassen ist. Die steuerliche Relevanz des Veräußerungszeitpunktes ergibt sich nicht nur aufgrund der Anwendung unterschiedlicher steuergesetzlicher Rahmenbedingungen in den betreffenden Jahren (z.B. im Falle der Änderung des Steuertarifs von einem auf das andere Jahr).

89 Insbesondere kann eine unterschiedliche Einkommensstruktur in den einzelnen Jahren zu sehr unterschiedlichen Steuerbelastungen auf den Veräußerungsgewinn führen. Zu denken ist dabei etwa an den „laufenden" Praxisgewinn (incl. Übergangsgewinn),[55] aber auch an Einkünfte aus anderen Bereichen (z.B. schwankende Einkünfte aus Vermietung und Verpachtung) oder – für den Fall der Zusammenveranlagung – an die Einkünfte des Ehegatten.

90 Der Zeitpunkt der Praxisveräußerung sollte deshalb mit Bedacht gewählt werden.

91 Steuerlich maßgebend ist der Zeitpunkt, an dem die Praxis an den Erwerber übergeben wird. Der Zeitpunkt der Vereinnahmung des Praxiskaufpreises ist dagegen nicht entscheidend. Entscheidend ist der sog. wirtschaftliche Übergang, das heißt der Zeitpunkt, von dem an nach dem Willen der Vertragspartner der Erwerber die Praxis besitzt, sämtliche Nutzungen und Lasten aus der Praxis trägt sowie sämtliche Gefahren auf ihn übergegangen sind, kurz: der Zeitpunkt, von dem an der Erwerber die Praxis auf eigene Rechnung und Gefahr betreibt. Im Regelfall eines Praxisübergabever-

53 Zur Gewinnermittlung durch Bestandsvergleich vgl. § 2 Rn 128 ff.
54 Der laufende Gewinn ist nicht tarifbegünstigt; zur Ermittlung des sog. Übergangsgewinns vgl. Rn 119.
55 Vgl. Rn 119.

trages wird der genaue Zeitpunkt der Übergabe exakt festgelegt. Wichtig ist, dass eine schuldrechtliche Rückbeziehung des Zeitpunktes der Praxisübergabe in der Regel steuerrechtlich nicht anerkannt wird. Maßgeblich bleibt der Zeitpunkt der tatsächlichen Übergabe.

Am **Schnittpunkt zweier Jahre** gilt Folgendes: Die Vereinbarung der „Übergabe mit Wirkung vom 01. Januar des Jahres 01, 0.00 Uhr" führt im Regelfall zur Veräußerung im neuen Jahr (01), sofern die Übergabe tatsächlich nicht früher vollzogen oder ein wesentlicher Teil des Kaufpreises noch im alten Jahr gezahlt wird.[56] Umgekehrt wird die Vereinbarung der „Übergabe mit Wirkung vom 31. Dezember des Jahres 00, 24.00 Uhr" zu einer Realisierung im alten Jahr (00) führen, sofern die Übergabe auch tatsächlich noch im alten Jahr stattfindet. 92

6. Steuerliche Begünstigungen für den Veräußerungsgewinn

a) Sinn und Zweck der steuerlichen Begünstigungen

Die steuerlichen Begünstigungen der §§ 16, 18, 34 EStG verfolgen das Ziel, die zusammengeballte **Aufdeckung sämtlicher stiller Reserven** der Praxis in einem Veranlagungszeitraum nicht dem normalen, progressiven Steuertarif zu unterwerfen, sondern einem ermäßigten Steuertarif. Diese stillen Reserven sind nämlich im Regelfall über lange Jahre im Betriebsvermögen gebildet worden. Ihre einmalige Auflösung in einem Veranlagungszeitraum würde daher regelmäßig zu nicht zu rechtfertigenden Progressionswirkungen führen. Der BFH macht die Gewährung der Steuerbegünstigungen allerdings davon abhängig, dass die stillen Reserven vollständig in einem Zuge aufgelöst werden (vgl. bereits Rn 73). Das ist dann nicht mehr gewährleistet, wenn etwa vor der Praxisveräußerung dem Betrieb stille Reserven dadurch entzogen werden, dass einzelne Wirtschaftsgüter in ein anderes Betriebsvermögen zu Buchwerten übertragen werden.[57] 93

b) Aufgabe der beruflichen Tätigkeit

Voraussetzung für die Gewährung der steuerlichen Begünstigungen (vgl. Rn 99 ff. und 102 ff.) bei Veräußerungsgewinnen ist ferner, dass die freiberufliche Tätigkeit im bisherigen örtlichen Wirkungskreis wenigstens für eine gewisse Zeit **eingestellt** wird. Die Rechtsprechung leitet diese zusätzliche Voraussetzung daraus ab, dass bei 94

56 Vgl. BFH-Urteil vom 22.9.1992, Az. VIII R 7/90, BStBl. II 1993, S. 228 ff. sowie vom 29.4.1993, Az. IV R 107/92, BStBl. II 1993, S. 666 ff.

57 Vgl. in diesem Zusammenhang die sog. Gesamtplanrechtsprechung des BFH, die in Rn 220 näher erläutert wird.

der Veräußerung einer freiberuflichen Praxis die persönliche Tätigkeit des Praxisinhabers von entscheidender Bedeutung ist, folglich eine Veräußerung mit Übertragung des Praxisvermögens nur erfolgt sein kann, wenn die Tätigkeit auch eingestellt wird.

95 Unschädlich ist die weitere Tätigkeit für den Praxiserwerber im Rahmen einer nichtselbständigen Tätigkeit oder als freier Mitarbeiter, wobei die Mandanten zwar auch nach der Veräußerung vom bisherigen Praxisinhaber betreut werden, dies jedoch auf Rechnung und im Namen des Erwerbers erfolgt. Ferner ist eine lediglich geringfügige weitere Tätigkeit im eigenen Namen unschädlich, und zwar dann, wenn die darauf entfallenden Umsätze in den letzten drei Jahren vor der Veräußerung weniger als 10% der gesamten Umsätze ausmachen.

96 Die Einstellung der bisherigen Tätigkeit wird ebenso gefordert für den Fall der Veräußerung einer selbständigen Teil-Praxis (Teilbetrieb). Die weitere Tätigkeit in der verbleibenden Teil-Praxis ist allerdings unschädlich.

97 Für den Fall, dass bei einer Praxisveräußerung zwischen Veräußerer und Erwerber (teilweise) Identität besteht, wird insoweit, „als auf der Seite des Veräußerers und auf der Seite des Erwerbers dieselben Personen Unternehmer oder Mitunternehmer sind", der Veräußerungsgewinn als „laufender" Gewinn behandelt, d.h. es werden die nachfolgend beschriebenen Steuerbegünstigungen nicht gewährt. Gleiches gilt bei einer Praxisaufgabe für den Verkauf einzelner Wirtschaftsgüter an teilweise beteiligungsidentische Erwerber. Gedacht ist bei dieser Einschränkung in § 16 Abs. 2 Satz 3 EStG (Veräußerungsfall) bzw. Abs. 3 Satz 5 (Aufgabefall) z.B. an die Veräußerung einer Praxis an eine teilweise beteiligungsidentische Sozietät, an der der Veräußerer somit teilweise selbst als Sozius beteiligt ist.

Beispiel

A **verkauft** seine bisherige Einzelpraxis an die Sozietät ABC, an der er bereits seit mehreren Jahren zu einem Drittel beteiligt ist, zu einem Kaufpreis von 500.000 EUR (A erhält für die Praxis ausschließlich einen Barpreis und keine – weiteren – Gesellschaftsrechte). Der Buchwert der Praxis beträgt 200.000 EUR. Der Veräußerungsgewinn beträgt somit 300.000 EUR. Dieser ist zu 2/3 tarifbegünstigt, zu 1/3 liegt ein (normal steuerpflichtiger) laufender Gewinn vor.

98 Betroffen sind umgekehrt auch Fälle, in denen eine Praxis (oder im Zuge einer Praxisaufgabe durch die Sozietät: einzelne Wirtschaftsgüter) an einen Sozius oder an eine andere (teilweise beteiligungsidentische) Sozietät veräußert wird. Der Hintergrund dieser Regelung ist es, Gestaltungen zu verhindern, bei denen zunächst die stillen Reserven steuerbegünstigt aufgelöst werden, jedoch anschließend auch in

Höhe der Beteiligungsquote des Veräußerers wieder Abschreibungen (je nach Abschreibungsdauer sogar kurzfristig) verrechnet werden können, die dann das laufende, normal steuerpflichtige Einkommen mindern.

c) Freibetrag gemäß §§ 18 Abs. 3, 16 Abs. 4 EStG

99 Hat der Praxisinhaber/Sozius das 55. Lebensjahr vollendet oder ist er im sozialversicherungsrechtlichen Sinne dauernd berufsunfähig, kommt – auf Antrag – die Gewährung eines Freibetrags in Höhe von 45.000 EUR in Betracht.[58] Dieser Freibetrag wird nur einmal im Leben des Steuerpflichtigen gewährt. Der Veräußerungsgewinn wird **insoweit** nicht zur Besteuerung herangezogen, als er 45.000 EUR nicht übersteigt (Freibetrag, nicht Freigrenze).

100 Von diesem Freibetrag ist die sog. Freibetragsgrenze in Höhe von 136.000 EUR zu unterscheiden: Übersteigt der Veräußerungsgewinn 136.000 EUR, so vermindert sich der Freibetrag von 45.000 EUR um den über die Grenze hinausgehenden Betrag, so dass ab einem Veräußerungsgewinn in Höhe von 181.000 EUR ein Freibetrag nicht mehr in Betracht kommt.

101 Die Höhe des Freibetrags wird nicht dadurch beeinflusst, dass es sich bei dem Veräußerungsgegenstand um eine (ganze) Praxis, eine Teil-Praxis (= Teilbetrieb i.S.d. § 16 Abs. 1 Nr. 1 EStG) oder einen (ganzen) Sozietätsanteil handelt.

d) Tarifermäßigungen gemäß §§ 18 Abs. 3, 34 EStG

102 Durch das Steuerentlastungsgesetz 1999/2000/2002[59] war ursprünglich die bisher in § 34 Abs. 1 EStG enthaltene Tarifermäßigung (sog. halber Steuersatz) mit Wirkung vom Veranlagungszeitraum 1999 in Gänze abgeschafft und durch eine sog. Fünftel-Regelung ersetzt worden. Auf die dagegen vor allem von Seiten des Mittelstandes erhobene Kritik reagierte der Gesetzgeber mit dem Steuersenkungsergänzungsgesetz vom 19.12.2000,[60] indem der sog. halbe Steuersatz mit Wirkung vom Veranlagungszeitraum 2001 in beschränktem Umfang wieder eingeführt wurde.

58 Der Freibetrag wurde durch das Haushaltsbegleitgesetz 2004 vom 29.12.2003, BGBl. I 2003, S. 3076, mit Wirkung ab dem Veranlagungszeitraum 2004 von 51.200 EUR auf 45.000 EUR herabgesetzt. Zur Frage der Verfassungsmäßigkeit des Haushaltsbegleitgesetzes wegen Verstoßes gegen den sog. Parlamentsvorbehalt ist unter Az. 2 BvR 412/04 derzeit eine Verfassungsbeschwerde beim Bundesverfassungsgericht anhängig.

59 Vom 24.3.1999, BGBl. I S. 402.

60 BGBl. I 2000, S. 1812.

aa) Sog. Fünftel-Regelung (§ 34 Abs. 1 EStG)

103 Die Funktionsweise der sog. **Fünftel-Regelung** besteht in einer **Tarifglättung**, bei der zunächst die Einkommensteuer für das laufende Einkommen (ohne außerordentliche Einkünfte) ermittelt wird. Im nächsten Rechenschritt wird die Einkommensteuer für das laufende Einkommen zzgl. eines Fünftels der außerordentlichen Einkünfte berechnet. Die Differenz zwischen diesen beiden Steuerbeträgen wird schließlich verfünffacht. Das Ergebnis ist die Steuerbelastung, die auf die außerordentlichen Einkünfte entfällt. Es leuchtet unmittelbar ein, dass sich keinerlei Steuerermäßigung in den Fällen ergibt, in denen im Veräußerungsjahr bereits die laufenden Einkünfte die obere Progressionszone des Steuertarifs überschreiten und damit den Spitzensteuersatz von derzeit 42% erreichen. Die außerordentlichen Einkünfte werden also nur rechnerisch auf fünf Jahre verteilt, es findet keine wirkliche Verteilung der außerordentlichen Einkünfte gleichmäßig auf das laufende Jahr und die vier vorhergehenden Jahre statt.

Beispiel

Der verheiratete Rechtsanwalt S (55 Jahre) veräußert im Jahr 2005 seine Anwaltspraxis. Er erzielt dabei einen steuerpflichtigen Veräußerungsgewinn in Höhe von 90.000 EUR, und zwar nach Abzug des Freibetrags in Höhe von 45.000 EUR. Einen Antrag auf Anwendung des sog. halben Steuersatzes auf den Veräußerungsgewinn stellt S nicht. Seine laufenden Einkünfte (= zu versteuerndes Einkommen) und diejenigen seiner Ehefrau betragen im selben Jahr insgesamt 60.000 EUR.

1. Stufe:	Einkommensteuer auf das lfd. Einkommen: 60.000 EUR zu versteuerndes Einkommen (Splitting)		11.614 EUR
2. Stufe:	Einkommensteuer auf das außerordentliche Einkommen nach der Fünftel-Regelung:		
	60.000 EUR zzgl. ein Fünftel außerordentliches Einkommen		
	(90.000 EUR : 5) = 60.000 EUR zzgl. 18.000 EUR = 78.000 EUR	17.722 EUR	
	abzgl. der Normal-Steuer auf das laufende Einkommen	11.614 EUR	
	Differenzbetrag = ESt-Belastung auf ein Fünftel des außerordentlichen Einkommens:	6.108 EUR	
	Einkommensteuer auf das außerordentliche Einkommen = ESt-Belastung auf ein Fünftel hiervon mal fünf = 6.108 EUR x 5		30.540 EUR
3. Stufe:	Einkommensteuer 2005 gesamt:		42.154 EUR

(ohne Solidaritätszuschlag und etwaige Kirchensteuer)

Zum Vergleich: Die Einkommensteuer betrüge für 2005 ohne Anwendung der Fünftel-Regelung 47.172 EUR. Die Ersparnis liegt also effektiv bei 5.018 EUR. Der Veräußerungsgewinn wird bei Anwendung der Fünftel-Regelung mit durchschnittlich rd. 34% besteuert, ohne Fünftel-Regelung mit knapp 40%.

Die Fünftel-Regelung gilt für sämtliche in § 34 Abs. 2 EStG aufgeführten außerordentlichen Einkünfte, also nicht nur für betriebliche Veräußerungsgewinne, sondern z.B. auch für Abfindungszahlungen an angestellte Rechtsanwälte. Ein Antrag auf Anwendung der Fünftel-Regelung ist nicht erforderlich. Sie ist auch mehrfach anwendbar auf verschiedene außerordentliche Einkünfte und ist an keine weiteren Voraussetzungen geknüpft. 104

bb) Sog. „halber" bzw. ermäßigter Steuersatz (§ 34 Abs. 3 EStG)

Die Wirkung des sog. **„halben" oder ermäßigten Steuersatzes** besteht darin, dass auf den Veräußerungsgewinn nur 56%[61] des durchschnittlichen Steuersatzes entsprechend dem Steuertarif[62] angewendet werden. Bei der Ermittlung dieses Steuersatzes werden die begünstigten Veräußerungsgewinne in voller Höhe einbezogen. Insbesondere bei relativ hohen Veräußerungsgewinnen[63] zeigt der halbe Steuersatz eine erhebliche Wirkung, weil die Begrenzung des durchschnittlichen Steuersatzes auch nach Überschreiten des obersten Tarifrahmens noch fortwirkt. 105

> *Beispiel* 106
>
> Beantragt der 55-jährige Rechtsanwalt S aus dem obigen Beispiel (vgl. Rn 103) statt der Anwendung der sog. Fünftel-Regelung zusätzlich zu dem Freibetrag von 45.000 EUR gemäß § 16 Abs. 4 EStG den ermäßigten Steuersatz gemäß § 34 Abs. 3 EStG, so ergibt sich für ihn und seine Ehefrau folgende Einkommensteuerbelastung:

61 Für die Veranlagungszeiträume 2001 bis 2003 war lediglich die Hälfte des durchschnittlichen Steuersatzes anzusetzen (halber Steuersatz). Durch das Haushaltsbegleitgesetz 2004 (vgl. Fn 58) wurde der Ansatz auf 56% des durchschnittlichen Steuersatzes erhöht, so dass nur noch von einem ermäßigten Steuersatz gesprochen werden kann. Zu den verfassungsrechtlichen Zweifeln am Haushaltsbegleitgesetz vgl. Fn 58.

62 Vgl. § 32a EStG in der jeweiligen Fassung; ein sog. Progressionsvorbehalt wegen des Bezugs bestimmter steuerfreier Einkünfte (z.B. Arbeitslosengeld; aufgrund von Doppelbesteuerungsabkommen steuerfreie ausländische Einkünfte) wird bei der Ermittlung des Durchschnittsteuersatzes berücksichtigt.

63 Eine Begrenzung des „halben" Steuersatzes ergibt sich jedoch dadurch, dass Veräußerungsgewinne ab einem Betrag von mehr als 5 Mio. EUR nicht mehr begünstigt besteuert werden.

1. Stufe:	Einkommensteuer auf das lfd. Einkommen: 60.000 EUR zu versteuerndes Einkommen (Splitting)		11.614 EUR
2. Stufe:	Einkommensteuer auf den Veräußerungsgewinn gemäß § 34 Abs. 3 EStG in Höhe von 90.000 EUR Durchschnittlicher Steuersatz auf der Basis des gesamten zu versteuernden Einkommens von 150.000 EUR: Einkommensteuer = 47.172 EUR = Ansatz mit 56% davon = Einkommensteuer auf den Veräußerungsgewinn: 90.000 EUR x 17,6109%	 31,4480 % 17,6109 %	15.849 EUR
3. Stufe:	Einkommensteuer 2005 gesamt:		27.463 EUR

(ohne Solidaritätszuschlag und etwaige Kirchensteuer)

Die Einkommensteuerbelastung nach der sog. Fünftel-Regelung liegt somit um 14.691 EUR höher als nach dem ermäßigten Steuersatz. Bezogen auf den begünstigten Veräußerungsgewinn beträgt die Einkommensteuer nach dem ermäßigten Steuersatz also annähernd die Hälfte im Vergleich zur sog. Fünftel-Regelung.

107 Im Rahmen des ermäßigten Steuersatzes sind nur betriebliche Veräußerungsgewinne gemäß § 34 Abs. 2 Nr. 1 EStG begünstigt, also z.B. nicht Abfindungszahlungen an angestellte Rechtsanwälte. Die Tarifermäßigung setzt darüber hinaus – wie beim Freibetrag gemäß § 16 Abs. 4 EStG – voraus, dass der Steuerpflichtige das 55. Lebensjahr vollendet hat oder im sozialversicherungsrechtlichen Sinne dauernd berufsunfähig ist. Außerdem erhält der Steuerpflichtige die antragsgebundene Tarifermäßigung nur einmal im Leben. Treffen in einem Veranlagungszeitraum mehrere begünstigte Veräußerungsgewinne zusammen, so gilt die Tarifermäßigung nur für einen Veräußerungsgewinn (Wahlrecht). Die Tarifermäßigung ist schließlich dadurch begrenzt, dass ein Mindeststeuersatz von 15%[64] nicht unterschritten werden darf.

64 Im Veranlagungszeitraum 2004 beträgt der Mindeststeuersatz 16%, in den Veranlagungszeiträumen 2001 bis 2003 19,9%.

e) Gestaltungsmöglichkeiten zur Optimierung der Veräußerungsgewinnbesteuerung nach der sog. Fünftel-Regelung

Liegen die besonderen Voraussetzungen für die Anwendung des ermäßigten (früher halben) Steuersatzes nicht vor, so stellt sich die Frage, inwieweit die Besteuerung nach der dann anzuwendenden Fünftel-Regelung optimiert werden kann. Aber auch für den Fall, dass der ermäßigte Steuersatz anwendbar ist, kann es sinnvoll sein, im Rahmen des Antragswahlrechts einen Vorteilhaftigkeitsvergleich anzustellen und dabei Optimierungsmöglichkeiten für die Fünftel-Regelung zu prüfen, zumal der ermäßigte Steuersatz nur einmal im Leben gilt. An dieser Stelle können aus einer Vielzahl im konkreten Einzelfall denkbarer Gestaltungsmöglichkeiten nur einige wenige kurz herausgegriffen werden. 108

aa) Reduzierung des laufenden Einkommens im Veräußerungsjahr

Insbesondere bei Veräußerungen im Zusammenhang mit dem beabsichtigten Eintritt in den Ruhestand bietet es sich an, die Veräußerung in das erste Jahr **nach** dem Ruhestand zu verlegen, da in der Regel dort die laufenden Einkünfte erheblich niedriger sind. Dadurch kann bei Anwendung der Fünftel-Regelung die untere Tarifzone einschließlich des **Grundfreibetrags**[65] optimal ausgeschöpft werden. Für den Veräußerungsgewinn gilt bei einem laufenden Einkommen von 0 EUR praktisch ein fünffaches steuerfreies Existenzminimum. 109

Bei sonstigen Fällen sollten die Möglichkeiten, das laufende Einkommen zu reduzieren, gezielt für das Veräußerungsjahr ausgeschöpft werden (z.B. Sonderabschreibungen gemäß § 7g EStG, Ansparabschreibungen gemäß § 7g Abs. 3 und 7 EStG, Durchführung von lfd. Erhaltungsaufwand an Immobilien, Verlagerung von Einnahmen und Ausgaben i.R.d. Gewinnermittlung gemäß § 4 Abs. 3 EStG). 110

Verfügt der Ehepartner über erhebliche laufende Einkünfte, so kann auch die Möglichkeit der getrennten Veranlagung im Einzelfall vorteilhaft sein. Jeder der Ehepartner versteuert dann sein Einkommen für sich selbst nach dem Grundtarif. 111

Beispiel

Kann in dem obigen Beispiel (Rn 103) das laufende Einkommen der Eheleute durch entsprechende Gestaltungen von insgesamt 60.000 EUR auf 30.000 EUR reduziert werden, so ergibt sich die Steuerbelastung wie folgt:

65 Gemäß § 32a Abs. 1 EStG beträgt der Grundfreibetrag im Kalenderjahr 2005 7.664 EUR für Ledige und 15.328 EUR für Verheiratete.

1. Stufe:	Einkommensteuer auf das lfd. Einkommen: 30.000 EUR zu versteuerndes Einkommen Splitting		3.084 EUR
2. Stufe:	Einkommensteuer auf das außerordentliche Einkommen nach der Fünftel-Regelung:		
	30.000 EUR zzgl. ein Fünftel außerordentliches Einkommen		
	(90.000 EUR : 5) = 30.000 EUR zzgl. 18.000 EUR = 48.000 EUR	7.956 EUR	
	abzgl. der Normal-Steuer auf das laufende Einkommen	3.084 EUR	
	Differenzbetrag = ESt-Belastung auf ein Fünftel des außerordentlichen Einkommens:	4.872 EUR	
	Einkommensteuer auf das außerordentliche Einkommen = ESt-Belastung auf ein Fünftel hiervon mal fünf = 4.872 EUR x 5		24.360 EUR
3. Stufe:	Einkommensteuer 2005 gesamt:		27.444 EUR

(ohne Solidaritätszuschlag und etwaige Kirchensteuer)

112 Die Steuerbelastung auf den steuerpflichtigen Teil des Veräußerungsgewinns sinkt von rd. 34% immerhin auf rd. 27%. Für den Fall, dass es gelingt, das laufende Einkommen in 2005 auf 0 EUR zu drücken, ergibt sich eine Steuerbelastung insgesamt von 2.160 EUR, das sind 2,4% bezogen auf den Veräußerungsgewinn. Im Einzelfall (bei besonders niedrigen laufenden Einkünften und nicht allzu großem Veräußerungsgewinn) kann die Fünftel-Regelung somit größere Vorteile bringen als der sog. halbe Steuersatz.

bb) Verrentung des Praxiskaufpreises

113 In den Fällen, in denen die Praxis gegen wiederkehrende Bezüge veräußert wird, räumen die Einkommensteuerrichtlinien[66] ein **Wahlrecht** ein zwischen der Sofortversteuerung und der sog. sukzessiven Versteuerung. Bei der **Sofortversteuerung** erfolgt praktisch eine Gleichbehandlung mit der Veräußerung gegen festen Barpreis, indem die wiederkehrenden Bezüge abgezinst werden auf einen Barwert. Bei Vereinnahmung der wiederkehrenden Bezüge erfolgt dann nur noch die Besteuerung in Höhe des Ertragsanteils als sonstige Einkünfte nach § 22 EStG[67] (gedanklicher Zinsanteil).

66 Vgl. R 139 Abs. 11 i.V.m. R 147 Abs. 1 EStR.

67 Es gilt die – zu niedrigeren Prozentsätzen führende – Ertragsanteilstabelle in § 22 Nr. 1 Satz 3 Buchst. a) bb) EStG i.d.F. des Alterseinkünftegesetzes vom 5.7.2004, BGBl. I 2004, S. 1427.

Im Gegensatz dazu werden bei der **Sukzessivversteuerung** (= Besteuerung nach Zufluss) die wiederkehrenden Bezüge als nachträgliche Einkünfte in vollem Umfang angesetzt, sobald sie den steuerlichen Buchwert sowie die Veräußerungskosten überschritten haben. Der Veräußerungsgewinn wird also über die gesamte Laufzeit der wiederkehrenden Bezüge versteuert. Dadurch werden in der Regel erheblich größere Progressionsglättungseffekte erzielt als über die Fünftel-Regelung. 114

Voraussetzung dieses Wahlrechts ist, dass die wiederkehrenden Bezüge auf Lebenszeit gewährt werden. Bei einer Zeitrente besteht das Wahlrecht nur dann, wenn die Versorgung des Veräußerers zumindest Nebenzweck der Vereinbarung ist und die Mindest-Laufzeit mehr als zehn Jahre beträgt.[68] 115

Bei einer Kombination zwischen festem Barpreis und wiederkehrenden Bezügen lässt sich eine weitere Optimierung erzielen: Das Wahlrecht wird zugunsten der Zuflussbesteuerung ausgeübt; es gilt nur für die wiederkehrenden Bezüge. Der Barpreis ist als Veräußerungspreis dem Buchwert des Betriebsvermögens und den Veräußerungskosten gegenüberzustellen. Für einen dabei entstehenden Veräußerungsgewinn gilt der volle Freibetrag gemäß §§ 16 Abs. 4, 18 Abs. 3 EStG (bei der Ermittlung der sog. Freibetragsgrenze von 136.000 EUR ist allerdings der Barwert der wiederkehrenden Bezüge mit einzubeziehen). Der Restbetrag unterliegt der ermäßigten Besteuerung gemäß § 34 Abs. 1 EStG. Die Begünstigungen in Form des Freibetrags und der Tarifermäßigung kommen zum Zuge, obwohl nicht alle stillen Reserven zusammengeballt in einem Veranlagungszeitraum besteuert werden.[69] 116

7. Übergang zur Bilanzierung – Erfassung der Honorarforderungen

In § 2 Rn 121 ff. wurde das Wahlrecht erläutert, den steuerlichen Gewinn der Praxis anstelle einer Bestandsrechnung (Aufstellung einer Bilanz) lediglich durch Gegenüberstellung der Betriebseinnahmen und -ausgaben (§ 4 Abs. 3 EStG) zu ermitteln. 117

Für den Fall der Praxisveräußerung schreibt § 16 Abs. 2 Satz 2 EStG jedoch vor, dass auf den Zeitpunkt der Veräußerung der Wert des Praxisvermögens durch den sog. Betriebsvermögensvergleich zu ermitteln ist. Dies bedingt **zwingend** den Übergang von der Einnahme-Überschussrechnung auf die **Bilanzierung**, das heißt, dass insbesondere die Honorarforderungen, die bei Freiberuflern üblicherweise einen großen Teil des Praxisvermögens darstellen, in vollem Umfang zu erfassen sind. Für den Fall der Praxisaufgabe gilt dasselbe. 118

68 Vgl. H 139 Abs. 11 EStH Stichworte „Ratenzahlungen" und „Zeitrente".
69 Vgl. Schmidt/*Wacker*, EStG, § 16 Rz 248 und 585.

119 Die genaue Ermittlung des Übergangsgewinns wird detailliert in Ziffer 1 der Anlage zu R 17 EStR beschrieben (u.a. Erfassung der fakturierten und nicht fakturierten Honoraransprüche abzgl. Verpflichtungen für laufende Praxisausgaben, ungewisse Verbindlichkeiten und Verpflichtungen aus erhaltenen Vorschüssen). Da die Honorarforderungen in der Regel den entscheidenden Teil des Übergangsgewinns ausmachen, wird nachfolgend aus Vereinfachungsgründen zumeist nur noch von Honorarforderungen gesprochen.

120 Zu beachten ist bei diesem zwingenden Übergang zur Bilanzierung im Jahr der Praxisveräußerung außerdem, dass die sonst mögliche Verteilung des sog. Übergangsgewinns auf das Jahr des Übergangs und die beiden folgenden Jahre (vgl. die Härteregelung in R 17 Abs. 1 Satz 4 EStR 2003) verwehrt ist (vgl. H 16 Abs. 7 EStH 2003 „Übergangsgewinn“).[70] Dies bedeutet, dass insbesondere bei Praxisveräußerungen zum Ende des Jahres der „normale“ Praxisgewinn aufgrund der Einnahme-Überschussrechnung zusätzlich erhöht werden muss um den sog. Übergangsgewinn. Daraus ergeben sich in der Regel nicht unerhebliche Gewinnkumulationen und dadurch bedingt Progressionseffekte aufgrund des Steuertarifs. Hinzu kommt, dass der Übergangsgewinn nicht zum begünstigten Veräußerungsgewinn zählt und damit insbesondere eine Steuerermäßigung nach § 34 EStG insoweit nicht in Betracht kommt.[71]

121 Die **Wahlrechtseinräumung** unterschiedlicher Gewinnermittlungsarten basiert auf dem Gedanken, dass sämtliche Methoden grundsätzlich zu demselben Totalgewinn der Praxis in der Summe aller Besteuerungsjahre führen. Die Unterschiede in den einzelnen Besteuerungsabschnitten werden deshalb in Kauf genommen. Die Einnahme-Überschussrechnung bewirkt bis zur Praxisveräußerung in der Regel nicht unerhebliche Steuerstundungseffekte aufgrund der Nichterfassung der Honorarforderungen in den einzelnen Jahren. Umgekehrt bewirkt diese Methode jedoch im Jahre der Veräußerung regelmäßig nicht erwünschte Progressionsnachteile.

> *Hinweis*
> Der Zeitpunkt einer beabsichtigten Praxisveräußerung etwa kurz vor dem Jahreswechsel ist deshalb auch unter Beachtung des notwendigen Übergangs zur Bilanzierung sorgfältig abzuwägen. Zur Vermeidung der in Rn 120 aufgezeigten Progressionsnachteile ist die Verlagerung des Zeitpunkts der Praxisveräußerung auf den 1. Januar des Folgejahres in Erwägung zu ziehen.[72]

70 Vgl. in diesem Sinne auch BFH-Urteil vom 13.9.2001, Az. IV R 13/01, BStBl. II 2002, S. 287.
71 Vgl. u.a. Schmidt/*Wacker*, EStG, § 16 Rz 330.
72 Zum Zeitpunkt der Praxisveräußerung vgl. Rn 88 ff.

Eine weitere Möglichkeit der Progressionsglättung besteht darin, eventuell schon **vor** dem Jahr der Praxisveräußerung freiwillig auf die Gewinnermittlung durch Bestandsvergleich überzugehen.[73] 122

III. Einbringung von Praxisvermögen als Sonderfall einer Veräußerung

1. Relevante Fallgestaltungen

Unter den Begriff der **Einbringung** fallen vor allem folgende Fallgestaltungen: 123

a) Einbringung einer Einzelpraxis (oder Teilpraxis) in eine Sozietät (dazu zählt auch die Aufnahme eines Sozius in eine Einzelpraxis unter Gründung einer Sozietät, vgl. auch Rn 178 ff.)
b) Aufnahme eines weiteren Sozius in eine Sozietät (steuerlich betrachtet ist dies die Einbringung der Sozietätsanteile der Alt-Sozien in eine Sozietät, und zwar auch bei Identitätswahrung der bestehenden Sozietät)
c) Fusion von Anwaltspraxen (Einzelpraxen und/oder Sozietäten) incl. Teilpraxen.

2. Mögliche Formen des Ausgleichs von stillen Reserven

Vergleicht man die möglichen Fälle der Einbringung mit den Fällen der normalen Praxisveräußerung, so ist sofort erkennbar, dass es bei der Einbringung darum geht, die bisherige **selbständige Tätigkeit** in einer veränderten Form **fortzuführen**, sie also nicht wie bei der Veräußerung endgültig zu beenden. 124

Auch bei der Einbringung erfolgt – wie bei der Veräußerung (vgl. Rn 71 ff.) – allerdings eine Bewertung (Marktdurchgang) des einzubringenden Praxisvermögens incl. ideellem Praxiswert. Jedoch ist der Ausgleichsmechanismus im Regelfall ein anderer: Statt einer Geldzahlung erhält der Einbringende einen entsprechend werthaltigen Sozietätsanteil. Augenscheinlich ist das vor allem bei den Fällen der Fusion von Anwaltspraxen. In Abhängigkeit vom Wert, z.B. der jeweils eingebrachten Anwaltssozietäten, erhalten die einzelnen Sozien entsprechend hohe Quoten an der fusionierten Sozietät (Umtauschverhältnis). Da sich das Umtauschverhältnis in der Regel nicht aus den steuerlichen Buchwerten der eingebrachten Praxen ableitet, sondern aus deren „wahrem“ Wert, stellt der eingeräumte Sozietätsanteil an der fusionierten Praxis auch einen Ausgleich für die jeweils eingebrachten stillen Reserven der 125

73 Dazu ist die Einrichtung einer Buchhaltung zu Beginn des Übergangsjahres erforderlich (vgl. H 16 Abs. 1 EStH „Wahl der Gewinnermittlungsart“).

Sozien her. Auf bare Ausgleichszahlungen kann somit in diesen Fällen in der Regel verzichtet werden, so dass zumindest insoweit der regelmäßig gewünschten Buchwertfortführung nichts im Wege steht.

126 Vor allem bei der Aufnahme von Berufsstartern (ohne eigenes Praxisvermögen) in eine Einzelpraxis oder Sozietät ergibt sich jedoch die Besonderheit, dass diese – abgesehen von ihrer Arbeitsleistung – einen Ausgleich für den von ihnen erworbenen Sozietätsanteil nicht durch Sacheinlage, sondern in der Regel nur durch eine entsprechend hohe Bareinlage erbringen können. Es ergibt sich in diesen Fällen vor allem die Frage, wie **bare Ausgleichszahlungen** in steuerlicher Hinsicht zu behandeln sind.

127 Entscheidend für die Besteuerung ist es, auf welche Weise der Wertausgleich unter den Beteiligten vorgenommen wird, insbesondere etwa der Ausgleich für den immateriellen Praxiswert. Folgende Möglichkeiten des Wertausgleichs sind denkbar:

a) Zuzahlung des Eintretenden an den Alt-Sozius/die Alt-Sozien persönlich
b) Zuzahlung des Eintretenden in die Praxis
c) Ausgleich durch höheren Gewinnanteil des Alt-Sozius/der Alt-Sozien (sog. Gewinn-Vorab-Lösung).

128 Bei den nachfolgenden Erläuterungen gehen wir grundsätzlich von der Aufnahme eines Sozius in eine Einzelpraxis aus.

129 Zu a) **Zuzahlung an den Alt-Sozius persönlich – Zuzahlung an den/die Gesellschafter:** Bei dieser (gängigen) Variante wird der Wert der Praxis (incl. ideeller Praxiswert) ermittelt. In Höhe des beabsichtigten Anteils des Eintretenden an der Sozietät erfolgt eine Ausgleichszahlung (sog. Zuzahlung) unmittelbar an den „veräußernden" Alt-Sozius in dessen Privatvermögen.[74]

130 Diese Art der Zuzahlung führt – jedenfalls nach Auffassung des BFH[75] – in Höhe der abgegebenen Quote zu einem steuerpflichtigen Veräußerungsvorgang. Nur bezogen auf den verbleibenden Anteil des Alt-Sozius besteht dann ein Wahlrecht zwischen der sog. Buchwertfortführung (= gewinnneutral) oder der Aufdeckung auch der in

74 Eine Zuzahlung in das Privatvermögen liegt auch vor, wenn formell der Praxis zugeordnete Verbindlichkeiten, die steuerrechtlich betrachtet zum Privatvermögen zählen, vom Eintretenden getilgt werden oder die Zuzahlung in die Praxis erfolgt, jedoch in zeitlichem Zusammenhang damit größere Entnahmen durch den Alt-Sozius getätigt werden; vgl. BFH-Urteil vom 8.12.1994, Az. IV R 82/92, BStBl. II 1995, S. 599. Zuzahlung in das Privatvermögen liegt auch vor, wenn ein Mitgesellschafter einen über seine Einlage hinausgehenden Anteil an der Personengesellschaft erhält, um damit Pflichtteilsansprüche abzugelten, vgl. BFH-Urteil vom 16.12.2004, Az. III R 38/00, BFH/NV 2005, S. 767.

75 Vgl. Beschluss des Großen Senats vom 18.10.1999, GrS 2/98, BStBl. II 2000, S. 123.

dem eigenen Anteil verbleibenden stillen Reserven (zu den Besteuerungsfolgen im Einzelnen bei der Aufnahme eines Sozius in eine Einzelpraxis vgl. Rn 178 ff.).

Zu b) **Zuzahlung in das Praxisvermögen – Zuzahlung an die Gesellschaft:** Ausgehend vom Wert der einzubringenden Praxis leistet der neu hinzukommende Sozius eine seinem künftigen Anteil an der Sozietät entsprechend hohe **Zuzahlung in die Praxis**. Die Zuzahlung verbleibt in der Praxis. Es liegt in der Natur der Sache, dass der „Neue" auf diese Weise künftig an seiner eigenen Einlage beteiligt wird und diese Einlage deshalb entsprechend höher sein muss als bei einer Zuzahlung an den Alt-Sozius: 131

Beispiel 132

Der Wert der Praxis beträgt insgesamt 300.000 EUR; der neue Sozius soll eine Quote von 1/4 erhalten.

Bei der Zuzahlung in die Praxis ist eine Einlage in Höhe von 1/3 des Praxis-Gesamtwertes nötig, das sind 100.000 EUR. Seine Beteiligungsquote von 1/4 an der neuen Sozietät vermittelt dann entsprechend einen Wert in Höhe seiner Einzahlung (1/4 von 300.000 EUR zzgl. Bareinlage 100.000 EUR).[76]

Diese Variante dürfte zurzeit eher noch die Ausnahme darstellen. Dies ist darauf zurückzuführen, dass 133

- die Zuzahlung für den „Neuen" höher ist als bei Variante a), somit seine finanzielle Belastung steigt;[77]
- die Liquiditätsverbesserung in der Praxis zumeist nicht erforderlich ist (Ausnahme: z.B. Investitionsbedarf in der Praxis);
- der Alt-Sozius in der Regel über das Eintrittsgeld persönlich verfügen will.

76 Die Bewertung findet „nach Zuzahlung" statt (englisch = sog. Postmoney-Bewertung). Die Zuzahlung ergibt sich aufgrund einer einfachen Dreisatzberechnung: Praxiswert vor Zuzahlung (= EUR 300.000) dividiert durch künftige Beteiligungsquote der Alt-Sozien (= 3/4 oder 0,75) und multipliziert mit der künftigen Beteiligungsquote des „Neuen" (= 1/4 oder 0,25) = EUR 300.000 : 0,75 x 0,25 = EUR 100.000.

77 *Korn*, Freiberufler-Personengesellschaften und -Kapitalgesellschaften, Arbeitskreis für Steuerrecht, Köln, 1998, Rn 123 schlägt vor, die Zuzahlung in die Praxis auf einem gesamthänderisch gebundenen Rücklagekonto zu erfassen, welches im Innenverhältnis nur dem/den ausgleichsberechtigten Sozien zusteht. Damit könnte der Zuzahlungsbetrag der Höhe nach auf den Betrag begrenzt werden, der bei einer Zahlung unmittelbar an die ausgleichsberechtigten Sozien in deren Privatvermögen zum Ausgleich der stillen Reserven erforderlich wäre. Eine unmittelbar anschließende Auflösung der Rücklage und Auskehrung der Mittel an die ausgleichsberechtigten Sozien ist natürlich zu vermeiden, vgl. Fn 74.

134 In steuerlicher Hinsicht hat diese Variante allerdings den Vorzug, dass eine **vollständig** gewinnneutrale Behandlung möglich ist (sog. Buchwertfortführung).

Zu c) **Gewinn-Vorab-Lösung:** Vgl. hierzu ausführlich Rn 182 ff.

3. Das Wesen der steuerlichen „Einbringung"

135 In der obigen Übersicht (vgl. Rn 127) wurde bereits auf die notwendige Differenzierung zwischen der Zuzahlung an den Gesellschafter und an die Gesellschaft hingewiesen. Beide Fallgestaltungen sind in ihrer rechtlichen Struktur und in ihrem wirtschaftlichen Ergebnis zumindest ähnlich gelagert: Es handelt sich grundsätzlich um **Veräußerungstatbestände**. Dennoch liegen die steuerrechtlichen Folgen bei den beiden Varianten deutlich auseinander.

136 Der Ausgangspunkt für diese unterschiedlichen steuerlichen Rechtsfolgen sind die unterschiedlichen Regelungen im Einkommensteuergesetz (EStG) und im Umwandlungssteuergesetz (UmwStG) sowie deren Anwendung und Auslegung durch die Steuerrechtsprechung:

a) Der Einbringungsvorgang – Anwendbarkeit des § 24 UmwStG

137 In der Einbringung einer Anwaltspraxis in eine Sozietät, an der der Einbringende selbst als Sozius (Mitunternehmer) beteiligt ist, liegt ein tauschähnlicher Vorgang (Hingabe des Praxisvermögens gegen Gewährung von Gesellschaftsrechten), der grundsätzlich als ein Veräußerungsvorgang angesehen wird.[78] Gegenüber den Regelungen in §§ 16, 18 EStG sind jedoch für diesen Fall **vorrangig die Regelungen des Umwandlungssteuerrechts** (§ 24 UmwStG) anzuwenden. Für die Einbringung einer Anwaltspraxis in eine Kapitalgesellschaft gilt § 20 UmwStG.

138 Auch die „Einbringung" einer freiberuflichen Praxis in eine Sozietät (Personengesellschaft) fällt grundsätzlich in den Anwendungsbereich des § 24 UmwStG, da der Begriff des Betriebs in dieser Vorschrift nicht nur gewerbliche Betriebe umfasst, sondern auch eine **freiberufliche** Praxis.[79]

78 So jedenfalls die Auffassung des BFH (vgl. z.B. BFH-Urteil vom 21.6.1994, Az. VIII R 5/92, BStBl. II 1994, S. 856 ff., Ziffer II./1. der Urteilsgründe; BFH-Urteil vom 29.10.1987, Az. IV R 93/85, BStBl. II 1988, S. 374 ff.).

79 Vgl. BFH, Beschluss des Großen Senats vom 18.10.1999, GrS 2/98, BStBl. II 2000, S. 123, Ziffer C. I./2. der Entscheidungsgründe.

Sinn und Zweck dieser Regelung ist es, den tauschähnlichen Übergang von Praxisvermögen auf einen neuen, die Praxis fortführenden „Rechtsträger“[80] in steuerlicher Hinsicht zu erleichtern, und zwar insbesondere dadurch, dass eine Buchwertfortführung, also steuerneutrale Übertragung des Praxisvermögens ohne sofortige Aufdeckung der stillen Reserven, ermöglicht wird. Die Besteuerung der stillen Reserven ist nämlich durch die Fortführung der Praxis und die weitere Beteiligung des Einbringenden gewährleistet: Die stillen Reserven sind weiterhin „steuerverstrickt“. Deshalb besteht keine Notwendigkeit, in der „Umorganisation“ der anwaltlichen Praxis durch die Gründung der Sozietät einen zwingend und sofort zu erfassenden Fall einer steuerpflichtigen Veräußerung (Realisationstatbestand) zu sehen. 139

Außerdem ist zu beachten, dass auch im Falle der Buchwertfortführung bei den abnutzbaren Wirtschaftsgütern die dort enthaltenen stillen Reserven sukzessiv im Laufe der Jahre aufgelöst und somit versteuert werden müssen (zur Fortentwicklung der in diesen Fällen für den Einbringenden notwendig zu erstellenden negativen Ergänzungsbilanzen vgl. Rn 163 ff.). 140

Diese steuerlichen Grundüberlegungen basieren auf der Rechtsprechung des Reichsfinanzhofs[81] und wurden später in die gesetzlichen Regelungen des Umwandlungssteuerrechts übernommen. Sie sind **nicht** als besondere **Steuervergünstigung oder gar als Steuergeschenk für die Unternehmen** anzusehen, sondern allenfalls als „Schonung“ durch Verschiebung des Besteuerungszeitpunktes bis zur endgültigen Veräußerung oder Aufgabe der Einkunftsquelle durch den Steuerpflichtigen. Die Frage nach der Buchwertfortführung im Rahmen von Einbringungen lässt sich als konkreter Anwendungsfall des – aus dem Prinzip der Besteuerung nach der Leistungsfähigkeit[82] abgeleiteten – **Realisationsprinzips** deuten.[83] Es stellt sich die Frage, ob in derartigen Fällen des Tausches gegen Einräumung von Gesellschaftsrechten zwingend ein Veräußerungs-/Realisationsvorgang zu sehen ist. U.E. darf dies mit gutem Grund verneint werden. Dies ergibt sich daraus, dass zwar in Fällen des Tausches ebenso wie im Falle des Verkaufs eine Bewertung (z.B. des ideellen Praxiswertes) durch den Markt stattfindet; die dafür gewährte „Gegenleistung“ ist jedoch 141

80 Es entspricht der steuerrechtlichen Betrachtungsweise, die Gesellschaft bürgerlichen Rechts, d.h. grundsätzlich die Personengesellschaften partiell als eigenständige Steuerrechtssubjekte anzusehen (vgl. statt aller Schmidt/*Schmidt*, EStG, § 15 Rz 407).

81 Vgl. RFH, Urteil vom 9.5.1933, RStBl., S. 999 mit ausführlicher Begründung.

82 Vgl. zur Ableitung des Leistungsfähigkeitsprinzips im Steuerrecht aus der Verfassung: *Tipke*, Die Steuerrechtsordnung, Band I, S. 485 ff.; danach fußt das Leistungsfähigkeitsprinzip letztlich in erster Linie auf dem allgemeinen Gleichheitssatz gemäß Art. 3 Abs. 1 GG.

83 Vgl. dazu *Tipke*, a.a.O., S. 500 ff.

nicht konsumierbar. Die Gesellschaftsrechte sind nur die **Repräsentanten** des zuvor im Alleineigentum befindlichen Praxisvermögens. Dies gilt u.E. unabhängig davon, ob es sich bei den Gesellschaftsrechten um Anteile an Kapitalgesellschaften handelt, die steuerlich als eigenständige Wirtschaftsgüter betrachtet werden, oder um Anteile an Personengesellschaften, die nur einen Anteil an den jeweiligen Wirtschaftsgütern des Gesamthandsvermögens widerspiegeln. Beim Tausch von Anteilen an Kapitalgesellschaften hat der BFH in seinem sog. **Tauschgutachten** vom 16.12.1958[84] dazu entscheidend auf die **Nämlichkeit**, d.h. auf die Wert-, Art- und Funktionsgleichheit der getauschten Gegenstände, abgestellt (vgl. nunmehr jedoch § 6 Abs. 6 EStG zum Gewinnrealisierungszwang beim Tausch einzelner Wirtschaftsgüter). In der Übertragung dieser Grundgedanken auf andere Tauschvorgänge hat sich dann der BFH jedoch starke Zurückhaltung auferlegt.[85] Wollte man bei der Einbringung von Praxisvermögen in eine Personengesellschaft dagegen zwingend einen Realisationsakt annehmen, so liefe das auf eine Besteuerung nach dem Soll-Einkommen hinaus.[86] § 24 UmwStG hat nach dieser Auffassung hinsichtlich der (Möglichkeit zur) Buchwertfortführung lediglich klarstellende Bedeutung.[87]

142 Der **Begriff** der **Einbringung** ist ein typischer Fall eines steuerspezifischen Rechtsbegriffs. Er hat insbesondere keine Grundlage im Zivilrecht, insbesondere nicht im Umwandlungsrecht. Eine gesetzliche Definition des Begriffs der Einbringung fehlt. Er ist in erster Linie nach dem wirtschaftlichen Ergebnis als Übertragung von Praxisvermögen auf eine Personen- oder Kapitalgesellschaft unter Beteiligung des Steuerpflichtigen zu verstehen. Welches rechtstechnischen Weges sich der Steuerpflichtige dazu bedient, ist unerheblich. Die Einbringung kann als tauschähnlicher Vorgang

84 Vgl. BStBl. III 1959, S. 30 ff.

85 Vgl. die Nachweise bei *Knobbe-Keuk*, Bilanz- und Unternehmenssteuerrecht, 9. Auflage, S. 262 f., die ebenfalls von einer Übertragbarkeit des Tauschgutachtens auf andere Tauschvorgänge ausgeht; vgl. auch S. 820 ff. zur Besteuerung im Falle einer Einbringung.

86 Der Steuerpflichtige wird so behandelt, als habe er die potentielle Leistungsfähigkeit seines Vermögens durch Versilberung ausgeschöpft (Soll-Ertrag); vgl. zur Besteuerung nach dem Ist-Einkommen: *Tipke*, a.a.O., Bd. II, S. 568 ff.

87 A.A. offenbar jedoch die BFH-Rechtsprechung, z.B. BStBl. II 1994, S. 856; BStBl. II 1988, S. 374, die in dem tauschähnlichen Vorgang grundsätzlich einen Realisationsakt sieht, der jedoch ggf. den Sonderregelungen des § 24 UmwStG unterworfen wird. Diese Sichtweise setzt sich verstärkt fort in der neueren Rechtsprechung zur Einbringung von Privatvermögen in eine Personengesellschaft, vgl. dazu Rn 18.

betrachtet werden, der in der Aufgabe der Eigentumsrechte an der Praxis **gegen Erwerb von Gesellschaftsrechten** an der Sozietät besteht.[88]

Voraussetzung einer Einbringung i.S.d. § 24 UmwStG ist in jedem Fall, dass sämtliche wesentlichen Betriebsgrundlagen (also **nicht notwendig alle Vermögensgegenstände**) der bisherigen Praxis eingebracht werden. Bei der Einbringung in eine Personengesellschaft besteht die Besonderheit darin, dass eine Einbringung sämtlicher wesentlicher Betriebsgrundlagen auch dann gewährleistet ist, wenn diese Grundlagen der Personengesellschaft lediglich zur Nutzung überlassen werden, z.B. bei Überlassung des vom Sozius zurückbehaltenen Praxisgrundstücks.[89] In diesen Fällen liegt sog. Sonderbetriebsvermögen vor. In steuerlicher Hinsicht gehören die der Personengesellschaft zur Nutzung überlassenen Vermögensgegenstände trotz ihrer zivilrechtlichen Zuordnung beim überlassenden Gesellschafter zum Betriebsvermögen der Personengesellschaft.[90] **143**

Eine Einbringung liegt nicht vor, wenn die Praxis oder Teile davon entgeltlich an die Sozietät veräußert wird, dem bisherigen Praxisinhaber also überhaupt keine (weiteren) Gesellschaftsrechte eingeräumt werden (z.B. auch bei ausschließlicher Gutschrift des Praxisgegenwertes auf einem **Darlehen**skonto in der Sozietät zugunsten des bisherigen Praxisinhabers). Erhält der Einbringende **neben** der Einräumung von Gesellschaftsrechten weitere Leistungen, so ist dies unschädlich, solange diese Wirtschaftsgüter noch zum Betriebsvermögen der Personengesellschaft zählen (zur baren Zuzahlung durch einen neu eintretenden Sozius an den bisherigen Praxisinhaber in dessen Privatvermögen siehe Rn 146 ff.). Wird dem bisherigen Praxisinhaber neben dem Sozietätsanteil ein Darlehenskonto in der Sozietät eingeräumt, so stellt diese Darlehensforderung **zwar** Sonderbetriebsvermögen, somit steuerliches Betriebsver- **144**

88 Zum Begriff der Gewährung von Gesellschaftsrechten vgl. auch das BMF-Schreiben vom 26.11.2004, BStBl. I 2004, S. 1190, welches zur Einbringung von Wirtschaftsgütern des Privatvermögens in das betriebliche Gesamthandsvermögen einer Personengesellschaft ergangen ist. Maßgeblich ist das Kapitalkonto des Gesellschafters, das für seine Beteiligung am Gesamthandsvermögen maßgeblich ist, im Regelfall also das sog. Kapitalkonto I.

89 Zur Frage, ob es bei dem Begriff der wesentlichen Betriebsgrundlagen im Zusammenhang mit § 24 UmwStG auf die funktionale oder die quantitative Betrachtungsweise ankommt, vgl. Rn 52.

90 Werden lediglich einzelne Wirtschaftsgüter (unentgeltlich oder gegen Gewährung von Gesellschaftsrechten) auf die Sozietät übertragen, so liegt kein Fall des § 24 UmwStG vor. § 6 Abs. 5 Satz 3 EStG gilt dann vorrangig mit der Folge, dass regelmäßig die Buchwerte zwingend fortzuführen sind, vgl. Schmidt/*Schmidt*, EStG, § 15 Rz 664.

mögen der Personengesellschaft dar, gleichwohl vertritt die Finanzverwaltung die Auffassung,[91] dass in diesem Fall § 24 UmwStG nur **insoweit** anwendbar sei, als die Gegenleistung nicht in dem Darlehenskonto besteht.

145 Aus **gesellschaftsrechtlicher Sicht** liegt in dem **Einbringungsvorgang** die **Gründung einer Gesellschaft gegen Sacheinlage**: Der Alt-Sozius leistet mit der Übertragung seiner Praxis auf die Gesellschaft zur gesamten Hand eine Sacheinlage. Erbringt der neue Sozius eine Geldzahlung in die Praxis, so ist dies ebenfalls eine Einlage in die Gesellschaft. Wird dagegen eine Ausgleichszahlung unmittelbar an den die Praxis einbringenden Gesellschafter geleistet, dann erbringt der Alt-Sozius seine Sacheinlage vereinbarungsgemäß für Rechnung beider Sozien. Abgesehen von einer schenkweisen Einräumung der Sozietätsbeteiligung zugunsten des neu Eintretenden sind beide Vorgänge nach **zivilrechtlicher** Betrachtungsweise stets als entgeltlich einzustufen.

b) Zuzahlung an den/die Alt-Sozien in das Privatvermögen als zwingend steuerpflichtiger Veräußerungsvorgang

146 Die Rechtsprechung des BFH knüpft nunmehr bei der Anwendung des § 24 UmwStG an die oben in Rn 145 skizzierten unterschiedlichen zivilrechtlichen Gestaltungswege der Praxiseinbringung an und differenziert zwischen der Zuzahlung in die Gesellschaft und an den Alt-Sozius in dessen Privatvermögen. Bei der Zuzahlung in die Praxis ist § 24 UmwStG in vollem Umfang anwendbar, so dass insbesondere die Buchwertfortführung möglich ist. Im anderen Fall (Zuzahlung in das Privatvermögen) bringt jedoch der Alt-Sozius nach Auffassung des BFH[92] seine Praxis nicht mehr nur auf eigene Rechnung in die Sozietät ein, sondern auch anteilsmäßig für Rechnung des neuen Sozius. Die Ausgleichszahlung an den Alt-Sozius stelle somit einen zwingenden Realisationsakt, also einen **echten Veräußerungstatbestand** dar. Wirtschaftlich betrachtet verkaufe der Alt-Sozius einen Teil seiner bestehenden Praxis an den neu Eintretenden, erst danach erfolgt die Einbringung in die Sozietät, und zwar sowohl für Rechnung des alten wie des neuen Sozius.[93]

91 Vgl. Rz 24.08 des Umwandlungserlasses des BMF vom 25.3.1998 (BStBl. I 1998, S. 268); diese Regelung ist deshalb u.E. unverständlich, weil die Darlehensforderung nicht Privatvermögen des Einbringenden wird, sondern im Sonderbetriebsvermögen der Gesellschaft verbleibt.

92 Vgl. BFH-Urteil vom 8.12.1994 (BStBl. II 1995, S. 599), zuletzt bestätigt durch den Beschluss des Großen Senats vom 18.10.1999 (vgl. Fn 75).

93 Wörtlich spricht der BFH davon, dass der Alt-Sozius in Höhe der Ausgleichszahlung „Kasse macht", weshalb die Anwendung des § 24 UmwStG insoweit nicht gerechtfertigt sei.

Der BFH spaltet damit den Einbringungsvorgang bei einer Zuzahlung in das Privatvermögen in zwei unabhängig voneinander zu beurteilende Vorgänge auf, und zwar in 147

- Rechtsakt 1: eine Veräußerung eines ideellen Anteils an den Eintretenden gegen Zuzahlung = zwingender Veräußerungstatbestand i.S.d. §§ 16, 18 EStG und
- Rechtsakt 2: eine sich daran anschließende Einbringung der Praxis = Tatbestand des § 24 UmwStG.

Nur der letzte Vorgang der eigentlichen Einbringung sei von den Regelungen des § 24 UmwStG erfasst. Demgegenüber sei der vorhergehende Vorgang ein zur sofortigen Besteuerung zwingender Veräußerungstatbestand, für den § 24 UmwStG nicht einschlägig ist. Der Veräußerungsvorgang (= Rechtsakt 1) führt zu einem laufenden Gewinn, für den eine Steuerbegünstigung nicht zur Anwendung kommt.[94] 148

Eigene Meinung 149

In beiden Zuzahlungsfällen (siehe Rn 127) liegen u.E. sowohl bei zivilrechtlicher als auch bei steuerrechtlicher Betrachtungsweise vergleichbare Sachverhalte vor. Ob die bare Zuzahlung gesamthänderisch gebunden bleibt oder nicht, ist für die Einräumung der umwandlungssteuerrechtlichen Wahlrechte dagegen unerheblich.[95] Die Zuzahlung in das Privatvermögen ist schlichte Entnahme von Bargeld und kein Realisationsakt.[96] Auch der klare Wortlaut der Vorschrift lässt u.E. eine einengende Auslegung i.S.d. BFH nicht zu. Denn § 24 UmwStG setzt lediglich voraus, dass eine Praxis („Betrieb“) in eine Personengesellschaft eingebracht wird und der Einbringende Mitunternehmer wird. Es wird gerade **nicht** geregelt, dass die Rechtsfolgen des § 24 UmwStG nur **insoweit** gelten sollen, als der Einbringende als Gegenleistung für die Praxiseinbringung Gesellschaftsrechte erhält.

94 Für den Fall der Aufnahme eines Sozius in eine Einzelpraxis ergibt sich dies aus dem Beschluss des Großen Senats des BFH vom 18.10.1999, vgl. Fn 75. Bei Aufnahme eines Sozius in eine schon bestehende Sozietät sind die Begünstigungen der §§ 16, 34 EStG mit Wirkung vom 1.1.2002 abgeschafft worden durch die Abschaffung der Begünstigung des sog. Teil-Anteils in § 16 Abs. 1 Nr. 2 EStG, vgl. Rn 69.

95 Vgl. im Übrigen § 39 Abs. 2 Nr. 2 AO: Auch bei Zuzahlung in die Gesellschaft müßte dem Alt-Sozius somit ein Anteil an der „Kasse“ zugerechnet werden.

96 So u.E. zurecht *Widmann/Mayer*, § 24 UmwStG Rz 214; ebenso *Ley*, KÖSDI 1999, S. 12155 ff., Tz 29 ff., Tz 35 f.

4. Rechtsfolgen des § 24 UmwStG

a) Allgemeines

150 Liegen die Voraussetzungen für die Anwendung des § 24 UmwStG vor (siehe Rn 135 ff.), so resultiert daraus insbesondere das **Wahlrecht**, das eingebrachte Praxisvermögen zu seinen **Buchwerten** oder **Teilwerten** (oder Zwischenwerten = zwischen Buchwert und Teilwert liegende Werte) zu bewerten. Bei Ansatz der Buchwerte kommt es nicht zur sofortigen Aufdeckung der im Praxisvermögen ruhenden stillen Reserven.

151 Bei dem Ansatz von **Teilwerten** für die Praxis erfolgt eine vollständige Aufdeckung der stillen Reserven, und zwar auch insoweit, als der Einbringende selbst an der Praxis beteiligt bleibt. Grundsätzlich werden die gleichen Steuerbegünstigungen gewährt wie bei einer Praxisveräußerung (vgl. dazu Rn 99 ff.). Die Steuervergünstigung wird jedoch nur für den weggegebenen Anteil gewährt, nicht für den verbleibenden eigenen Anteil des Einbringenden.[97] Auch insoweit liegt eine Parallelwertung zum Fall der Praxisveräußerung vor, da auch bei letzterer die Steuervergünstigungen insoweit nicht gewährt werden, als auf Seiten des Veräußerers und des Erwerbers dieselbe Person Unternehmer bzw. Mitunternehmer ist. Der sich durch einen Ansatz zu Zwischenwerten ergebende Gewinn ist in keinem Fall tarifbegünstigt.

152 Bei der Teilwert-Variante wird eine Zuzahlung in das Privatvermögen mit in den Veräußerungsvorgang einbezogen, unterliegt also denselben Regelungen: Aus der Zuzahlung ergibt sich ein Veräußerungsgewinn wie oben in Rn 146 ff. geschildert; der nachfolgende Einbringungsvorgang führt aufgrund des Ansatzes zu Teilwerten dazu, dass auch die stillen Reserven in den eigenen Anteilen des Einbringenden aufgedeckt werden. Auf diese Weise werden sämtliche im Praxisvermögen enthaltenen stillen Reserven aufgedeckt wie bei einer Praxisveräußerung im Ganzen. Beide Vorgänge werden deshalb auch **steuerlich einheitlich** behandelt unter Gewährung der Tarifbegünstigungen gemäß §§ 16, 18, 34 EStG, und zwar auch für den Fall der Aufnahme eines Sozius in ein Einzelunternehmen (begünstigte Veräußerung eines **ganzen** Unternehmens). Da aber wiederum die Tarifermäßigung für die auf den eigenen Sozietätsanteil entfallenden stillen Reserven ausgeschlossen wird (siehe Rn 151 zu § 24 Abs. 3 Satz 3 EStG), wird die freiwillige Teilwertaufstockung selten vorteilhaft sein.[98]

97 Siehe dazu § 24 Abs. 3 Satz 3 UmwStG i.V.m. § 16 Abs. 2 Satz 3 EStG.

98 Vgl. auch BFH-Urteil vom 21.9.2000, Az. IV R 54/99, BStBl. II 2001, S. 178.

Im Falle der **Buchwertfortführung** ergibt sich regelmäßig die Notwendigkeit der Erstellung von **Ergänzungsbilanzen**. Insbesondere in den Fällen barer Ausgleichszahlungen ergibt sich nämlich bilanztechnisch das Problem, dass einerseits aus der Sicht des Einbringenden die Buchwerte fortgesetzt werden sollen, andererseits jedoch der Eintretende mit seiner Ausgleichszahlung zusätzliche Anschaffungskosten auf die einzelnen Wirtschaftsgüter der Praxis aufwendet. Setzt man das Gesamthandsvermögen mit dem Teilwert (abgeleitet aus der Ausgleichszahlung) an, so widerspricht dies der Buchwertfortführung durch den Einbringenden; im umgekehrten Fall (Buchwerte in der Sozietät) setzt man sich in Widerspruch zu den höheren Anschaffungskosten des Eintretenden. Dieses Problem lässt sich nur durch steuerliche Nebenrechnungen (**Wertkorrekturen**) zur Hauptbilanz der Sozietät lösen: 153

Dabei gibt es bilanztechnisch zwei Möglichkeiten: 154

a) In der Bilanz der Sozietät werden die Teilwerte als die „wahren" Werte ausgewiesen, in einer negativen Ergänzungsbilanz (= Nebenrechnung) für den Alt-Sozius erfolgt eine Wertabstockung = Minus-Korrektur, so dass per Saldo wieder eine Buchwerteinbringung vorliegt.
b) In der Bilanz der Sozietät werden die Buchwerte der eingebrachten Praxis ausgewiesen. Dann muss zumindest für den Eintretenden aufgrund dessen Zuzahlung eine (positive) Ergänzungsbilanz erstellt werden, wobei entsprechende Wertaufstockungen = Plus-Korrektur erfolgen.

b) Fallvariante 1: Zuzahlung in die Praxis

Sachverhalt: 155

A bringt seine Einzelpraxis in eine Sozietät mit B ein. Beide sollen mit jeweils 50% an der Sozietät beteiligt sein. Die Buchwerte der Praxis betragen 100.000 EUR, die Teilwerte (bedingt durch einen ideellen Praxiswert) 200.000 EUR. B leistet zur Bestreitung künftiger Investitionen in der Praxis eine Barzahlung von 200.000 EUR in die Sozietät.

Lösung:

Die Bilanz der Einzelpraxis des A vor dem Eintritt des B zeigt folgendes Bild:

Aktiva		Passiva	
Bankguthaben	100.000 EUR	Kapitalkonto A	100.000 EUR
Bilanzsumme	100.000 EUR	Bilanzsumme	100.000 EUR

Die steuerneutrale Buchwertfortführung erfolgt in den beiden Alternativen wie folgt:

a) Alternative 1: Teilwerte in der Bilanz der Gesellschaft

156 Die Bilanz der Gesellschaft über ihr Gesamthandsvermögen zeigt folgendes Bild:

Aktiva		**Passiva**	
Ideeller Praxiswert	100.000 EUR	Kapitalkonto A	200.000 EUR
Bankguthaben	300.000 EUR	Kapitalkonto B	200.000 EUR
Bilanzsumme	400.000 EUR	Bilanzsumme	400.000 EUR

157 Zwecks Fortführung der Buchwerte muss für A eine sog. negative Ergänzungsbilanz erstellt werden, die folgende Zahlen ausweist:

Aktiva		**Passiva**	
Kapitalkonto A (sog. Minderkapital = Korrekturposten)	100.000 EUR	Ideeller Praxiswert (sog. Minderwert der Praxis)	100.000 EUR

158 Entscheidend ist, dass bei konsolidierter Betrachtung beider Bilanzen die Praxis insgesamt nur mit ihrem steuerlichen Buchwert von 100.000 EUR zzgl. dem Betrag der Zuzahlung von 200.000 EUR ausgewiesen wird und spiegelbildlich das Kapitalkonto des A ebenfalls lediglich mit 100.000 EUR. Die negative Ergänzungsbilanz ist deshalb eine rein steuerrechtliche Korrekturbilanz.

159 Die obige Alternative hat den Vorteil, dass in der Bilanz der Gesellschaft Sozius B seine Geldeinlage unmittelbar auf seinem Kapitalkonto „wiederfindet", d.h. in der Hauptbilanz die wahren Werte gezeigt werden.

b) Alternative 2: Buchwerte in der Bilanz der Gesellschaft

160 Die Bilanz der Gesellschaft über ihr Gesamthandsvermögen zeigt folgendes Bild:

Aktiva		**Passiva**	
Ideeller Praxiswert	0 EUR	Kapitalkonto A	150.000 EUR
Bankguthaben	300.000 EUR	Kapitalkonto B	150.000 EUR
Bilanzsumme	300.000 EUR	Bilanzsumme	300.000 EUR

161 Nunmehr ergibt sich die Notwendigkeit der Erstellung zweier, gegenläufiger Ergänzungsbilanzen, und zwar:

1. einer wiederum negativen Ergänzungsbilanz für den Alt-Sozius A:

Aktiva		**Passiva**	
Kapitalkonto A (sog. Minderkapital = Korrekturposten)	50.000 EUR	Ideeller Praxiswert (sog. Minderwert der Praxis)	50.000 EUR

2. und einer positiven Ergänzungsbilanz für B:

Aktiva		**Passiva**	
Ideeller Praxiswert (sog. Mehrwert der Praxis)	50.000 EUR	Kapitalkonto B (sog. Mehrkapital)	50.000 EUR

Im Ergebnis wird bei konsolidierter Betrachtung der Gesellschaftsbilanz einschließlich der beiden Ergänzungsbilanzen die Praxis mit ihrem Buchwert fortgeführt. Das Gleiche gilt für das Kapitalkonto des A, es beträgt weiterhin 100.000 EUR (150.000 EUR in der Hauptbilanz abzgl. 50.000 EUR aus seiner negativen Ergänzungsbilanz). B findet seine Bareinlage von 200.000 EUR mit 150.000 EUR in der Hauptbilanz und mit 50.000 EUR in seiner negativen Ergänzungsbilanz wieder. 162

Es liegt in der Natur der Ergänzungsbilanzen, dass sie – gleichviel, ob positiv oder negativ – in der Zukunft fortgeschrieben werden müssen.[99] Ausgehend von Alternative 2, bei der die Buchwerte in der Hauptbilanz gezeigt werden, kann B aus seiner positiven Ergänzungsbilanz Mehrabschreibungen geltend machen. Diese richten sich nach der Nutzungsdauer derjenigen Wirtschaftsgüter in der Hauptbilanz, auf die der Mehrbetrag entfällt. Mehrabschreibungen entfallen allerdings gänzlich, sofern das mitbezahlte Wirtschaftsgut nicht abnutzbar ist, wie etwa Grund und Boden. 163

Da der Mehrbetrag von 50.000 EUR ausschließlich auf den ideellen Praxiswert entfällt, kann B diesen Betrag auf eine voraussichtliche Nutzungsdauer von sechs bis zehn Jahren abschreiben. 164

Umgekehrt muss A seine negative Ergänzungsbilanz sukzessive gewinnerhöhend auflösen. Die Wirkungen sind spiegelbildlich, so dass A das zusätzlich als Gewinn versteuern muss, was B zusätzlich abschreiben darf. 165

Die **Wirkungsweise** der sog. **Buchwertfortführung nach § 24 UmwStG** zeigt sich also darin, dass die mit der baren Zuzahlung in die Praxis bezahlten stillen Reserven 166

99 Zur sukzessiven Fortentwicklung von Ergänzungsbilanzen vgl. auch BFH-Urteil vom 28.9.1995, BStBl. II 1996, S. 68.

letztlich keineswegs unbesteuert bleiben. Die Versteuerung wird lediglich in zeitlicher Hinsicht gestreckt, und zwar je nach der Nutzungsdauer der einzelnen Wirtschaftsgüter, in denen die stillen Reserven enthalten waren, längstens bis zum endgültigen Verkauf des Wirtschaftsgutes durch die Sozietät oder bis zum Verkauf des Sozietätsanteils. Für diese sukzessive Nachversteuerung wird eine steuerliche Tarifermäßigung gemäß § 34 EStG nicht gewährt, da die stillen Reserven nicht zusammengeballt in einem Veranlagungszeitraum steuerpflichtig werden.

167 Steht man vor der Entscheidung, bei der Anwendung des § 24 UmwStG zwischen Teilwertaufstockung und Buchwertfortführung zu wählen, so ist konkret ein sog. **Steuerbelastungsvergleich** durchzuführen, indem die künftigen Steuerwirkungen in einer Simulation durchgerechnet werden. Aus der Sicht des Veräußerers ist die Buchwertvariante umso interessanter, je länger die Nutzungsdauer der teilveräußerten Wirtschaftsgüter ist. Gehört zum Praxisvermögen ein Grundstück, so wird die stille Reserve z.B. im Grund und Boden u.U. erst Jahrzehnte später steuerpflichtig aufgelöst.

168 Tendenziell lässt sich sagen, dass die **Buchwertfortführung** an Attraktivität gewonnen hat, seitdem

- die steuerliche Tarifermäßigung für die stillen Reserven in dem verbleibenden eigenen Sozietätsanteil nicht mehr gewährt wird und
- die Tarifermäßigung des ermäßigten Steuersatzes nur unter Erfüllung weiterer Voraussetzungen gewährt wird (vgl. Rn 105 ff. u.a. Vollendung des 55. Lebensjahres, nur einmal im Leben) und ansonsten die im Regelfall deutlich unattraktivere sog. Fünftel-Regelung zur Anwendung kommt (vgl. Rn 103 f.).

169 Diese generelle Aussage ersetzt natürlich nicht die notwendige – ggf. überschlägige – Detailkalkulation im Einzelfall.

170 Bezogen auf das oben genannte Beispiel (Rn 155) hat A folgende Wahlmöglichkeit:

- A besteuert die gesamten stillen Reserven in Höhe von 100.000 EUR durch Einbringung der Praxis zu Teilwerten. Von diesem Einbringungsgewinn sind jedoch lediglich 50.000 EUR tarifbegünstigt.
- Alternativ dazu hat er die Möglichkeit der Buchwertfortführung. Er versteuert dann zunächst gar nichts. Entfällt die stille Reserve ausschließlich auf einen ideellen Praxiswert, dann muss er in Höhe des an B abgegebenen Anteils, für den dieser eine bare Zuzahlung in die Praxis geleistet hat (= 50.000 EUR), eine gleichmäßige Auflösung vornehmen: Er versteuert dann bei einer z.B. achtjähri-

gen Nutzungsdauer für den Praxiswert jedes Jahr zusätzlich zu seinem laufenden Gewinnanteil aus der Praxis 6.250 EUR aus der Fortentwicklung seiner negativen Ergänzungsbilanz.

c) Fallvariante 2: Zuzahlung in das Privatvermögen

Erfolgt eine Zuzahlung des Eintretenden in das Privatvermögen des Einbringenden, so stellt dies in Höhe der Zuzahlung eine Teilveräußerung dar. Der Einbringende kann dann nur seinen eigenen, verbleibenden Praxisteil zu Buchwerten fortsetzen. In der Regel wird dies technisch dadurch gelöst, dass bei der Sozietät insgesamt die Buchwerte gezeigt werden und für den **Eintretenden** aufgrund seiner Zuzahlung eine sog. positive Ergänzungsbilanz erstellt wird, in welcher seine zusätzlichen Anschaffungskosten für die abgegoltenen stillen Reserven ausgewiesen und fortgeschrieben werden (vgl. hierzu das Beispiel in Rn 33). Eine negative Ergänzungsbilanz für den Einbringenden entfällt (sie würde den weggegebenen Anteil neutralisieren, was jedoch nicht möglich ist, weil dieser durch die Zuzahlung in das Privatvermögen steuerlich veräußert wurde). 171

Denkbar ist wiederum der umgekehrte Weg, bei dem in der Sozietät insgesamt die Teilwerte gezeigt werden und nur für den Einbringenden eine negative Ergänzungsbilanz (in Höhe seines eigenen Anteils) erstellt wird. Der Unterschied in der bilanzmäßigen Darstellung zum Fall der Zuzahlung in die Praxis (vgl. Rn 156) besteht somit nur darin, dass eine negative Ergänzungsbilanz für den Einbringenden insoweit entfällt, als es sich um den veräußerten Anteil der Praxis handelt, da – wie ausgeführt – insoweit die Buchwertfortführung nicht möglich ist. 172

d) Fallvariante 3: Fusion von Anwaltspraxen

Im Regelfall wird die Buchwertfortführung gewünscht; bare Ausgleichszahlungen entfallen, weil der Wertausgleich durch entsprechend hohe Sozietätsanteile erfolgt. 173

Gleichwohl kann sich auch ohne bare Ausgleichszahlung die Notwendigkeit von Ergänzungsbilanzen ergeben, und zwar dann, wenn die stillen Reserven in den eingebrachten Praxen unterschiedlich verteilt sind. 174

Beispiel 175

Die Sozietäten A/B und C/D sollen fusioniert werden. Beide Praxen haben einen gleich großen Wert von jeweils 1 Mio. EUR. Die Sozietät C/D hatte jedoch vor zwei Jahren eine Anwaltskanzlei käuflich erworben. Aus ihrer steuerlichen Gewinnermittlung ergibt sich noch ein Restwert für den damals bezahlten Goodwill in Höhe von 200.000 EUR. Insgesamt betragen die Buchwerte bei der Sozietät A/B 100.000 EUR, bei der Sozietät C/D 300.000 EUR.

176 Die Sozietätsanteile von A, B, C und D sind jeweils gleich groß, sie betragen je 1/4. Die Buchwerte betragen insgesamt 400.000 EUR für die fusionierte Sozietät. Die stillen Reserven waren jedoch in den Sozietäten vorher unterschiedlich verteilt: A/B verfügte über stille Reserven i.H.v. 900.000 EUR, C/D über Reserven von lediglich 700.000 EUR.

177 Werden die Buchwerte in der Sozietät A/B/C/D fortgeführt, so erhalten A und B jeweils ein buchmäßiges Kapitalkonto in Höhe von 100.000 EUR. Zur Angleichung an ihr ursprüngliches Buchkapital in Höhe von jeweils 50.000 EUR ist die Erstellung negativer Ergänzungsbilanzen notwendig (= jeweils minus 50.000 EUR). Bei C und D ist die Situation umgekehrt: Auch ihr Buchkapital beträgt innerhalb der Sozietät je 100.000 EUR. Bei ihnen ist die Erstellung positiver Ergänzungsbilanzen in Höhe jeweils 50.000 EUR erforderlich, weil ihr Buchkapital ursprünglich jeweils 150.000 EUR betrug.

5. Sonderfall: Aufnahme eines Sozius in eine Einzelpraxis mit Zuzahlung in das Privatvermögen

178 Bei der Steuerbegünstigung des (aus einer Zuzahlung in das Privatvermögen) realisierten Veräußerungsgewinns durch Aufnahme eines Sozius wurde bis 31.12.2001 danach differenziert, ob der Eintritt des Neuen in eine Einzelpraxis erfolgte oder in eine schon bestehende Sozietät. Die Ursache für diese Differenzierung lag darin, dass bis 2001 gemäß § 16 Abs. 1 Nr. 2 EStG a.F. nicht nur die Veräußerung des gesamten Anteils an der Sozietät begünstigt war, sondern auch die Veräußerung eines **Teil-Anteils**. Die Veräußerung einer Einzelpraxis ist hingegen gemäß § 16 Abs. 1 Nr. 1 EStG nur dann begünstigt, wenn sämtliche stillen Reserven aus der Praxis aufgedeckt werden, demnach also eine Veräußerung der gesamten Einzelpraxis erfolgt. Im Gegensatz zur Veräußerung eines Bruchteils eines Sozietätsanteils war die Veräußerung des Bruchteils eines gesamten Unternehmens auch bislang steuerlich nicht begünstigt. Die Aufnahme eines Sozius in eine Einzelpraxis mit Zuzahlung in das Privatvermögen des Alt-Sozius führt damit sowohl nach bisheriger als auch nach der jetzt geltenden Rechtslage zu einem nicht begünstigten Veräußerungsgewinn. Demgegenüber kam es nach der bis 2001 geltenden Rechtslage bei der Aufnahme eines neuen Sozius in eine schon bestehende Sozietät mit Zuzahlung in das Privatvermögen zu einem begünstigten Veräußerungsgewinn aus der Veräußerung eines sog. Mitunternehmer-Teilanteils.

In seiner Entscheidung vom 18.10.1999[100] hatte der Große Senat des BFH diese Ungleichbehandlung bestätigt. Zwar hat auch der Große Senat den Widerspruch zum Eintritt in eine schon existente Sozietät gesehen. Gleichwohl hat er sich über diese Bedenken hinweggesetzt mit dem bemerkenswerten Hinweis darauf, dass nach seiner Ansicht die Begünstigung des Teil-Anteils eigentlich gar nicht zu rechtfertigen sei, weil bei einer Teil-Anteilsveräußerung nicht sämtliche stillen Reserven aus der Beteiligung des Steuerpflichtigen in einem Vorgang realisiert werden. In diesem obiter dictum wies der Große Senat zusätzlich darauf hin, dass die Begünstigung des Teil-Anteils dennoch weiterhin zu gewähren sei, und zwar ausschließlich unter dem Aspekt der Rechtssicherheit und Kontinuität.[101] 179

Der Gesetzgeber hat die Zweifel des Großen Senats an der Begünstigung des Gewinns aus der Veräußerung von Mitunternehmer-Teilanteilen begierig aufgegriffen und im „Unternehmenssteuerfortentwicklungsgesetz“ vom 20.12.2001[102] § 16 Abs. 1 Nr. 2 EStG mit Wirkung ab 1.1.2002[103] dahingehend geändert, dass künftig nur noch die Veräußerung des **gesamten** Mitunternehmeranteils begünstigt ist. Mit dieser Schlechterstellung gegenüber der bisherigen Rechtslage wurde allerdings auch die Ungleichbehandlung gegenüber der Aufnahme eines Sozius in eine Einzelpraxis behoben. 180

In der Literatur wurde bei der Aufnahme eines Sozius in eine Einzelpraxis wegen der früheren Ungleichbehandlung vielfach der Weg über das sog. **Zwei-Stufen-Modell** vorgeschlagen. Danach wurde der „Neue“ zunächst mit einem geringfügigen Anteil in die Einzelpraxis unter Gründung einer Sozietät aufgenommen. Eine Ausgleichszahlung unterblieb oder bewegte sich zumindest in geringer Höhe wegen der geringen Größe des Anteils.[104] Bewährte sich die Zusammenarbeit, dann erfolgte eine weitere Übertragung eines Teil-Anteils auf den Neu-Sozius gegen entsprechende Entgeltzahlung an den Alt-Sozius. Diese Teil-Anteilsübertragung war dann nach der bis 2001 geltenden Rechtslage steuerbegünstigt. Die Bedenken, die gegen dieses Zwei-Stufen-Modell vorgebracht wurden (Missbrauch von Gestaltungsmöglichkei- 181

100 Az. GrS 2/98, BStBl. II 2000, S. 123.

101 Zur Kritik an dieser Rechtsprechung vgl. *Kögler/Block/Pauly*, Die Besteuerung von Rechtsanwälten und Anwaltsgesellschaften, 1. Auflage 2001, § 3 Rn 197.

102 Vgl. Fn 39.

103 Gemäß § 52 Abs. 34 Satz 1 EStG ist die neue Rechtslage erstmals auf Veräußerungen anzuwenden, die nach dem 31.12.2001 erfolgen.

104 Zur unentgeltlichen Aufnahme in die Einzelpraxis vgl. Rn 294 f.

ten gemäß § 42 AO) sind durch das Urteil des BFH vom 16.9.2004[105] weitgehend zerstreut worden. Der BFH erkannte die angestrebte Erprobungsphase als wirtschaftlichen Hintergrund für die Gestaltung über das Zwei-Stufen-Modell an.[106] Da die Teil-Anteilsveräußerung ab 2002 steuerlich nicht mehr begünstigt ist, hat das Zwei-Stufen-Modell naturgemäß an Bedeutung verloren. Es ist allerdings aus außersteuerlichen Gründen wegen der u.U. angestrebten Erprobungsphase durchaus auch in Zukunft noch erwägenswert.

6. Die Gewinn-Vorab-Lösung

182 Anstelle einer Ausgleichszahlung erhält der Alt-Sozius in diesem Fall bei der Gewinnverteilung der Sozietät einen höheren Gewinnanteil, als dies seiner eigentlichen Beteiligungsquote entspricht, etwa durch die Vereinbarung eines sog. **Gewinn-Vorab**.

183 Die Möglichkeiten der **Ausgestaltung** dieser sog. Gewinn-Vorab-Lösung sind sehr vielfältig. Zu denken ist etwa an

- einen festen Prozentsatz vom jährlichen Gewinn bis zum Erreichen eines Höchstbetrags,
- einen festen Prozentsatz vom jährlichen Gewinn für eine bestimmte Anzahl von Jahren,
- einen festen Prozentsatz vom jährlichen Gewinn bis zu einem Höchstbetrag pro Jahr und
- einen stetig fallenden Prozentsatz vom Gewinn.

184 Zu der sog. Gewinn-Vorab-Lösung zählen natürlich auch Gestaltungen, bei denen umgekehrt der künftige Gewinnanteil des neuen Sozius hinter seiner Beteiligungsquote zurückbleibt. Bei dieser Variante wird also nicht der Gewinn-Bonus des Alt-Sozius besonders festgelegt, sondern der Gewinn-Malus für den Neu-Sozius. Der Neu-Sozius erhält dann – z.B. im Rahmen einer festgelegten Staffel – jährlich ansteigende Quoten vom erzielten Praxisgewinn. Diese Methode wird vielfach auch bei größeren Sozietäten angewendet.

105 Vgl. Az. IV R 11/03, BStBl. II 2004, S. 1068.

106 In dem entschiedenen Fall war außerdem zwischen den beiden Stufen ein zeitlicher Abstand von etwas mehr als einem Jahr „eingehalten“ worden. Vgl. dazu auch die Anmerkung von *Korn*, KÖSDI 2004, S. 14428 unter Hinweis auf die Diskussion um die sog. Gesamtplan-Rechtsprechung des BFH, vgl. auch Rn 220.

Der **Vorteil** der Gewinn-Vorab-Lösung besteht darin, dass für den Eintretenden keine größeren finanziellen Belastungen eintreten, sondern praktisch ein gleitender Übergang erfolgt. Von **Nachteil** ist allerdings, dass der Ausgleich des Alt-Sozius für das von ihm eingebrachte Vermögen unmittelbar von der künftigen Gewinnentwicklung der Praxis abhängig ist (Problem der Kalkulierbarkeit, Prognoserisiko). 185

Der Alt-Sozius hat aufgrund der generellen steuerlichen Anerkennung dieser Lösung keine steuerlichen Sonderbelastungen zu fürchten: Ein einmaliger, sofort zu versteuernder Veräußerungsgewinn wird aus den Gewinn-Vorabbeträgen nicht abgeleitet, der Alt-Sozius versteuert vielmehr jährlich seine entsprechend höheren Gewinnanteile. 186

Der Grund für die steuerliche Anerkennung dieser Gestaltung besteht letztlich darin, dass Verpflichtungen, die nur aus künftigen Gewinnen erfüllt werden müssen, aufgrund der Ungewissheit über die Gewinnentwicklung in der Steuerbilanz nicht als Passivposten berücksichtigt werden dürfen.[107] Erst bei der späteren Erfüllung führen die Beträge zu Betriebsausgaben. Was für die Verpflichtung des Neu-Sozius gilt, muss dann – erst recht[108] – für die Ansprüche des Alt-Sozius gelten: Sie werden erst realisiert, wenn tatsächlich aufgrund von Gewinnen entsprechende Vorab-Gewinnzuweisungen möglich sind. 187

Problematisch sind deshalb lediglich von vornherein betragsmäßig fest vereinbarte Vorabgewinne pro Jahr, insbesondere dann, wenn diese auch in Verlustjahren zu zahlen sind. Diese sind von Kaufpreisraten nicht mehr zu unterscheiden; sie ermöglichen unter Berücksichtigung einer entsprechenden Abzinsung die Ermittlung eines kapitalisierten Veräußerungspreises. 188

Die Gewinn-Vorab-Lösung kann natürlich auch mit Gewinnverteilungsabsprachen kombiniert werden, bei denen die Gesellschafter (aufgrund Gesellschaftsvertrag oder Dienstvertrag) für ihre Tätigkeit im Dienst der Sozietät gewinn**un**abhängige monatliche Vergütungen erhalten, die u.U. ebenfalls eine Abstufung zwischen Alt- und Neu-Sozius enthalten. Derartige Differenzierungen dürften dann unproblematisch sein, wenn sie etwa in dem unterschiedlichen Arbeitseinsatz der Sozien oder der unterschiedlichen Berufserfahrung/Qualifikation begründet sind. Vorsicht ist wiederum dann angebracht, wenn in der Abstufung der festen Tätigkeitsvergütungen der Ausgleich für die stillen Reserven bestehen soll, da dann die Annahme eines sofort realisierten Veräußerungsgewinns droht (siehe Rn 188). 189

107 Vgl. das Passivierungsverbot in § 5 Abs. 2 a EStG i.d.F. des Steuerbereinigungsgesetzes 1999 vom 22.12.1999 (BGBl. I 1999, S. 2601).

108 So *Korn*, Freiberufler-Personengesellschaften und -Kapitalgesellschaften, Rz 113.

190 *Hinweis*
Gestaltungen, bei denen die Gewährung fester Tätigkeitsvergütungen für den Neu-Sozius im Vordergrund steht, sollten auch im Hinblick auf dessen Mitunternehmerstellung mit Vorsicht bedacht werden. Ein Teil des Gewinnanteils des Sozius sollte deshalb neben der Tätigkeitsvergütung in jedem Fall gewinnabhängig, also variabel gestaltet sein.[109]

7. Übergang zur Bilanzierung – Erfassung der Honorarforderungen

191 Bei der Einbringung einer Praxis in eine Sozietät ist von den Beteiligten zu entscheiden,

a) ob die Honorarforderungen überhaupt in die Sozietät eingebracht werden sollen und
b) – sofern sie mit eingebracht werden – wie diese vom neuen Sozius entgolten werden sollen.

192 Zu a) **Honorarforderungen werden nicht eingebracht:** Entscheiden sich die Beteiligten dafür, dass die Honorarforderungen nicht in die Sozietät mit eingebracht werden sollen, so ergeben sich keine nennenswerten Probleme. So bleibt die Buchwertfortführung im Rahmen der Sozietät nicht versagt wegen der Zurückbehaltung der Honoraransprüche, weil diese keine (funktional) wesentlichen Betriebsgrundlagen darstellen und auch keine nennenswerten stillen Reserven enthalten. Der Alt-Sozius versteuert die Honorareinnahmen nach wie vor bei der Vereinnahmung als nachträgliche Einkünfte aus seiner Einzelpraxis.[110] Diese Rechtsfolge tritt u.E. auch dann ein, wenn die Honorareinnahmen lediglich aus Gründen der Liquidität auf Bankkonten der Sozietät eingehen, diese aber im Innenverhältnis ausschließlich dem Alt-Sozius zustehen und dadurch der Praxis ein Darlehen gewährt wird.

193 Zu b) **Honorarforderungen werden eingebracht:** Sofern die Honorarforderungen in die Sozietät eingebracht werden und die Praxis bislang ihren Gewinn gemäß § 4 Abs. 3 EStG ermittelt, stellt sich zunächst einmal die Frage, ob bei der Einbringung § 24 UmwStG überhaupt anwendbar ist. Abs. 2 dieser Vorschrift macht die Ausübung des Wahlrechts z.B. zur Buchwertfortführung nämlich davon abhängig, dass dementsprechend die Buchwerte in der **Bilanz** der Personengesellschaft ausgewiesen werden. Die Werte in der Eröffnungsbilanz der Gesellschaft gelten gleichzeitig

109 Zum Begriff des Mitunternehmers vgl. Rn 57 ff.
110 Vgl. BFH-Urteil vom 13.9.2001, Az. IV R 13/01, BStBl. II 2002, S. 287, Ziffer II./2. der Urteilsgründe a.E.

als Veräußerungspreis für den Einbringenden (Absatz 3 der Vorschrift). Daraus könnte man schließen, dass die Anwendung der Einnahme-Überschussrechnung beim Einbringenden die Anwendung des § 24 UmwStG ausschließt.

Der BFH hat jedoch entschieden,[111] dass § 24 UmwStG grundsätzlich auch für Überschussrechner anwendbar ist. Darüber hinaus hat er mit der herrschenden Meinung in der Literatur entschieden,[112] dass es im Falle einer Buchwertfortführung durch die Sozietät eines Übergangs zum Bestandsvergleich nicht bedarf. Die v.g. Entscheidung wird allerdings von der Finanzverwaltung bislang nicht allgemein angewendet.[113] In der Tat würde ein Zwang zur Bilanzerstellung auch in den Buchwertfortführungsfällen eine unnötige Förmelei bedeuten, weil die Gesamtgewinngleichheit beider Gewinnermittlungsmethoden gewährleistet ist. Außerdem liegt in der Nichterstellung einer Eröffnungsbilanz u.E. ein konkludentes Verhalten für eine Buchwertfortführung. Jeder andere Wert über dem Buchwert (höchstens bis zum Teilwert) müsste nämlich gemäß § 24 Abs. 2 UmwStG zwingend durch eine Bilanz der Sozietät dokumentiert werden. Aufgrund der Buchwertfortführung entfällt auch die Notwendigkeit, einen Veräußerungsgewinn durch Vergleich mit dem Buchkapital zu ermitteln und vom laufenden Praxisgewinn (incl. Erfassung der noch nicht erfassten Honorarforderungen) abzuschichten. In den Fällen der Zuzahlung in die Sozietät mit Buchwertfortführung und in den Fällen der Gewinn-Vorab-Lösung ist deshalb u.E. die Bilanzerstellung entbehrlich.[114] Da die Finanzverwaltung das erwähnte Urteil des BFH nicht anwendet, empfiehlt es sich gleichwohl, aus Vorsichtsgründen die Buchwerte des eingebrachten Praxisvermögens auf den Stichtag der Einbringung in die Sozietät schriftlich in einer Eröffnungsbilanz der Sozietät festzuhalten. Damit wird in jedem Fall der eindeutige Wille zur Wahl der Buchwertfortführung dokumentiert. 194

Dagegen dürfte in den Fällen der sog. **Zuzahlung in das Privatvermögen** des bisherigen Praxisinhabers (und in den Fällen der Einbringung in die Sozietät zu Teilwer- 195

111 Vgl. Urteil vom 5.4.1984, Az. IV R 88/80, BStBl. II 1984, S. 518 ff.

112 Vgl. Fn 110; ebenso Niedersächsisches Finanzgericht, rkr. Urteil vom 10.12.1998, Az. XII (IV) 686/93, EFG 1999, S. 340 unter Hinweis auf die Kommentierung von *Widmann/Mayer*, Kommentar zum Umwandlungssteuergesetz 1977, § 24 UmwStG Rd. 7842.4; *Korn*, DStR 1995, S. 961 ff.

113 Vgl. koordinierter Ländererlass (Finanzsenator Bremen) vom 24.9.2003, Az. S-1978d - 5655 - 110, DStZ 2003, S. 742, Lexinform Dok.-Nr. 0577855 sowie Verfügung der OFD Frankfurt am Main vom 19.9.2003, Az. S-1978d A - 4 - St II 2.02, DStR 2003, S. 2074, Lexinform Dok.-Nr. 0577937. Vgl. auch R 16 Abs. 7 Satz 2 EStR 2003 und H 16 Abs. 7 EStH 2003 „Einbringungsgewinn"; ebenso bereits Verfügung der OFD Düsseldorf vom 13.9.1993, DB 1993, S. 2002.

114 Nach der Verfügung der OFD Düsseldorf vom 9.9.1999, Az. S-1978 d-4-St 111 K, DATEV-Lexinform Dok.-Nr. 0555995 zur unentgeltlichen Aufnahme von Angehörigen in ein Einzelunternehmen kann in diesem Fall ebenso auf die Bilanzerstellung verzichtet werden.

ten/Zwischenwerten) die Notwendigkeit der Erstellung einer **Einbringungs**bilanz zu bejahen sein, weil in diesem Fall zur Ermittlung des steuerpflichtigen Veräußerungsgewinns der anteilige Buchwert des Praxisvermögens, der sich nur aus einer Bilanz ergeben kann, der Zuzahlung gegenübergestellt werden muss. Außerdem muss in diesen Fällen der Veräußerungsgewinn vom laufenden Gewinn abgegrenzt werden.

196 Sofern danach eine Einbringungsbilanz erforderlich ist, ergibt sich Folgendes:

197 Die bisherige Praxis kann bis zur Einbringung die Einnahmen-Überschussrechnung anwenden; die künftige Sozietät kann nach der Einbringung wieder zur Gewinnermittlung nach § 4 Abs. 3 EStG übergehen. Lediglich auf den Zeitpunkt der Einbringung haben

- der bisherige Praxisinhaber eine sog. **Einbringungsbilanz** zu Buchwerten und
- die Sozietät eine **Eröffnungsbilanz**, in der sie die Wahlrechte zur Buchwertfortführung oder zur Aufstockung bis zur Höhe der Teilwerte ausübt und dokumentiert,

aufzustellen.

198 Die Bilanzerstellung auf den Einbringungszeitpunkt führt in diesen Fällen zu zwei gegenläufigen Übergangsgewinnermittlungen:

- Für den bisherigen Praxisinhaber erfolgt ein Übergang zur Bestandsrechnung, so dass insbesondere die Honorarforderungen – wie bei einer Praxisveräußerung – zu erfassen sind; i.d.R. ergibt sich ein (steuerlich nicht begünstigter) Übergangsgewinn.
- Die Sozietät kehrt wieder zur Einnahmen-Überschussrechnung zurück und ermittelt ein gegenläufiges Übergangsergebnis, welches i.d.R. zu einem Übergangsverlust führt durch den Wegfall der Honorarforderungen.

199 *Beispiel*

- Einbringung der Anwaltspraxis des A (Gewinnermittlung gemäß § 4 Abs. 3 EStG) zum 1.1.01
- Wert der Honorarforderungen zum 1.1.01 = 100.000 EUR
- Eintritt eines Sozius B in die Einzelpraxis mit einem Anteil von 50%
- Weiteres Praxisvermögen, insbesondere ein ideeller Praxiswert, ist nicht vorhanden
- Die Sozietät ermittelt ihren Gewinn ebenfalls nach § 4 Abs. 3 EStG.

Varianten 200

1. Zuzahlung unmittelbar an den Alt-Sozius A in dessen Privatvermögen in Höhe von 50.000 EUR
2. Zuzahlung in die Praxis in Höhe von 100.000 EUR
3. Gewinn-Vorab-Lösung ohne Zuzahlung (Gewinn-Vorab für A = 20%)

Lösung zu Variante 1 201

A erzielt im Zeitpunkt 1.1.01 einen steuerlichen Übergangsgewinn in Höhe von 100.000 EUR infolge der Erstellung einer Einbringungsbilanz (insoweit zwingend).

Die Sozietät erfasst 100.000 EUR als Betriebseinnahmen in 01 aufgrund des tatsächlichen Honorareingangs und verteilt (gesellschaftsrechtlich) diese an die Sozien. Gleichzeitig macht sie infolge der Rückkehr zur Einnahme-Überschussrechnung einen **steuerlichen** Übergangsverlust in Höhe von 100.000 EUR geltend. Saldiert ergibt sich somit steuerlich weder ein Gewinn noch ein Verlust.

Im Ergebnis versteuert A in 01 100.000 EUR, wovon er die Hälfte durch die Zuzahlung des B unmittelbar erhalten hat und die andere Hälfte durch seinen Anteil an den von der Sozietät vereinnahmten Geldern. B versteuert aus den Honoraren in 01 gar nichts. Er hat zwar in 01 ebenfalls einen Anteil an den Honorareinnahmen von 50.000 EUR bezogen, hierfür hat er jedoch die gleiche Summe an A bezahlt.

Lösung zu Variante 2 202

Bezüglich der hier fraglichen Versteuerung der Honorare ergibt sich grundsätzlich die gleiche Lösung wie bei Variante 1, und zwar unabhängig davon, ob bei der Einbringung die Buchwerte oder maximal die Teilwerte in Ansatz gebracht werden.

Für den Fall, dass man bei der Buchwertfortführung auf die Erstellung einer Einbringungsbilanz verzichten darf (vgl. Rn 194), ergibt sich folgendes Bild:

Durch Fortführung der Einnahme-Überschussrechnung entsteht in der Sozietät ein steuerpflichtiger (= gesellschaftsrechtlicher) Gewinn in Höhe der Honorareinnahmen von 100.000 EUR, der grundsätzlich nach Quote auf die Gesellschafter aufzuteilen ist. Danach würde A lediglich 50.000 EUR versteuern, ebenso wie B. Das richtige Ergebnis wird erreicht, indem die Zuzahlung des B in die Sozietät i.H.v. 50.000 EUR als **Sonderbetrieb**seinnahme des A und als **Sonderbetrieb**sausgabe des B in Ansatz gebracht wird.[115] Ergebnis wie gehabt: A versteuert 100.000 EUR, B gar nichts.

115 Vgl. *Korn*, a.a.O., Rn 158, S. 123 unten, Variante III.

203 *Lösung zu Variante 3*

Folgt man der Finanzverwaltung und erstellt trotz der Buchwertfortführung eine Einbringungsbilanz, so ergibt sich folgendes Bild:

A erzielt wiederum einen Übergangsgewinn in Höhe von 100.000 EUR durch Erstellung der Einbringungsbilanz.

Die Sozietät vereinnahmt 100.000 EUR und verteilt diese (gesellschaftsrechtlich) unter den Gesellschaftern. Gleichzeitig ergibt sich ein (steuerlicher) Übergangsverlust in Höhe von 100.000 EUR durch die Rückkehr zur Einnahme-Überschussrechnung, so dass sich per Saldo auf der Ebene der Sozietät ein steuerliches Ergebnis von 0 EUR einstellt.

Die Besonderheit der Gewinn-Vorab-Lösung besteht nun darin, dass der Ausgleich für das eingebrachte Praxisvermögen, welches im vorliegenden Fall nur aus Honorarforderungen besteht, ausschließlich durch den Gewinn-Vorab vorgenommen wird. A erhält danach von den Honorareinnahmen der Sozietät nicht nur seine normale Quote von 50%, sondern zusätzlich einen Gewinn-Vorab von 20%. Insgesamt bezieht A aufgrund der gesellschaftsrechtlichen Gewinnverteilung somit in 01 60.000 EUR, B dagegen 40.000 EUR.

Bei der Verteilung des steuerlichen Gewinns ist u.E. den Besonderheiten der Gewinn-Vorab-Lösung dadurch Rechnung zu tragen, dass der steuerliche Übergangsverlust der Sozietät i.H.v. 100.000 EUR ausschließlich A zugerechnet wird. Dies lässt sich damit rechtfertigen, dass das am 1.1.01 vorhandene Buchkapital von A i.H.v. 100.000 EUR aufgrund der Gewinn-Vorab-Lösung anteilig bei B anwächst, ohne dass dieser eine besondere Ausgleichsleistung zu zahlen hätte. Seine Ausgleichsleistung besteht in dem künftigen Gewinnverzicht, der jedoch – wie bereits ausgeführt – aufgrund der Unwägbarkeit der Gewinnentwicklung nicht als Verbindlichkeit berücksichtigt werden kann. A versteuert dann in 01 per Saldo 60.000 EUR, B 40.000 EUR. Dieses Ergebnis entspricht damit dem Ergebnis der gesellschaftsrechtlichen Gewinnverteilung.[116]

204 Geht man mit der hier vertretenen Auffassung davon aus, dass aufgrund der Buchwertfortführung keine Bilanzierung auf den Einbringungszeitpunkt nötig ist, so ergibt sich die steuerliche Ergebnisverteilung unmittelbar aus der gesellschaftsrechtlichen.

205 *Hinweis*

Um Probleme zu vermeiden, sollte man vor allem bei Vereinbarung der Gewinn-Vorab-Lösung überlegen, die Honorarforderungen bei der Einbringung in die

116 Ebenso *Korn*, a.a.O., Rn 158, S. 122, 123 Variante I.

Sozietät außen vor zu lassen oder dafür eine separate Zuzahlung zu vereinbaren. Dies vermeidet Unklarheiten.[117]

Zusammenfassung der Honorarproblematik 206

Im Ergebnis werden bei allen Varianten grundsätzlich sämtliche im Einbringungszeitpunkt vorhandene Honorarforderungen ausschließlich beim Einbringenden steuerlich erfasst. In den beiden Zuzahlungsfällen erfolgt die Erfassung sofort im Jahr der Einbringung. Dieses Ergebnis erklärt sich letztlich dadurch, dass mittels der Zuzahlung die entstandenen Honorarforderungen in vollem Umfang entgolten werden.

Lediglich im Falle der Gewinn-Vorab-Lösung verteilt sich die steuerliche Wirkung 207 auf das Einbringungsjahr und die Folgeperioden. Dies ergibt sich aus der Natur dieser Lösungsvariante, die eine sukzessive Realisierung ausschließlich durch den Gewinn-Vorab bewirkt. Hinzu kommt, dass bei der Gewinn-Vorab-Lösung auch die Höhe des Ausgleichs für das eingebrachte Praxisvermögen ungewiss ist, so dass durch den Gewinn-Vorab u.U. ein höherer oder niedrigerer Betrag als die tatsächlichen Honorarforderungen von A bezogen und versteuert werden müssen. Vom Grundgedanken dieser Lösungsvariante betrachtet werden jedoch auch in diesem Fall von A die von ihm selbst erwirtschafteten Honorare vereinnahmt und versteuert.

Der Steuerstundungseffekt durch die Einnahme-Überschussrechnung wird bei der 208 Einbringung in die Sozietät auf den Neu-Sozius in Höhe der von ihm übernommenen Quote übertragen. Diese Wirkung ergibt sich daraus, dass die nach dem Einbringungszeitpunkt neu entstehenden Honoraransprüche erst bei Vereinnahmung steuerlich erfasst werden. An diesem Effekt nimmt der Eintretende bereits entsprechend seiner Quote teil.

Bezogen auf den Alt-Sozius tritt also automatisch ein Nachversteuerungseffekt in 209 Höhe der abgegebenen Quote ein, der für sich genommen – unabhängig von einer Aufdeckung von stillen Reserven – je nach Höhe der Honorarforderungen und je nach dem sonstigen Einkommensniveau bereits zu mehr oder minder unerwünschten Progressionswirkungen führen kann.

117 Vgl. auch die Gestaltungshinweise in Rn 210 ff.

8. Gestaltungshinweise

210 In den Zuzahlungsfällen halten wir folgende **Kombination** für tragfähig:

211 Der eintretende Sozius leistet eine Zuzahlung unmittelbar in das Privatvermögen des Alt-Sozius lediglich in Höhe des anteilig übernommenen Buchkapitals. Dabei werden vor allem die Honorarforderungen buchwerterhöhend in die Sozietät mit eingebracht, weil ohnehin – auch bei Fortführung der Gewinnermittlung nach § 4 Abs. 3 EStG durch die Sozietät – in praktisch allen Fällen eine Nachversteuerung der Honorarforderungen beim Alt-Sozius eintritt, und zwar in der Höhe des abgegebenen Anteils.[118] Dann sollte man sich diese wenigstens bezahlen lassen.

212 **Alternative zu der vorgenannten Zuzahlung:** Die Honorarforderungen werden erst gar nicht in die Sozietät eingebracht, so dass in der Regel Liquiditätsbedarf in der Sozietät entsteht. Dieser wird durch eine Zuzahlung des Eintretenden **in die Praxis** ausgeglichen. Die Buchwertfortführungsmöglichkeit bezüglich der eingebrachten Praxis wird nicht dadurch verhindert, dass die Honorarforderungen zurückbehalten werden, weil es sich bei diesen weder funktional noch quantitativ um wesentliche Betriebsgrundlagen handelt. Der Einbringende hat durch die Vereinnahmung der Honorarforderungen einen entsprechend hohen Liquiditätszufluss, über den er privat verfügen kann. Aus der Sozietät können durch die Zuzahlung des Neuen die normalen monatlichen Entnahmen ab Beginn der Sozietät getätigt werden.

213 Zum Ausgleich der über die „Buchwert-Zuzahlung" hinausgehenden stillen Reserven wird dann ein Ausgleich durch die „Vereinbarung der Gewinn-Vorab-Lösung" (vgl. Rn 182 ff.) vereinbart. Alternativ zu dieser Lösung kann neben der Zuzahlung an den Alt-Sozius in Höhe des anteiligen Buchwertes auch die Gewährung von betrieblichen Versorgungsrenten im Rahmen der Sozietätsgründung erwogen werden.[119]

IV. Problembereich: Sonderbetriebsvermögen

1. Vorbemerkung

214 Nach § 18 Abs. 4 Satz 2 EStG sind die Vorschriften über die Besteuerung der gewerblichen Personengesellschaften (Mitunternehmerschaften) durch Verweis auf § 15 Abs. 1 Satz 1 Nr. 2 EStG entsprechend anzuwenden. Daraus ergibt sich, dass bei Sozietäten nicht nur das Gesamthandsvermögen (im Regelfall notwendiges) steuerliches Betriebsvermögen wird, sondern auch das etwa im Eigentum der einzelnen Sozien stehende persönliche Vermögen, sofern es

118 Vgl. dazu Rn 209.
119 Vgl. dazu Rn 27 f.

- der Sozietät unmittelbar zur Nutzung überlassen wird (= Sonderbetriebsvermögen I) oder
- der Beteiligung an der Sozietät dient (sog. Sonderbetriebsvermögen II).

Es handelt sich in diesen Fällen um das sog. Sonderbetriebsvermögen (Sonder-BV), welches in den steuerlichen Gewinnanteil des Sozius aus der Sozietät mit einbezogen wird.[120] 215

Unter anderem in folgenden Fällen ergeben sich bei Praxisumstrukturierungen Besonderheiten aufgrund etwa vorhandenen Sonderbetriebsvermögens: 216

1. beim Verkauf des Sozietätsanteils (Rn 218 ff.)
2. beim Verkauf des Bruchteils eines Sozietätsanteils (bis 2001) (Rn 222)
3. bei der unentgeltlichen Übertragung des Sozietätsanteils (Rn 223 ff.)
4. bei der Einbringung von Praxisvermögen in Personen- und Kapitalgesellschaften (Rn 226 ff.)
5. bei der Realteilung einer Sozietät (Rn 250 ff.).

Dabei kommt in erster Linie der Frage Bedeutung zu, ob es sich bei dem Sonderbetriebsvermögen um wesentliche Betriebsgrundlagen handelt oder nicht.[121] 217

2. Verkauf des Sozietätsanteils

Liegt in Gestalt des Sonderbetriebsvermögens eine (funktional oder quantitativ) wesentliche Betriebsgrundlage vor, so muss bei dem Verkauf des (gesamten) Sozietätsanteils darauf geachtet werden, dass diese mitveräußert oder in das Privatvermögen überführt wird, sofern die Begünstigungen gemäß §§ 16, 18, 34 EStG nicht verloren gehen sollen.[122] 218

Wird z.B. das für die Praxis etwa wesentliche Praxisgrundstück im Eigentum des Sozius (= Sonderbetriebsvermögen I) anlässlich des Verkaufs des Sozietätsanteils nicht mit veräußert, sondern durch weitere Vermietung an die Sozietät in das steuerliche Privatvermögen überführt (= fortan Einkünfte aus Vermietung und Verpachtung), so handelt es sich um die (ebenfalls begünstigte) **Aufgabe** des Sozietätsanteils. 219

Wird das (wesentliche) Praxisgrundstück hingegen – in zeitlichem und wirtschaftlichem Zusammenhang mit dem Verkauf des Sozietätsanteils – in ein anderes 220

120 Vgl. Schmidt/*Wacker*, EStG, § 15 Rz 400 ff., 480 ff.

121 Zum Begriff der wesentlichen Betriebsgrundlagen vgl. Rn 49 ff.

122 Vgl. Schmidt/*Wacker*, EStG, § 16 Rz 414, Ziffer 2.: Es gilt die funktional-quantitative Betrachtungsweise, da es im Rahmen der Steuerbegünstigungen gemäß §§ 16, 18, 34 EStG auf die zusammengeballte Aufdeckung aller stillen Reserven ankommt, vgl. Rn 49 ff.

Betriebsvermögen desselben Steuerpflichtigen überführt, so ist für das Grundstück aufgrund des § 6 Abs. 5 Satz 2 EStG[123] zwingend der Buchwert fortzuführen; das Gleiche gilt im Falle der Übertragung des Praxisgrundstücks in das Gesamthands- oder Sonderbetriebsvermögen einer gewerblichen oder gewerblich geprägten Personengesellschaft gemäß § 6 Abs. 5 Satz 3 Nr. 2 bzw. § 6 Abs. 5 Satz 2 EStG. In dem Veräußerungsgewinn aus dem Verkauf des Sozietätsanteils liegt sodann kein begünstigter Gewinn mehr, weil nicht sämtliche wesentlichen Betriebsgrundlagen veräußert oder (unter Aufdeckung der stillen Reserven) in das Privatvermögen entnommen wurden.[124] Besteht hingegen zwischen der Buchwertüberführung des Praxisgrundstücks in ein anderes Betriebsvermögen und dem Verkauf des Sozietätsanteils kein zeitlicher und wirtschaftlicher Zusammenhang, so bleibt die Steuerbegünstigung des Veräußerungsgewinns erhalten. Der Bundesfinanzhof stellt bei der Frage, ob ein zeitlicher und wirtschaftlicher Zusammenhang besteht, auf eine einheitliche Planung des Steuerpflichtigen ab, weshalb die Literatur insofern von der sog. „Gesamtplanrechtsprechung" des BFH spricht.[125] Die steuerliche Zusammenfassung beider Gestaltungsvorgänge rechtfertigt der BFH damit, dass der Sinn und Zweck der Steuerbegünstigungen der §§ 16, 34 EStG gebiete, nur die zusammengeballte Aufdeckung der – u.U. in Jahrzehnten gebildeten – stillen Reserven in einem Veranlagungszeitraum einem ermäßigten und nicht dem progressiven Steuertarif zu unterwerfen. Dieser Zweck sei hingegen nicht erfüllt, wenn ein Teil der stillen Reserven dem Betriebsvermögen in engem zeitlichen und wirtschaftlichen Zusammenhang mit dem Veräußerungsvorgang steuerneutral durch Buchwertübertragung entzogen werde. Voraussetzung des „Gesamtplans" ist, dass der Steuerpflichtige ein Gesamtziel verfolgt, dieses aber aus steuerlichen Gründen in Teilschritten erreichen will. Noch nicht abschließend geklärt scheint dabei die Frage zu sein, ob ein Gesamtplan auch dann anzunehmen ist, wenn den Teilschritten eine eigene wirtschaftliche Bedeutung oder gar eine eigene wirtschaftliche Motivation beizumessen ist oder nicht. Bei der Frage des zeitlichen Zusammenhangs bezieht sich der BFH auf die Rechtsprechung zur Betriebsaufgabe (vgl. Rn 74). Zumindest dann, wenn zwischen

123 Eingeführt durch das Steuerentlastungsgesetz 1999/2000/2002 vom 24.3.1999, BGBl. I 1999, S. 402.

124 Vgl. dazu Schmidt/*Wacker*, EStG, § 16 Rz 414, Ziffer 4. und 5.

125 Vgl. dazu BFH-Urteil vom 6.9.2000, Az. IV R 18/99, BStBl. II 2001, S. 229. Ausführlich dazu: *Strahl*, KÖSDI 2003, S. 13918 sowie *Förster/Schmidtmann*, StuW 2003, S. 114. Vgl. auch neuerdings: BMF-Schreiben vom 3.3.2005, Az. IV B 2 - S 2241 - 14/05, BStBl. I 2005, S. 458, Tz. 7 zur Frage eines Gesamtplans im Falle des § 6 Abs. 3 EStG bei der unentgeltlichen Übertragung von Mitunternehmeranteilen.

den zwei Teilschritten ein Zeitraum von mehr als zwei Jahren liegt, wird man u.E. einen zeitlichen Zusammenhang nicht mehr annehmen können.[126]

Werden im Zusammenhang mit einem Sozietätsanteilsverkauf **nicht wesentliche Wirtschaftsgüter** des Sonderbetriebsvermögens nicht veräußert, sondern in das Privatvermögen entnommen, so ist auch dieser Entnahmegewinn tarifbegünstigt. Ebenso hindert es die Tarifbegünstigung nicht, sofern unwesentliche (weder funktional noch quantitativ wesentliche) Wirtschaftsgüter des Sonderbetriebsvermögens in einen anderen Betrieb des Steuerpflichtigen (zum Buchwert) überführt werden. 221

3. Verkauf des Bruchteils eines Sozietätsanteils

Mit Wirkung ab dem Jahre 2002 ist die steuerliche Begünstigung der Veräußerung des Bruchteils eines Sozietätsanteils gesetzlich abgeschafft worden. Für die Jahre bis 2001 setzte die Begünstigung in diesem Fall auch die **quotale** Veräußerung des dazugehörigen Sonderbetriebsvermögens voraus, sofern dieses wesentliche Betriebsgrundlagen umfasste.[127] 222

4. Unentgeltliche Übertragung des Sozietätsanteils

Wird ein Sozietätsanteil (insgesamt) unentgeltlich übertragen (Gesellschafterwechsel), so steht die Anwendung des § 6 Abs. 3 EStG (vormals § 7 Abs. 1 EStDV), d.h. die Möglichkeit der Buchwertfortführung, in Frage. Liegt in Gestalt des Sonderbetriebsvermögens eine (**funktional**) wesentliche Betriebsgrundlage vor, so kommt die Buchwertfortführung nur in Betracht, wenn auch dieses Sonderbetriebsvermögen unentgeltlich übertragen wird, da der Begriff des Mitunternehmeranteils i.S.d. § 6 Abs. 3 EStG auch das Sonderbetriebsvermögen umfasst. Wird das Sonderbetriebsvermögen hingegen nicht mit übertragen, sondern in das Privatvermögen überführt, so liegt insgesamt die (steuerbegünstigte) Aufgabe eines Mitunternehmeranteils vor.[128] Bei Überführung des Sonderbetriebsvermögens in ein anderes Betriebsvermögen des Steuerpflichtigen ist insoweit der Buchwert (zwingend) gemäß § 6 Abs. 5 223

126 Vgl. dazu auch das BFH-Urteil vom 16.9.2004 zum sog. Zwei-Stufen-Modell (siehe Fn 105). Dort zog der BFH eine zeitliche Grenze von einem Jahr. Allerdings liegt bei den Zwei-Stufen-Modellen regelmäßig ein wirtschaftlicher Grund in der Erprobung des neuen Sozius nach der Aufnahme in die Sozietät mit einem Mini-Anteil.

127 Vgl. Urteil vom 24.8.2000, Az. IV R 51/98, BFH/NV 2000, S. 1554 und DStR 2000, S. 1768.

128 Vgl. BFH, Beschluss vom 31.8.1995, Az. VIII B 21/93, BStBl. II 1995, S. 890 ff.; BMF-Schreiben vom 3.3.2005, vgl. Fn 125, Tz. 5.

Satz 2 EStG fortzuführen, während der eigentliche Sozietätsanteil als entnommen gilt (= nicht begünstigter Entnahmegewinn).[129]

224 Bei der unentgeltlichen Übertragung eines **Bruchteils** eines Mitunternehmeranteils stellt sich wiederum die Frage, ob synchron auch ein entsprechender Bruchteil des Sonderbetriebsvermögens mit zu übertragen ist. Dies war nach der bis zum Jahre 2000 geltenden Rechtslage nach Auffassung des BFH zu bejahen.[130] Allerdings hatte der BFH bislang offen gelassen, ob die Buchwertfortführung nach § 6 Abs. 3 EStG bei der **Teil**-Anteilsübertragung überhaupt in Frage kommt (vgl. BFH, Urteil vom 24.8.2000 Fn 130). Für die Jahre ab 2001 besteht insoweit allerdings Rechtssicherheit durch die Kodifizierung der (zwingenden) Buchwertfortführung in dem neu gefassten § 6 Abs. 3 EStG:[131] Auch im Falle der unentgeltlichen Teil-Anteilsübertragung sind danach die Buchwerte fortzuführen (§ 6 Abs. 3 Satz 1 Halbsatz 2 Alternative 2 EStG), ebenso bei der unentgeltlichen Aufnahme eines Sozius in eine Einzelpraxis (= Alternative 1).[132] Außerdem bedarf es für die Buchwertfortführung bei der Teil-Anteilsübertragung nicht mehr der quotalen Übertragung des (funktional wesentlichen) Sonderbetriebsvermögens (§ 6 Abs. 3 Satz 2 EStG), sofern der Sozietätsanteil durch den Rechtsnachfolger nicht innerhalb von fünf Jahren veräußert oder aufgegeben wird. Die Buchwertfortführung gilt in den v.g. Fällen allerdings nur, wenn die unentgeltliche Übertragung auf eine natürliche Person erfolgt.[133] Sofern die zurückbehaltenen (wesentlichen) Wirtschaftsgüter dagegen in das Privatvermögen überführt werden, ist der aus diesem Entnahmevorgang resultierende Gewinn als laufender Gewinn nicht tarifbegünstigt, da für die in die Sozietät eingebrachten Wirtschaftsgüter zwingend der Buchwert anzusetzen ist und deshalb nicht alle stillen Reserven in einem Zuge aufgelöst werden.[134]

225 Die Problematik des Sonderbetriebsvermögens ist vor allem bei Vereinbarung einer sog. qualifizierten Nachfolgeklausel zu beachten (vgl. Rn 301 f.).

129 Vgl. Schmidt/*Wacker*, EStG, § 16 Rz 435; zur sachlichen und zeitlichen Entzerrung im Rahmen der neuen Gesamplanrechtsprechung des BFH vgl. Schmidt/*Wacker*, EStG, § 16 Rz 435 i.V.m. Rz 414; siehe ferner Rn 220; ebenso BMF-Schreiben vom 3.3.2005, vgl. Fn 125, Tz. 6.

130 Vgl. Urteil vom 24.8.2000, Az. IV R 51/98, BFH/NV 2000, S. 1554 und DStR 2000, S. 1768.

131 Vgl. § 6 Abs. 3 EStG i.d.F. des Unternehmenssteuerfortentwicklungsgesetzes vom 20.12.2001, BGBl. I 2001, S. 3858.

132 Vgl. dazu Rn 294 f.

133 Vgl. zu näheren Einzelheiten BMF-Schreiben vom 3.3.2005, vgl. Fn 129, Tz. 9 ff.

134 Vgl. Schmidt/*Wacker*, EStG, § 16 Rz 188.

5. Einbringung von Praxisvermögen in Personen- und Kapitalgesellschaften

a) Einbringung in eine Personengesellschaft

Für den Bereich der **Personengesellschaften** ist § 24 UmwStG (Einbringung gegen Gewährung von Gesellschaftsrechten) mit den entsprechenden Wahlrechten zur Buchwertfortführung oder Aufstockung bis zu den Teilwerten auch dann erfüllt, wenn das Praxisvermögen teilweise nicht Gesamthandsvermögen der Personengesellschaft wird, sondern der Personengesellschaft nur zur Nutzung überlassen und deshalb steuerlich zu Sonderbetriebsvermögen des Sozius wird.[135] Dies gilt unabhängig davon, ob es sich bei den zurückbehaltenen Wirtschaftsgütern um wesentliche Betriebsgrundlagen handelt oder nicht. Dies ergibt sich daraus, dass die Wirtschaftsgüter des Sonderbetriebsvermögens zum steuerlichen Gesamt-Betriebsvermögen der Personengesellschaft zählen. Soll die Einbringung aufgrund des Wahlrechts zu Teilwerten erfolgen, so müssen auch die Wirtschaftsgüter des Sonderbetriebsvermögens zum Teilwert angesetzt werden. Insoweit entfällt jedoch die Steuerermäßigung gemäß §§ 18 Abs. 3, 34 EStG ebenso wie auf die im eigenen Sozietätsanteil aufgedeckten stillen Reserven (§ 24 Abs. 3 Satz 3 UmwStG unter Verweis auf § 16 Abs. 2 Satz 3 EStG).[136] 226

Für die Frage, welche Wirtschaftsgüter i.S.v. § 24 UmwStG als wesentliche Betriebsgrundlagen anzusehen sind, vgl. Rn 52. 227

Werden **nicht-wesentliche Wirtschaftsgüter** zurückbehalten und auch nicht zur Nutzung an die Sozietät überlassen, so hindert dies für die eingebrachten Wirtschaftsgüter ebenfalls nicht die Anwendung des § 24 UmwStG. Gehen die zurückbehaltenen Wirtschaftsgüter in das Privatvermögen über, so ist insoweit ein nicht begünstigter Entnahmegewinn zu erfassen, es sei denn, die in die Sozietät eingebrachten Wirtschaftsgüter werden zum Teilwert angesetzt, so dass ein (teilweise) tarifbegünstigter Gewinn entsteht. Bei der Steuerbegünstigung sind jedoch wiederum die Beschränkungen des § 24 Abs. 3 Satz 3 UmwStG zu beachten, so dass es zum Ausschluss der Steuerbegünstigung auf die im eigenen Sozietätsanteil aufgedeckten stillen Reserven kommt. Die Steuerbegünstigung für die in das Privatvermögen übernommenen Wirtschaftsgüter bleibt dagegen erhalten, da insoweit keine Veräußerung, sondern eine Entnahme vorliegt.[137] Werden die zurückbehaltenen (nicht-wesentlichen) Wirtschaftsgüter in ein anderes Betriebsvermögen des Einbringenden 228

135 Vgl. Umwandlungssteuererlass vom 25.3.1998, BStBl. I 1998, S. 268, Tz. 24.06.

136 Vgl. BFH-Urteil vom 21.9.2000, Az. IV R 54/99, BStBl. II 2001, S. 178; ebenso Schmidt/*Wacker*, EStG, § 16 Rz 3.

137 Vgl. Schmidt/*Wacker*, EStG, § 16 Rz 3.

überführt, so ist insoweit zwingend der Buchwert fortzusetzen (vgl. § 6 Abs. 5 Satz 1 EStG). Für das eingebrachte Praxisvermögen gilt nach wie vor § 24 UmwStG.

229 Werden einzelne Wirtschaftsgüter, die zu den **wesentlichen Betriebsgrundlagen** der Praxis zählen, weder in die Personengesellschaft eingebracht noch ihr zur Nutzung überlassen (etwa deshalb, weil z.B. das für die Praxis (funktional) wesentliche Praxisgrundstück an einen Dritten veräußert oder unentgeltlich auf einen Angehörigen übertragen wird), so sind die Wahlrechte des § 24 UmwStG nicht (analog) anwendbar.[138] Dies ergibt sich aus dem durch das Steuerentlastungsgesetz 1999/2000/2002 neu eingeführten § 6 Abs. 5 EStG. Die in die Sozietät eingebrachten einzelnen (ebenfalls wesentlichen) Wirtschaftsgüter (z.B. der Mandantenstamm) sind gemäß § 6 Abs. 5 Satz 3 Nr. 1 EStG[139] (zwingend) mit dem Buchwert anzusetzen, sofern die Übertragung unentgeltlich oder gegen Gewährung von Gesellschaftsrechten erfolgt.[140] Ein bei der Veräußerung des Praxisgrundstücks erzielter Gewinn ist nicht tarifbegünstigt, da nicht alle stillen Reserven in einem Zuge aufgedeckt werden.[141] Gleiches gilt im Falle der Schenkung für einen etwaigen Entnahmegewinn aus der Überführung des Praxisgrundstücks in das Privatvermögen.[142] Wird das Praxisgrundstück dagegen in ein anderes Betriebsvermögen überführt, z.B. in eine gewerblich geprägte Verpachtungsgesellschaft, so ist insoweit zwingend der Buchwert fortzuführen (§ 6 Abs. 5 Satz 3 Nr. 1 EStG). Auf diese Weise lassen sich im Beispielsfall sowohl das eigentliche Praxisvermögen (Mandantenstamm) als auch das dazugehörige Praxisgrundstück zu Buchwerten auf verschiedene Personengesellschaften übertragen. Für spätere Sozietätsanteilsveräußerungen oder unentgeltliche Übertragungen kann diese Gestaltung von Vorteil sein, da Grundstücke in diesen Fällen oftmals hinderlich sind.[143] Bei den Buchwertübertragungen gemäß § 6 Abs. 5 Satz 3 EStG ist gemäß Satz 4 der Vorschrift allerdings eine Sperrfrist von drei Jahren

138 Vgl. Schmidt/*Wacker*, EStG, § 15 Rz 664: § 6 Abs. 5 EStG hat danach Vorrang vor § 24 UmwStG und § 6 Abs. 6 EStG. Bis 1998 war § 24 UmwStG analog anwendbar, vgl. Schmidt/*Wacker*, EStG, § 16 Rz 203.

139 I.d.F. des Unternehmenssteuerfortentwicklungsgesetzes vom 20.12.2001, BGBl. I 2001, S. 3858.

140 Zu den Begriffen der unentgeltlichen Übertragung und der Übertragung gegen Gewährung von Gesellschaftsrechten vgl. auch das BMF-Schreiben vom 26.11.2004, BStBl. I 2004, S. 1190, das zur Einbringung zum Privatvermögen gehörender Wirtschaftsgüter in das betriebliche Gesamthandsvermögen einer Personengesellschaft ergangen ist.

141 Vgl. Schmidt/*Wacker*, EStG, § 16 Rz 188 und 94 unter Hinweis u.a. auf das BFH-Urteil vom 18.9.2002, Az. X R 28/00, BStBl. II 2003, S. 133.

142 Vgl. Schmidt/*Wacker*, EStG, § 16 Rz 188.

143 Zu der in diesem Zusammenhang allerdings zu beachtenden sog. Gesamtplanrechtsprechung vgl. Rn 220 und Fn 125. Zum sog. Ausgliederungsmodell vgl. auch *Korn*, KÖSDI 2002, S. 13272 Tz. 43.

zu beachten, wonach rückwirkend der Teilwert in Ansatz zu bringen ist, wenn das übertragene Wirtschaftsgut innerhalb der Frist veräußert oder entnommen wird.[144]

b) Einbringung in eine Kapitalgesellschaft

Werden bei der Einbringung einer Praxis in eine Kapitalgesellschaft gegen Gewährung von Gesellschaftsrechten (= offene Sacheinlage) wesentliche Betriebsgrundlagen zurückbehalten und lediglich zur Nutzung überlassen, so ist das Wahlrecht gemäß § 20 UmwStG zur Buchwertfortführung oder Aufstockung bis zur Höhe der Teilwerte nicht anwendbar, da die Bildung von Sonderbetriebsvermögen nur bei Personengesellschaften, nicht jedoch bei Kapitalgesellschaften möglich ist.[145] Die in den eingebrachten Wirtschaftsgütern enthaltenen stillen Reserven sind dann zwingend aufzudecken.[146] Sofern die zurückbehaltenen Wirtschaftsgüter Privatvermögen werden, liegt insgesamt eine (steuerbegünstigte) Praxisaufgabe vor. Werden sie jedoch in ein anderes Betriebsvermögen des Einbringenden überführt, so dass insoweit zwingend die Buchwerte fortzusetzen sind (§ 6 Abs. 5 Satz 1 EStG), ist der auf der Einbringung beruhende Veräußerungsgewinn (Tauschvorgang!) nicht begünstigt, weil nicht sämtliche stillen Reserven aufgedeckt werden (funktional-quantitative Betrachtungsweise i.R.d. § 16 EStG).[147] 230

Unschädlich ist also nur die Zurückbehaltung von nicht-wesentlichen Praxisgegenständen. Deren Zurückbehaltung und Übernahme in das Privatvermögen ist seit 2002 nur noch dann steuerbegünstigt gemäß § 20 Abs. 5 Satz 1 und 2 UmwStG, wenn das eingebrachte Betriebsvermögen von der aufnehmenden Kapitalgesellschaft mit dem Teilwert angesetzt wird.[148] 231

Für die Frage, welche Wirtschaftsgüter i.S.v. § 20 UmwStG als wesentliche Betriebsgrundlagen anzusehen sind, vgl. Rn 52. 232

D. Sonderfall der Beendigung einer Sozietät: Realteilung

I. Vorbemerkung

Ähnlich wie der Begriff der Einbringung ist auch der **Begriff** der Realteilung in erster Linie ein steuerrechtlich geprägter. Beiden Vorgängen ist gemeinsam, dass sie eigentlich nur die Fortführung der unternehmerischen Tätigkeit in einer anderen 233

144 Näheres vgl. Schmidt/*Glanegger*, EStG, § 6 Rz 534.

145 Vgl. BFH-Urteil vom 16.2.1996, Az. I R 183/94, BStBl. II 1996, S. 342 ff.

146 Vgl. Tz. 20.08 ff. des Umwandlungssteuererlasses vom 25.3.1998, BStBl. I 1998, S. 268.

147 Vgl. – auch zur Rechtslage vor dem 1.1.1999 – Fn 145 Ziffer 2 der Urteilsgründe a.E.

148 Vgl. *Schmidt*/Wacker, EStG, § 16 Rz 413.

Organisationsform darstellen:[149] Während bei der Einbringung das Unternehmen von einer Personengesellschaft (§ 24 UmwStG) oder einer Kapitalgesellschaft (§ 20 UmwStG) unter Beteiligung des Einbringenden fortgeführt wird, wird bei der Realteilung der Betrieb der Personengesellschaft jedenfalls teilweise vom bisherigen Gesellschafter fortgeführt.[150] Die **Einbringung** wird als Sonderfall einer Betriebsveräußerung im Ganzen angesehen, die **Realteilung** als Sonderfall einer Betriebsaufgabe durch die Personengesellschaft zur Vermeidung einer Liquidation.

234 Bis 1998 beruhte das Wahlrecht zur Buchwertfortführung bei der Realteilung einer Personengesellschaft ausschließlich auf der Rechtsprechung des BFH.[151] Sie sah die Grundlage für das Buchwertwahlrecht in einer sinngemäßen reziproken Anwendung des § 24 UmwStG.[152] Der BFH räumte das Wahlrecht zur Buchwertfortführung insbesondere auch dann ein, wenn lediglich einzelne Wirtschaftsgüter aus dem Betriebsvermögen der Personengesellschaft in das Betriebsvermögen des Realteilers übernommen wurden. Erstmals gesetzlich wurden die Rechtsfolgen einer Realteilung durch das Steuerentlastungsgesetz 1999/2000/2002 – mit Wirkung für die Jahre 1999 und 2000 – geregelt. Danach galt die Realteilung als Aufgabe des Mitunternehmeranteils. Nach dem vorrangigen § 16 Abs. 3 Satz 2 EStG bestand ein **Zwang zur Buchwertfortführung** (vorher Wahlrecht!), sofern der Realteiler einen Teilbetrieb oder einen Mitunternehmeranteil erhielt. Umgekehrt bestand ein **Zwang zur Erfassung der gemeinen Werte**, sofern der Realteiler lediglich einzelne Wirtschaftsgüter in sein eigenes Betriebsvermögen übernahm.[153]

235 Auf die massive Kritik am Zwang zur Gewinnrealisierung bei Übernahme einzelner Wirtschaftsgüter durch den Realteiler hat der Gesetzgeber im Unternehmenssteuerfortentwicklungsgesetz[154] reagiert: Auch bei der Übernahme von einzelnen Wirtschaftsgütern im Zuge einer Realteilung gilt mit Wirkung ab 2001 ein Zwang zur Fortführung der Buchwerte. Damit hat der Gesetzgeber die gesetzlichen Regelungen

149 Zum Begriff der Umorganisation vgl. *Knobbe-Keuk*, Bilanz- und Unternehmenssteuerrecht, 9. Auflage 1993, § 22 Abs. VII./1., S. 820.

150 Die Realteilung einer Kapitalgesellschaft ist spezialgesetzlich in §§ 15, 16 UmwStG geregelt.

151 Vgl. BFH-Urteil vom 10.12.1991, Az. VIII R 69/86, BStBl. II 1992, S. 385 ff.

152 Zur Kritik an dieser Begründung vgl. *Kögler/Block/Pauly*, Die Besteuerung von Rechtsanwälten und Anwaltsgesellschaften, 1. Auflage 2001, § 3 Rn 257 mit weiteren Nachweisen zur systematischen Rechtfertigung für die Möglichkeit zur Buchwertfortführung.

153 Zur Kritik an dieser gesetzlichen Regelung vgl. *Kögler/Block/Pauly*, Die Besteuerung von Rechtsanwälten und Anwaltsgesellschaften, 1. Auflage 2001, § 3 Rn 259. Zu den Auswirkungen dieser nur in den Jahren 1999 und 2000 geltenden Regelung wird ebenfalls verwiesen auf *Kögler/Block/Pauly*, Die Besteuerung von Rechtsanwälten und Anwaltsgesellschaften, 1. Auflage 2001, § 3 Rn 260 ff.

154 Vgl. Fn 39.

zur Realteilung in § 16 Abs. 3 Satz 2 ff. EStG an die allgemeinen Regelungen zur steuerrechtlichen Entnahme in § 6 Abs. 5 Satz 3 ff. EStG angepasst.[155] Diese führen im Regelfall ebenfalls zur (zwingenden) Buchwertfortführung, wenn einzelne Wirtschaftsgüter z.B. aus einer Mitunternehmerschaft in ein anderes Betriebsvermögen des Mitunternehmers übertragen werden. Wer jedoch glaubt, mit der neuerlichen Steuerrechtsänderung und der damit für den Regelfall verbundenen Buchwertfortführung sei der Zündstoff aus dem Thema „Realteilung" heraus, sieht sich jäh getäuscht, sobald er sich mit den Detailproblemen näher auseinandersetzt, vgl. Rn 243 ff. Es sind reichlich Unsicherheiten und Fallstricke für die Gestaltungspraxis verblieben.

II. Definition des Begriffs „Realteilung"

Die Unsicherheiten beginnen bereits bei dem – gesetzlich nicht definierten - Begriff 236
der Realteilung selbst. Dieser Definitionsstreit ist nicht theoretischer Natur, sondern hat z.B. bei der Übernahme von Schulden z.T. gravierende Auswirkungen.[156] Findet die Übertragung von Betriebsvermögen im Rahmen einer Realteilung statt, dann führt die Übernahme von Schulden nicht zu einer (Teil-)Entgeltlichkeit. Sind jedoch vorrangig die allgemeinen steuerlichen Entnahmeregelungen in § 6 Abs. 5 Satz 3 EStG anzuwenden, dann soll die Schuldübernahme zwingend als Entgelt anzusehen sein mit der Folge, dass ein Gewinn durch die „Entnahme" von Betriebsvermögen realisiert wird.

Realteilung bedeutet vom Grundsatz her, dass sich die Sozietät über ihr Vermögen 237
dergestalt auseinandersetzt, dass zur Vermeidung der Liquidation (Versilberung) die Vermögenswerte auf die einzelnen Sozien verteilt werden. Dabei kann es sich um die Übernahme einzelner Wirtschaftsgüter, Teilbetriebe oder Mitunternehmeranteile handeln. Im Regelfall wird die Sozietät durch die vollständige Verteilung des Betriebsvermögens auf die einzelnen Sozien beendet. Umstritten ist jedoch die Frage, ob eine Realteilung auch dann vorliegt, wenn die Sozietät nach dem Übertragungsvorgang noch fortbesteht. Die Finanzverwaltung tendiert zu der (engen) Auffassung, dass die Realteilung auf der Ebene der Sozietät die **Aufgabe der Mitunternehmerschaft** darstellt und dass deshalb die Sozietät nach der Realteilung beendet sein muss.[157] Demgegenüber sieht die weite Auffassung in der Realteilung aus der

155 Vgl. dazu Rn 220, 229.
156 Vgl. dazu Rn 255 ff. zum Fall der Sachwertabfindung.
157 Vgl. *Märkle/Franz*, in: FS Korn, 2005, S. 365 ff., 367.

Sicht des einzelnen Sozius die **Aufgabe seines Mitunternehmeranteils**.[158] Bei dieser Betrachtungsweise liegt auch dann eine Realteilung vor, wenn ein einzelner Sozius aus der Sozietät unter Mitnahme einzelner Wirtschaftsgüter aus der Sozietät ausscheidet. Doch damit nicht genug: Eine vermittelnde Auffassung, die von einem beträchtlichen Teil der Literatur vertreten wird, sieht eine Realteilung dann als gegeben an, wenn die Mitunternehmerschaft auf ihrer Ebene einen der in § 16 Abs. 1 EStG genannten Aufgabetatbestände erfüllt, d.h. wenn die Sozietät ihren gesamten Betrieb aufgibt – und damit beendet wird – oder aber nur einen Teilbetrieb oder einen Mitunternehmeranteil aufgibt – und damit fortbesteht.[159] Die Auswirkungen dieser unterschiedlichen Auffassungen sollen exemplarisch am folgenden Fall einer Ausgliederung gezeigt werden.

238 *Beispiel*

Die Sozietät „AB“ mit den Sozien A und B überträgt aus ihrem Gesamthandsvermögen ihren Aufgabenbereich Insolvenzverwaltung auf eine beteiligungs- und gesellschafteridentische Folge-Sozietät „AB Insolvenzverwaltung“. Die alte Sozietät „AB“ konzentriert sich im Anschluss an diese „Ausgliederung“ auf die freiberuflichen Anwaltstätigkeiten und vermeidet damit fortan die gewerbliche Infektion gemäß § 15 Abs. 3 Nr. 1 EStG.[160]

239 Vertritt man die weite oder auch nur die vermittelnde Auffassung zum Begriff der Realteilung, dann fällt der obige Vorgang unter § 16 Abs. 3 Satz 2 EStG mit der – aus der Sicht der Sozien A und B in der Regel erwünschten – Folge, dass die Buchwerte in der Folge-Sozietät fortgesetzt werden können. Voraussetzung ist allerdings, dass der Aufgabenbereich Insolvenzverwaltung die Voraussetzungen eines Teilbetriebs erfüllt.[161] Ist diese Voraussetzung nicht erfüllt, so stellt sich die umstrittene Frage nach der Anwendbarkeit des § 6 Abs. 5 Satz 3 EStG.[162] Die enge Auffassung verneint dagegen das Vorliegen einer Realteilung in jedem Fall. Da nach dieser Auffassung bei der Übertragung einzelner Wirtschaftsgüter vom Gesamthandsvermögen einer Sozietät in das Gesamtshandsvermögen einer Schwester-Sozietät auch kein

158 Vgl. Schmidt/*Schmidt*, EStG, 23. Auflage 2004, § 15 Rz 667; ebenso *Ley*, in: FS Korn, 2005, S. 335 ff., 345 ff. m.w.N.

159 Vgl. statt aller: Schmidt/*Wacker*, EStG, § 16 Rz 535; nunmehr auch in der 24. Auflage 2005, Schmidt/*Wacker*, EStG, § 15 Rz 667.

160 Zur gewerblichen Infektion einer freiberuflichen Sozietät vgl. im Einzelnen § 2 Rn 325 f.

161 Vgl. Rn 61 ff.

162 Vgl. dazu *Korn*, KÖSDI 2002, S. 13272 ff., Tz 46; großzügig für diesen Fall: Schmidt/*Wacker*, EStG, § 16 Rz 535, 546 und Schmidt/*Glanegger*, EStG, § 6 Rz 533.

Fall des (enumerativen?)[163] Katalogs des § 6 Abs. 5 Satz 3 EStG erfüllt ist, wären im Beispielsfall zwingend die Teilwerte bei der Sozietät „AB" aufzudecken. Dabei wäre auch ein ideeller Praxiswert aus dem Aufgabenbereich Insolvenzverwaltung zu berücksichtigen!

Die jetzigen gesetzlichen Regelungen basieren auf der sog. **finalen Entnahmelehre**. 240
Nach diesem Entnahmebegriff ist es Sinn und Zweck einer Entnahme, die inländische Besteuerung der hier gebildeten stillen Reserven zu gewährleisten. Beim Übergang der stillen Reserven in ein anderes (inländisches) Betriebsvermögen kann auf die Besteuerung vorläufig verzichtet werden, sofern die spätere steuerliche Erfassung der stillen Reserven sichergestellt ist (teleologische Reduktion).[164] Nach unserer Auffassung findet diese finale Entnahmelehre ihre Rechtfertigung im Realisationsprinzip.[165] Daraus ergibt sich u.E. die Notwendigkeit, den Begriff der Realteilung extensiv auszulegen und deshalb aus der Sicht des einzelnen Sozius auch die Aufgabe seines Mitunternehmeranteils (§ 16 Abs. 1 Nr. 2, Abs. 3 Satz 1 EStG) unter den Begriff der Realteilung i.S.d. § 16 Abs. 3 Satz 2 EStG zu subsumieren. Steuerlich ist die Sozietät zwar „Subjekt der Gewinnerzielung" i.S.v. § 15 Abs. 1 Nr. 2 EStG, die Träger des Unternehmens aber sind – abweichend von der zivilrechtlichen Auffassung[166] – die Mitunternehmer bzw. Sozien.[167] Deshalb muss für den Bereich der Realteilung der Gedanke der Vielheit der Gesellschafter und somit das Transparenzprinzip im Vordergrund stehen.

Der Meinungsstreit zum Begriff der Realteilung würde sich allerdings wesentlich 241
entschärfen, wenn man in der Übernahme von Schulden auch im Anwendungsbereich der steuerlichen Entnahmevorschriften in § 6 Abs. 5 Satz 3 EStG kein Teil-Entgelt erblicken würde. Die Anwendung der sog. Trennungstheorie aus dem Bereich des steuerlichen Privatvermögens, bei der die Übernahme von Schulden im Verhältnis zum Verkehrswert des übernommenen Wirtschaftsgutes stets zur Entgeltlichkeit führt, auf das Betriebsvermögen ist und bleibt Stein des Anstoßes.[168] Diese Auffassung steht auch im Widerspruch zu den Grundsätzen bei der steuerlichen Beurteilung der Erbauseinandersetzung. Dort ist allgemein anerkannt, dass die Übernahme

163 Die h.M. Meinung geht davon aus, dass der Katalog in § 6 Abs. 5 Satz 3 EStG abschließenden Charakter hat: vgl. *Korn*, KÖSDI 2002, S. 13272 ff., Tz 14 m.w.N.

164 Vgl. Schmidt/*Wacker*, EStG, § 16 Rz 532.

165 Vgl. dazu näher Rn 141 sowie *Kögler/Block/Pauly*, Die Besteuerung von Rechtsanwälten und Anwaltsgesellschaften, 1. Auflage 2001, § 3 Rn 257.

166 Vgl. *K. Schmidt*, Gesellschaftsrecht, 4. Auflage, S. 1363: „Die Gesamthand ist Rechtssubjekt."

167 Vgl. Schmidt/*Wacker*, EStG, § 15 Rz 165.

168 Vgl. BMF-Schreiben vom 7.6.2001, BStBl. I 2001, S. 367.

von zum Nachlass gehörenden Schulden auch über die Erbquote hinaus nicht zu einem Veräußerungsgeschäft führt, und zwar weder bei der Auseinandersetzung über Betriebsvermögen noch über Privatvermögen noch über einen sog. Mischnachlass.[169] Es ist u.E. wenig überzeugend, einen einheitlichen Tauschvorgang, bei dem ein Sozius einen Teil des Sozietätsvermögens abzgl. Schulden übernimmt und im Gegenzug dafür auf seine Gesellschaftsrechte zumindest teilweise verzichtet, aufzuspalten in einen entgeltlichen und einen unentgeltlichen Vorgang. Übernimmt derselbe Sozius dagegen erst das aktive Sozietätsvermögen und – ausreichende Zeit – später die anteiligen Schulden der Sozietät (jeweils gegen Verrechnung mit seinem Kapitalkonto), dann sollen die „beiden“ Vorgänge jeweils zur Buchwertfortführung zwingen. Wenn der Tauschvorgang nach der finalen Entnahmelehre zu Recht nicht zur Annahme eines Realisationsvorgangs zwingt, dann kann nichts anderes gelten, wenn dabei saldierend Schulden des Gesamthandsvermögens auf den Sozius übergehen.

242 Wenn wir bei der Behandlung der nachfolgenden Einzelfragen zur Realteilung gleichwohl von der engen, von der Finanzverwaltung vertretenen Auffassung zur Realteilung ausgehen, dann soll dies der gebotenen Vorsicht für die Gestaltungsberatung dienen.[170]

III. Ausgewählte Einzelfragen der gesetzlichen Regelung ab 1.1.2001

243 Im Folgenden werden einige Einzelfragen der gesetzlichen Regelung zur Realteilung in § 16 Abs. 3 Satz 2 ff. EStG diskutiert. Dazu soll folgender Ausgangsfall dienen:

244 *Ausgangsfall*

Die Anwaltssozietät „AB“ mit den Sozien A und B – Gewinnermittlung gemäß § 4 Abs. 3 EStG – wird dergestalt auseinandergesetzt und aufgelöst, dass A und B jeweils die von ihnen schon bisher betreuten Mandanten in eine eigene Anwaltspraxis (Einzelpraxis) übernehmen. Der bisherige Praxisbetrieb der Sozietät wird beendet, der bisherige Standort aufgegeben. Das materielle Praxisvermögen (Büroeinrichtung u.a.) wird real jeweils hälftig auf die Sozien verteilt.

169 Vgl. BMF-Schreiben vom 11.1.1993, BStBl. I 1993, S. 62, Tz 17, 25 und 36.

170 Nach *Märkle/Franz*, in: FS Korn, 2005, S. 367 ist mit einem BMF-Schreiben zur Realteilung zu rechnen.

1. Zwang zur Buchwertfortführung

Es liegt im obigen Ausgangsfall eine Realteilung vor, weil die Sozietät vollständig aufgelöst wird, ohne dass einer der Sozien die Praxis fortführt. Es liegt also kein Ausscheiden von A oder von B vor, bei dem der jeweils andere Sozius das Vermögen der Sozietät mit allen Aktiven und Passiven im Wege der Anwachsung übernimmt (§ 738 Abs. 1 Satz 1 BGB) und bei dem es ebenfalls zum Erlöschen der Sozietät käme.[171] In dem letztgenannten Fall würde es sich um eine sog. Sachwertabfindung handeln, bei der derzeit noch unklar ist, ob die Regelungen zur Realteilung anwendbar sind oder nicht, vgl. Rn 255 ff. 245

A und B führen in ihrer Einzelpraxis zwingend die Buchwerte des aus der Sozietät übernommenen Betriebsvermögens fort. Ein Wahlrecht zur Aufstockung bis zur Höhe des Teilwertes besteht nicht. Sie treten bzgl. der Abschreibungen in die Rechtsstellung der bisherigen Sozietät, führen die Abschreibungen also nach den bisherigen Bemessungsgrundlagen und Methoden fort. Ein bislang in der Sozietät nicht aufgedeckter, originärer Praxiswert wird auch durch die Realteilung nicht aufgedeckt. 246

Zu beachten sind allerdings zwei Missbrauchsbekämpfungsvorschriften: die Behaltefrist und die sog. Körperschaftsklausel in § 16 Abs. 3 Sätze 3 und 4 EStG, die für den Fall der Übernahme einzelner Wirtschaftsgüter im Wege der Realteilung (nicht im Fall der Übernahme eines Teilbetriebs oder eines Mitunternehmeranteils) gelten.[172] Nach der Behaltefrist müssen rückwirkend auf den Zeitpunkt der Übertragung die gemeinen Werte angesetzt werden, wenn der Mitunternehmer bestimmte Wirtschaftsgüter (Grund und Boden, Gebäude oder andere wesentliche Betriebsgrundlagen) innerhalb einer Sperrfrist von drei Jahren veräußert oder entnimmt. Diese Frist beträgt drei Jahre und beginnt mit der Abgabe der Steuererklärung der Sozietät für das Jahr der Realteilung. Mit der Behaltefrist will der Gesetzgeber vermeiden, dass zur Vorbereitung einer Veräußerung oder Entnahme wesentliche Betriebsgrundlagen zum Buchwert ausgegliedert werden. Dadurch könnten z.B. die Begünstigungen nach §§ 16, 34 EStG genutzt werden, ohne dass sämtliche stillen Reserven aufgedeckt werden. Insbesondere auf die Behaltefrist wird die Kautelarpraxis bei der Abfassung der vertraglichen Vereinbarungen zur Auflösung der Sozietät besondere Rücksicht nehmen müssen. Denn der rückwirkend anzusetzende – und ggf. durch das schädliche Verhalten nur eines Realteilers ausgelöste – Übertragungsgewinn soll 247

171 Vgl. *K. Schmidt*, Gesellschaftsrecht, 4. Auflage, S. 1447.

172 Im Anwendungsbereich des § 6 Abs. 5 Satz 3 EStG gelten ähnliche, aber nicht deckungsgleiche Missbrauchsvorschriften, vgl. § 6 Abs. 5 Satz 4 ff. EStG.

nach dem allgemeinen Gewinnverteilungsschlüssel der Sozietät auf die Sozien zu verteilen sein.[173] Die sog. Körperschaftsklausel zwingt ebenfalls zum Ansatz der gemeinen Werte, soweit übertragenes Betriebsvermögen unmittelbar oder mittelbar auf eine Körperschaft übertragen wird. Hintergrund dieser Klausel ist die Vermeidung der missbräuchlichen Nutzung des Halbeinkünfteverfahrens durch Übertragung des Betriebsvermögens auf eine Körperschaft.

248 Übernimmt A im Ausgangsfall die schon vollständig abgeschriebene Büroeinrichtung, während B die erst vor kurzem von der Sozietät gekaufte Einrichtung übernimmt, so führt die zwingende Buchwertfortführung dazu, dass A einen höheren Anteil an den stillen Reserven übernimmt als B (Kapitalkontenanpassung).[174] Bei der Realteilung müssen die Sozien dieses „Überspringen von stillen Reserven“ bei dem Wertausgleich unter den Sozien berücksichtigen. Derjenige Sozius, der mehr stille Reserven aus der Sozietät übernimmt als ihm nach seiner Quote zuzurechnen wären, übernimmt nämlich fortan eine höhere Steuerbelastung (stille Steuerhypothek).

249 Die Sozietät hat bislang ihren Gewinn in zulässiger Weise gemäß § 4 Abs. 3 EStG ermittelt. U.E. ist aus Anlass der Realteilung eine Bilanzerstellung nicht erforderlich (vgl. Rn 194). Da A und B zwingend die Buchwerte fortführen, ist ein Veräußerungs- bzw. Aufgabegewinn nicht zu ermitteln. Dann aber ist auch die Erfassung der Honorarforderungen durch die Erstellung einer Bilanz entbehrlich. A und B können in ihrer Einzelpraxis die Gewinnermittlung nach § 4 Abs. 3 EStG fortführen.

2. Behandlung des Sonderbetriebsvermögens

250 *Abwandlung 1*

Sachverhalt wie im Ausgangsfall (Rn 244). A hat der Sozietät ein Bürogebäude mietweise zur Nutzung als Kanzleiräume überlassen. In dem Gebäude sind erhebliche stille Reserven enthalten.

251 Sofern A seine weitere Anwaltstätigkeit auch künftig in dem Gebäude ausübt und der bisherige Praxisstandort also anders als im Ausgangsfall erhalten bliebe, käme es nicht zur Realteilung. Es würden die Grundsätze zur Sachwertabfindung greifen, vgl. Rn 255 ff. Bei A bliebe das Bürogebäude aber auch im Falle der Sachwertabfindung notwendiges Betriebsvermögen seiner Einzelpraxis. Er führt dann den Buch-

173 Vgl. Schmidt/*Wacker*, EStG, § 16 Rz 555.

174 Vgl. Schmidt/*Wacker*, EStG, § 16 Rz 547.

wert des bislang zum Sonderbetriebsvermögen bei der Sozietät gehörenden Gebäudes fort (§ 6 Abs. 5 Satz 2 EStG).

Wenn A seine Tätigkeit jedoch – wie im Ausgangsfall – nicht mehr in dem früheren Praxisgebäude ausübt und dieses fremdvermietet (z.B. weil die Räume für seine Einzelpraxis allein zu groß sind), verliert das Praxisgrundstück seine Eigenschaft als **notwendiges** Praxisvermögen.[175] Ob A das Praxisgebäude als sog. gewillkürtes Betriebsvermögen nach der geänderten BFH-Rechtsprechung[176] zur (generell möglichen) Bildung gewillkürten Betriebsvermögens bei Freiberuflern mit Gewinnermittlung gemäß § 4 Abs. 3 EStG fortführen kann, ist fraglich. Die bisherige BFH-Rechtsprechung sah in der Fremdvermietung von Grundbesitz bei Freiberuflern grundsätzlich eine wesensfremde Tätigkeit.[177] Die BFH-Rechtsprechung hat bei Freiberuflern fremdgenutzte Büroräume bislang nur dann als gewillkürtes Betriebsvermögen zugelassen, wenn wenigstens ein gewisser Förderzusammenhang zu der freiberuflichen Praxis vorhanden war, z.B. wenn die Büroräume für Zwecke einer künftigen Praxisverlegung oder -erweiterung erworben worden waren. In der Entscheidung vom 10.11.2004 (Az. XI R 31/03, BStBl. II 2005, S. 334) hat der BFH jedoch eine andere Richtung eingeschlagen und noch einmal die generelle Zulässigkeit von sog. gewillkürtem Betriebsvermögen im Rahmen der Einnahmen-Überschussrechnung betont. In dem entschiedenen Fall wurde ein bisher für die Praxis benutzter und später fremdvermieteter Gebäudeteil als gewillkürtes Betriebsvermögen anerkannt. Eine Entnahme könne nach Auffassung des BFH nur dann angenommen werden, wenn der Steuerpflichtige durch eine **Entnahmehandlung** unmissverständlich bekundet, dass die Verknüpfung des Wirtschaftsgutes mit dem Betrieb gelöst werden soll. Ohne eine derartige Entnahmehandlung des Steuerpflichtigen könne eine Entnahme nur vorliegen, wenn die bisherige Nutzung auf Dauer so geändert werde, dass das Wirtschaftsgut seine Beziehung zum Betrieb verliert. Bei einem im Anlagevermögen ausgewiesenen Wirtschaftsgut könne eine Entnahme so lange nicht angenommen werden, wie objektive Merkmale fehlen, die darauf schließen lassen, dass eine spätere Verwendung zu betrieblichen Zwecken ausgeschlossen erscheint. Das Bürogebäude des A würde bei einer Fremdvermietung deshalb nur dann zum notwendigen Privatvermögen, wenn A es nicht mehr in seiner Praxisge- 252

175 Vgl. BFH-Urteil vom 10.11.2004, Az. XI R 32/01, abrufbar im Internet unter www.bundesfinanzhof.de.

176 Vgl. BFH-Urteil vom 2.10.2003, BStBl. II 2004, S. 985: Gewillkürtes Betriebsvermögen bei einem (gemischt-genutzten) Pkw ist möglich, sofern die betriebliche Nutzung mindestens 10% beträgt.

177 Vgl. BFH BStBl. II 1989, S. 666 zur Gewährung der Investitionszulage bei einem Architekten für ein fremdvermietetes Lager- und Bürogebäude.

winnermittlung als gewillkürtes Betriebsvermögen ausweist. Wenn A eine derartige Entnahmehandlung vornimmt und das Grundstück nicht mehr als gewillkürtes Betriebsvermögen behandelt, dann hat er die stillen Reserven aus dem Praxisgrundstück zu versteuern (Bewertung mit dem gemeinen Wert). Für den dadurch entstehenden Entnahmegewinn kommen die Begünstigungen der §§ 16, 34 EStG nicht zur Anwendung, da der Sozietätsanteil nicht insgesamt aufgegeben wird, sondern ein Teil der wesentlichen Betriebsgrundlagen (Mandantenstamm) in ein anderes Betriebsvermögen (zwingend) zum Buchwert überführt worden ist. Eine Ausweichgestaltung könnte darin bestehen, dass A das bislang zu seinem Sonderbetriebsvermögen gehörende Praxisgrundstück zuvor in das Betriebsvermögen einer gewerblich geprägten Mitunternehmerschaft nach Maßgabe des § 6 Abs. 5 Satz 3 Nr. 2 EStG und unter Beachtung der sog. Gesamtplanrechtsprechung (vgl. Rn 220) überträgt.[178] Wenn die Voraussetzungen der §§ 6b, 6c EStG erfüllt sind, kann auch eine Veräußerung des Grundstücks an die gewerblich geprägte Personengesellschaft in Betracht kommen (Übertragung der stillen Reserven gemäß §§ 6b, 6c EStG).

3. Übertragung auf eine neue Sozietät

253 *Abwandlung 2*

Sachverhalt wie im Ausgangsfall (Rn 244). B führt seine anwaltliche Tätigkeit jedoch nicht in eigener Praxis fort, sondern schließt sich der schon bestehenden Sozietät „CD“ an, indem er die von ihm betreuten Mandate sowie die Büroeinrichtung auf diese Sozietät gegen Einräumung einer Beteiligung überträgt.

254 Es liegt zwar begrifflich eine Realteilung der Sozietät vor, weil das Praxisvermögen vollständig unter den Sozien verteilt und die Sozietät damit aufgelöst wird. Nach dem Wortlaut des § 16 Abs. 3 Satz 2 EStG setzt die Buchwertfortführung voraus, dass das Betriebsvermögen der Mitunternehmerschaft in das „jeweilige Betriebsvermögen der einzelnen Mitunternehmer“ übertragen wird. Außerdem spricht die Parallelvorschrift des § 6 Abs. 5 Satz 3 EStG in ihrem (enumerativen?!) Katalog von Übertragungsfällen den Fall der Übertragung zwischen den Gesamthandsvermögen verschiedener Mitunternehmerschaften nicht an. Die Rechtslage ist deshalb im obigen Fall höchst zweifelhaft und bislang ungeklärt. Ein gewichtiger Teil der Literaturmeinung geht allerdings davon aus, dass die Grundsätze der Realteilung und der

178 Zur Problematik bei der Übernahme von Schulden vgl. BMF-Schreiben vom 7.6.2001, BStBl. I 2001, S. 367.

Zwang zur Buchwertfortführung auch in diesem Fall greifen.[179] Ohne verbindliche Auskunft des Finanzamts wird man derzeit aber kaum derartige Gestaltungen empfehlen können. Im obigen Beispielsfall bestünde eine Alternativlösung u.a. darin, dass B die von ihm übernommenen Wirtschaftsgüter nicht in das Gesamthandsvermögen der Sozietät „CD" überträgt, sondern in seinem Sonderbetriebsvermögen (bei der Sozietät „CD") zurückbehält (vgl. § 6 Abs. 5 Satz 3 Nr. 2 EStG).[180]

4. Abgrenzung zur Sachwertabfindung

Beispiel 255

Sachverhalt wie im Ausgangsfall (Rn 244). A führt jedoch den Praxisbetrieb am bisherigen Standort fort. Die Sozietät erlischt, A übernimmt das Praxisvermögen mit allen Aktiven und Passiven im Wege der Anwachsung nach § 738 Abs. 1 Satz 1 BGB als Einzelpraxis. B scheidet aus der Sozietät aus. Anstelle einer Barabfindung übernimmt B die von ihm bisher betreuten Mandate in seine neue Einzelpraxis. Die von ihm bislang genutzte Büroeinrichtung der Sozietät nimmt er ebenfalls mit.

Da der Praxisbetrieb der Sozietät nicht aufgegeben wird, sondern von dem Sozius A 256 nunmehr als Einzelpraxis fortgeführt wird, handelt es sich bei restriktiver Auffassung begrifflich nicht mehr um eine Realteilung, sondern um einen Fall der sog. Sachwertabfindung. Dabei ist derzeit noch umstritten, ob es gleichwohl zur analogen Anwendung der Realteilungsgrundsätze kommen kann.[181] Hält man die Realteilungsgrundsätze nicht für anwendbar, dann ist die Sachwertabfindung vorrangig am § 6 Abs. 5 Satz 3 EStG zu messen.[182] Der Meinungsstreit hat praktische Konsequenzen u.a. für den Fall, dass anlässlich des Ausscheidens Schulden der Sozietät übernommen werden (vgl. dazu die nachfolgende Abwandlung). Im vorliegenden Beispielsfall muss B jedoch auch bei Anwendung des § 6 Abs. 5 Satz 3 Nr. 1 EStG die Buchwerte fortfüh-

179 Vgl. Schmidt/*Wacker*, EStG, § 16 Rz 546; ebenso Schmidt/*Glanegger*, EStG, § 6 Rz 533; differenzierend und betont vorsichtig *Carlé/Bauschatz*, KÖSDI 2002, S. 13133 ff.; *Korn*, KÖSDI 2002, S. 13272, Tz 46.

180 Vgl. *Carlé/Bauschatz*, a.a.O., Tz 31 c); ebenso *Ley*, in: FS Korn, 2005, S. 359 f. für den Fall des Ausscheidens eines einzelnen Mitunternehmers gegen Sachwertabfindung.

181 Zum Meinungsstreit über den Begriff der Realteilung vgl. Rn 237 ff. Für Anwendung der Realteilungsgrundsätze vor allem Schmidt/*Schmidt*, EStG, § 15 Rz 667; *Korn/Strahl*, in: Korn, EStG, § 6 Rz 513.21.

182 Für vorrangige Anwendung des § 6 Abs. 5 Satz 3 EStG: Schmidt/*Wacker*, EStG, § 16 Rz 520, 536; ebenso *Carlé/Bauschatz*, KÖSDI 2002, S. 13133 ff., Tz 42 und *Märkle/Franz*, in: FS Korn, 2005, S. 368.

ren. Nach dieser Vorschrift sind die Buchwerte zwingend fortzuführen, wenn die Übertragung der Einzel-Wirtschaftsgüter aus dem Gesamthandsvermögen in das Einzelbetriebsvermögen des Mitunternehmers unentgeltlich oder – wie hier – „gegen Minderung der Gesellschaftsrechte" erfolgt. A muss ebenfalls die Buchwerte fortsetzen; dies ergibt sich bei A allerdings vorrangig aus § 6 Abs. 3 Satz 1 EStG.[183]

257 *Abwandlung*

Da die Sozietät vor dem Ausscheiden des B unter Einsatz von Fremdmitteln die Kanzleiräume mit erheblichem Aufwand modernisiert und in eine moderne EDV investiert hatte, übernimmt B anlässlich seines Ausscheidens die Hälfte der Bankdarlehen der Sozietät.

258 Geht man davon aus, dass die Realteilungsgrundsätze nicht anwendbar sind, dann kommt es zu folgender Lösung: Anders als bei einer Realteilung nach § 16 Abs. 3 Satz 2 EStG soll nach h.A. die Übernahme von Schulden im Zusammenhang mit der Übernahme von Einzel-Wirtschaftsgütern nach § 6 Abs. 5 Satz 3 EStG zur (Teil-) Entgeltlichkeit der Übertragung führen.[184] Es soll die – aus dem Bereich des steuerlichen Privatvermögens stammende – sog. Trennungstheorie gelten, wonach bei der Übernahme von Wirtschaftsgütern gegen Schuldübernahme eine Aufteilung des Rechtsgeschäfts in einen entgeltlichen und einen unentgeltlichen Teil erfolgt. Im Verhältnis der übernommenen Schulden zum Verkehrswert des übernommenen Wirtschaftsgutes liegt ein entgeltliches Geschäft.[185] Der von B übernommene (anteilige) Bankkredit ist sowohl auf die von ihm übernommene Büroeinrichtung als auch auf den ideellen Praxiswert (vgl. die fortgeführten Mandate) nach dem Verhältnis der Verkehrswerte aufzuteilen. Unterstellt man, dass die Sozietät den ideellen Praxiswert selbst geschaffen und nicht erworben hat (originärer Praxiswert, Buchwert = 0 EUR), dann kommt es durch die Schuldübernahme zur Aufdeckung der stillen Reserven auch beim ideellen Praxiswert in Höhe der auf den Praxiswert entfallenden Schulden. Die Aufdeckung des ideellen Praxiswertes ist in dem vorliegenden Fall erforderlich, weil B seinen gesamten Sozietätsanteil veräußert und nicht nur Einzel-Wirtschaftsgüter gegen Reduzierung seines Mitunternehmeranteils übernimmt.

183 Vgl. Schmidt/*Schmidt*, EStG, § 15 Rz 671 m.w.N.

184 Vgl. dazu bereits Rn 241; BMF-Schreiben vom 7.6.2001, BStBl. I 2001, S. 367.

185 Zur berechtigten Kritik an dieser Auffassung vgl. *Korn*, KÖSDI 2002, S. 13272 ff., Tz 18. Nach der Entscheidung des BFH zum Gesamtplan (BStBl. II 2001, S. 229) wird bei einem Teilentgelt allerdings erst ein Gewinn realisiert, wenn das Teilentgelt den Buchwert übersteigt (Einheitsbetrachtung). Im Urteilsfall erfolgte ein Verkauf von Beteiligungen an eine Schwestergesellschaft zum Buchwert. Der BFH wendet insoweit also nicht die von der Finanzverwaltung vertretene Trennungstheorie an. Die Anwendung der Trennungstheorie ist demnach keinesfalls unumstritten.

A führt die Buchwerte wiederum nach § 6 Abs. 3 Satz 1 EStG fort.[186] Der Gewinnrealisierungszwang aus der anteiligen Schuldübernahme durch B führt aber auch bei A mittelbar zu einem Veräußerungsgewinn. Dies hängt damit zusammen, dass die Schuldübernahme zu einem teilentgeltlichen Veräußerungsvorgang führt. Der dadurch realisierte Veräußerungsgewinn wird auf der Ebene der Sozietät erzielt und ist den Sozien nach dem allgemeinen Gewinnverteilungsschlüssel steuerlich zuzurechnen.[187] 259

Die Vermeidung der Gewinnrealisierung durch die Schuldübernahme kann u.E. dadurch gelingen, dass B vor seinem Ausscheiden seinen Anteil an den Praxisschulden durch eine Einlage in die Sozietät tilgt. Nimmt er dazu einen persönlichen Kredit auf, dann gehört diese Schuld zu seinem Sonderbetriebsvermögen bei der Sozietät. Scheidet B anschließend aus der Sozietät aus, so übernimmt er die Einzel-Wirtschaftsgüter, ohne eine Schuld der Sozietät übernehmen zu müssen. Die Schuld aus seinem Sonderbetriebsvermögen wird dann notwendiges Betriebsvermögen seiner Einzelpraxis. Ein Gewinn wird nicht realisiert. Ob bei dieser Vorgehensweise die Grundsätze zur sog. Gesamtplanrechtsprechung des BFH zu beachten sind, darf mit Recht bezweifelt werden.[188] 260

5. Personenbezogene Beurteilung der Realteilung

Beispiel 261

Sachverhalt wie im Ausgangsfall (Rn 244). Zum Betriebsvermögen der Sozietät gehören auch die von den beiden Sozien betrieblich genutzten Pkw. Sozius A nutzt diesen nach der Realteilung wie bisher für berufliche Zwecke. B verschenkt seinen Pkw jedoch an seine Ehefrau und erwirbt einen standesgemäßen Neuwagen.

Fraglich könnte sein, ob die Entnahme des Pkw durch B in sein Privatvermögen schädlich ist für die Buchwertfortführung bei A (insgesamt) und bei B, soweit dieser den ideellen Praxiswert und die Büroeinrichtung in eigener Praxis fortführt. Die h.L. geht mit dem Wortlaut des Gesetzes in § 16 Abs. 3 Satz 3 EStG („Dagegen ist ... der gemeine Wert anzusetzen, *soweit* ...") davon aus, dass die Realteilung sowohl perso- 262

186 Vgl. Fn 183.

187 Bei der Sachwertabfindung ist generell das Problem der Realisierung eines Veräußerungsgewinns auf der Ebene der verbleibenden Sozien zu beachten; vgl. den Erbauseinandersetzungserlass des BMF vom 11.1.1993, BStBl. I 1993, S. 62, Tz. 54.

188 Vgl. dazu mit ausführlicher und überzeugender Begründung *Ley*, in: FS Korn, 2005, S. 356 ff.; zur sog. Gesamtplanrechtsprechung vgl. auch Rn 220.

nen- als auch objektbezogen zu beurteilen ist. Das bedeutet, dass A von der Entnahme durch B nicht betroffen ist und zwingend die Buchwerte in seiner Praxis fortführt (personenbezogen). B führt, bezogen auf den ideellen Praxiswert und die Büroeinrichtung, ebenfalls zwingend die Buchwerte fort (objektbezogen).

6. Behandlung eines möglichen Spitzenausgleichs

263 Stehen die von den einzelnen Realteilern übernommenen Vermögensteile wertmäßig nicht im Einklang mit ihrer gesellschaftsrechtlichen Quote, so kann zunächst durch eine entsprechende Verteilung liquider Mittel oder von Betriebsschulden ein interner Ausgleich versucht werden.[189]

264 Ist ein Ausgleich dadurch dennoch nicht zu erreichen, ergibt sich automatisch die Notwendigkeit der Zahlung eines Spitzenausgleichs unter den Realteilern. Es fragt sich, wie diese Beträge steuerlich zu behandeln sind. Dabei ergibt sich das Problem, dass sich die Auffassungen der Finanzverwaltung und des BFH in wichtigen Fragen des Spitzenausgleichs widersprechen:[190]

265 ■ **Übertragung von privilegierten Einheiten**[191]
Erhält der Realteiler in diesem Fall zusätzlich einen baren Spitzenausgleichsbetrag, so realisiert der Realteiler nur daraus einen Veräußerungsgewinn, und zwar unter Berücksichtigung eines anteiligen Buchwertes.[192] Dieser Veräußerungsgewinn ist nach Auffassung der Finanzverwaltung tarifbegünstigt, obwohl nicht alle stillen Reserven aus dem Realteilungsvorgang aufgedeckt wurden.[193]

266 Leistet der einen Teilbetrieb o.Ä. **erhaltende** Realteiler einen Spitzenausgleich, so hat er spiegelbildlich eigene Anschaffungskosten auf das von ihm erworbene Vermögen. Der Realteiler muss die Buchwerte des von ihm übernommenen Teilbetriebs um die aufgedeckten stillen Reserven erhöhen.

189 Vgl. Tz. 17 des Erbauseinandersetzungserlasses, a.a.O., sowie Schmidt/*Wacker*, EStG, § 16 Rz 545, 550.

190 Zur BFH-Rechtsprechung vgl. insbesondere BFH-Urteil vom 1.12.1992, BStBl. II 1994, S. 607.

191 Praxis im Ganzen, selbständige Teilpraxis oder Sozietätsanteil.

192 So jedenfalls die Auffassung der Finanzverwaltung; zur Ermittlung der anteiligen Buchwerte vgl. Tz. 16 des Erbauseinandersetzungserlasses, a.a.O.

193 Vgl. Tz. 21 des vorgenannten Erlasses; es bestehen allerdings Zweifel, ob die Finanzverwaltung in Zukunft an dieser Auffassung festhalten wird, vgl. *Märkle/Franz*, in: FS Korn, 2005, S. 372; gegen Gewährung der Steuerbegünstigungen der §§ 16, 34 EStG auch: Schmidt/*Wacker*, EStG, § 16 Rz 549 unter Hinweis auf die BFH-Rechtsprechung, vgl. Fn 190.

■ Übertragung von Einzel-Wirtschaftsgütern 267

Die Rechtsfolgen sind mit den oben beschriebenen Folgen im Falle der Übernahme sog. privilegierter Einheiten identisch mit der Ausnahme, dass schon nach jetziger Auffassung der Finanzverwaltung die Begünstigungen der §§ 16, 34 EStG nicht in Betracht kommen.

E. Unentgeltliche Übertragungen von Praxen und Sozietätsanteilen

Zu den Besonderheiten im Zusammenhang mit vorhandenem Sonderbetriebsvermögen vgl. Rn 223 ff. 268

I. Unentgeltliche oder teilentgeltliche Übertragung einer Praxis

Der die (z.B. elterliche) Praxis fortführende Anwalt ist gemäß § 6 Abs. 3 EStG (vormals § 7 Abs. 1 EStDV) an die steuerlichen Buchwerte seines Rechtsvorgängers gebunden, sofern die Übertragung unentgeltlich erfolgt und dabei sämtliche (funktional) wesentlichen Betriebsgrundlagen übertragen werden.[194] Er tritt für die weiteren Abschreibungen in die Restbuchwerte des Vorgängers ein. 269

Die vorgenannte Rechtsfolge tritt unabhängig davon ein, ob die Übertragung der Anwaltspraxis im Rahmen einer vorweggenommenen Erbfolge (Einzelrechtsnachfolge) oder im Wege der Erbfolge (Gesamtrechtsnachfolge) stattfindet. Bei Gewinnermittlung gemäß § 4 Abs. 3 EStG tritt der Rechtsnachfolger auch insoweit in die Rechtsstellung seines Vorgängers ein, d.h. er versteuert insbesondere die Honorareinnahmen nach Zufluss, auch wenn sie aus der Zeit seines Vorgängers herrühren. 270

Bei Vereinbarung eines **Teilentgeltes** bleiben die Rechtsfolgen des § 6 Abs. 3 EStG unberührt, solange das Teilentgelt nicht den Buchwert des übernommenen Praxisvermögens überschreitet. Das Teilentgelt wird in diesem Fall steuerlich nach der sog. **Einheitstheorie** ignoriert, eine quotale Aufteilung des übernommenen Praxisvermögens erfolgt nicht, sondern es bleibt bei der steuerlichen Rechtsfolge wie bei einer („einheitlich“) unentgeltlichen Rechtsnachfolge.[195] 271

Zur Ermittlung des Buchkapitals bei Gewinnermittlung des Praxisvorgängers gemäß § 4 Abs. 3 EStG ist u.E. zunächst nur gedanklich für den Rechtsvorgänger auf den Übertragungszeitpunkt eine Bilanz zu erstellen und auf dieser Basis das 272

194 Zur rein funktionalen Betrachtungsweise vgl. BMF-Schreiben vom 3.3.2005, BStBl. I 2005, S. 458, Tz. 3.

195 Vgl. hierzu Schmidt/*Wacker*, EStG, § 16 Rz 39, 58.

Buchkapital zu ermitteln. Liegt das Teilentgelt unter dem danach ermittelten Buchkapital, ergibt sich die Rechtsfolge aus § 6 Abs. 3 EStG, ohne dass tatsächlich ein Wechsel der Gewinnermittlungsart durchzuführen wäre. Der Rechtsnachfolger tritt in vollem Umfang trotz des Teilentgelts in die steuerliche Rechtsstellung des Vorgängers ein.

273 Liegt das Teilentgelt jedoch tatsächlich über dem derart ermittelten Buchkapital des Rechtsvorgängers, so ergibt sich in Höhe des überschießenden Betrags für den Rechtsvorgänger ein Veräußerungsgewinn. Der Vorgang wird einheitlich als Praxisveräußerung behandelt, so dass der Rechtsvorgänger nunmehr auch tatsächlich zum Wechsel der Gewinnermittlungsart gezwungen ist. Er versteuert dann u.a. seine Honorarforderungen als laufenden Gewinn selbst.[196] Der Rechtsnachfolger wird (wiederum einheitlich) wie ein voll-entgeltlicher Erwerber behandelt, er hat also eigene Anschaffungskosten etc. Er kann nachfolgend die Gewinnermittlung gemäß § 4 Abs. 3 EStG wählen. In Höhe der von ihm mittels Teilentgelt bezahlten Honorarforderungen etc. erleidet er im Übergangsjahr einen Übergangsverlust, sofern die Honorarforderungen höher sind als die laufenden Praxisverbindlichkeiten.

274 Aus Vereinfachungsgründen werden die Abschreibungen des Rechtsnachfolgers so ermittelt, als habe er in Höhe des über die Buchwerte hinausgehenden Teilentgelts nachträgliche Anschaffungskosten auf die übernommenen Praxisgegenstände. Die so bezahlten stillen Reserven müssen auf alle Wirtschaftsgüter gleichmäßig verteilt werden, soweit in ihnen stille Reserven tatsächlich enthalten sind. Erst wenn danach die in den materiellen Gegenständen ruhenden stillen Reserven voll aufgedeckt sind, ist ein Restbetrag als ideeller Praxiswert zu erfassen (sog. Stufentheorie).

275 Im Rahmen einer vorweggenommenen Erbfolge können Teilentgelte vorliegen z.B. in Form von:

- Abstandszahlungen an den bisherigen Praxisinhaber (z.B. auch zur Ausschöpfung des Freibetrags gemäß §§ 16 Abs. 4, 18 Abs. 3 EStG);
- Gleichstellungsgeldern an Dritte, z.B. andere Angehörige;
- Übernahme von privaten, also außerhalb der Praxis liegenden Verbindlichkeiten (die Übernahme von Verbindlichkeiten, die steuerlich zum Praxisvermögen zu rechnen sind, ist dagegen kein Entgelt).

276 Zu weiteren Einzelheiten bei einer vorweggenommenen Erbfolge vgl. das diesbezügliche BMF-Schreiben vom 13.1.1993.[197] Danach können insbesondere die Schuld-

196 Zu Gestaltungsmöglichkeiten vgl. Rn 121 f.
197 Vgl. BStBl. I 1993, S. 80, Tz. 24 ff.

zinsen aus der Finanzierung von Abstandszahlungen und Gleichstellungsgeldern als Betriebsausgaben abgezogen werden.[198]

Die Zahlung einer Versorgungsrente aus Anlass der Übertragung der Praxis führt dagegen nicht zu einem Entgelt.[199] 277

II. Erwerb im Rahmen einer Erbauseinandersetzung

Die steuerliche Behandlung der Erbengemeinschaft mit einem Nachlass, der (auch) eine Praxis enthält, folgt den Grundsätzen für die Besteuerung der gewerblichen Mitunternehmerschaften. Deshalb sind bei einer realen Teilung des Praxis-Nachlasses im Rahmen einer Erbauseinandersetzung auch die Grundsätze der Realteilung einer Mitunternehmerschaft zu beachten.[200] 278

1. Laufende Einkünfte aufgrund der Mitunternehmerstellung der Miterben

Sämtliche Miterben folgen aufgrund der Gesamtrechtsnachfolge in eine steuerliche Mitunternehmerstellung bzgl. der Praxis. Dies gilt unabhängig davon, in welcher Weise die Praxis abgewickelt oder fortgeführt wird. Auch die berufsrechtlichen Implikationen z.B. bei Bestellung eines Abwicklers gemäß § 55 BRAO sind für diese Beurteilung unmaßgeblich, weil die Praxis zumindest für Rechnung der Erben geführt wird (§ 55 Abs. 3 Satz 2 BRAO). Selbst bei kurzfristig nachfolgender Einstellung der Praxis erfüllen die Erben den Tatbestand der Einkünfteerzielung, so dass die Gefahr einer Umqualifizierung der Einkünfte in gewerbliche Einkünfte zu gewärtigen ist, sofern nicht sämtliche Miterben die berufsrechtliche Qualifikation besitzen. Die Einkünfte sind den Miterben nach ihrer Erbquote zuzurechnen.[201] 279

Aus Billigkeitsgründen gewährt die Finanzverwaltung die Möglichkeit, die Einkünfte rückwirkend dem (den) die Einzelpraxis alleine fortführenden, berufsrechtlich qualifizierten Miterben zuzurechnen, wenn diese (Teil-)Erbauseinandersetzung 280

198 Vgl. BMF-Schreiben vom 13.1.1993, a.a.O., Tz. 40; bei Übernahme privater Verbindlichkeiten siehe auch BFH-Urteil vom 8.11.1990, BStBl. II 1991, S. 450.

199 Zur Behandlung der Versorgungsleistungen vgl. Rn 308 ff.

200 Vgl. Schmidt/*Wacker*, EStG, § 18 Rz 46.

201 Zu Fällen der Praxisverpachtung, z.B. zur Überbrückung einer Übergangszeit bis zur Qualifikation eines Miterben, vgl. Rn 77 ff.

innerhalb von sechs Monaten nach dem Todesfall mit entsprechender Rückwirkung vollzogen wird.[202]

2. Ausscheiden aus der Erbengemeinschaft und Veräußerung des Erbteils

281 Die mögliche rückwirkende Zurechnung der **laufenden** Einkünfte ändert jedoch nichts daran, dass die berufsfremden Miterben steuerrechtlich Mitunternehmer geworden sind und daher im Rahmen ihres Ausscheidens infolge der Erbauseinandersetzung u.U. einen (eigenen) Veräußerungsgewinn verwirklichen. Denn der unentgeltliche Übergang auf die Erben aufgrund des Erbfalls ist von der späteren Erbauseinandersetzung zu unterscheiden.[203]

282 Scheiden die Miterben z.B. durch eine Barabfindung der übrigen Miterben aus, so stellt dies die Veräußerung eines Mitunternehmeranteils dar. Das Gleiche gilt, wenn der Miterbe seinen Erbteil veräußert. Der tarifbegünstigte Veräußerungsgewinn errechnet sich aus der Höhe der Abfindung abzüglich des auf den Miterben entfallenden Buchkapitals.[204]

283 Der übernehmende Miterbe hat in Höhe seines eigenen Erbanteils die Buchwerte des Erblassers fortzuführen, da er insoweit unentgeltlich erworben hat (§ 6 Abs. 3 EStG). In Höhe der Abfindungszahlung hat er jedoch eigene Anschaffungskosten für das Praxisvermögen, die die Bemessungsgrundlage für seine künftigen Abschreibungen darstellen (ggf. einschließlich des ideellen Praxiswertes). Etwaige Finanzierungskosten, die aus der Finanzierung der entsprechenden Abfindungsverpflichtungen herrühren, führen zu abzugsfähigen Betriebsausgaben.

284 Zu den Folgen einer sog. Sachwertabfindung aus dem Praxisvermögen vgl. Rn 255 ff.

285 Bei der Abfassung von Testamenten ist die einkommensteuerliche Problematik der Erbauseinandersetzung über das Praxisvermögen zu beachten, insbesondere dann, wenn die Praxis den wesentlichen Teil des Vermögens darstellt. Erwägenswert ist dann die alleinige Erbeinsetzung des Praxisnachfolgers. Die übrigen Miterben erhalten dann ein entsprechendes Bar-Vermächtnis. Auf die Erbschaftsteuerfolgen der Bar-

202 Vgl. Tz. 8 des Erbauseinandersetzungserlasses vom 11.1.1993, BStBl. I 1993, S. 62. Zur 6-Monats-Frist vgl. nunmehr auch BFH-Urteil vom 4.5.2000, BStBl. II 2002, S. 850 und BMF-Schreiben vom 5.12.2002, BStBl. I 2002, S. 1392.

203 Vgl. dazu grundlegend den Beschluss des Großen Senats des BFH vom 5.7.1990, BStBl. II 1990, S. 837.

204 Zur Berechnung des Veräußerungsgewinns und zur Tarifbegünstigung vgl. auch Rn 85 ff., 93 ff.

vermächtnisse ist zu achten. Ebenso ist zu berücksichtigen, dass etwaige Schuldzinsen aus der Finanzierung der Bar-Vermächtnisse nicht (mehr) abzugsfähig sind.[205]

3. Veräußerung oder Aufgabe der Praxis durch die Erbengemeinschaft

Veräußert die Erbengemeinschaft die Praxis im Ganzen an einen Erwerber, dann realisieren die Miterben-Mitunternehmer gemeinschaftlich einen tarifbegünstigten Veräußerungsgewinn gemäß §§ 18 Abs. 3, 16 Abs. 1 Nr. 1, 34 EStG, der ihnen nach ihrer jeweiligen Erbquote zugerechnet wird.[206] Wird die Praxis abgewickelt und das Vermögen einzeln veräußert oder in das Privatvermögen der Miterben überführt (z.B. Praxisgrundstück wird fortan zur Erzielung von Vermietungseinkünften eingesetzt), so liegt eine Praxisaufgabe vor, die gemäß §§ 18 Abs. 3, 16 Abs. 3, 34 EStG behandelt wird (tarifbegünstigter Aufgabegewinn). 286

4. Realteilung der Praxis unter den Miterben (mit und ohne Spitzenausgleich)

Hierzu wird auf die Ausführungen in Rn 233 ff. zur Realteilung einer Sozietät verwiesen. 287

5. Realteilung über einen sog. Mischnachlass

Besteht der Nachlass teilweise auch aus steuerlichem Privatvermögen (sog. **Mischnachlass**), so kann eine Realteilung steuerneutral und damit zu Buchwerten erfolgen, wenn ein Miterbe die Praxis erhält und der andere das Privatvermögen. Beide Miterben sind an die steuerlichen Werte des Erblassers gebunden (§ 6 Abs. 3 EStG für die Praxis bzw. § 11d Abs. 1 EStDV für das Privatvermögen). Sind die übernommenen Vermögensteile nicht gleichwertig, so kann insbesondere durch eine entsprechende disquotale Verteilung der Schulden ein steuerneutraler Ausgleich erreicht werden. Beim Vergleich der von den einzelnen Miterben übernommenen Vermögenswerte sollte aus Sicht des Praxisübernehmers die latente Steuerlast auf die Praxis mit einbezogen werden. Soweit sich in der Praxis nämlich stille Reserven 288

205 Zur Aufgabe der sog. Sekundärfolgenrechtsprechung des BFH vgl. das BMF-Schreiben vom 11.8.1994, BStBl. I 1994, S. 603.

206 Zum Begriff der Praxisveräußerung und Praxisaufgabe vgl. Rn 73 ff.

gebildet haben, bleiben diese künftig nur noch bei dem die Praxis übernehmenden Miterben aufgrund des Zwangs zur Buchwertfortführung steuerverstrickt.

289 Übernimmt der Praxisnachfolger zwecks Wertausgleich im Vergleich zu seiner Erbquote zusätzliche Schulden aus dem Privatvermögen, dann kann er die Schuldzinsen künftig bei seinen Praxiseinkünften berücksichtigen, die Schulden werden zu Praxisschulden.[207]

290 Ein steuerneutraler Wertausgleich kann grundsätzlich auch durch disquotale Verteilung von Geldbeständen in der Praxis oder im Privatvermögen erreicht werden. Nach Auffassung der Finanzverwaltung[208] soll es sich jedoch um einen Gestaltungsmissbrauch handeln, sofern im engen zeitlichen Zusammenhang mit der Erbauseinandersetzung liquide Mittel aus der Praxis entnommen werden, um den Wertausgleich herbeizuführen. Sie sieht in diesem Fall eine verdeckte Abfindungszahlung für den die Praxis insoweit abgebenden Miterben. Ähnliche Gefahren sind zu befürchten, wenn die liquiden Mittel zwecks Vorbereitung der Realteilung erst durch Kreditaufnahme beschafft werden. Unproblematisch dürfte danach die Zuordnung liquider Mittel aus dem **Privat**vermögen sein, ebenfalls die „zeitlich ausreichend entzerrte“ Entnahme von liquiden Mitteln aus der Praxis.

291 Besteht dennoch die Notwendigkeit zum **baren Spitzenausgleich unter den Miterben**, so muss danach unterschieden werden, ob

- der das Privatvermögen übernehmende Miterbe einen Ausgleich zu leisten hat. Er hat dann zusätzliche, ggf. abschreibungsfähige Anschaffungskosten (z.B. Mietgrundstück), der andere Miterbe hat einen steuerpflichtigen Veräußerungsgewinn nur im Falle der §§ 17, 23 EStG, § 21 UmwStG bei sog. privaten Veräußerungsgeschäften oder steuerverstrickten Anteilen an Kapitalgesellschaften. Oder
- der die Praxis übernehmende Miterbe einen Ausgleich zu leisten hat. Er hat dann zusätzliche, abschreibungsfähige Anschaffungskosten für die Praxis, der andere Miterbe versteuert einen tarifbegünstigten Gewinn aus dem Spitzenausgleich.[209]

292 Bei der Testamentsgestaltung kann ggf. durch eine **Teilungsanordnung** bereits im Voraus zur Vermeidung von Streitigkeiten geregelt werden, welcher der Miterben die Praxis fortführt und inwieweit die übrigen Miterben durch Zuweisung von Privatvermögen begünstigt werden. Die Teilungsanordnung ist steuerlich allerdings unerheb-

207 Vgl. Tz. 37 Erbauseinandersetzungserlass, a.a.O., und BMF-Schreiben vom 11.8.1994, BStBl. I 1994, S. 603.

208 Vgl. Tz. 35 Erbauseinandersetzungserlass, a.a.O.

209 Zu den notwendigen Berechnungen dazu vgl. Tz. 38 des Erbauseinandersetzungserlasses, a.a.O. Die Tarifbegünstigung ist allerdings umstritten, vgl. Rn 265.

lich. Die Auseinandersetzung infolge der Teilungsanordnung wird genauso behandelt wie die „freiwillige" Erbauseinandersetzung.

Davon zu unterscheiden ist das **Vorausvermächtnis**, bei dem ein Miterbe über seine normale Erbquote hinaus einen bestimmten Nachlassgegenstand erhält. Die Abgrenzung kann im Einzelfall schwierig sein. Wird einem Miterben qua Vorausvermächtnis die Praxis im Ganzen zugewiesen, so erwirbt er die Praxis unentgeltlich gemäß § 6 Abs. 3 EStG, er führt die Buchwerte fort. Auch die übrigen Miterben realisieren keinen Veräußerungsgewinn.[210] 293

III. Unentgeltliche Aufnahme in eine Einzelpraxis

Es stellt sich die Frage, ob die unentgeltliche Aufnahme z.B. eines Angehörigen in ein Einzelunternehmen unter Gründung einer Personengesellschaft gemäß § 6 Abs. 3 EStG zur Fortführung der Buchwerte zwingt oder ob das Wahlrecht gemäß § 24 UmwStG auch in diesem Fall greift. 294

Diese Frage ist derzeit noch umstritten.[211] Weil zivilrechtlich der bisherige Einzelpraxisinhaber seine Praxis sowohl für eigene als auch für Rechnung seines Nachfolgers in die Sozietät einbringt und diese Einbringung in jedem Fall nicht unentgeltlich erfolgt (Tausch der Einzelpraxis gegen den Anteil an der Sozietät),[212] hat u.E. § 24 UmwStG mit dem Wahlrecht zwischen Buchwert- und Teilwertansatz Vorrang. Die Finanzverwaltung hält § 24 UmwStG jedoch nur für anwendbar, wenn der Nachfolger ebenfalls eine (Geld-)Einlage erbringt.[213] Andernfalls soll die Einbringung für den Nachfolger unentgeltlich sein mit der Folge, dass § 24 UmwStG nicht anwendbar ist und deshalb ausschließlich § 6 Abs. 3 EStG greift.[214] Diese Auffassung geht von der u.E. gekünstelten Vorstellung aus, dass der Praxisinhaber in einem ersten Schritt Miteigentumsquoten auf den Nachfolger unentgeltlich überträgt und im Anschluss daran beide Miteigentümer die „Einzel-"Praxis auf die Sozietät übertragen.[215] 295

210 Zu den Problemen durch etwa vorhandenes Sonderbetriebsvermögen bei Vererbung eines Sozietätsanteils vgl. Rn 303 f.

211 Vgl. Schmidt/*Schmidt*, EStG, § 15 Rz 745: Vorrang für § 6 Abs. 3 EStG; a.A. *Carlé*, KÖSDI 2002, S. 13311 ff.

212 Vgl. *Carlé*, a.a.O., Tz. 25, 27 unter Hinweis auf BGHZ 112, 15.

213 Vgl. den sog. Umwandlungssteuererlass des BMF vom 25.3.1998, BStBl. I 1998, S. 268, Tz. 24.01.

214 Vgl. Verfügung der OFD Düsseldorf vom 9.9.1999, Az. S 1978 d - 4 - St 111 K, StEK EStG § 6 Abs. 3 n.F. Nr. 1.

215 Die Betrachtung geht zurück auf den Beschluss des Großen Senats des BFH vom 18.10.1999, BStBl. II 2000, S. 123 betr. die *entgeltliche* Aufnahme in eine Einzelpraxis. Der BFH versagte hierfür die Begünstigungen gemäß §§ 16, 34 EStG mit der Begründung, dass nur Miteigentumsquoten an den einzelnen Wirtschaftsgütern veräußert worden seien.

IV. Aufnahme in eine schon bestehende Sozietät

1. Rechtsnachfolge unter Lebenden

296 Die Frage nach der vorrangigen Anwendung des § 24 UmwStG bzw. des § 6 Abs. 3 EStG (Satz 1 Halbsatz 2 Alternative 2) stellt sich u.E. auch bei der unentgeltlichen Aufnahme eines neuen Gesellschafters in eine schon bestehende Sozietät unter Bildung eines neuen Anteils im Wege der Abwachsung. Dies gilt unabhängig davon, ob die Aufnahme unter Identitätswahrung der Personengesellschaft erfolgt oder nicht. Bei wirtschaftlicher Betrachtung macht dies nämlich keinerlei Unterschied.

297 Wird dem Neuen jedoch ein schon bestehender Mitunternehmeranteil übertragen, so dass insoweit ein Gesellschafterwechsel stattfindet, gilt zwingend die Buchwertfortführung gemäß § 6 Abs. 3 EStG, weil ein Einbringungsvorgang i.S.d. § 24 UmwStG nicht stattfindet. Gleiches gilt bei der unentgeltlichen Übertragung eines Teil-Anteils.

2. Rechtsnachfolge von Todes wegen

298 Beim **Tode des Sozius** ist Folgendes zu beachten:

299 Ist im Gesellschaftsvertrag der Sozietät die **Fortsetzungsklausel** vereinbart, wonach die Gesellschaft unter den verbleibenden Sozien fortgesetzt wird, so wächst die Beteiligung des Verstorbenen den übrigen Sozien an. Die Erben haben i.d.R.[216] einen schuldrechtlichen Abfindungsanspruch. Der sich daraus ergebende Veräußerungsgewinn wird einkommensteuerlich noch in der Person des Erblassers realisiert. Haben die Sozien lediglich ein Übernahmerecht, so wird der Veräußerungsgewinn bei Ausübung des Übernahmerechts durch die Sozien jedoch in der Person der Erben verwirklicht.

300 Bei der **einfachen Nachfolgeklausel** folgen die Miterben unmittelbar in die Mitunternehmerstellung nach. Bei der Nachfolge von Berufsfremden in die Sozietät wird diese gewerblich infiziert. Scheiden die Berufsfremden später gegen Abfindung aus, so veräußern diese dadurch ihren Mitunternehmeranteil und müssen einen etwaigen Veräußerungsgewinn tarifbegünstigt versteuern. Ein anderes Ergebnis lässt sich in diesem Fall dann erreichen, wenn außer dem Sozietätsanteil noch weiteres Vermögen vorhanden ist, welches im Rahmen einer Realteilung ohne Abfindungszahlung unter

216 Für den Fall, dass jegliche Abfindungsansprüche ausgeschlossen sind, vgl. Schmidt/*Wacker*, EStG, § 16 Rz 663.

den Miterben verteilt werden kann.[217] Der Sozietätsanteil wird dann rechnerisch bei der Gesamtauseinandersetzung über den Nachlass einbezogen.

Bei der **qualifizierten Nachfolgeklausel** folgt dagegen z.B. nur der berufsrechtlich qualifizierte Miterbe in die Sozietät nach. Zivilrechtlich geht der Gesellschaftsanteil unverändert[218] auf den qualifizierten Miterben über; er fällt nicht in den Nachlass. Zu diesem gehört der Anteil nur dem Werte nach aufgrund des Wertausgleichsanspruchs gegen den nachfolgeberechtigten Miterben. 301

Der qualifizierte Nachfolger erwirbt den Sozietätsanteil in vollem Umfang unentgeltlich, er ist daher gemäß § 6 Abs. 3 EStG an die Buchwerte seines Rechtsvorgängers gebunden. Zahlt der Nachfolger den übrigen Erben eine Abfindung aufgrund der Wertausgleichsschuld, so führt diese nicht zu einem Veräußerungsgewinn für die Miterben und auch nicht zu Anschaffungskosten für den Nachfolger. Auch Schuldzinsen aus der Finanzierung dieser Abfindung kann er nicht geltend machen.[219] 302

Verfügte der Erblasser über **Sonderbetriebsvermögen**, so geht dieses nicht unmittelbar alleine auf den nachfolgeberechtigten Miterben über, sondern es gehört vielmehr zum Nachlass. In Höhe der Erbquote des qualifizierten Miterben sind die Buchwerte von diesem fortzuführen, in Höhe der Erbquoten der übrigen nicht nachfolgeberechtigten Miterben liegt hingegen eine Überführung in das Privatvermögen vor (Entnahme). Der dadurch „realisierte" Entnahmegewinn wird noch in der Person des Erblassers steuerlich erfasst. Eine mögliche Vermeidungsstrategie besteht darin, dass der nachfolgeberechtigte Miterbe zum Alleinerben wird, oder es erfolgt eine vorweggenommene Erbfolge inclusive Übertragung des Sonderbetriebsvermögens.[220] 303

Die oben in Rn 303 geschilderten Rechtsfolgen treten im Übrigen auch dann ein, wenn in dem vorhandenen Sonderbetriebsvermögen wesentliche Betriebsgrundlagen vorhanden sind. Für den qualifizierten Nachfolger bleibt der Zwang zur Buchwertfortführung gemäß § 6 Abs. 3 EStG bestehen.[221] 304

217 Vgl. Schmidt/*Wacker*, EStG, § 16 Rz 670.

218 „Am Nachlass vorbei".

219 Vgl. BMF-Schreiben vom 11.8.1994, BStBl. I 1994, S. 603; Tz. 83 Erbauseinandersetzungserlass, a.a.O.

220 Weitergehend zu dieser Problematik: Schmidt/*Wacker*, EStG, § 16 Rz 675.

221 Vgl. dazu Schmidt/*Wacker*, EStG, § 16 Rz 672, 674; ebenso rechtskräftiges Urteil des FG Baden-Württemberg vom 24.6.1998, EFG 1998, S. 1403. Im Zeitpunkt der Nachfolge gehen alle vorhandenen wesentlichen Betriebsgrundlagen auf den „Qualifizierten" über, nachdem (in einer logischen Sekunde) zuvor die Anteile der nicht nachfolgeberechtigten Miterben an den wesentlichen Betriebsgrundlagen im Sonderbetriebsvermögen entnommen worden sind. Zur ähnlich gelagerten Problematik bei der Gewährung des Betriebsvermögens-Freibetrags gemäß § 13a ErbStG vgl. § 6 Rn 8.

V. Aufnahme in eine Freiberufler-Kapitalgesellschaft

305 Erfolgt die unentgeltliche Aufnahme eines Sozius in eine Kapitalgesellschaft z.B. im Wege der Kapitalerhöhung, so liegt in dem Verzicht der übrigen Gesellschafter auf ihre Bezugsrechte i.d.R. keine Gewinnrealisierung, sofern die Alt-Anteile nicht ausnahmsweise in einem steuerlichen Betriebsvermögen liegen, etwa im Rahmen einer Betriebsaufspaltung (sofern der neue Gesellschafter nur an der Praxis-GmbH beteiligt ist, liegt dann nämlich eine Entnahme aus dem Besitzunternehmen vor).[222] Die gleichen Rechtsfolgen treten ein, wenn der Neue unentgeltlich (Alt-)Anteile von den bisherigen Gesellschaftern erhält (keine Gewinnrealisierung, sofern Anteile nicht zu einem Betriebsvermögen des Schenkers gehören, z.B. im Rahmen einer Betriebsaufspaltung).[223]

306 Veräußern die neuen Gesellschafter später ihre Anteile, so kann dies u.U. auch dann steuerpflichtige Veräußerungsgewinne auslösen, wenn die Anteile für sich gesehen unwesentlich i.S.v. § 17 EStG sind, also unter 1% des Stammkapitals liegen. Die Steuerpflicht kann sich daraus ergeben, dass die Anteile beim Rechtsvorgänger etwa nach § 17 EStG oder § 21 UmwStG steuerverstrickt waren (vgl. § 17 Abs. 1 Satz 4 EStG und § 21 Abs. 1 Satz 1 UmwStG). Wurden die Anteile durch Kapitalerhöhung erworben (mit barer Einzahlung durch die neuen Gesellschafter), so ist darauf zu achten, dass die Anteile dennoch – wenn auch nur teilweise – steuerverstrickt nach den v.g. Vorschriften bleiben, sofern nämlich bei der Barkapitalerhöhung stille Reserven von den alten Gesellschaftern auf die neuen übergegangen sind, z.B. weil die Bareinlage nicht dem Wert des übernommenen Gesellschaftsanteils entspricht.[224]

307 Liegt eine **teilentgeltliche** Übertragung von Gesellschaftsanteilen (im Privatvermögen) vor, so gelten nicht die Grundsätze der sog. Einheitstheorie (siehe Rn 271 ff.). Dies bedeutet, dass die Übertragung aufgespalten wird in einen unentgeltlichen und einen entgeltlichen Teil (= sog. **Quotentheorie**). Dies kann im Einzelfall zur Realisierung eines Veräußerungsgewinns i.S.d. § 17 EStG/§ 21 UmwStG beim Schenker führen.[225]

222 Vgl. Schmidt/*Schmidt*, EStG, § 15 Rz 876.

223 Zur unentgeltlichen Übertragung von sog. einbringungsgeborenen Anteilen i.S.v. § 21 UmwStG vgl. *Haritz/Benkert*, § 21 UmwStG Rn 60.

224 Vgl. R 140 Abs. 3 EStR 2003 und H 140 Abs. 3 EStH 2003.

225 Vgl. Tz. 14, 23 des Erbfolgeerlasses des BMF vom 13.1.1993, BStBl. I 1993, S. 80.

VI. Übertragungen gegen private Versorgungsrenten

Bei Übertragungen unter nahen Angehörigen im Rahmen vorweggenommener Erbfolgen[226] werden oftmals Versorgungsrenten zugunsten des Übergebers vereinbart. Sofern nicht eine kaufmännische Abwägung von Leistung und Gegenleistung ausdrücklich vereinbart wird, sind derartige Renten in steuerlicher Hinsicht grundsätzlich als sog. private Versorgungsrenten anzusehen. Das bedeutet, dass es sich dabei nicht um Entgelte, auch nicht um Teilentgelte für das übertragene Vermögen handelt. 308

Das steuerliche Sonderrecht der „Vermögensübergabe gegen Versorgungsleistungen" führt zur vollen Abzugsmöglichkeit der Zahlungen als sog. **dauernde Last** beim Leistenden (§ 10 Abs. 1 Nr. 1 a EStG) und zur vollen Steuerpflicht beim Empfänger (§ 22 Nr. 1 Satz 1 EStG), und zwar ohne Verrechnung der Rentenzahlungen mit dem Wert des übernommenen Vermögens. Voraussetzung für die Anerkennung als dauernde Last ist insbesondere der Übergang von existenzsicherndem und ausreichend ertragbringendem Vermögen innerhalb des Generationenverbundes, wobei sich der Vermögensübergeber in Gestalt der Versorgungsleistungen typischerweise Erträge seines Vermögens vorbehält. Nach Auffassung des BFH ergibt sich die für die Anerkennung als dauernde Last notwendige Abänderbarkeit der Leistungen – auch ohne ausdrückliche Bezugnahme auf § 323 ZPO – aus der Natur des Übergabevertrags.[227] Idealtypus einer derartigen Vermögensübergabe sind nach BFH-Meinung die Altenteilsleistungen in der Land- und Forstwirtschaft. Sind die Versorgungsleistungen hingegen nicht abänderbar, kann der Leistende lediglich den Ertragsanteil als Sonderausgabe gemäß § 10 Abs. 1 Nr. 1a Satz 2 EStG absetzen; der Empfänger versteuert dann ebenso nur den Ertragsanteil (§ 22 Nr. 1 Satz 3 Buchst. a Doppelbuchst. bb EStG). 309

Bei der Übertragung von Praxisvermögen (Einzelpraxis oder Sozietätsanteil) dürfte in der Regel eine existenzsichernde und ausreichend ertragbringende Wirtschaftseinheit i.S.d. in Rn 309 wiedergegebenen BFH-Rechtsprechung gegeben sein.[228] Liegen die übrigen Voraussetzungen vor, so besteht die Möglichkeit, dass die Versorgungsrenten als dauernde Lasten anerkannt werden können.[229] 310

226 Zur Anwendbarkeit des nachfolgend beschriebenen Rechtsinstituts der „Vermögensübergabe gegen Versorgungsleistungen" im Falle von Erbfolgen vgl. Tz. 40 des BMF-Schreibens vom 16.9.2004, BStBl. I 2004, S. 922.

227 Vgl. BMF-Schreiben vom 16.9.2004, a.a.O., Tz. 47.

228 Vgl. Tz. 10, 23 des Rentenerlasses, a.a.O.

229 Zu den näheren Einzelheiten zur Vermögensübergabe gegen Versorgungsleistungen, die hier der Übersichtlichkeit wegen nur in groben Zügen dargestellt werden kann, siehe u.a. den sog. Rentenerlass des BMF vom 16.9.2004, vgl. Fn 226.

VII. Übertragungen zwischen Sozius und Sozietät

311 Aufgrund des geänderten § 6 Abs. 5 Satz 3 EStG[230] ist eine buchwertfortführende Übertragung einzelner Wirtschaftsgüter zwischen dem Sonderbetriebsvermögen eines Sozius und der Sozietät (und umgekehrt) wieder möglich, sofern die Übertragung unentgeltlich oder gegen Gewährung bzw. Minderung von Gesellschaftsrechten erfolgt (Fall der Nr. 2). Es sind insofern zwingend die Buchwerte anzusetzen. Das Gleiche gilt bei der Übertragung zwischen den Sonderbetriebsvermögen zweier Sozien (Fall der Nr. 3) oder bei Übertragungen zwischen einer selbständigen Einzelpraxis eines Sozius und „seiner" Sozietät und umgekehrt (Fall der Nr. 1).

312 Durch die Gesetzesänderung sollte im Wesentlichen die Rechtslage wieder hergestellt werden, wie sie bis 1998 aufgrund des sog. Mitunternehmererlasses galt.[231] Zu beachten sind allerdings besondere Missbrauchsbekämpfungsvorschriften wie die sog. Behaltefrist und die Körperschaftsklausel in § 6 Abs. 5 Satz 4 ff. EStG.

VIII. Übertragungen zwischen Gesellschafter und GmbH

313 Bei der Übertragung zwischen Gesellschafter und Kapitalgesellschaft im Wege der verdeckten Einlage ist § 6 Abs. 6 Sätze 2 und 3 EStG einschlägig, wonach im Normalfall ebenfalls der Teilwert anzusetzen ist. Umgekehrt besteht bei Übertragungen von der Kapitalgesellschaft auf den Gesellschafter, bei denen keine angemessene Gegenleistung vereinbart wird, die Gefahr einer verdeckten Gewinnausschüttung gemäß § 8 Abs. 3 Satz 2 KStG.

230 I.d.F. des Unternehmenssteuerfortentwicklungsgesetzes (UntStFG) vom 20.12.2001, BGBl. I 2001, S. 3858.

231 Vgl. BStBl. I 1978, S. 8.

§ 4 Besteuerung der Anwalts-GmbH

Helmut Kögler

A. Allgemeines

1 Wurde bis vor wenigen Jahren noch über die Zulässigkeit der anwaltlichen Berufsausübung in Form einer Kapitalgesellschaft diskutiert, so ist durch die Änderung der Bundesrechtsanwaltsordnung (BRAO) hier Klarheit geschaffen worden. § 59c BRAO räumt die Zulässigkeit der Rechtsberatung durch Gesellschaften mit beschränkter Haftung ein. Die Gründung einer Rechtsanwalt-AG ist ebenfalls zulässig. Eine ähnliche Regelung wurde für den steuerberatenden Beruf mit § 49 StBerG getroffen. Die Gesellschaft bedarf zusätzlich zur Bestellung der Berufsangehörigen einer eigenen Zulassung.[1]

2 Auch wenn bislang die Anwalts-GmbH immer noch selten (Stand 1.1.2005 [2004]: 179 [168] Gesellschaften)[2] anzutreffen bzw. die Anwalt-AG noch nahezu unbekannt ist, möchten wir die steuerliche Behandlung der Kapitalgesellschaft nicht außer Acht lassen. Nachfolgende steuerrechtliche Ausführungen gelten im Wesentlichen sowohl für die **GmbH** als auch für die **AG** – auch wenn lediglich die GmbH genannt wird. Die handelsrechtlichen Vorschriften sind jedoch auf die GmbH zugeschnitten.

3 An einer **Zulassung als Rechtsanwaltsgesellschaft** mit **beschränkter Haftung** sind einige Erfordernisse geknüpft. Zwar können auch Wirtschaftsprüfer oder Steuerberater als Gesellschafter der GmbH aufgenommen werden; die Mehrheit der Gesellschaftsanteile muss sich aber in der Hand von Rechtsanwälten befinden. Ferner muss die Geschäftsführung mehrheitlich aus Rechtsanwälten bestehen. Diese Vorschriften dienen der Wahrung der Unabhängigkeit des rechtsberatenden Berufes gegenüber anderen Berufsgruppen.[3]

4 Die **wesentlichen Unterschiede** bei der Besteuerung der Anwalts-GmbH im Vergleich zu einem selbständigen Rechtsanwalt in einer Einzelpraxis oder als Partner in einer Sozietät sind folgende:

- Die Gründung der GmbH bedarf bestimmter Formerfordernisse.
- Die Beziehungen zwischen Gesellschafter und Gesellschaft bedürfen bestimmter Formen (wie z.B. Gesellschafterversammlungen).

1 Vgl. §§ 59c Abs. 1 und 59 g Abs. 1 bis 3 BRAO.
2 Vgl. Mitgliederstatistik der BRAK.
3 Vgl. §§ 59 f. BRAO.

- Der Anwalt als Anteilseigner unterliegt einer eigenen Besteuerung.
- Der Anwalt als Angestellter der GmbH unterliegt einer eigenen Besteuerung.
- Die GmbH als juristische Person unterliegt einer eigenen Besteuerung und hat zudem ihren Gewinn zwingend durch Bilanzierung zu ermitteln.
- Die GmbH unterliegt aufgrund ihrer Rechtsform der Gewerbesteuer.

5 Mit den nachfolgenden Ausführungen soll ein Einstieg in die **steuerliche Behandlung** der GmbH gegeben werden. Eine detaillierte Ausführung zum Körperschaftsteuerrecht mit allen Besonderheiten, wie z.B. den Problemen einer Betriebsaufspaltung,[4] würde den Rahmen sprengen.

B. Gründung der GmbH

6 Die für die Berufsausübung erforderlichen geordneten **Vermögensverhältnisse**[5] gelten auch für die GmbH.[6] Die Entscheidung für die GmbH liegt also sicher nicht vorwiegend in der Haftungsbegrenzung in Höhe des gezeichneten Kapitals, zumal von der Haftungsbeschränkung regelmäßig ohnehin „nur" Verbindlichkeiten gegenüber Lieferanten betroffen sind (Banken lassen sich regelmäßig private Bürgschaften der Gesellschafter geben).

7 Auch steuerliche Gründe sind eher von untergeordneter Bedeutung. Daran hat sich auch durch die fortwährende steuerliche Entlastung der Kapitalgesellschaften durch Senkung der Körperschaftsteuersätze nicht wesentlich etwas geändert. Darüber hinaus greift auch die Reduzierung der **Gewerbesteuerbelastung** – anders als bei Einzelunternehmern und Personengesellschaften durch den Freibetrag des § 11 Abs. 1 GewStG und den Staffeltarif des § 11 Abs. 2 GewStG – hier nicht. Zudem ist für Kapitalgesellschaften keine Anrechnung der Gewerbesteuer nach § 35 EStG vorgesehen. Im Gegenteil: Ist die anwaltliche Berufsausübung in der Einzelpraxis oder Sozietät nicht gewerbesteuerpflichtig, so unterliegen die Einkünfte der GmbH der Gewerbesteuerpflicht.[7] Sie übt nämlich kraft Rechtsform eine gewerbliche Tätigkeit

4 Eine Betriebsaufspaltung ist gegeben, wenn sich für die Kapitalgesellschaft wesentliche Betriebsgrundlagen im Eigentum der Gesellschafter befinden und diese an die Gesellschaft vermietet/verpachtet werden. Die Gesellschafter müssen zudem im Besitzunternehmen und im Betriebsunternehmen beherrschende Gesellschafter sein. Vgl. hierzu § 3 Rn 81 ff.

5 Vgl. § 7 Nr. 9 BRAO.

6 Vgl. § 59d BRAO.

7 Wobei – anders als die Entnahmen bei der Einzelpraxis oder der Sozietät durch den Inhaber – die Vergütungen an den angestellten Gesellschafter Betriebsausgaben darstellen und somit die Gewerbesteuerlast reduzieren.

aus.[8] Es sollte Ziel der Geschäftsführer sein, durch eine entsprechend hohe Vergütung das gewerbesteuerpflichtige Einkommen möglichst zu minimieren. Diesen Bestrebungen versucht die Finanzverwaltung allerdings regelmäßig entgegenzuwirken in der Benennung von Anhaltspunkten, wie hoch eine angemessene Vergütung sein darf bzw. wie hoch eine angemessene Kapitalverzinsung der Gesellschaft zu sein hat.

Ein nennenswerter Steuervorteil besteht in der steuerlich wirksamen Altersversor- 8
gung nach § 6a EStG.[9]

Ein Vorteil der Kapitalgesellschaft kann darin begründet sein, dass durch die Ver- 9
pflichtung, Bücher zu führen und regelmäßig Jahresabschlüsse zu erstellen,[10] das **steuerliche Ergebnis in Grenzen gestaltet** werden kann. Auch zur Erlangung dieses Vorteils ist allerdings nicht die Gründung einer GmbH zwingend, da Freiberufler freiwillig Bücher führen und Bilanzen aufstellen können.[11]

Ein erheblicher Vorteil der Anwalts-GmbH liegt in dem relativ einfachen Verfahren 10
des **Gesellschafterwechsels**. Bei einer „Zwei-Mann-Gesellschaft" hat das Ausscheiden eines Sozius nämlich nicht das Ende der Gesellschaft zur Folge, lediglich die Anteile des Ausscheidenden werden veräußert. Der verbleibende Gesellschafter kann die Gesellschaft dann vorübergehend oder auch dauerhaft als Ein-Mann-GmbH fortführen.[12] Zur Problematik des Gesellschafterwechsel bei Sozietäten vgl. § 3 Rn 42 ff. und insbesondere § 3 Rn 46 ff., 123 ff.

Anders als bei Gründung einer Sozietät sind bei der Gründung einer Kapitalgesell- 11
schaft umfangreiche Maßnahmen zu treffen; insoweit ist diese Gründung aufwendiger. So ist z.B. der **schriftliche Gesellschaftsvertrag**[13] **mit notarieller Beurkundung** zwingend,[14] der Gewerbebetrieb ist bei der Stadt bzw. Gemeinde **anzumelden**,[15] die Gesellschaft wird in das **Handelsregister** eingetragen[16] und ist als **eigenes Steuersubjekt** bei dem zuständigen Finanzamt anzumelden.[17] Alle diese Vorgänge verursachen Kosten.

8 Vgl. § 2 Abs. 2 GewStG.

9 Die Bildung von Pensionsrückstellungen zur Altersvorsorge stellt Betriebsausgaben dar (vgl. Rn 59).

10 §§ 238 ff. HGB.

11 Bei der vereinfachten Form der Gewinnermittlung nach § 4 Abs. 3 EStG (Einnahmen-Überschuss-Rechnung) handelt es sich um eine Kann-Vorschrift.

12 Ausführlicher hierzu Rn 86 ff.

13 Muster hierzu vgl. *Heid/Juli*, Anwalts- und Steuerberatungsgesellschaften, 2. Auflage 2004, Rn 459 ff.

14 Vgl. § 2 Abs. 1 Satz 1 GmbHG.

15 Vgl. § 14 GewO.

16 Vgl. § 7 GmbHG.

17 Vgl. § 137 AO.

12 Die Gründung der GmbH kann als **Bargründung** oder als **Sachgründung** erfolgen, wobei auch aus der Eintragung in das Handelsregister die Form der Gründung erkennbar ist.

13 Gerade bei der Änderung der Rechtsform von der bisherigen Einzelpraxis in die neue Rechtsanwalts-GmbH dürfte die **Sachgründung** häufig vorkommen. An Stelle von Barmitteln wird dann die bisherige Einzelpraxis als Ganzes oder Teile der bisherigen Einzelpraxis zur Einzahlung des Stammkapitals eingelegt.[18] Die mittels Sacheinlage erworbenen Anteile werden auch als **einbringungsgeborene Anteile** bezeichnet. Im Rahmen der Sachgründung ist ein gesonderter Sachgründungsbericht zu erstellen.

14 Um diesen aufwendigen **Sachgründungsbericht** (mit Ermittlung der steuerlichen Teilwerte) zu umgehen, wird in der Praxis die Gründung der GmbH als Bargründung deklariert und es werden anschließend die Gegenstände aus der Einzelpraxis durch die GmbH mittels des eingezahlten Barkapitals erworben. Diesen Vorgang bezeichnet man als **verschleierte Sachgründung**. Die Konsequenz hieraus ist die zwingende Aufdeckung evtl. vorhandener stiller Reserven (Unterschiedsbetrag zwischen dem Teilwert und dem Wert, den der Gegenstand in der Buchführung hatte), falls der Erwerb zu einem niedrigeren Preis erfolgte. Die aufgedeckten stillen Reserven führen wiederum zu einer verdeckten Einlage bei der GmbH. Auch bei einer späteren Veräußerung der gehaltenen Anteile birgt die (verschleierte) Sachgründung Gefahren (vgl. Rn 32).

C. Besteuerung der Anteilseigner

15 Durch den Erwerb, den Besitz und die Veräußerung von Anteilen an einer Kapitalgesellschaft sind folgende **steuerliche Konsequenzen** denkbar:

1. Besteuerung des Vermögens durch das Halten der Anteile
2. Besteuerung der Gewinnausschüttungen
3. Besteuerung eines Gewinns bei Veräußerung der Anteile.

16 **Zu 1) Besteuerung des Vermögens durch das Halten der Anteile:** Das bloße **Halten der Anteile** an einer GmbH löst – nach Abschaffung der Vermögensteuer – keine steuerlichen Konsequenzen aus.[19] Bis einschließlich 1995 konnte der Wert der Beteiligung zu einer Steuerbelastung führen.

18 Vgl. § 20 UmwStG.

19 Wohl aber Erbschaft- bzw. Schenkungsteuer bei einem Vermögensübergang.

Zu 2) Besteuerung der Gewinnausschüttung: Der Einkommensteuer unterliegen hingegen **Gewinnausschüttungen**, die der Gesellschafter erhält. Hierbei ist es unerheblich, ob es sich um eine offene Gewinnausschüttung oder um eine verdeckte Gewinnausschüttung handelt (vgl. Rn 63). 17

Als Gewinnausschüttung wird jede Zahlung oder Vorteilsgewährung gewertet, die zu Lasten des Gesellschaftsvermögens an einen Gesellschafter aufgrund der gesellschaftsrechtlichen Beziehung geleistet wird. Die Rückzahlung von Kapital gilt vorbehaltlich des § 20 Abs. 1 Nr. 2 EStG nicht als Gewinnausschüttung. 18

Die bezogenen Gewinnanteile gehören zu den **Einkünften aus Kapitalvermögen** gemäß § 20 Abs. 1 Nr. 1 EStG. Den Zufluss hat derjenige zu versteuern, der zum Zeitpunkt des Gewinnverwendungsbeschlusses die Anteile an der Gesellschaft hält.[20] 19

§ 29 Abs. 3 GmbHG regelt die Verteilung des Gewinns. Grundsätzlich erfolgt die Ausschüttung im Verhältnis der Geschäftsanteile, wobei eine von den Beteiligungsverhältnissen unabhängige Regelung zugelassen ist. Zur Anwendung im konkreten Fall ist im Gesellschaftsvertrag diese abweichende Gewinnausschüttung einzuräumen. Hiermit kann nun zur gezielten Ausnutzung von Verlustvorträgen bei einem Anteilseigner diesem eine von der Beteiligungshöhe unabhängige Ausschüttung beschlossen werden. Diese findet – bei zivilrechtlich wirksamer Vereinbarung – auch steuerlich Berücksichtigung.[21] 20

Die Zuordnung zu den Einkünften aus Kapitalvermögen bringt steuerliche Vorteile: Neben dem eher geringen Pauschalbetrag für Werbungskosten in Höhe von 51 EUR[22] kommt zusätzlich der Sparerfreibetrag in Höhe von 1.370 EUR[23] zum Abzug, d.h. in dieser Höhe bleiben Einnahmen steuerfrei. Fallen höhere Werbungskosten als 51 EUR an, so sind diese nachzuweisen. Zur Definition, welche Aufwendungen unter den Begriff der Werbungskosten fallen, vgl. § 1 Rn 78, 161 ff. 21

Zu den steuerpflichtigen Einnahmen zählt auch die bei der Gewinnausschüttung einbehaltene Kapitalertragsteuer. Diese Steuerbeträge werden im Gegenzug als Vorauszahlung auf die Einkommensteuerschuld bei der persönlichen Veranlagung angerechnet. Das Halbeinkünfteverfahren (§ 3 Nr. 40 EStG) stellt die Hälfte des ausgeschütteten Betrags steuerfrei. Dafür ist die bei der Kapitalgesellschaft angefallene Körperschaftsteuer definitiv und führt nicht mehr zu einer anrechenbaren Steuer beim Empfänger. 22

20 Vgl. § 20 Abs. 2 a EStG.
21 Vgl. BFH vom 19.8.1999, GmbHR 1999, 1258.
22 Vgl. § 9a Satz 1 Nr. 2 EStG.
23 Vgl. § 20 Abs. 4 EStG.

23 Die Einkünfte aus Kapitalvermögen gehören zu den sog. Überschusseinkünften mit der Folge, dass auch hier das **Zuflussprinzip** des § 11 EStG gilt. Sobald der Anteilseigner über seinen Gewinnanteil wirtschaftlich verfügen kann, gilt die Ausschüttung als zugeflossen. Der Zufluss muss also nicht zwingend über ein Bankkonto fließen; eine Gutschrift auf ein frei verfügbares Verrechnungskonto innerhalb der Buchführung der GmbH genügt, um den Zufluss zu bewirken. Hat der Gesellschafter eine beherrschende Position (z.B. als Alleingesellschafter), so gelten die Erträge mit dem Tag als zugeflossen, der in dem Gewinnverwendungsbeschluss bestimmt ist.[24] Ist kein Datum im Gewinnverwendungsbeschluss genannt, so gilt der Tag der Beschlussfassung als Zuflusszeitpunkt. Auf eine Überweisung oder Buchung auf ein Gesellschafterverrechnungskonto kommt es hierbei nicht an.

24 **Zu 3) Besteuerung eines Gewinns bei Veräußerung der Anteile:** Zusätzlich zu der Besteuerung der Gewinnausschüttungen kann auch die **Veräußerung der Anteile** an der GmbH steuerpflichtig sein. Nachfolgende Ausführungen gelten nur, wenn sich die Anteile an der Kapitalgesellschaft im Privatvermögen befinden. Werden die Anteile hingegen im Betriebsvermögen gehalten, sind Gewinne, die bei einer Veräußerung erzielt werden, ohnehin steuerpflichtig. Eine Ausnahme besteht wiederum, wenn die Anteile im Betriebsvermögen einer anderen Kapitalgesellschaft gehalten werden. Hier bleibt ein Veräußerungsgewinn bei der Ermittlung des Einkommens außer Ansatz.[25]

25 Werden die Anteile im Privatvermögen gehalten, gibt es mehrere Möglichkeiten, in die Steuerpflicht zu geraten. Voraussetzung ist jeweils, dass überhaupt ein Veräußerungsgewinn erzielt wurde.

26 Der **Veräußerungsgewinn** ist der Unterschiedsbetrag zwischen Veräußerungspreis oder Liquidationserlös und der Summe aus Anschaffungskosten[26] der Beteiligung und Veräußerungskosten bzw. Liquidationskosten.

27 Im ersten Schritt ist zu prüfen, ob eine Besteuerung des Veräußerungsgewinns im Rahmen des § 22 Nr. 2 EStG i.V.m. § 23 EStG in Betracht kommt. Liegen die Zeitpunkte zwischen Erwerb und Veräußerung der Anteile weniger als ein Jahr auseinander, so wird ein Veräußerungsgewinn[27] als sog. **Spekulationsgewinn** besteuert. Dieser unterliegt der regulären Einkommensbesteuerung; es gibt also keine Vergünstigungen analog zu der ermäßigten Besteuerung der Einkünfte gemäß § 17 EStG.

24 BStBl. II 1984, S. 480.

25 § 8b KStG.

26 Der Begriff der Anschaffungskosten wird aus § 255 Abs. 1 HGB abgeleitet, vgl. hierzu R 32 a EStR 2003 sowie R 140 Abs. 5 EStR 2003.

27 Dieser wird hier nach § 23 Abs. 3 Satz 1 EStG ermittelt.

Zudem findet ein Veräußerungsverlust im Rahmen der Spekulationsfrist regelmäßig keine steuerliche Berücksichtigung. Sog. **Spekulationsverluste** sind allenfalls mit anderen Spekulationsgewinnen zu verrechnen (vgl. § 1 Rn 18 f.). 28

Nachrangig zu dieser Vorschrift ist die Besteuerung eines **Veräußerungsgewinns nach § 17 EStG**. Liegt nämlich eine wesentliche Beteiligung i.S.d. § 17 Abs. 1 EStG[28] vor, so unterliegt ein erzielter Veräußerungsgewinn der Einkommensbesteuerung (ebenfalls nach dem Halbeinkünfteverfahren). Andererseits wird bei Vorliegen der Kriterien einer wesentlichen Beteiligung auch ein erlittener Veräußerungsverlust steuerlich berücksichtigt. Auch dieser Veräußerungsgewinn wird wie vorstehend ermittelt; die eigene Gewinnermittlungsvorschrift ist in § 17 Abs. 2 Satz 1 EStG normiert. Es handelt sich um einen Betriebsvermögensvergleich, für den das Zuflussprinzip des § 11 EStG nicht gilt. Vielmehr ist ein Gewinn (oder Verlust) bereits dann steuerlich zu berücksichtigen, wenn das wirtschaftliche Eigentum auf den Erwerber übergeht. Auf die Zahlung kommt es somit nicht an. 29

Es handelt sich um gewerbliche Einkünfte im Sinne des Einkommensteuergesetzes; sie unterliegen jedoch nicht der Gewerbesteuer.

Bei der Ermittlung der steuerpflichtigen Einkünfte im Sinne dieser Vorschrift ist ein **Freibetrag** von 9.060 EUR abzuziehen. Dieser Freibetrag gilt bei einer 100%-igen Beteiligung, d.h. bei einer Beteiligung von 30% beträgt der Freibetrag 2.718 EUR. Beträgt der Veräußerungsgewinn mehr als 36.100 EUR, so mindert sich der Freibetrag um den 36.100 EUR übersteigenden Betrag. Auch der Betrag von 36.100 EUR ist in das Verhältnis zur eigenen Beteiligung zu setzen. 30

Zu beachten ist, dass vorgenannte Ausführungen zu § 17 EStG nicht nur im Rahmen der Veräußerung von Anteilen an einer GmbH anzuwenden sind. Wird die Gesellschaft aufgelöst, so sind die Vorschriften des § 17 EStG auch analog auf einen erzielten **Liquidationsgewinn** anzuwenden. 31

Ebenfalls ist die Vorschrift des § 17 EStG (i.V.m. § 16 EStG) stets anzuwenden, wenn Anteile veräußert werden, die durch eine Leistung einer Sacheinlage (i.S.d. § 20 Abs. 4 UmwStG: Einbringung von Betriebsvermögen gegen Gewährung von Anteilen an einer Kapitalgesellschaft) erworben wurden. Ein erzielter Veräußerungsgewinn unterliegt – unabhängig von einer wesentlichen Beteiligung – stets der Besteuerung. Auch diese Vorschrift ist analog anzuwenden bei Liquidation der Gesellschaft. 32

28 Unmittelbare oder mittelbare Beteiligung am Stammkapital von mehr als 1 v.H. in den letzten fünf Jahren.

33 Handelt es sich bei einem Veräußerungsgewinn nicht um einen Spekulationsgewinn oder sind die Kriterien einer wesentlichen Beteiligung nicht erfüllt und liegen keine einbringungsgeborene Anteile vor, so bleibt ein erzielter Veräußerungsgewinn steuerfrei.

D. Besteuerung des angestellten Gesellschafters

34 Gerade in den Fällen der Anwalts-GmbH dürfte die Mitarbeit des Gesellschafters als angestellter Rechtsanwalt üblich sein. Hierbei handelt es sich um ein abhängiges Beschäftigungsverhältnis, wobei einige Besonderheiten zu beachten sind:

I. Steuerrecht

35 Durch die doppelte Funktion als **Arbeitgeber** (Anteilseigner der GmbH) auf der einen Seite **und** als **Arbeitnehmer** (Angestellter der GmbH) auf der anderen Seite sind besondere Formerfordernisse zu erfüllen. Wurde ein wirksamer Dienstvertrag geschlossen, handelt es sich bei den Vergütungen um Arbeitslohn. Es gelten insoweit die allgemeinen Grundsätze der Einkünfte aus nichtselbständiger Arbeit.[29] Die zu beachtenden Besonderheiten sind ausführlich im nächsten Abschnitt[30] dargestellt, da das steuerliche Ergebnis der Gesellschaft stets hiermit verbunden ist.

II. Sozialversicherungsrecht

36 Oftmals wird in der Praxis versucht, durch ein Anstellungsverhältnis eine Rückkehr in die gesetzliche Krankenversicherung zu bewirken. Dies kann erhebliche finanzielle Vorteile bringen, da es sich bei der gesetzlichen Krankenversicherung um eine Familienversicherung (Ehegatte und Kinder sind kostenfrei versichert, wenn sie nur ein monatliches Einkommen bis 400 EUR erreichen) handelt. Ferner kann eine Absicherung durch die Arbeitslosenversicherung gewollt sein. Die Krankenkassen prüfen die Arbeitsverhältnisse angestellter Gesellschafter intensiv; die Maßstäbe werden sehr eng ausgelegt.

37 Wichtiges Kriterium für die Anerkennung eines **sozialversicherungsrechtlichen Arbeitsverhältnisses** ist das **Fehlen unternehmerischen Handelns**. Zumindest muss dies sehr eingeschränkt sein. Liegen die Mehrheit der Gesellschaftsanteile und

29 Vgl. § 1 Rn 68 ff.
30 Vgl. „Besteuerung und Gewinnermittlung der GmbH“, Rn 39 ff.

die Befugnisse als Geschäftsführer in einer Hand, so kann der Angestellte dennoch handeln „wie ein Unternehmer". Die Sozialversicherungspflicht wird abgelehnt mit der Folge, dass die GmbH als Arbeitgeber nicht mehr hälftige Anteile zur Kranken- und Rentenversicherung steuerfrei[31] erstatten kann. Die Steuerfreiheit dieser Leistungen setzt nämlich eine gesetzliche Verpflichtung voraus – diese fehlt durch die entsprechende Feststellung der Krankenkasse.

Eigene Wege geht hier zudem die Arbeitslosenversicherung. Zunehmend wird in 38 Fällen der Arbeitslosigkeit geprüft, ob tatsächlich auch sozialversicherungsrechtlich ein Arbeitsverhältnis vorlag. Hier besteht unter Umständen kein Anspruch auf Leistung. Es sollte daher auf jeden Fall vorab eine verbindliche Prüfung durch die zuständige Krankenkasse vorgenommen werden.

E. Besteuerung und Gewinnermittlung der GmbH

Das Einkommensteuergesetz (EStG) regelt die Besteuerung natürlicher Personen. 39 Für die Besteuerung von Körperschaften greift das Körperschaftsteuergesetz (KStG). Die GmbH ist in § 1 Abs. 1 Nr. 1 KStG namentlich als steuerpflichtige Körperschaft aufgeführt.

Ähnlich wie bei der Besteuerung natürlicher Personen ist für eine unbeschränkte 40 Steuerpflicht der Sitz oder die Geschäftsleitung im Inland erforderlich. Zur Wahrung einer Besteuerung von im Ausland ansässigen Körperschaften kennt auch das Körperschaftsteuergesetz den Begriff der beschränkten Steuerpflicht (§ 2 KStG).

Die Vorschriften des Einkommensteuergesetzes gelten in großen Teilen auch für 41 Körperschaften. Hierunter fallen z.B. Gewinnermittlungsvorschriften, Bewertungsvorschriften, aber auch die Regelung von Verlustabzügen. Welche Vorschriften des Einkommensteuergesetzes im Einzelnen anzuwenden sind, regelt § 8 KStG.[32]

I. Beginn der Besteuerung

Die Steuerpflicht der GmbH beginnt mit Erlangung der Rechtsfähigkeit. Diese 42 erreicht die GmbH mit Eintragung in das Handelsregister. Da in der Regel auch vor Eintrag in das Handelsregister von der Gesellschaft Geschäfte vorgenommen werden, kann der Beginn der Besteuerung in folgende Abschnitte eingeteilt werden:

31 Vgl. § 3 Nr. 62 EStG.
32 Vgl. hierzu auch R 32 KStR 2004.

1. Vorgründungsgesellschaft

43 Werden die zukünftigen Gesellschafter der GmbH bereits tätig, bevor überhaupt ein Gesellschaftsvertrag abgeschlossen wurde, so betreiben sie das Unternehmen „Anwaltsgesellschaft" in Form einer Gesellschaft bürgerlichen Rechts (GbR). In diesem Zeitraum besteht unbeschränkte und unmittelbare Haftung der Beteiligten.[33] Steuerlich ist diese Gesellschaft von der späteren GmbH getrennt zu betrachten, d.h. für diesen Zeitraum ist der Gewinn gesondert zu ermitteln. Eventuelle Einkünfte gehören zu denen aus selbständiger Arbeit gemäß § 18 EStG (vgl. § 2).

2. Vorgesellschaft

44 Als Vorgesellschaft wird das Stadium zwischen Abschluss des Gesellschaftsvertrages und Eintragung in das Handelsregister bezeichnet. Hier wird bereits die Identität mit der späteren GmbH angenommen, d.h. die Ermittlung der Einkünfte erfolgt bereits nach den Regeln des Körperschaftsteuergesetzes. Auch unterliegen die in dieser Phase bereits erzielten Einkünfte bereits der Gewerbesteuer. Dieses Stadium ist allerdings noch aus haftungsrechtlicher Sicht von Bedeutung. Das Stammkapital muss zum Zeitpunkt der Eintragung in voller Höhe vorhanden sein. Sofern bereits zum Zeitpunkt der Eintragung Teile des Stammkapitals aufgezehrt sind, sind die Gesellschafter verpflichtet, diesen Fehlbetrag nachzuschießen. Die Empfehlung kann also nur dahin gehen, vor Eintragung der Gesellschaft möglichst keine Geschäftstätigkeit zu entfalten.

3. Gesellschaft

45 Mit Eintragung der Gesellschaft in das Handelsregister hat sie Rechtsfähigkeit erlangt. Befindet sich Sitz oder Geschäftsleitung im Inland, so ist die GmbH nun unbeschränkt steuerpflichtig. Sie unterliegt mit ihren Einkünften der Körperschaftsteuer. Ferner erzielt die GmbH – unabhängig von der Qualifizierung der Einkünfte im Einkommensteuergesetz – stets gewerbliche Einkünfte aufgrund ihrer Rechtsform.[34]

33 Vgl. § 11 Abs. 2 GmbHG.
34 Vgl. § 2 Abs. 2 GewStG.

II. Laufende Besteuerung

Die Ermittlung des Gewinns der GmbH erfolgt grundsätzlich wie in § 2 Rn 128 ff. („Betriebsvermögensvergleich") ausführlich dargestellt. Sämtliche dort aufgezählten Betriebseinnahmen sind auch bei einer GmbH Betriebseinnahmen; alle dort aufgeführten Betriebsausgaben stellen auch bei der GmbH Betriebsausgaben dar. Nachfolgend sind daher lediglich die besonderen Abweichungen aufgeführt. 46

Grundsätzlich ist zu beachten, dass sämtliche **Einkünfte der GmbH** zusätzlich zur Körperschaftsteuer auch der Gewerbesteuer unterliegen.[35] Es sollte daher wohl überlegt sein, inwieweit Gewinne in der GmbH belassen werden. Erträge, die nämlich aus dem angelegten Vermögen erwirtschaftet werden, genießen in der GmbH nicht die Vergünstigungen, die Einkünfte aus Kapitalvermögen bei natürlichen Personen genießen (Sparerfreibetrag). 47

Eine wesentliche Ausnahme stellen hierbei Einnahmen aus der Beteiligung an anderen Kapitalgesellschaften dar. Gewinne aus Dividenden oder auch aus der Veräußerung solcher Beteiligungen verbleiben bei der Gesellschaft steuerfrei.[36] Selbstredend bleiben auch Aufwendungen, die im Zusammenhang mit diesen Einnahmen stehen, außer Ansatz (z.B. bei Kursverlusten).[37] 48

Eine weitere Grundregel ist das Handeln der Beteiligten zur GmbH wie unter fremden Dritten. Die GmbH hat eine eigene Rechtspersönlichkeit; bei jeder Tätigkeit sollte also vorab gefragt werden, ob die geplante Transaktion auch unter Fremden ebenso durchgeführt würde. Sollte diese Frage mit einem klaren „Ja" beantwortet werden, so sind zumeist auch die Probleme einer verdeckten Gewinnausschüttung (Rn 63 ff.) nicht gegeben. 49

III. Ermittlung des Gewinns

1. Allgemeines

Kann ein selbständiger Anwalt oder eine Sozietät die Ermittlung des Gewinns[38] wahlweise in Form einer Einnahmen-Überschuss-Rechnung (§ 4 Abs. 3 EStG) oder eines **Betriebsvermögensvergleiches** (§ 4 Abs. 1 EStG) vornehmen, so hat die Anwalts-GmbH dieses Wahlrecht nicht. 50

35 Vgl. § 238 HGB i.V.m. § 8 Abs. 2 KStG.
36 § 8b Abs. 1 und 2 KStG.
37 § 3c EStG.
38 Vgl. § 2 Rn 116 ff.

51 Die GmbH ist **Kaufmann** aufgrund der Rechtsform und somit bereits nach Handelsrecht zur Führung von Büchern verpflichtet.[39] Sie hat nach § 242 Abs. 1 HGB zu Beginn ihrer Tätigkeit eine Eröffnungsbilanz und am Ende jeden Geschäftsjahres eine Bilanz aufzustellen. Zudem hat sie nach § 242 Abs. 2 HGB eine Gewinn- und Verlustrechnung aufzustellen. Für das Steuerrecht ergibt sich diese Verpflichtung schon alleine aus der Buchführungspflicht des § 140 AO.

52 Zu beachten ist hierbei, dass ein selbständiger Anwalt, der freiwillig Bücher führt und freiwillig seinen Gewinn nach § 4 Abs. 1 EStG ermittelt, ausschließlich steuerrechtliche Vorschriften hinsichtlich der Bewertung von Wirtschaftsgütern oder der Abschreibungen zu beachten hat. Verweist das Einkommensteuergesetz auf Vorschriften des Handelsgesetzbuches, so sind selbstverständlich diese anzuwenden.

53 Die GmbH hingegen hat bei der Ermittlung ihres Gewinns **handelsrechtliche Vorschriften** zu beachten. Interessant ist, dass es keine Verpflichtung gibt, eine Steuerbilanz aufzustellen. Sind in der Handelsbilanz Wertansätze enthalten, die steuerlich nicht zulässig sind, so sind der Steuererklärung lediglich entsprechende Erläuterungen beizufügen (§ 60 EStDV). Insoweit ist die steuerliche Gewinnermittlung hier als nachrangig zu betrachten. In der Praxis wird – um solche ergänzenden Berechnungen zu vermeiden – regelmäßig lediglich eine Steuerbilanz aufgestellt.

54 Neben der zwingenden **Bilanzierung** sind im Handelsgesetzbuch weitere Vorschriften enthalten, die – neben den Vorschriften für Kaufleute – zusätzlich für Kapitalgesellschaften gelten.[40] So hat der gesetzliche Vertreter der Kapitalgesellschaft neben dem Jahresabschluss i.S.d. § 242 HGB (bestehend aus Bilanz[41] und Gewinn- und Verlustrechnung)[42] einen **Anhang** sowie einen **Lagebericht** aufzustellen.[43] Zudem besteht die handelsrechtliche Verpflichtung, den Jahresabschluss innerhalb von drei Monaten nach Ende des Geschäftsjahres aufzustellen.[44] Da es sich bei einer Anwalts-GmbH wohl regelmäßig um kleine Kapitalgesellschaften i.S.d. § 267 Abs. 1 HGB handeln dürfte, gelten u.a. nachfolgende Erleichterungen für kleine Kapitalgesellschaften: Ein Lagebericht braucht nicht aufgestellt zu werden und der Jahresabschluss kann innerhalb der ersten sechs Monate nach Ende des Geschäftsjahres aufgestellt werden.

39 Vgl. § 238 HGB.
40 Vgl. §§ 264 ff. HGB.
41 Nach der Gliederung des § 266 HGB.
42 Nach der Gliederung des § 275 HGB.
43 Vgl. § 264 Abs. 1 Satz 1 HGB.
44 Vgl. § 264 Abs. 1 Satz 2 HGB.

Welche Angaben im Anhang und ggf. Lagebericht enthalten sein müssen – mit entsprechenden Erleichterungen für kleine Kapitalgesellschaften –, ist in den §§ 284 bis 288 HGB bzw. § 289 HGB aufgeführt. 55

Zu beachten ist abschließend noch die Verpflichtung, den Jahresabschluss der GmbH dem zuständigen Handelsregister einzureichen.[45] Zwar kann es sich bei der veröffentlichten Version um eine absolute Kurzfassung des Jahresabschlusses handeln, aber dennoch dürfte diese Verpflichtung als Hemmnis für die Rechtsform der GmbH zu werten sein. 56

2. Besonderheiten

Wie bereits oder in Rn 46 dargestellt, erfolgt die Gewinnermittlung durch die Bilanzierungspflicht bei der GmbH grundsätzlich wie bei der freiwilligen Bilanzierung. Nachfolgend sei daher nur auf Besonderheiten hingewiesen, die in der Rechtsform der GmbH begründet sind: 57

a) Vergütungen an Gesellschafter

Ist der Gesellschafter für die Gesellschaft tätig oder gewährt er der Gesellschaft ein Darlehen und erhält hierfür eine Vergütung, so stellt diese Vergütung bei der GmbH eine steuerlich zu berücksichtigende Betriebsausgabe dar. Zu den Problemfeldern der verdeckten Gewinnausschüttung siehe Rn 63. Zahlen sich die Partner einer Sozietät hingegen entsprechende Vergütungen, so werden diese Beträge als steuerneutrale Privatentnahme betrachtet. 58

Der Steuereffekt ist hierbei allerdings gering, da die Vergütungen für die Tätigkeit in der Gesellschaft schließlich bei dem Empfänger als Arbeitslohn oder als Erträge aus Kapitalvermögen zu versteuern sind.

Interessant sind diese Vergütungen für die Minderung der Gewerbesteuer. Hierbei ist entgegenzuhalten, dass eine Sozietät oder ein Einzelanwalt nicht gewerbesteuerpflichtig ist.

b) Pensionszusagen

Von steuerlicher Bedeutung hingegen ist, dass die GmbH ihren angestellten Gesellschaftern (und natürlich auch anderen Mitarbeitern) eine Pensionszusage gewähren kann. Die Aufwendungen hierfür stellen Betriebsausgaben dar und mindern unter den Voraussetzungen des § 6a EStG auch das steuerliche Ergebnis. Im Rahmen einer 59

45 Vgl. § 325 HGB.

Sozietät oder gar als Einzelanwalt besteht diese Möglichkeit nicht. Durch diesen Vorgang kann das steuerliche Ergebnis in den aktiven Tätigkeitsjahren gemindert werden. Im Alter führen diese Pensionen zwar zu steuerpflichtigen Einkünften, führen aber aufgrund regelmäßig geringeren Gesamteinkommens des Empfängers auch zu einer deutlich geringeren Steuerlast. Dieser Nachteil relativiert sich zudem zusätzlich durch die gesetzlichen Änderungen, die im Rahmen der Neuregelungen zur Besteuerung der Alterseinkünfte greifen werden.[46]

60 Zu der auch hier bestehenden Problematik der verdeckten Gewinnausschüttung wird auf Rn 63 verwiesen.

IV. Ermittlung des steuerlichen Einkommens

1. Körperschaftsteuer

61 Gegenstand der Besteuerung ist bei der Kapitalgesellschaft – ebenso wie bei natürlichen Personen – das zu versteuernde Einkommen.[47] Die Anwendungsvorschriften zur Einkommensermittlung sind in § 8 KStG geregelt. § 9 KStG enthält weitere abziehbare Aufwendungen (z.B. Spenden). § 10 KStG enthält einige nichtabziehbare Aufwendungen, die über die Vorschrift des § 4 Abs. 5 EStG hinausgehen. Hierunter fällt z.B. die Hälfte der Vergütung an einen Aufsichtsrat.

62 Die Einkommensermittlung der GmbH ist nicht sonderlich spektakulär, wenn nicht die Vorschrift des § 8 Abs. 3 KStG regelmäßig streitbefangen wäre: Auch verdeckte Gewinnausschüttungen mindern das Einkommen nicht. Vergünstigungen an eine dem Gesellschafter nahe stehende Person werden ebenfalls dem Gesellschafter zugerechnet.[48] Auf die steuerliche Vorschrift im Zusammenhang mit der Gesellschafter-Fremdfinanzierung [49] sei hier nur hingewiesen. Sie dürfte im Zusammenhang mit der Besteuerung der Anwalts-GmbH von untergeordneter Bedeutung sein.

63 Die **verdeckte Gewinnausschüttung (vGA)** wird wie folgt definiert:

- Vermögensminderung oder verhinderte Vermögensmehrung bei der Gesellschaft
- Veranlassung durch das Gesellschaftsverhältnis
- Auswirkungen auf das Einkommen der Gesellschaft
- Fehlender gesellschaftsrechtlicher Gewinnverteilungsbeschluss.

46 Vgl. Gesetz zur Neuordnung der einkommensteuerrechtlichen Behandlung von Altersvorsorgeaufwendungen und Altersbezügen (Alterseinkünftegesetz – AltEinkG) vom 5.7.2004, BGBl. I 2004, S. 1427.

47 Vgl. § 7 Abs. 1 KStG.

48 Vgl. R 36 (1) KStR 2004.

49 Vgl. § 8a KStG.

Bei ausreichendem steuerlich verwendbarem Eigenkapital[50] spielt die Betrachtung der Körperschaftsteuer oder der Einkommensteuer eine eher untergeordnete Rolle. Selbst wenn gewinnmindernd erfasste Betriebsausgaben nachträglich als verdeckte Gewinnausschüttung umqualifiziert werden, so ändert sich lediglich die Einkunftsart. So werden beispielsweise Einkünfte aus nichtselbständiger Arbeit dann zu Einkünften aus Kapitalvermögen. 64

Von Bedeutung ist hierbei die **gewerbesteuerliche** Folge: Da verdeckte Gewinnausschüttungen das Einkommen der GmbH nicht mindern, erhöht sich die Bemessungsgrundlage für die Ermittlung der Gewerbesteuer. Wird eine verdeckte Gewinnausschüttung erst nach Jahren, z.B. im Rahmen einer Betriebsprüfung, festgestellt, so kann die steuerliche Belastung hieraus erhebliche Liquiditätsprobleme nach sich ziehen. 65

Wie bereits eingangs dieses Kapitels dargestellt, kann die Problematik der verdeckten Gewinnausschüttung zumeist durch die kritische Selbstprüfung „**wie unter fremden Dritten**" vermieden werden. Nachfolgend nun eine Übersicht über typische Vorgänge, die zur verdeckten Gewinnausschüttung führen. Die Aufzählung ist sicher nicht erschöpfend. Sie soll letztlich den für die Gesellschaft tätigen Gesellschafter hinsichtlich dieses Themas sensibilisieren. 66

- **Darlehen** 67

Wird dem Gesellschafter von der Gesellschaft ein Darlehen gewährt, obwohl bei der Hingabe bereits mit der Uneinbringlichkeit gerechnet werden musste, so liegt eine verdeckte Gewinnausschüttung vor. Siehe auch → Zinsen.

- **Gehalt** 68

Zahlt die Gesellschaft einem Gesellschafter ein unangemessen hohes Gehalt, so handelt es sich bei dem unangemessenen Teil der Vergütung um eine verdeckte Gewinnausschüttung. Zur Beurteilung der Angemessenheit sind u.a. Art und Umfang der Tätigkeit, Branchenüblichkeit und Relation der Vergütung zum Unternehmensergebnis von Bedeutung.

- **Gesellschafterversammlung** 69

Kostenübernahme der Gesellschaft für Aufwendungen der Gesellschafter im Rahmen einer Gesellschafterversammlung stellen verdeckte Gewinnausschüttungen dar.[51]

50 Vgl. §§ 27 ff. KStG.
51 Vgl. BStBl. I 1984, S. 591.

70 ■ **Pensionszusage**

Eine Pensionszusage ist unter den Voraussetzungen des § 6a EStG steuerlich anzuerkennen. Sie muss erdienbar, für die Gesellschaft finanzierbar und angemessen sein. Ausführlich hierzu R 38 KStR sowie die BMF-Schreiben vom 7.3.1997[52] und 14.5.1999.[53]

71 ■ **Rückwirkung** → Vereinbarung

72 ■ **Schriftform** → Vereinbarung

73 ■ **Selbstkontrahierungsverbot**

Verstöße gegen das Selbstkontrahierungsverbot des § 181 BGB führen zur verdeckten Gewinnausschüttung.

74 ■ **Tantiemen**

Bei der Bemessung der Tantieme ist die Angemessenheit – auch unter Berücksichtigung der Gesamtvergütung – zu prüfen.[54]

75 ■ **Überstundenvergütung**

Hinsichtlich einer Vereinbarung über Überstundenvergütungen entschied der BFH,[55] dass diese nicht vereinbar sei mit dem Aufgabenbild eines Gesellschafter-Geschäftsführers. Insoweit kann diese Vergütung zu einer verdeckten Gewinnausschüttung führen. Zu berücksichtigen ist allerdings die neuere Rechtsprechung des BFH zu einer zusätzlichen Vergütung an den Gesellschafter-Geschäftsführer für Tätigkeiten an Sonn- und Feiertagen.[56]

76 ■ **Vereinbarung**

Über Vergütungen zwischen Gesellschaft und – zumindest beherrschendem – Gesellschafter sind zivilrechtlich wirksame und im Voraus geschlossene Vereinbarungen zu treffen, in denen u.a. Art und Höhe von Leistung und Gegenleistung festgehalten sind. Empfehlenswert ist zudem stets die Schriftform. Zwar obliegt dem Finanzamt die Beweislast, ob eine verdeckte Gewinnausschüttung vorliegt. Der Gesellschaft obliegt hingegen die Beweislast der betrieblichen Veranlassung von Betriebsausgaben.

77 ■ **Vermietung**

Mietet der Gesellschafter von der Gesellschaft zu einem unangemessen niedrigen Mietzins oder mietet die Gesellschaft von dem Gesellschafter zu einem überhöhten

52 Vgl. BStBl. I 1997, S. 637.

53 Vgl. BStBl. I 1999, S. 512.

54 Vgl. R 39 KStR 2004 und BMF-Schreiben vom 5.1.1998, BStBl. I 1998, S. 90.

55 Vgl. BStBl. II 1997, S. 577.

56 Vgl. BFH-Urteil vom 14.7.2004, Az. I R 111/03.

Mietzins Räume oder Gegenstände, so handelt es sich bei dem unangemessenen Anteil um eine verdeckte Gewinnausschüttung.[57]

■ **Wettbewerbsverbot** 78

Betätigen sich Gesellschafter und Gesellschaft konkurrierend auf dem Markt, so bedarf es zur Vermeidung einer verdeckten Gewinnausschüttung einer im Voraus abgeschlossenen Vereinbarung über die Befreiung vom Wettbewerbsverbot.[58]

■ **Zinsen** 79

Gewährt die Gesellschaft einem Gesellschafter ein Darlehen zu unüblichen Konditionen (außergewöhnlich geringer Zinssatz bzw. zinslos), so stellt die Differenz zwischen den gezahlten Zinsen und den marktüblichen Zinsen eine verdeckte Gewinnausschüttung dar.[59] Gewährt hingegen der Gesellschafter der Gesellschaft ein Darlehen zu unüblichen Konditionen (außergewöhnlich hoher Zinssatz), so stellt die Differenz zwischen den gezahlten Zinsen und den marktüblichen Zinsen eine verdeckte Gewinnausschüttung dar.[60]

2. Gewerbesteuer

Wie bereits ausgeführt (Rn 46), unterliegen sämtliche Einkünfte der Kapitalgesellschaft der Gewerbesteuer. Nach Abschaffung der Gewerbekapitalsteuer, die das Vermögen des Gewerbebetriebes besteuert hatte, fällt als zusätzliche Steuerlast die Gewerbeertragsteuer an. Sie wird von der Gemeinde bzw. der Stadt erhoben. Die Gewerbesteuer gehört zu den als Betriebsausgaben abzugsfähigen Steuern.[61] 80

Für Zwecke der Gewerbesteuer ist eine **eigene – gewerbesteuerliche – Einkommensberechnung** anzustellen. Diese basiert zwar auf dem zu versteuernden Einkommen, welches nach den Vorschriften des Einkommensteuer- bzw. Körperschaftsteuergesetzes ermittelt wurde; es kann aber für Zwecke der Gewerbesteuer nicht unverändert übernommen werden. 81

Ausgehend von diesem Gewerbeertrag werden Hinzurechnungen nach § 8 GewStG vorgenommen. Hierbei handelt es sich u.a. um die Hälfte der Entgelte für Dauerschulden. Ferner sind von dem Gewerbeertrag Kürzungen nach § 9 GewStG vorzunehmen. Hier sind beispielhaft Gewinne zu nennen, die aus einer Beteiligung an 82

57 Vgl. BStBl. III 1955, S. 353 und BStBl. II 1971, S. 408.
58 Vgl. BStBl. I 1992, S. 137 und BStBl. I 1993, S. 556.
59 Vgl. u.a. BStBl. III 1965, S. 176 und BStBl. II 1982, S. 245.
60 Vgl. u.a. BStBl. III 1965, S. 119 und BStBl. III 1965, S. 176.
61 Vgl. R 20 Abs. 2 EStR 2003.

einer Personengesellschaft erzielt wurden, bei der die Kapitalgesellschaft als Mitunternehmer anzusehen ist.

83 Auf den ermittelten maßgebenden Gewerbeertrag wird die Steuermeßzahl gemäß § 11 Abs. 2 Nr. 2 GewStG in Höhe von 5 v.H. angewandt. Diese Steuermeßzahl wird durch das Finanzamt festgesetzt und der Gemeinde übermittelt. Diese wendet darauf den örtlichen Hebesatz an, der schließlich zur Gewerbesteuer führt. Anders als bei gewerbesteuerpflichtigen natürlichen Personen oder Personenvereinigungen kommen § 11 GewStG (Freibetrag und Staffeltarif) sowie § 35 EStG (Anrechnung von Gewerbesteuer auf die Körperschaftsteuer) nicht zur Anwendung.

V. Ende der Besteuerung

84 Die Steuerpflicht der Kapitalgesellschaft endet nicht mit der Auflösung, der Insolvenz oder dem Löschen der Gesellschaft aus dem Handelsregister. Vielmehr endet sie mit der **Beendigung der Liquidation** und der **Auskehrung** evtl. noch vorhandenen Vermögens an die Gesellschafter. Dies gilt sowohl für die Körperschaftsteuer als auch für die Gewerbesteuer.[62]

85 Der Liquidationszeitraum gilt als eigener geschlossener Besteuerungszeitraum, wobei eine Zeitspanne von drei Jahren nicht überschritten werden sollte.[63] Für diese Besteuerung ist zu Beginn der Liquidation eine Anfangsbilanz und bei Beendigung der Liquidation eine Schlussbilanz aufzustellen. Für diesen Zeitraum gelten im Übrigen die allgemeinen Gewinnermittlungsvorschriften (§ 4 Abs. 1 EStG).

F. Übertragung von GmbH-Anteilen

86 Ein wesentlicher Vorteil der Anwalts-GmbH liegt im **einfacheren Verfahren des Gesellschafterwechsels**. Zwar besteht die Beschränkung, dass Berufsangehörige stets die Mehrheit der Anteile halten müssen, aber die Anwaltsgesellschaft selbst bleibt – ggf. mit Ausnahme personeller Konsequenzen – unverändert bestehen. Die GmbH bleibt auch steuerlich von einem Veräußerungsvorgang unberührt; die Folgen sind auf der Gesellschafterebene außerhalb der Gesellschaft zu finden.

87 Ein Wechsel im Gesellschafterbestand ist zudem nicht öffentlich, da die Gesellschafter weder namentlich im Handelsregister genannt noch auf den Geschäftspapieren erwähnt werden.

62 Vgl. § 4 GewStDV.

63 Vgl. § 11 Abs. 1 KStG.

Eine Übertragung von Geschäftsanteilen kann entgeltlich oder unentgeltlich erfolgen. 88

Zu den steuerlichen Folgen der **entgeltlichen Übertragung** (= Veräußerung) siehe Rn 24 ff. Im Vorfeld der Anteilsveräußerung stellt sich die Frage der zutreffenden Bewertung des zu veräußernden Anteils. Selbstverständlich können Bewertungsmaßstäbe angewandt werden wie bei der Veräußerung einer Einzelpraxis oder eines Anteils an einer Sozietät.[64] Unabhängig vom Gegenstand des Unternehmens sieht das Steuerrecht (z.B. bei Ermittlung der Erbschaftsteuer) eigene Bewertungsmaßstäbe vor (§ 11 Abs. 2 BewG); zur Anwendung kommt das sog. **Stuttgarter Verfahren** (R 96 ErbschStR 2003). 89

Zu der **unentgeltlichen Übertragung** im Rahmen einer Schenkung oder Erbschaft von Gesellschaftsanteilen siehe insbesondere § 6 Rn 30 ff. 90

64 Vgl. hierzu ausführlich *Möller*, Kauf, Verkauf und Fusion von Anwaltskanzleien, 1998.

§ 5 Umsatzsteuer

Thomas Block

A. Allgemeines

I. Inhalt des Kapitels

Die Umsatzsteuer gewinnt in der beruflichen Praxis des Rechtsanwalts eine immer größere Bedeutung. Bedingt ist dies auch dadurch, dass die rechtsberatenden Berufe immer mehr mit internationalen Sachverhalten beschäftigt werden. Zudem nimmt das Umsatzsteuerrecht einen immer größeren Raum im deutschen Steuerrecht ein. Nicht zuletzt die Rechtsprechung des Europäischen Gerichtshofs hat den Gesetzgeber in den letzten Jahren zu umfangreichen Modifikationen des nationalen Umsatzsteuerrechts gezwungen. Hiervon zeugen rund 250 Änderungen des UStG innerhalb der letzten fünf Jahre. Das folgende Kapitel soll zum einen den Rechtsanwender in die Lage versetzen, **Umsatzsteuer-Voranmeldungen** und die **Umsatzsteuer-Jahreserklärung** auszufüllen, ihn zum anderen aber auch dazu befähigen, umsatzsteuerliche Probleme in der täglichen Berufspraxis zu bewältigen. Ein besonderer Schwerpunkt wird auf berufstypische umsatzsteuerliche Problembereiche gelegt. 1

Auf die Sonderregelungen in Bezug auf die Besteuerung von Reiseleistungen durch Reiseveranstalter (§ 25 UStG), die Differenzbesteuerung nach § 25a UStG, die Besteuerung der Land- und Forstwirte sowie die Besteuerung von Vereinen wird nicht näher eingegangen. Den folgenden Ausführungen liegen der Rechtsstand des Umsatzsteuergesetzes 1999, zuletzt geändert durch das Richtlinienumsetzungsgesetz vom 9.12.2004, sowie die Umsatzsteuerrichtlinien 2005 zugrunde. 2

II. Umfang des Unternehmens

Steuersubjekt der Umsatzsteuer ist der Unternehmer. **Unternehmer** ist, wer eine gewerbliche oder berufliche Tätigkeit selbständig[1] ausübt. Als **gewerblich** oder **beruflich** wird eine Tätigkeit für Zwecke der Umsatzsteuer angesehen, wenn sie nachhaltig der Erzielung von **Einnahmen** dient. Eine Gewinnerzielungsabsicht ist, anders als im Bereich der Ertragsbesteuerung, nicht erforderlich.[2] 3

1 Abgrenzung zur nichtunternehmerischen Tätigkeit bei einer Beratungstätigkeit für das Landesamt zur Regelung offener Vermögensfragen: vgl. Sächsisches FG, Urteil vom 12.11.2003, Az. 1-K-1279/99.

2 Vgl. Abschn. 18 Abs. 6 UStR 2005.

4 Der Kernbereich der Tätigkeit von Rechtsanwälten erfüllt diese Kriterien zweifellos. Verkannt wird jedoch häufig, dass der Umsatzsteuer grundsätzlich **jede Tätigkeit des Unternehmers** unterliegt, die diese Kriterien erfüllt.

> *Beispiel*
> Ein selbständig tätiger Rechtsanwalt ist auch als Vermieter von Eigentumswohnungen tätig. Offensichtlich unterliegt er mit seiner anwaltlichen Tätigkeit der Umsatzbesteuerung. Aber auch hinsichtlich der Tätigkeit als Vermieter liegen grundsätzlich Leistungen vor, die in den Rahmen seines Unternehmens fallen. Anders als beispielsweise die Einkommensteuer, bei der die anwaltliche Tätigkeit als Einkünfte aus selbständiger Tätigkeit und die Vermietungstätigkeit als Einkünfte aus Vermietung und Verpachtung zu würdigen wären, umfasst die Umsatzsteuer somit die gesamte berufliche und gewerbliche Tätigkeit des Unternehmers.

5 Unternehmer und damit Steuersubjekt kann bei der Umsatzsteuer neben natürlichen und juristischen Personen (anders als bei den meisten anderen Steuerarten) auch eine **nicht rechtsfähige Personenvereinigung**, z.B. eine GbR, sein (vgl. § 2 Rn 323 ff.).

III. Umsatzsteuer-Systematik

6 Der Umsatzbesteuerung kann als einer von wenigen Steuerarten zumindest eine gewisse Systematik bescheinigt werden. Zwar sind auch der Umsatzsteuer Subventionscharakter und Kasuistik nicht fremd, jedoch nicht in dem Umfang, wie dies bei der Ertragsbesteuerung gegeben ist. Ein grundsätzliches Verständnis der umsatzsteuerlichen Systematik ist für den Rechtsanwender erforderlich, um Einzelsachverhalte umsatzsteuerrechtlich zutreffend zu würdigen.

7 Die bis dahin als **„Mehrwertsteuer“** bezeichnete Umsatzsteuer wirkt seit 1967 als **Nettoallphasenverbrauchssteuer mit Vorsteuerabzug**. Dies bedeutet, dass grundsätzlich auf jeder Handelsstufe Umsatzsteuer für die vom Unternehmer erbrachte Leistung erhoben wird, der Unternehmer jedoch die ihm für die Ausführung seiner Leistung von einem anderen Unternehmer der Vorstufe in Rechnung gestellten Umsatzsteuerbeträge als Vorsteuer von seiner Umsatzsteuer-Zahllast abziehen kann. Im Ergebnis wirkt die Umsatzsteuer somit erst beim nicht vorsteuerberechtigten Endverbraucher als Kostenfaktor. Um einen unversteuerten Endverbrauch bei einer außerbetrieblich verursachten Leistungsentnahme des Unternehmers (z.B. Gastwirt entnimmt dem Betrieb Speisen und Getränke zum eigenen Verzehr) zu vermeiden, unterliegen solche Vorgänge – bis 1999 vom Gesetzgeber als „Eigenverbrauch“ bezeichnet – ebenfalls der Umsatzsteuer.

Den Subventionscharakter bzw. eine gesellschaftspolitische Komponente erhält die Umsatzsteuer durch eine Vielzahl von **Steuerbefreiungen** (Warenexport, Wohnungsvermietung, Heilfürsorge) und einen **ermäßigten Steuersatz von 7%** für bestimmte Leistungen (z.B. Lebensmittel, Bücher).

Bei der Beurteilung von umsatzsteuerlichen Sachverhalten ist erst die Ausgangsleistung (Wer leistet wofür? Entsteht für diese Leistung Umsatzsteuer?) zu beurteilen. Alsdann ist zu prüfen, ob für die dieser Ausgangsleistung zuzuordnenden Eingangsleistungen das Recht auf Vorsteuerabzug besteht. Nachdem die Frage der Unternehmereigenschaft (vgl. Rn 3) beantwortet wurde und feststeht, dass die Leistung im Rahmen des Unternehmens erbracht wurde, kann für die Beurteilung einer Ausgangsleistung folgende (vereinfachte) **Prüfungsreihenfolge** vorgeschlagen werden: 8

Prüfungsreihenfolge		**Ergebnis**
1.	Lieferung oder sonstige Leistung?	
2.	Gegen Entgelt (im Leistungsaustausch)?	
3.	Im Inland (Ort der Leistung)?	Leistung ist steuerbar
4.	Liegen die Voraussetzungen für eine Steuerbefreiung vor?	
5.	Wird auf diese Steuerbefreiung verzichtet?	Leistung ist steuerpflichtig
6.	Welchem Steuersatz unterliegt die Leistung?	
7.	Ermittlung der Bemessungsgrundlage für die Steuer (Entgelt)	Berechnete Umsatzsteuer
8.	Ermittlung der Fälligkeit der Steuer	

Nachdem die Umsatzsteuer ermittelt wurde, ist der Vorsteuerabzug für die mit der Ausgangsleistung verbundenen Eingangsleistungen zu prüfen: 9

1. Liegt eine ordnungsgemäße Rechnung eines anderen Unternehmers vor?
2. Handelt es sich um spezielle Leistungen, für die der Vorsteuerabzug begrenzt oder insgesamt nicht möglich ist (z.B. bestimmte Reisekosten, Bewirtungskosten)?
3. Greift ein Ausschlusstatbestand für den Vorsteuerabzug?
4. Tritt der Ausschluss vom Vorsteuerabzug wegen Sonderregelungen nicht ein?
5. Ermittlung des Zeitpunktes des Vorsteuerabzuges.

Neben den Leistungen trifft auch die **Einfuhr** und den Erwerb von Gütern aus anderen Staaten der EU (innergemeinschaftlicher Erwerb) die Prüfung als steuerpflichtiger Umsatz mit der Möglichkeit des Vorsteuerabzuges.[3] Da die Beurteilung von 10

3 Vgl. § 1 Abs. 1 Nr. 5 UStG.

grenzüberschreitenden Lieferungen im Rahmen der anwaltlichen Tätigkeit eine stark untergeordnete Rolle spielt, soll auf diese umfangreiche Thematik nicht weiter eingegangen werden. Es kann jedoch im Grundsatz festgehalten werden, dass grenzüberschreitende Lieferungen an Endverbraucher innerhalb der EU im Ursprungsland besteuert werden und grenzüberschreitende Lieferungen an Endverbraucher in Staaten, die nicht Mitglied der EU sind, im Bestimmungsland besteuert werden. Zu beachten ist jedoch die Sonderregelung des § 1b UStG, die den innergemeinschaftlichen Erwerb neuer Fahrzeuge auch bei Privatpersonen der Umsatzbesteuerung unterwirft.

IV. Kleinunternehmer

11 Umsatzsteuer wird für die Leistungen des Unternehmers grundsätzlich nicht erhoben, wenn dieser als sog. Kleinunternehmer zu qualifizieren ist. Jedoch steht dem Kleinunternehmer auch nicht die Möglichkeit offen, die ihm von anderen Unternehmern für berufliche Zwecke in Rechnung gestellten Umsatzsteuerbeträge als Vorsteuer vom Finanzamt erstattet zu bekommen.

12 **Kleinunternehmer** ist, wessen Gesamtumsatz im Sinne von § 19 Abs. 3 UStG im vorangegangenen Kalenderjahr einen Betrag von 17.500 EUR nicht überstieg und im laufenden Kalenderjahr 50.000 EUR voraussichtlich nicht übersteigen wird. Der Unternehmer kann jedoch auf die Anwendung der Regelungen für Kleinunternehmer auf Antrag verzichten. Diese in § 19 Abs. 2 UStG dargelegte **Option zur Regelbesteuerung** hat eine Bindungsfrist von fünf Kalenderjahren. Übt der Kleinunternehmer die Option zur Regelbesteuerung aus, folgt daraus im Wesentlichen, dass er für seine steuerpflichtigen Leistungen Umsatzsteuer abzuführen hat, aber auch Vorsteuern aus ihm in Rechnung gestellten Beträgen geltend machen kann. Der Wechsel der Besteuerungsart vom Kleinunternehmer zur Regelbesteuerung oder anders herum löst eine Vorsteuerberichtigung für Investitionsgüter nach § 15a UStG aus (vgl. Rn 53).

Im Bereich der rechtsberatenden Berufe ist die Kleinunternehmerregelung aufgrund der mit 17.500 EUR sehr niedrigen Jahresumsatzgrenze hauptsächlich nur für **Nebentätigkeiten** eines im Angestelltenverhältnis beschäftigten Anwalts relevant. Unterschreitet der Jahresumsatz die genannten Grenzen, gilt es abzuwägen, ob auf die Umsatzbesteuerung verzichtet wird oder ob zur Regelbesteuerung optiert werden soll. Zwei typische Beispiele für die Entscheidungsfindung werden nachfolgend dargestellt.

Beispiel 1
Rechtsanwalt A ist hauptberuflich bei den Rechtsanwälten X&Partner nichtselbständig angestellt. Neben dieser Anstellung wird er gelegentlich selbständig für verschiedene Auftraggeber in Mietrechtsangelegenheiten beratend tätig. Aus dieser Nebentätigkeit erzielt A jährliche Einnahmen von 10.000 EUR. Kosten entstehen A im Zusammenhang mit seiner Nebentätigkeit kaum. A wird als Kleinunternehmer auf die Umsatzbesteuerung verzichten, da seine Auftraggeber als Privatpersonen regelmäßig keine Möglichkeit haben, die von A in Rechnung gestellte Umsatzsteuer als Vorsteuer geltend zu machen. Die Umsatzsteuer wirkt sich für die Auftraggeber somit als Kostenfaktor aus. A kann seine Leistung im Vergleich zu anderen regelbesteuernden Anwälten folglich preiswerter gegenüber Nicht-Unternehmern anbieten, wenn er als Kleinunternehmer keine Umsatzsteuer abführen muss.

Beispiel 2
Rechtsanwalt B ist ebenfalls hauptberuflich bei X&Partner nichtselbständig angestellt. Neben der Anstellung möchte B gelegentlich für den Y-Verlag schriftstellerisch tätig werden. B plant, ausschließlich für diese Tätigkeit einen Computer im Wert von 5.000 EUR zzgl. 800 EUR USt anzuschaffen. B schätzt, mit seiner schriftstellerischen Tätigkeit jährliche Einnahmen von 1.000 EUR (ggf. zzgl. USt) erzielen zu können. B wird zur Regelbesteuerung gemäß § 19 Abs. 2 UStG optieren. Im ersten Jahr seiner Tätigkeit muss er von seinen Einnahmen 7% USt = 70 EUR Umsatzsteuer an das Finanzamt abführen, kann aber 800 EUR Vorsteuern hiervon abziehen[4] und erhält eine Erstattung aus der Umsatzsteuer-Jahreserklärung von 730 EUR. Der Y-Verlag kann die in Rechnung gestellte Umsatzsteuer des B als Vorsteuer abziehen.

B. Umsatzsteuerpflicht der anwaltlichen Leistungen

I. Steuerbarkeit und Ort der Leistung

Das Umsatzsteuergesetz unterscheidet zwei Arten von Leistungen: **Lieferungen** und **sonstige Leistungen**. 13

Lieferungen sind Leistungen, durch die einem Dritten die Verfügungsmacht an einem Gegenstand verschafft wird. Der Begriff des Gegenstandes umfasst hier körperliche Gegenstände i.S.d. § 90 BGB, aber auch Wirtschaftsgüter, die im Rechtsver-

4 Vgl. § 15 Abs. 1 Nr. 1 UStG.

kehr wie Sachen behandelt werden, z.B. elektrischer Strom oder der Praxiswert einer Anwaltssozietät.[5] Die **Verschaffung der Verfügungsmacht** ist regelmäßig mit dem bürgerlich-rechtlichen Eigentumsübergang deckungsgleich. Der Begriff ist jedoch teilweise weiter oder enger gefasst als der Eigentumsübergang nach dem BGB: Die Verfügungsmacht über einen Gegenstand hat derjenige inne, der faktisch in der Lage ist, über den Gegenstand wie ein Eigentümer zu verfügen, ihn insbesondere nutzen und veräußern zu können. Somit stellt eine Eigentumsübertragung mit vereinbartem **Eigentumsvorbehalt** schon die Verschaffung der Verfügungsmacht dar,[6] eine **Sicherungsübereignung** jedoch nicht.

Eine **sonstige Leistung** ist nach § 3 Abs. 9 UStG eine Leistung, die keine Lieferung ist. Auch ein Dulden oder Unterlassen stellt eine sonstige Leistung dar.

14 Der **Grundsatz der Einheitlichkeit der Leistung**[7] besagt, dass ein einheitlicher wirtschaftlicher Vorgang auch umsatzsteuerlich einheitlich zu betrachten ist. Dies gilt insbesondere hinsichtlich der Beurteilung des Ortes der Leistung und der Steuerbefreiungen. Unbeachtlich in diesem Zusammenhang ist, dass Vorgänge, die im Rahmen des UStG einheitlich betrachtet werden, bürgerlich-rechtlich gesondert zu beurteilende Vorgänge darstellen. Liegt keine selbständige Hauptleistung, sondern nur eine unselbständige Nebenleistung vor, teilt diese das Schicksal der Hauptleistung.

Beispiel

A vermietet ein Gebäude an den Unternehmer B umsatzsteuerpflichtig (vgl. Rn 24). Auf die Miete von 1.000 EUR netto wird Umsatzsteuer i.H.v. 160 EUR berechnet. A hat auch für die als unselbständige Nebenleistung zu beurteilende Nebenkostenvorauszahlung Umsatzsteuer zu berechnen.

15 Eine Leistung ist **steuerbar**, wenn sie

1. von einem Unternehmer
2. im Inland
3. gegen Entgelt
4. im Rahmen seines Unternehmens

ausgeführt wird.

Der Begriff des **Unternehmers** wurde, wie auch der **Rahmen seines Unternehmens**, bereits in Rn 3 erläutert.

5 BFH, Urteil vom 5.12.1997, BFH/NV 1998, S. 888.
6 Vgl. Abschn. 24 Abs. 2 UStR 2005.
7 Vgl. Abschn. 29 UStR 2005.

Eine Leistung ist **gegen Entgelt** ausgeführt, wenn ein **Leistungsaustausch** vorliegt. Um einen Leistungsaustausch handelt es sich, wenn ein Unternehmer eine Leistung gegenüber einem Dritten erbringt und sich diese auf den Erhalt einer Gegenleistung – das Entgelt – richtet.[8] Folglich liegt z.B. bei der Zahlung von **Schadensersatz** oder **Konventionalstrafen** (vgl. Rn 75) mangels Leistungsaustausch keine steuerbare Leistung vor. Allerdings bestimmt § 1 Abs. 1 Nr. 1 a UStG, dass die Steuerbarkeit einer Leistung nicht entfällt, wenn diese aufgrund gesetzlicher oder behördlicher Anordnung ausgeführt wird (z.B. **Enteignungen**). 16

Der Gesetzgeber hat bei entgeltlichen und unentgeltlichen **Geschäftsveräußerungen im Ganzen** ab 1994 in § 1 Abs. 1 a UStG fingiert, dass hierbei keine steuerbaren **Leistungen** vorliegen. Diese Regelung ist begrüßenswert, da sich in der Praxis so eine aufwendige Wertermittlung für die Bemessungsgrundlage vermeiden lässt (vgl. Rn 25). Eine Geschäftsveräußerung im Ganzen liegt vor, wenn die wesentlichen Grundlagen eines Unternehmens oder eines gesondert geführten Betriebs (Teilbetriebs) an einen Unternehmer für dessen Unternehmen übertragen wird.

Die Leistung muss im **Inland** erbracht werden. Diese zunächst einfache Aussage erfordert eine komplexe Prüfung nach den umfangreichen umsatzsteuerlichen Bestimmungen zum **Leistungsort**. Inland i.S.d. UStG ist, von einigen Besonderheiten abgesehen, das Hoheitsgebiet der BRD mit Ausnahme der Freihäfen.[9] 17

Der **Ort einer Lieferung** bestimmt sich im Wesentlichen nach den Vorschriften des § 3 Abs. 6 bis 8 UStG. Eine Lieferung ist grundsätzlich dort ausgeführt, wo sich der Liefergegenstand im Zeitpunkt der Verschaffung der Verfügungsmacht befindet. 18

Beispiel

Privatperson A aus Amsterdam erwirbt einen Fotoapparat im Ladenlokal des B in Bonn – die Lieferung ist in Bonn und somit im Inland ausgeführt.

Wird der Gegenstand der Lieferung an den Abnehmer **befördert** oder **versendet**, bestimmt sich der Ort der Lieferung danach, wo die Beförderung oder Versendung beginnt. Die **Versendungslieferung** eines im Inland ansässigen Lieferers an einen ausländischen Unternehmer ist somit im Inland ausgeführt und als steuerbar zu beurteilen (jedoch regelmäßig steuerfrei, vgl. Rn 23). Auf Sonderfälle der Bestimmung des Lieferortes bei sog. Reihengeschäften[10] und innergemeinschaftlichen Lieferungen wird im Folgenden nicht weiter eingegangen, da es sich hier um Sachverhalte handelt, die in der Anwaltskanzlei kaum praxisrelevant sind. Die umfangreichen

8 BFH, Urteil vom 30.1.1997, BStBl. II 1997, S. 335.

9 Vgl. § 1 Abs. 2 UStG.

10 Vgl. § 3 Abs. 6 Satz 5 und 6 UStG.

Bestimmungen zum Ort der sonstigen Leistung sollen nachfolgend detailliert untersucht werden.

19 Der **Ort der sonstigen Leistungen** wird mit Ausnahme der Sonderregelungen für Beförderungsleistungen und damit zusammenhängenden Leistungen und den Sondervorschriften des § 1 UStDV nach § 3a UStG bestimmt. Eine sichere Leistungsortbestimmung lässt sich nach folgendem **Ablaufschema** vornehmen:

1. Beförderungsleistung oder damit zusammenhängende Leistung?
   → Ortsbestimmung nach § 3b UStG;
2. Leistung im Leistungskatalog des § 3a Abs. 4 UStG aufgeführt?
   → Ortsbestimmung nach § 3a Abs. 3 UStG; Sonderregelungen des § 1 UStDV bei im Drittland ansässigen Leistungsausführenden und Vermietung von Fahrzeugen zur Güterbeförderung, Leistungen auf dem Gebiet der Telekommunikation sowie Rundfunk und Fernsehen sind zu beachten;
3. Leistung im Zusammenhang mit Grundstücken?
   → Ort der Liegenschaft (§ 3a Abs. 2 Nr. 1 UStG);
4. Künstlerische, wissenschaftliche, unterrichtende, sportliche, unterhaltende oder ähnliche Leistungen einschließlich der Leistung der jeweiligen Veranstalter sowie die damit zusammenhängenden Tätigkeiten und Arbeiten an körperlichen Gegenständen?
   → Ort der Tätigkeit (§ 3a Abs. 2 Nr. 3 UStG);
5. Vermittlungsleistung (Ausnahme: Vermittlung einer Leistung i.S.d. § 3a Abs. 4 UStG)?
   → Dort, wo sich der Ort der vermittelten Leistung befindet (§ 3a Abs. 2 Nr. 4 UStG);
6. Keine Ortsbestimmung nach den vorhergehenden Kriterien
   → Leistungsort dort, wo der leistende Unternehmer sein Unternehmen betreibt.

Bei den Arbeiten an beweglichen körperlichen Gegenständen und Vermittlungsleistungen ist anzumerken, dass sich der Leistungsort verändern kann, wenn der Leistungsempfänger eine von einem anderen Mitgliedstaat der Europäischen Union erteilte Umsatzsteuer-Identifikations-Nr. gegenüber dem Leistungsempfänger verwendet.

20 Der **Leistungskatalog** des § 3a Abs. 4 UStG enthält u.a. folgende Leistungen: Tätigkeit der Rechtsanwälte, Sachverständigen, Aufsichtsratsmitglieder und ähnliche rechtliche sowie wirtschaftliche Beratungsleistungen; Leistungen der Datenverarbeitung und Telekommunikation; Personalgestellung; Vermietung beweglicher körperlicher Gegenstände mit Ausnahme von Beförderungsmitteln; die auf elektro-

nischem Weg erbrachten sonstigen Leistungen[11] sowie die Vermittlung der aufgezählten Leistungen. Sollte eine Leistung sowohl im Leistungskatalog des § 3a Abs. 4 UStG, aber auch in den speziellen Vorschriften des § 3a Abs. 2 UStG enthalten sein, erfolgt die Ortsbestimmung nach der Vorschrift, deren Leistungsinhalt der Leistung das Gepräge gibt.[12]

Die Leistungen der Rechtsanwälte fallen jedoch nur in den Leistungskatalog, soweit es sich um **berufstypische Tätigkeiten** handelt. Bei der Tätigkeit eines Steuerberaters/Wirtschaftsprüfers als **Vermögensverwalter** und **Testamentsvollstrecker** wurde dies von der höchstrichterlichen Rechtsprechung verneint.[13] Gleiches wird für die entsprechenden Leistungen eines Rechtsanwalts gelten müssen, wobei auch die Tätigkeit als **Insolvenzverwalter** hier einzuschließen wäre. 21

Die für die Leistungen i.S.d. § 3a Abs. 4 UStG maßgebliche Ortsbestimmung ermittelt sich unter Vorbehalt des § 1 UStDV wie folgt: 22

Der Leistungsempfänger ist

- Unternehmer → Ort des Leistungsempfängers bzw. dessen Betriebsstätte
- Privatperson mit Wohnsitz in einem Staat, der nicht Mitglied der EU ist → Ort am Wohnsitz des Leistungsempfängers
- Privatperson mit Wohnsitz in EU-Staat → Leistungsort dort, wo der leistende Unternehmer sein Unternehmen betreibt.

Praxisrelevante Beispiele zur Bestimmung des Leistungsortes

1. Notar N wird beim Abschluss eines Kaufvertrages eines in Belgien gelegenen Grundstücks für den in Köln ansässigen Mandanten K tätig. Die Leistung ist am Liegenschaftsort in Belgien ausgeführt und in der BRD nicht steuerbar, § 3a Abs. 2 Nr. 1 b UStG.
2. Anwalt A aus Aschaffenburg wird in einer Unterhaltsangelegenheit für die in der Schweiz ansässige S beratend tätig. Die Leistung ist in der Schweiz erbracht und in der BRD nicht steuerbar, § 3a Abs. 4 Nr. 4 i. V.m. § 3a Abs. 3 UStG.
3. Anwalt A wird in einer anderen Unterhaltsangelegenheit für den in Österreich ansässigen Ö beratend tätig. Die Leistung ist nach § 3a Abs. 1 UStG in Aschaffenburg steuerbar erbracht, da die Ortsverlagerung nach § 3a Abs. 3 UStG nicht bei in EU-Staaten ansässigen Privatpersonen greift.

11 Beachte hierbei die besondere Ortsbestimmung nach § 3a Abs. 3 a UStG für im Drittland ansässige Unternehmer und die Begriffsbestimmung in Abschn. 39 c UStR 2005.

12 *Langer*, in: Reiß/Kraeusel/Langer, UStG, § 3a Rz 14.2.

13 Vgl. BFH, Urteil vom 5.6.2003, BStBl. II 2003, S. 734.

II. Steuerbefreiungen

23 Ist die vorhergehende Frage der Steuerbarkeit der Leistung positiv beantwortet worden, bleibt zu prüfen, ob für die Leistung eine Steuerbefreiung nach dem Katalog des § 4 UStG in Betracht kommt.

Praxisrelevante **Steuerbefreiungen des § 4 UStG**:

- Nr. 1: Ausfuhrlieferungen und innergemeinschaftliche Lieferungen (vgl. auch §§ 6und 6 a UStG)
- Nr. 3: Grenzüberschreitende Güterbeförderungsleistungen
- Nr. 5: Vermittlungsleistungen im Zusammenhang mit vorgenannten Befreiungstatbeständen
- Nr. 8: Umsätze im Kreditgewerbe[14]
- Nr. 9: Umsätze, die unter das Grunderwerbsteuergesetz fallen (Grundstücksveräußerungen)
- Nr. 10, 11: Leistungen im Bausparkassen- und Versicherungsgewerbe
- Nr. 12: Vermietung und Verpachtung von Grundstücken (nicht kurzfristige Überlassungen)
- Nr. 13: Leistungen der Wohnungseigentümergemeinschaften
- Nr. 14, 16: Leistungen der Ärzte, Zahnärzte, andere heilberufliche Tätigkeiten und Leistungen der Krankenhäuser etc.
- Nr. 20: Umsätze bestimmter kultureller Einrichtungen
- Nr. 21 bis 23: Schul- und Bildungszwecken dienende Leistungen sowie Vorträge und Kurse bei Volkshochschulen etc.
- Nr. 26: Ehrenamtliche Tätigkeiten, z.B. durch das Vormundschaftsgericht eingesetzte ehrenamtliche Betreuer.[15]

24 Der Unternehmer kann die in § 9 UStG aufgeführten steuerfreien Leistungen als steuerpflichtig behandeln. Im Wesentlichen kommt hier der Verzicht auf die Steuerbefreiung bei der Veräußerung von Grundstücken und der Vermietung/Verpachtung bei unternehmerischer Grundstücksnutzung in Betracht. Korrespondierend zur Umsatzsteuerpflicht der Ausgangsumsätze bei der **Option nach § 9 UStG** ist der Vorsteuerabzug für die in diesem Zusammenhang bezogenen Leistungen möglich.

14 Zum Factoring vgl. Abschn. 18 Abs. 8 UStR 2005. Zu Zinsen vgl. Rn 78.

15 Soweit dieser nur einen Aufwendungsersatz und eine angemessene Entschädigung für die Zeitversäumnis erhält und es sich um keine Tätigkeit als Berufsbetreuer i.S.d. § 1836 Abs. 1 Satz 2 BGB handelt, vgl. Abschn. 120 UStR 2005 und FG Rheinland-Pfalz, Urteil vom 17.10.2001, Az. 3-K-1668/01.

Beispiel
Notar N errichtet ein Gebäude zu Herstellungskosten von 1 Mio. EUR zzgl. 160 TEUR Umsatzsteuer. Das Gebäude wird nach der Fertigstellung an die Anwaltskanzlei K vermietet. Optiert N nach § 9 UStG zur Steuerpflicht der Vermietung, erhält er die bei den Herstellungskosten in Rechnung gestellten Umsatzsteuerbeträge als Vorsteuer vom Finanzamt erstattet. Es zeigt sich, dass die Option zum Verzicht auf die Steuerfreiheit hier zu empfehlen ist. Zu beachten ist jedoch die Vorschrift der Berichtigung des Vorsteuerabzuges bei einer späteren Nutzungsänderung des Gebäudes (vgl. Rn 53).

III. Berechnung der Umsatzsteuer

Ist eine Leistung steuerpflichtig oder wurde auf die Steuerbefreiung nach § 9 UStG 25
verzichtet, ist der an das Finanzamt abzuführende Umsatzsteuerbetrag zu ermitteln. **Bemessungsgrundlage** ist hier nach § 10 UStG das Entgelt. **Entgelt** ist alles, was der Leistungsempfänger aufwendet, um die Leistung zu erhalten, jedoch abzüglich der Umsatzsteuer. Zum Entgelt gehört auch, was Dritte dem Leistungsempfänger für die Leistung zuwenden. Entgeltsminderungen wie Rabatte mindern die Bemessungsgrundlage. Beim **Tausch** oder **tauschähnlichen Umsatz** ist der Wert der erhaltenen Leistung (abzüglich Umsatzsteuer) maßgeblich.[16]

Beispiel
Anwalt A erhält für eine Beratungstätigkeit von Möbelhändler M vereinbarungsgemäß einen Schreibtisch im Wert von 1.160 EUR. Die Bemessungsgrundlage für die erbrachte Beratungstätigkeit beträgt 1.160 EUR : 1,16 = 1.000 EUR.

Bei entgeltlichen **Leistungen an das eigene Personal** oder Leistungen von juristi- 26
schen Personen an deren Gesellschafter, Mitglieder etc. sowie an nahestehende Personen dieser Personen ist die **Mindestbemessungsgrundlage des § 10 Abs. 5 UStG** zu beachten. Demnach ist als Bemessungsgrundlage für die Umsatzsteuer mindestens der Einkaufspreis zzgl. Nebenkosten bzw. die entstandenen Kosten im Zeitpunkt des Umsatzes anzusetzen. Diese Bemessungsgrundlage ist auch bei unentgeltlichen Leistungen an das Personal des Unternehmers anzusetzen. Leistungen an das Personal sind nicht unentgeltlich, wenn sie als Gegenleistung für die vom Personal erbrachte Arbeitsleistung anzusehen sind. Die Bemessungsgrundlage ist dann nach den Grundsätzen für tauschähnliche Umsätze unter Beachtung der Mindestbemessungsgrundlage zu ermitteln. Die Finanzverwaltung unterstellt bei Kfz-Überlas-

16 Vgl. Abschn. 153 UStR 2005.

sungen an Arbeitnehmer grundsätzlich, dass diese gegen Entgelt erfolgen. In der Praxis wird hier als Bemessungsgrundlage der lohnsteuerliche Wert (regelmäßig sog. 1%-Regelung) abzüglich Umsatzsteuer zugrunde gelegt.[17]

27 Der **Regelsteuersatz** für die Umsatzsteuer beträgt zurzeit gemäß § 12 Abs. 1 UStG **16%**. Der **ermäßigte Steuersatz von 7%** greift für die Lieferung und Vermietung der in der Anlage zum UStG aufgeführten Gegenstände, z.B. Bücher, Zeitungen, Kunstgegenstände, Lebensmittel und Tiere. Weiterhin ist der ermäßigte Steuersatz auch für die Einräumung, Übertragung und Wahrnehmung urheberrechtlicher Schutzrechte (insbesondere schriftstellerische Tätigkeit) sowie für bestimmte kulturelle Leistungen und Leistungen von steuerbegünstigten Personengemeinschaften, soweit es sich nicht um wirtschaftliche Geschäftsbetriebe handelt, anwendbar.

C. Vorsteuerabzug

I. Systematik des Vorsteuerabzuges

28 Neben des in der Anwaltspraxis kaum relevanten Vorsteuerabzuges für Einfuhrumsatzsteuer und die Steuer auf innergemeinschaftliche Erwerbe[18] ist als **Vorsteuer** gemäß § 15 Abs. 1 Nr. 1 UStG grundsätzlich deutsche Umsatzsteuer abzugsfähig für Leistungen, die von einem anderen Unternehmer für das Unternehmen des Leistungsempfängers ausgeführt worden sind. Die in Rechnung gestellte Umsatzsteuer ist nur abzugsfähig, wenn die Rechnung den Kriterien des § 14 UStG entspricht. Weiterhin ist die Steuer für Leistungen, bei denen der Leistungsempfänger die Steuer nach § 13b UStG schuldet, abzugsfähig. Der Vorsteuerabzug wird für bestimmte Eingangsleistungen ausgeschlossen; hierbei handelt es sich im Wesentlichen um folgende Sachverhalte:

- Erwerb eines Gegenstandes, der zu weniger als 10% für das Unternehmen genutzt wird.
- Aufwendungen, die dem Abzugsverbot des § 4 Abs. 5 Satz 1 Nr. 1 bis 4, 7, Abs. 7 oder § 12 EStG unterliegen. Hierbei handelt es sich z.B. um nicht abzugsfähige Geschenke über 35 EUR (netto) sowie Aufwendungen i.S.d. § 4 Abs. 5 EStG, die nicht gesondert aufgezeichnet wurden.[19]
- Umzugskosten für einen Wohnungswechsel.

17 Im Einzelnen BMF-Schreiben vom 27.8.2004, BStBl. I 2004, S. 864.

18 Vgl. § 15 Abs. 1 Nr. 2 und 3 UStG.

19 Entgegen dem UStG ist der volle Vorsteuerabzug aus Bewirtungsaufwendungen möglich. BFH-Urteil vom 10.2.2005, BFH/NV 2005, S. 817.

- Eingangsleistungen, die der Unternehmer zur Ausführung von steuerfreien Leistungen verwendet. Der Vorsteuerabzug bleibt jedoch gemäß § 15 Abs. 3 UStG erhalten, wenn sich die Steuerfreiheit u.a. nach den Vorschriften des § 4 Nr. 1 bis 7 UStG ergibt, z.B. für steuerbefreite Ausfuhrlieferungen.

Wird ein Gegenstand erworben, der nur zum Teil für Leistungen verwendet wird, die den Vorsteuerabzug ausschließen, ist der Vorsteuerabzug gemäß § 15 Abs. 4 UStG **anteilig** in Anspruch zu nehmen. Der Vorsteuerabzug für betriebliche Fahrzeuge, die auch privat genutzt werden, war in der Vergangenheit auf 50% begrenzt (vgl. im Einzelnen Rn 42). Nach der Ermächtigungsvorschrift des § 23 Abs. 1 Nr. 1 UStG kommt eine pauschale Berechnung der Vorsteuer für bestimmte Berufsgruppen nach den §§ 69, 70 UStDV in Betracht.[20] Ändert sich die Nutzung oder Verwendung eines Gegenstandes hinsichtlich der Kriterien für den Vorsteuerabzug, ist dieser nach Maßgabe von § 15a UStG zu berichtigen (vgl. im Einzelnen Rn 53). 29

Der Unternehmer hat beim Erwerb eines einheitlichen Gegenstandes, der sowohl unternehmerisch als auch privat genutzt wird, das **Wahlrecht**, diesen Gegenstand ganz oder teilweise seinem Unternehmen zuzuordnen, wenn die unternehmerische Nutzung mindestens 10% beträgt. Dieser vom EuGH entwickelte Rechtsgrundsatz ist insbesondere bei **gemischt genutzten Gebäuden** zu beachten. 30

> *Beispiel*
> Rechtanwalt R nutzt in seinem darüber hinaus zu eigenen Wohnzwecken genutzten Einfamilienhaus einen Raum als Arbeitszimmer. Die anteilige Wohnfläche des Arbeitszimmers beträgt 15%, die Herstellungskosten des gesamten Gebäudes betragen 500.000 EUR zzgl. 80.000 EUR USt.
> R kann das Gebäude insgesamt seinem Unternehmensvermögen zuordnen und erhält somit einen sofortigen Vorsteuerabzug von 80.000 EUR. Soweit das Gebäude privat genutzt wird, ist diese Privatnutzung als unentgeltliche Wertabgabe (vgl. Rn 40 f.) zu versteuern. Im Ergebnis kommt es somit zu einer **Steuerstundung** der Vorsteuerbeträge, soweit sie auf den privat genutzten Wohnungsanteil entfallen. Diese auf der Rechtsprechung des EuGH basierende gegebenenfalls steuerlich vorteilhafte Gestaltung wurde von der Finanzverwaltung akzeptiert.[21] Nach (umstrittener) Auffassung der Finanzverwaltung soll jedoch eine spätere Entnahme des mit Vorsteuerabzug errichteten Gebäudes –

20 Gemäß Abschnitt B der Anlage zu den §§ 69, 70 UStDV Patentanwälte: 1,7% des Umsatzes; Rechtsanwälte und Notare: 1,5% des Umsatzes.

21 Im Einzelnen: BMF-Schreiben vom 30.3.2004, BStBl. I 2004, S. 451.

anders als beim Verkauf, für den sie die Optionsmöglichkeit zulässt – eine Umsatzbesteuerung mit dem Zeitwert als Bemessungsgrundlage auslösen.[22]

II. Die Rechnung als Grundlage des Vorsteuerabzuges

31 Die Inanspruchnahme des Vorsteuerabzuges aus der Rechnung eines anderen Unternehmers setzt gemäß § 14 UStG grundsätzlich voraus, dass die **Rechnung** folgende Angaben enthält:

- Name und Anschrift des leistenden Unternehmers
- Name[23] und Anschrift des Leistungsempfängers[24]
- Ausstellungsdatum
- Fortlaufende Rechnungsnummer
- Steuernummer oder Umsatzsteueridentifikationsnummer des leistenden Unternehmers
- Menge und handelsübliche Bezeichnung des Gegenstandes bei Lieferungen oder Art und Umfang der sonstigen Leistung
- Zeitpunkt der Leistung oder der Vereinnahmung des (Teil-)Entgelts bei Vorauszahlungen, wenn dieser Zeitpunkt feststeht
- Entgelt (Bemessungsgrundlage), aufgeschlüsselt nach Steuersätzen und Steuerbefreiungen
- Im Voraus vereinbarte Entgeltsminderungen (z.B. Skonti)
- Umsatzsteuer für die Leistung (Angabe des Betrags und des Steuersatzes in Prozent); ggf. Hinweis auf eine Steuerbefreiung
- Hinweis auf die Aufbewahrungspflicht bei Leistungen im Zusammenhang mit einem Grundstück an Nicht-Unternehmer oder Unternehmer für deren Privatbereich.

32 Bei Rechnungen bis zu einem Gesamtbetrag von 100 EUR (sog. **Kleinbetragsrechnungen**) sind gemäß § 33 UStDV folgende Angaben ausreichend:

- Name und Anschrift des leistenden Unternehmers
- Ausstellungsdatum
- Menge und handelsübliche Bezeichnung des Gegenstandes bei Lieferungen oder Art und Umfang der sonstigen Leistung

22 Vgl. Abschn. 71 UStR 2005. Kritisch hierzu *Mondorf*, DStR 2005, 175.

23 Auch bei der Anwalts-GmbH ist darauf zu achten, dass diese zutreffend als Leistungsempfänger bezeichnet wird.

24 Zur Vorsteuer-Abzugsberechtigung des Bruchteilseigentümers vgl. Rn 46.

- Entgelt und der Steuerbetrag in einer Summe
- Steuersatz (z.B. „enthält 16% Umsatzsteuer“) bzw. einen Hinweis auf die Steuerbefreiung.

Weitere Erleichterungen für die in Rechnungen erforderlichen Angaben bestehen gemäß § 34 UStDV für **Fahrausweise**. Die Anforderungen für auf elektronischem Weg übermittelte Rechnungen sind in § 14 Abs. 3 UStG dargelegt. Nach Auffassung der Finanzverwaltung sollen Rechnungen, die per **Telefax** übermittelt wurden, nur zum Vorsteuerabzug berechtigen, wenn sie von Standard-Telefax zu Standard-Telefax übertragen wurden. Zudem sei die Lesbarkeit bei Thermopapier dadurch zu gewährleisten, dass eine Kopie auf Normalpapier angefertigt wird. Als Rechnung gilt unter den Voraussetzungen des § 14 Abs. 4 UStG auch eine **Gutschrift**, die dem leistenden Unternehmer vom Leistungsempfänger erteilt wird. 33

Wird eine Rechnung mit gesondertem Steuerausweis für eine Leistung erstellt, die noch nicht erbracht wurde (**Voraus-Rechnung**), ist die Vorsteuer abzugsfähig, wenn die Zahlung hierfür geleistet wurde. 34

Rechnungsduplikate von Rechnungen i.S.d. Umsatzsteuergesetzes sind nach § 14b UStG für einen Zeitraum von zehn Jahren, beginnend mit dem Schluss des Kalenderjahres, in dem die Rechnung ausgestellt wurde, **aufzubewahren**. Für auf elektronischem Wege ausgestellte Rechungen gelten hier Sonderregelungen. 35

Der leistende Unternehmer ist nach § 14 Abs. 2 Satz 2 UStG verpflichtet, eine Rechnung auszustellen, wenn der Leistungsempfänger ein Unternehmer ist. 36

Wird in einer Rechnung eine höhere Steuer ausgewiesen als die nach den Regelungen des UStG für die betreffende Leistung entstandene Steuer (z.B. 16% anstatt zutreffend 7% USt ausgewiesen), schuldet der leistende Unternehmer diesen Mehrbetrag nach § 14c Abs. 1 UStG. Berichtigt er die Rechnung mit dem zu hohen Steuerausweis gegenüber dem Leistungsempfänger, wird der Mehrbetrag nicht mehr geschuldet. 37

Wird in einer Rechnung ein Steuerbetrag gesondert ausgewiesen, obwohl der leistende Unternehmer nicht zum Steuerausweis berechtigt war (z.B. weil es sich um einen Kleinunternehmer handelt), wird die ausgewiesene Steuer gemäß § 14c Abs. 2 UStG ebenfalls geschuldet. Das Gleiche gilt für den Steuerausweis in Scheinrechnungen. Eine Rechnungsberichtigung ist möglich, soweit das Steueraufkommen nicht gefährdet wird, d.h. der Rechnungsempfänger keinen Vorsteuerabzug in Anspruch genommen hat bzw. diesen rückgängig gemacht hat. 38

Nach § 14c UStG geschuldete Umsatzsteuer kann vom Rechnungsempfänger nicht als Vorsteuer abgezogen werden, vgl. Abschn. 192 Abs. 1 UStR 2005. 39

D. Privatnutzungen

I. Allgemeines

40 Die umsatzsteuerliche Behandlung der Privatnutzungen wurde durch das Steuerentlastungsgesetz 1999/2000/2002 grundlegend neu geregelt und damit den europarechtlichen Vorgaben angepasst. Der vormals vorhandene Besteuerungstatbestand des **Eigenverbrauchs** ist mit Wirkung vom 1.4.1999 entfallen.

Stattdessen wurde die Besteuerung der Privatnutzungen in die Vorschrift des § 3 UStG integriert. Die Entnahme eines Gegenstandes durch einen Unternehmer aus seinem Unternehmen für Zwecke, die außerhalb des Unternehmens liegen (vormals **Entnahmeeigenverbrauch**), wird nunmehr – ebenso wie unentgeltliche Zuwendungen an das Personal für dessen privaten Bedarf und andere unentgeltliche Zuwendungen – einer Lieferung gleichgestellt.

Die Verwendung, Entnahme oder Zuwendung eines zum Unternehmen gehörenden Gegenstandes oder die Erbringung anderer sonstiger Leistungen durch den Unternehmer für Zwecke, die außerhalb des Unternehmens liegen (vormals Verwendungseigenverbrauch), sowie die unentgeltliche Leistungserbringung für private Zwecke des Personals sind ab dem 1.4.1999 einer sonstigen Leistung gleichgestellt. Die Verwendung eines unternehmerischen Gegenstandes unterliegt nicht der Besteuerung, wenn der Erwerb des entnommenen bzw. außerunternehmerisch verwendeten Gegenstandes oder seiner Bestandteile nicht zum Vorsteuerabzug berechtigt hat. Auf die private Verwendung eines unternehmerischen Fahrzeuges wird in Rn 42 ff. näher eingegangen.

41 Die **Bemessungsgrundlage** ergibt sich gemäß § 10 Abs. 4 UStG für unentgeltliche Leistungen, die einer Lieferung gleichgestellt sind, mit dem Einkaufspreis zuzüglich Nebenkosten oder bei selbst hergestellten Gegenständen mit den Selbstkosten zum Zeitpunkt der Verwendung. Bei unentgeltlichen Leistungen, die einer sonstigen Leistung gleichgestellt sind, ermittelt sich die Bemessungsgrundlage nach den entstandenen Ausgaben, soweit sie ganz oder teilweise zum Vorsteuerabzug berechtigt haben. Die Umsatzsteuer selbst gehört nicht zur Bemessungsgrundlage. Anschaffungs- und Herstellungskosten sollen hierbei nach Auffassung der Finanzverwaltung entgegen der erstragsteuerlichen Abschreibung in der Weise in die Bemessungsgrundlage einfließen, dass diese auf den entsprechenden Berichtigungszeitraum des § 15a UStG aufgeteilt werden (vgl. Rn 30).[25]

25 BMF-Schreiben vom 13.4.2004, BStBl. I 2004, S. 468. In der Literatur werden Bedenken geäußert, ob die mit dem Richtlinienumsetzungsgesetz eingefügten Neuregelungen zur umsatzsteuerlichen Bemessungsgrundlage bei unentgeltlichen Wertabgaben mit dem europäischen Recht vereinbar sind.

II. Typische Sachverhalte

1. Private Fahrzeugnutzung

Grundsätzlich unterliegt die Privatnutzung betrieblicher Fahrzeuge durch den Unternehmer der Besteuerung als **unentgeltliche Leistung** für Zwecke außerhalb des Unternehmens. 42

Mit Einführung einer Neuregelung, die den Vorsteuerabzug für ab dem 1.4.1999 angeschaffte oder erstmals angemietete Fahrzeuge auf 50% begrenzte, hat der Gesetzgeber eine fast beispiellose Flut an Gerichtsverfahren herbeigeführt, die letztlich zu einer Aufhebung dieser Regelung ab dem 1.1.2004 und zu einer rückwirkenden Nichtanwendbarkeit für die Zeiträume 1.4.1999 bis 4.3.2000 und 1.1.2003 bis 31.12.2003 führte. Zu allem Unglück war die erforderliche Übergangsregelung des § 27 Abs. 5 UStG sprachlich misslungen, so dass sie verschiedenen Auslegungen offen stand. Die Finanzverwaltung hat mit Schreiben vom 27.8.2004[26] versucht, ein wenig Licht in die kaum mehr zu überblickende Rechtslage zu bringen.

Demnach bestehen drei Alternativen bei der Ermittlung der **Bemessungsgrundlage**: 43

a) **1%-Regelung:** Hierbei wird nach ertragsteuerlichen Grundsätzen[27] je Monat 1% des **Bruttolistenneupreises** (einschließlich Umsatzsteuer) als **Netto-Bemessungsgrundlage** angesetzt. Zum Ausscheiden der Kosten, die keinen Vorsteuerabzug erlaubt haben, ist ein pauschaler **Abschlag von 20%** zulässig. Diese Variante zur Ermittlung der Bemessungsgrundlage ist die in der Praxis am einfachsten durchzuführende, führt aber häufig zu nachteiligen Ergebnissen, insbesondere bei älteren Fahrzeugen, die bereits abgeschrieben sind. 44

> *Beispiel*
> Anschaffung eines Fahrzeuges im Juni 2005, Brutto-Listenpreis 24.000 EUR, die Nutzungsüberlassung soll anhand der 1%-Regelung ermittelt werden. 24.000 EUR x 1% = 240 EUR Netto-Bemessungsgrundlage x 16% USt = 38,40 EUR mtl.

b) **Fahrtenbuch:** Wird für ertragsteuerliche Zwecke ein **ordnungsgemäßes Fahrtenbuch**[28] geführt, kann der so ermittelte Privatanteil auch bei der Umsatzsteuer zugrunde gelegt werden. Nicht zum Vorsteuerabzug berechtigende Kosten wie Kfz-Steuer, Versicherung und die Anschaffungskosten bei ohne Vorsteuerabzug erworbenen Fahrzeugen sind hierbei auszuscheiden. Die Anschaffungskosten finden in der 45

26 BMF-Schreiben vom 27.8.2004, BStBl. I 2004, S. 864.
27 Vgl. § 6 Abs.1 Nr.4 EStG.
28 Vgl. § 2 Rn 262.

Weise Berücksichtigung, dass diese auf einen Zeitraum von fünf Jahren (der ertragsteuerliche Abschreibungszeitraum ist hingegen sechs Jahre) verteilt werden.

46 c) **Schätzung:** Wird kein ordnungsgemäßes Fahrtenbuch geführt und wird eine Anwendung der 1 %-Regelung abgelehnt, ist der private Nutzungsanteil **sachgerecht** zu **schätzen**. Die Finanzverwaltung geht hierbei von einem **Privatanteil von mindestens 50 %** aus, soweit die besonderen Umstände des Einzelfalls nichts anderes ergeben. Um hier einen niedrigeren privaten Nutungsanteil glaubhaft zu machen, wäre es z.B. denkbar, nur für einen repräsentativen Zeitraum ein Fahrtenbuch zu führen. Streitigkeiten mit der Finanzverwaltung sind bei der sachgerechten Schätzung des Privatanteils im Falle einer Betriebsprüfung erfahrungsgemäß zu erwarten.

47 Fahrten zwischen Wohnung und Betrieb sind ab dem 1.4.1999 nicht mehr in die unentgeltliche Leistung einzubeziehen. Soweit aus der Anschaffung des Fahrzeuges aufgrund der Altregelung nur ein 50 %-iger Vorsteuerabzug in Anspruch genommen werden konnte, erlaubt die Finanzverwaltung alternativ, hier eine Berichtigung nach § 15a UStG vorzunehmen oder die Anschaffungskosten nicht in die Bemessungsgrundlage der unentgeltlichen Wertabgabe einfließen zu lassen.

48 Die Überlassung von Fahrzeugen **an das Personal zur privaten Mitbenutzung** erfolgt in aller Regel nicht unentgeltlich und fällt somit nicht unter den Regelungskomplex der einer sonstigen Leistung gleichzustellenden unentgeltlichen Leistung an das Personal. Die Überlassung erfolgt in diesen Fällen vielmehr im Leistungsaustausch.[29] Als Gegenleistung für die Fahrzeugüberlassung ist die auf diese Sachzuwendung entfallende anteilige Arbeitsleistung des Arbeitnehmers anzusetzen. Die Ermittlung des Wertes dieser anteiligen Arbeitsleistung soll nach der Auffassung der Finanzverwaltung in Anlehnung an die lohnsteuerliche Bewertung geschehen. Folglich kommen hier bei der Führung eines **Fahrtenbuches** die auf die Privatnutzung und die Fahrten zwischen Wohnung und Arbeitsstätte entfallenden Kosten zum Ansatz. Nicht vorsteuerbelastete Kosten können hier nicht ausgeschieden werden, da es sich nicht um eine unentgeltliche Leistung handelt. Kann ein ordnungsgemäßes Fahrtenbuch nicht vorgelegt werden, soll als Bemessungsgrundlage die lohnsteuerliche 1 %-Regelung für die Privatfahrten bzw. monatlich 0,03 % des Listenpreises für jeden Entfernungskilometer für die **Fahrten zwischen Wohnung und Arbeitsstätte** angesetzt werden. Die lohnsteuerlichen Werte sind bei der Fahrzeugüberlassung an das Personal, anders als bei der privaten Nutzung durch den Unternehmer, als Brutto-Werte anzusehen. Die Umsatzsteuer ist somit für die Ermittlung der Bemessungsgrundlage herauszurechnen.

29 BMF-Schreiben vom 27.8.2004, BStBl. I 2004, S. 864, a.a.O.

Beispiel
Anschaffung eines Fahrzeuges im Juni 2005, Brutto-Listenpreis 24.000 EUR, die Nutzungsüberlassung soll anhand der 1%-Regelung ermittelt werden. Die Entfernung zwischen Wohnung und Arbeitsstätte beträgt 10 km.
24.000 EUR x 1% = 240 EUR zuzüglich 24.000 EUR x 0,03% x 10 km = 72 EUR, Bemessungsgrundlage insgesamt brutto 312 EUR = netto 268,97 EUR x 16% USt = 43,03 EUR mtl.

2. Private Telefonnutzung

Wie den Ausführungen zum Vorsteuerabzug (Rn 29) zu entnehmen ist, kann Umsatzsteuer nur als Vorsteuer abgezogen werden, wenn eine Leistung für das Unternehmen bezogen wurde. Bei einem privaten Telefonat eines Unternehmers handelt es sich um eine nicht für das Unternehmen bezogene Leistung. Folglich ist Vorsteuerabzug für Grund- und Gesprächsgebühren nur möglich, soweit diese nicht auf private Telefonate entfallen. Eine Umsatzbesteuerung der privaten Leistungsentnahme für die Gebühren entfällt im Gegenzug. Die Finanzverwaltung akzeptiert im Allgemeinen einen privaten Anteil der Gebühren von **20 EUR im Monat**; dementsprechend kann der zu kürzende Vorsteuerabzug ermittelt werden. 49

Beispiel
Telefongebühren im Monat Januar 100 EUR zzgl. 16% USt = 16 EUR. Angenommener Gebührenanteil für private Gespräche 20 EUR. Der nicht abzugsfähige Anteil der Vorsteuer ermittelt sich mit 16 EUR x 20/100 = 3,20 EUR.

Für die **Anschaffungskosten** des Telefons ist jedoch eine als sonstige Leistung zu besteuernde Nutzungsentnahme anzusetzen, soweit das Telefon privat genutzt wird. 50

E. Verfahren der Umsatzbesteuerung

I. Berichtigung von Umsatzsteuer und Vorsteuer

Nachdem eine Leistung ausgeführt wurde, können Ereignisse eintreten, die die ursprüngliche umsatzsteuerliche Beurteilung dieser Leistung im Nachhinein verändern. Das Umsatzsteuergesetz erfasst diese Tatbestände unter den **Berichtigungsvorschriften** der **§§ 15a und 17 UStG**. 51

Ändert sich die Bemessungsgrundlage einer Leistung des Unternehmers im Nachhinein, z.B. wegen der Gewährung von Kunden-Skonti, ist die Umsatzsteuer zugunsten des leistenden Unternehmers entsprechend zu berichtigen. Das Gleiche gilt, 52 wenn eine Kundenforderung uneinbringlich oder eine Lieferung rückgängig gemacht wird. Zu beachten sind in diesem Zusammenhang die weiteren Ausführungen in Rn 67 ff. zur Besteuerung nach vereinnahmten oder vereinbarten Entgelten. Entsprechend der Änderung beim leistenden Unternehmer hat der Leistungsempfänger seinen Vorsteuerabzug zu berichtigen. Eine Berichtigung im Nachhinein nach den o.g. Kriterien des **§ 17 UStG** liegt vor, wenn sich die Bemessungsgrundlage in einem Umsatzsteuer-Voranmeldungszeitraum ändert, nachdem für diese Leistung Umsatzsteuer entstanden ist bzw. Vorsteuer abzugsfähig war.

53 Weitergehender ist die komplexe Berichtigungsvorschrift des **§ 15a UStG**, die eine Berichtigung des Vorsteuerabzuges fordert, wenn sich die Verhältnisse für den Vorsteuerabzug nach der erstmaligen Verwendung eines Investitionsgutes innerhalb eines Zeitraums von fünf (bei Grundstücken zehn) Jahren ändern oder wenn sich die Verhältnisse für den Vorsteuerabzug bei Gegenständen des Umlaufvermögens ändern (ohne zeitliche Beschränkung). Eine solche Änderung der Verhältnisse umfasst eine Vielzahl von Fallkonstellationen.

Beispiel 1

Rechtsanwalt R errichtet ein Gebäude für die eigene Kanzlei. Aus den Herstellungskosten macht er im Jahr 2004 Vorsteuern i.H.v. 100.000 EUR geltend. Nach fünf Jahren wird das Gebäude zu fremden Wohnzwecken vermietet. Die Vermietung erfolgt nach § 4 Nr. 12 a UStG steuerfrei; eine Option zur Steuerpflicht nach § 9 UStG ist in diesem Fall nicht möglich. R muss den Vorsteuerabzug in den Folgejahren insgesamt um 5/10 von 100.000 EUR = 50.000 EUR berichtigen.

Beispiel 2

B vermietet sein im Januar 2004 errichtetes Gebäude an den Verlag V. Er hat für diese Vermietung zur Umsatzsteuer nach § 9 UStG optiert und für die Herstellungskosten des Gebäudes 112.000 EUR Vorsteuerabzug in Anspruch genommen. Diese Vermietung war B's einzige unternehmerische Aktivität. Anfang Januar 2005 veräußert er das Gebäude an C, der das Mietverhältnis zu V vorerst übernimmt. Hinsichtlich des Grundstücksverkaufes liegt eine nicht steuerbare **Geschäftsveräußerung** im Ganzen vor. Jedoch tritt C umsatzsteuerlich hinsichtlich des § 15a UStG in die Rechtsnachfolge des B ein. C kündigt das Mietverhältnis zu V zum 31.12.2006, um das Gebäude ab dem 1.1.2007 zu Wohnzwecken zu vermieten. Die Vermietung zu Wohnzwecken ist in diesem Fall ohne Optionsmöglichkeit umsatzsteuerfrei. Folglich trifft den C die Berichtigungspflicht nach § 15a UStG insgesamt wie folgt: 112.000 EUR x 7/10

= 78.400 EUR. Dieses Beispiel zeigt deutlich, dass § 15a UStG bei Geschäftsveräußerungen im Ganzen – die als solche für den Erwerber kaum zu erkennen sind – für diesen unangenehme Überraschungen zur Folge haben können. Es sei jedoch darauf hingewiesen, dass es dem Veräußerer gemäß § 15a Abs. 6 a UStG obliegt, dem Erwerber entsprechende Angaben im Rahmen des § 15a UStG bei einer Geschäftsveräußerung im Ganzen zu machen.

Zusammengefasst kann gesagt werden, dass die Vorschrift des § 15a UStG immer 54
dann zu prüfen ist, wenn sich die Verwendung eines Gegenstandes ändert, ein Gegenstand veräußert oder für private Zwecke aus dem Unternehmensvermögen entnommen wird. Die Vorsteuerberichtigung nach § 15a UStG ist auch bei nachträglichen Anschaffungs-/Herstellungskosten oder Investitionen, die zu einer dauerhaften Werterhöhung eines Investitionsgutes führen, zu beachten. Die in ihrer Tragweite häufig nur schwer zu überblickende Regelung der Vorsteuerkorrektur wird in der Anwendung durch die zu beachtenden „Vereinfachungsvorschriften" der §§ 44 und 45 UStDV weiter erschwert.

II. Umsatzsteuervoranmeldung, Umsatzsteuererklärung und Umsatzsteuernachschau

Die Umsatzsteuer ist durch den Unternehmer im Rahmen von Voranmeldungen und 55
einer Jahressteuererklärung nach amtlichem Vordruck zu erklären. Ab dem 1.1.2005 sind die Umsatzsteuervoranmeldungen grundsätzlich auf **elektronischem Wege** zu übermitteln.

Der **Umsatzsteuer-Voranmeldungszeitraum** ist grundsätzlich das Kalendervierteljahr. 56
Beträgt die Umsatzsteuer-Zahllast für das vorangegangene Kalenderjahr mehr als 6.136 EUR, sind monatliche Umsatzsteuer-Voranmeldungen abzugeben. **Existenzgründer** haben Voranmeldungen im Jahr der Tätigkeitsaufnahme und dem Folgejahr ebenfalls monatlich abzugeben. Bei einer Zahllast von nicht mehr als 512 EUR für das vorangegangene Kalenderjahr kann das Finanzamt den Unternehmer von der Verpflichtung, Voranmeldungen abgeben zu müssen, befreien.

Bei einem **Umsatzsteuer-Überschuss** von mehr als 6.136 EUR im vorangegange- 57
nen Kalenderjahr kann der Unternehmer durch Abgabe einer Voranmeldung bis zum 10. Februar des Jahres den monatlichen Voranmeldungszeitraum beantragen. Wurde die unternehmerische Tätigkeit im vorangegangenen Kalenderjahr begonnen, ist die Zahllast zur Ermittlung des Voranmeldungszeitraums auf einen Jahresbetrag hochzurechnen. Im Kalenderjahr der erstmaligen unternehmerischen Betätigung ist die

Zahllast zu schätzen. Hinzuweisen ist in diesem Zusammenhang auf die Verpflichtung nach § 18a UStG, sog. zusammenfassende Meldungen bei innergemeinschaftlichen Lieferungen abgeben zu müssen.

58 Die Umsatzsteuer-Voranmeldungen sind gemäß § 18 Abs. 1 UStG bis zum zehnten Tag nach Ablauf des Voranmeldungszeitraums zu **übermitteln**. Zum gleichen Tag ist die berechnete Umsatzsteuer-Vorauszahlung fällig. Die nicht rechtzeitige Zahlung kann gemäß § 26b UStG als Ordnungswidrigkeit mit einer **Geldbuße** bis zu 50.000 EUR geahndet werden. Eine gewerbsmäßige oder bandenmäßige Schädigung des Umsatzsteueraufkommens kann gemäß § 26c UStG mit einer **Freiheitsstrafe** von bis zu fünf Jahren bestraft werden.

59 Abweichend hiervon kann der Abgabezeitpunkt für die Umsatzsteuer-Voranmeldung gemäß §§ 46 ff. UStDV um einen Monat hinausgeschoben werden. Hierzu hat der Unternehmer eine sog. **Umsatzsteuer-Dauerfristverlängerung** nach amtlichem Vordruck zusammen mit der ersten Voranmeldung des Kalenderjahres zu beantragen. Hat der Unternehmer seine Voranmeldung monatlich abzugeben, ist im Rahmen der Dauerfristverlängerung eine **Sondervorauszahlung** zu leisten. Diese berechnet sich mit 1/11 der Summe der Vorauszahlungen des vorangegangenen Kalenderjahres und ist mit Fälligkeit der ersten Voranmeldung des Kalenderjahres zu leisten. Die Sondervorauszahlung wird bei der letzten Umsatzsteuer-Voranmeldung des Kalenderjahres angerechnet. Bei einem monatlichen Voranmeldungszeitraum ist der Antrag auf Dauerfristverlängerung jedes Jahr neu zu stellen, bei einem vierteljährlichen Voranmeldungszeitraum genügt ein einmaliger Antrag.

60 Für das abgelaufene Kalenderjahr hat der Steuerpflichtige gemäß § 18 Abs. 3 UStG eine **Umsatzsteuer-Jahreserklärung** abzugeben. Die **Abgabefrist** richtet sich nach den allgemeinen Bestimmungen der Abgabenordnung. Somit ist die Steuererklärung bis zum Ende des fünften Monats nach Ablauf des Kalenderjahres einzureichen.[30] Diese Frist ist grundsätzlich verlängerbar.

61 Bei **Einstellung der unternehmerischen Tätigkeit** ist die Umsatzsteuer-Jahreserklärung binnen eines Monats nach Aufgabe der Tätigkeit einzureichen.

62 In der Umsatzsteuer-Jahreserklärung hat der Unternehmer die Umsätze zu erklären und die hierauf entfallende Steuer selbst zu berechnen. Von der berechneten Umsatzsteuer sind die im Kalenderjahr abzugsfähigen Vorsteuerbeträge zu subtrahieren. Von der so ermittelten Umsatzsteuer-Zahllast sind die im Kalenderjahr geleisteten Umsatzsteuer-Vorauszahlungen und ggf. die Umsatzsteuer-Sondervorauszahlung in

30 Vgl. § 149 Abs. 2 AO.

Abzug zu bringen. Nach dieser Berechnung ergibt sich eine Umsatzsteuer-Überzahlung bzw. eine Umsatzsteuer-Abschlusszahlung, welche einen Monat nach Eingang der Steuererklärung beim Finanzamt **fällig** ist.

Gegebenenfalls sind in der **Anlage UR** zur Umsatzsteuer-Jahreserklärung steuerfreie Umsätze sowie besondere Angaben im Rahmen der Umsatzbesteuerung für das Kalenderjahr zu erklären. 63

Das Umsatzsteuergesetz nennt neben der in der anwaltlichen Praxis nicht relevanten Fahrzeugeinzelbesteuerung[31] beim innergemeinschaftlichen Erwerb neuer Fahrzeuge und der Beförderungseinzelbesteuerung[32] ein weiteres besonderes Besteuerungsverfahren, nämlich die **Verlagerung der Steuerschuld auf den Leistungsempfänger** nach § 13b UStG. 64

In diesen Fällen hat nicht der leistende Unternehmer, sondern der Leistungsempfänger den Umsatz gegenüber dem Finanzamt zur erklären und an dieses den **Steuerbetrag abzuführen**. Der leistende Unternehmer hat gemäß § 14a Abs. 5 UStG auf die Verlagerung der Steuerschuldnerschaft hinzuweisen und darf in seiner Rechnung keine Umsatzsteuer ausweisen. Die Verlagerung der Steuerschuld auf den Leistungsempfänger ist bei folgenden Sachverhalten vorgeschrieben: 65

- Werklieferungen und sonstige Leistungen eines im Ausland ansässigen Unternehmers.
- Lieferungen sicherungsübereigneter Gegenstände durch den Sicherungsgeber an den Sicherungsnehmer außerhalb des Insolvenzverfahrens.
- Umsätze, die unter das Grunderwerbsteuergesetz fallen (Grundstücksveräußerungen).
- Bestimmte Bauleistungen, wenn der Leistungsempfänger selbst solche Bauleistungen erbringt.

> *Beispiel*
> Rechtsanwalt R konsultiert den französischen Kollegen F im Zusammenhang mit der Ausarbeitung eines Gesellschaftsvertrages eines international tätigen Konzerns. Die sonstige Leistung des F ist gemäß § 3a Abs. 3 und 4 UStG in Deutschland erbracht worden und mangels Steuerbefreiung zum Regelsteuersatz steuerpflichtig. F berechnet dem R folglich für seine Leistungen 2.000 EUR und verweist auf die Steuerschuldnerschaft des Rechnungsempfängers.

31 Vgl. § 16 Abs. 5 a UStG.
32 Vgl. § 16 Abs. 5 UStG.

R hat einen Betrag von 2.000 EUR an den F zu zahlen, die Umsatzsteuer i.H.v. 320 EUR ist in der Umsatzsteuervoranmeldung des R anzumelden und an das für ihn zuständige Finanzamt abzuführen. Gleichzeitig hat R Anspruch auf den Vorsteuerabzug i.H.v. 320 EUR, sofern die Voraussetzungen hierfür gegeben sind.

66 Neben den nach den §§ 193 ff. AO vorgesehenen Außenprüfungen ermöglicht § 27b UStG ohne vorherige Ankündigung durch die Finanzverwaltung die so genannte **Umsatzsteuer-Nachschau** als Prüfungsmaßnahme mit weitestgehenden Kontrollrechten, so etwa das Betreten von Räumen während der Geschäftszeiten.[33] Problembelastet ist in diesem Zusammenhang stets die Abgrenzung zwischen dem Auskunftsverweigerungsrecht des Rechtsanwalts in Mandantenangelegenheiten[34] einerseits und die Auskunftspflicht in eigenen steuerlichen Angelegenheiten andererseits.

III. Zeitliche Erfassung der Ausgangsleistungen und Vorsteuerbeträge

67 Um die Umsatzsteuer-Voranmeldungen sowie die Umsatzsteuer-Jahreserklärung zutreffend auszufüllen, ist zu untersuchen, welche Umsätze im jeweiligen Besteuerungszeitraum zu erklären und welche Vorsteuerbeträge hiervon abzusetzen sind. § 16 Abs. 1 UStG bestimmt, dass grundsätzlich die Umsätze zu erfassen sind, die im jeweiligen Besteuerungszeitraum ausgeführt wurden. Dieses Besteuerungsverfahren wird als „**Besteuerung nach vereinbarten Entgelten**" oder auch „**Soll-Versteuerung**" bezeichnet, da die Erfassung der Umsatzsteuer unabhängig vom Zahlungseingang beim leistenden Unternehmer erfolgt.

68 Abweichend hiervon kann die Steuer gemäß § 20 i.V.m. § 13 Abs. 1 Nr. 1 b UStG in folgenden Sachverhalten erst bei **Vereinnahmung des Entgelts (Ist-Versteuerung)** erfasst werden:

- Der nach § 19 Abs. 3 UStG zu berechnende Gesamtumsatz beträgt im vorangegangenen Kalenderjahr nicht mehr als 125.000 EUR (in den neuen Bundesländern 500.000 EUR).
- Der Steuerpflichtige ist nach § 148 AO von der Verpflichtung, Bücher zu führen, befreit worden.
- Der Steuerpflichtige führt Umsätze aus einer Tätigkeit als Angehöriger eines freien Berufs i.S.v. § 18 Abs. 1 Nr. 1 EStG aus.

33 Vgl. auch BMF-Schreiben vom 23.12.2002, BStBl. I 2002, S. 1447.
34 Vgl. § 102 Abs. 1 Nr. 3 b AO.

Für Rechtsanwälte, die ihre Tätigkeit als Einzelunternehmen oder als Sozietät ausüben, sind die Kriterien der letztgenannten Alternative in der Regel erfüllt. Freiberufler werden also ihre Umsätze regelmäßig nach vereinnahmten Entgelten berechnen, da sich hierdurch der Fälligkeitszeitpunkt der an das Finanzamt abzuführenden Umsatzsteuer in vielen Fällen hinausschiebt. Die höchstrichterliche Rechtsprechung hat klargestellt, dass es hingegen bei **Freiberufler-GmbH** bei der Besteuerung nach vereinbarten Entgelten verbleiben muss.[35] 69

Bei der Besteuerung nach vereinbarten Entgelten (Rn 67) gilt Folgendes: Für Lieferungen und sonstigen Leistungen entsteht die Steuer gemäß § 13 Abs. 1 Nr. 1 a UStG bereits mit Ablauf des Voranmeldungszeitraums, in dem die Leistung ausgeführt wurde. Wurde das Entgelt für eine wirtschaftlich teilbare Leistung (sog. **Teilleistung**) gesondert vereinbart, entsteht die Steuer, wenn die jeweilige Teilleistung ausgeführt wurde. Wird das Entgelt oder ein Teil des Entgelts für eine Leistung vereinnahmt, bevor die Leistung ausgeführt wurde, entsteht die Steuer bereits mit Ablauf des Voranmeldungszeitraums, in dem das Entgelt oder das Teilentgelt vereinnahmt wurde. Das Entstehen der Steuer wird in § 13 UStG für Sonderfälle der Umsatzbesteuerung, z.B. den innergemeinschaftlichen Erwerb, abweichend geregelt. 70

Die **anrechenbaren Vorsteuerbeträge** sind in dem Voranmeldungszeitraum abzugsfähig, in dem erstmals eine Rechnung i.S.v. § 14 UStG vorliegt und die für das Unternehmen erbrachte Leistung ausgeführt wurde.[36] Abweichend hiervon ist die Vorsteuer für noch nicht ausgeführte Leistungen in dem Voranmeldungszeitraum abzugsfähig, in dem eine Rechnung i.S.v. § 14 UStG vorliegt und die Zahlung erfolgt ist. Einfuhrumsatzsteuer ist grundsätzlich erst in dem Voranmeldungszeitraum abzugsfähig, in dem sie entrichtet wurde. Die bis zum 16. Tag nach Ablauf des Besteuerungszeitraums zu entrichtende Einfuhrumsatzsteuer kann aber bereits von der Steuer für diesen Besteuerungszeitraum abgesetzt werden, wenn sie in ihm entstanden ist.[37] 71

35 BFH, Urteil vom 22.7.1999, BStBl. II 1999, S. 630.

36 So berechtigt eine im Januar 2005 eingegangene Rechnung mit Rechnungsdatum vom 31.12.2004 erst zum Vorsteuerabzug in der ersten Umsatzsteuer-Voranmeldung des Jahres 2005, vgl. *Hartig*, in: Hartmann/Metzenmacher, UStG, § 16 Tz 64.

37 Vgl. § 16 Abs. 2 Satz 4 UStG.

F. Anwaltliche Sonderprobleme im Umsatzsteuerrecht

72 Nachfolgend werden einige Sonderprobleme angesprochen, die sich im Rahmen der Leistungen von Rechtsanwaltskanzleien und bei der Vertretung des Mandanten ergeben.

I. Fremdgelder als durchlaufende Posten

73 Werden dem Mandanten verauslagte Gerichtskosten, Zeugengelder und Ähnliches berechnet, handelt es sich hierbei um **durchlaufende Posten** i.S.v. § 10 Abs. 1 UStG, die nicht in die umsatzsteuerliche Bemessungsgrundlage eingehen. Diese im fremden Namen und für Rechnung des Mandanten verauslagten Kosten werden somit an diesen ohne Umsatzsteuer weiterberechnet. Berechnet der Rechtsanwalt gegenüber dem Mandanten Vorschüsse für zu erbringende bzw. bereits teilweise erbrachte Leistungen, hat er in der Vorschussrechnung zu differenzieren, inwieweit der Vorschuss auf Fremdgelder entfällt. Nur insoweit unterliegt die Vorschussrechnung nicht der Umsatzsteuer. Es wird demnach angeraten, bei der Erstellung von Vorschussrechnungen Vorschüsse auf Gerichtsgebühren etc. gesondert auszuweisen, um eine diesbezügliche Belastung mit Umsatzsteuer zu vermeiden.[38] Dem Rechtsanwalt obliegt nach § 22 UStG die Aufzeichnungspflicht für die Umsätze und die hiervon abzugrenzenden Fremdgelder.[39]

II. Abrechnung von Vorschüssen in Gebührenrechnungen

74 Werden Vorschüsse gegenüber dem Mandanten berechnet, ist hiervon bei der Vereinnahmung des Entgelts Umsatzsteuer an das Finanzamt abzuführen (vgl. Rn 68 ff.). Etwas anderes gilt nur, soweit die Vorschüsse gesondert für Fremdgelder, z.B. Gerichtskosten, berechnet wurden (vgl. Rn 73). Die in der Vorschussrechnung gesondert ausgewiesene Umsatzsteuer ist beim Mandanten als Vorsteuer grundsätzlich abzugsfähig, wenn die weiteren Voraussetzungen für die Inanspruchnahme des Vorsteuerabzugs gegeben sind. Dies gilt für noch nicht durch den Rechtsanwalt erbrachte Leistungen jedoch erst, wenn die entsprechende Zahlung durch den Mandanten geleistet wurde (vgl. Rn 71). Bei Erstellung der Schluss- bzw. Endrechnung gilt es zu beachten, dass die in den Vorschussrechnungen gesondert ausgewiesenen Steuerbeträge offen abgesetzt werden.

38 BFH, Beschluss vom 27.6.1996, Az. IV-B-69/95 und Niedersächsisches FG, Urteil vom 25.4.1995, EFG 1995, S. 914.

39 FG München, Urteil vom 11.12.2002, EFG 2003, S. 625.

Beispiel

Rechtsanwalt R berechnet gegenüber dem A im Januar 2005 einen Gebührenvorschuss von 1.000 EUR zzgl. 160 EUR offen ausgewiesener USt, der von A noch im gleichen Monat beglichen wird. Im April 2005 ist der Auftrag abgeschlossen; R möchte für seine Leistungen insgesamt 3.000 EUR zzgl. USt berechnen. R hat folgende Abrechnung zu erstellen:

Gebühren lt. RVG		3.000 EUR
+ 16% USt		480 EUR
		3.480 EUR
abzüglich Vorschuss	1.000 EUR	
+ 16% USt	160 EUR	- 1.160 EUR
verbleiben zu zahlen		2.320 EUR

Hinweis

Vielfach wird in der Praxis nicht beachtet, dass die in Vorschussrechnungen offen ausgewiesene Umsatzsteuer bei der Endrechnung anzugeben ist. Dies hat zur Folge, dass der leistende Rechtsanwalt die in der Endrechnung „doppelt" ausgewiesene Umsatzsteuer, im vorangegangenen Beispiel 160 EUR, gemäß § 14c Abs. 1 UStG wegen zu hohen Steuerausweises zusätzlich schuldet. Der leistende Unternehmer kann in diesem Fall jedoch noch seine Endrechnung gegenüber dem Leistungsempfänger berichtigen, um die Rechtsfolge des § 14c Abs. 1 UStG rückgängig zu machen.

III. Schadensersatzleistungen

Macht der Rechtsanwalt für einen Mandanten Schadensersatzleistungen geltend, ist 75
zu prüfen, inwieweit diese Leistung bei seinem Mandanten der Umsatzsteuer unterliegt. Bei einer Umsatzsteuerpflicht des Schadensersatzes würde sich der dem Mandanten verbleibende Betrag um die Umsatzsteuer mindern. Eine sog. **echte Schadensersatzleistung** unterliegt nicht der Umsatzsteuer,[40] da die Leistung **nicht im Leistungsaustausch** erbracht wurde. Der zur Zahlung Verpflichtete leistet die Zahlung nicht, weil er eine Leistung vom Geschädigten erhalten hat, sondern weil er nach Gesetz oder Vertrag hierzu verpflichtet ist. Dementsprechend stellen auch **Vertragsstrafen** oder **Konventionalstrafen** i.d.R. echten, nicht steuerbaren Schadensersatz dar. Auch bei Entschädigungen an Zeugen und ehrenamtliche Richter nach dem Justizvergütungs- und -entschädigungsgesetz (JVEG) liegt ein nicht steuerbarer

40 Vgl. Abschn. 3 UStR 2005.

Schadensersatz vor.[41] Gleiches gilt für Ersatzleistungen einer Warenkreditversicherung.

Abzugrenzen von diesen Fällen des nicht steuerbaren Schadensersatzes sind **Schadensersatzleistungen**, die im **Leistungsaustausch erbracht** wurden und damit grundsätzlich der Umsatzsteuer unterliegen. Im Wesentlichen kommen hier die nachfolgend genannten Sachverhalte in Betracht:

- Der Schädiger beauftragt den Geschädigten ausdrücklich, den zugefügten Schaden selbst zu beseitigen. Der Geschädigte erbringt insoweit eine entgeltliche Leistung gegenüber dem Schädiger.
- Der Ausgleichsanspruch für Handelsvertreter gemäß § 89b HGB stellt eine Gegenleistung des Geschäftsherrn für die erlangten Vorteile aus der Tätigkeit des Handelsvertreters dar und ist als sonstige Leistung steuerbar. Nichts anderes gilt, wenn der Ausgleichsanspruch durch den Tod des Handelsvertreters fällig wird.
- Entschädigungen, die ein Vermieter oder ein Mieter für die vorzeitige Auflösung des Mietvertrages leisten, stellen ungeachtet der Bezeichnung dieser Leistung („Schadensersatz für die vorzeitige Vertragsauflösung") eine steuerbare Leistung dar. Dies gilt auch dann, wenn ein Unternehmer zur Vermeidung einer Enteignung auf die vertragliche Regelung eingegangen ist. Dagegen stellen Entschädigungen, die als Folgewirkung einer Enteignung nach § 96 BauGB gezahlt werden, einen nicht steuerbaren Schadensersatz dar.

76 Noch nicht abschließend geklärt ist die Rechtsfrage, ob Zahlungen anlässlich der vorzeitigen Auflösung eines anwaltlichen Beratervertrages als nicht steuerbarer Schadensersatz oder als steuerpflichtige Leistung zu werten sind.[42]

77 So genannte **Abmahnvereine** erbringen gegenüber den abgemahnten Unternehmen eine steuerbare Leistung im Leistungsaustausch.[43]

IV. Geltendmachung von Zinsen und Mahngebühren

78 Regelmäßig werden Rechtsanwälte damit beschäftigt, Zinsen und Mahngebühren geltend zu machen, sei es in eigener Angelegenheit oder im Auftrag des Mandanten. Hierbei gilt es zu prüfen, ob diese Forderungen der Umsatzbesteuerung unterliegen. Die Berechnung von Zinsen stellt eine sonstige Leistung in Form einer Kreditgewäh-

41 Vgl. Abschn. 3 Abs. 8 UStR 2005.

42 Hessisches FG, Urteil vom 28.4.2003, EFG 2003, S. 1421, Revision beim BFH eingelegt (Az. V R 34/03).

43 BFH, Urteil vom 16.1.2003, BStBl. II 2003, S. 732.

rung dar. Für diese i.d.R. steuerbare Leistung kann die Steuerbefreiung des § 4 Nr. 8 a UStG (mit Optionsmöglichkeit nach § 9 UStG) in Betracht kommen. Wird der Kredit im Zusammenhang mit einer Lieferung oder sonstigen Leistung durch den Unternehmer an seinen Kunden gewährt, kommt eine Steuerbefreiung nur in Betracht, wenn die Kreditgewährung als selbständige Leistung zu werten ist. Bei einem Abzahlungsgeschäft i.S.v. § 492 BGB (Verbraucherdarlehensvertrag) und einem Kontokorrentverhältnis i.S.v. § 355 HGB sind diese Voraussetzungen erfüllt. Bei Stundungszinsen, Zielzinsen u.Ä. liegt eine selbständige (steuerfreie) Leistung vor, wenn folgende Kriterien erfüllt sind:[44]

- Die Entgelte für Lieferung/sonstige Leistung und die Kreditgewährung müssen bei Vertragsabschluss gesondert vereinbart werden.
- Bei der Vereinbarung der Kreditgewährung muss der Jahreszins angegeben werden.
- Die Entgelte für die Kreditleistung müssen getrennt abgerechnet werden.

Hingegen liegt kein steuerfreies Kreditgeschäft vor, wenn der Unternehmer in seinen Zahlungsbedingungen die Gewährung eines **Nachlasses** (Skonto, Rabatt) auf den ausgezeichneten Preis bei vorzeitiger Zahlung anbietet. In diesen Fällen liegt bei Gewährung des Preisnachlasses vielmehr eine Minderung der Bemessungsgrundlage vor. **Verzugszinsen, Fälligkeitszinsen und Prozesszinsen** (§§ 288, 291 BGB, § 353 HGB) stellen einen nicht steuerbaren Schadensersatz dar. Das Gleiche gilt für Nutzungszinsen nach den §§ 452und 641 Abs. 2 BGB. 79

Die dem Unternehmer erstatteten Kosten eines **gerichtlichen Mahnverfahrens** stellen ebenso wie die durch den Unternehmer an seine säumigen Zahler berechneten Mahngebühren und Mahnkosten nicht steuerbaren Schadensersatz dar.[45] 80

V. Sonstiges

Hinsichtlich der umsatzsteuerlichen Besonderheiten im **Insolvenzverfahren** wird auf die Verfügung der Oberfinanzdirektion Frankfurt a.M. vom 1.10.1998 verwiesen. Für das Amt des **Fiskalvertreters** nach § 22a UStG kommen auch Rechtsanwälte in Betracht. Der Fiskalvertreter hat die umsatzsteuerlichen Pflichten eines im Ausland ansässigen Unternehmers zu erfüllen, der im Inland ausschließlich steuerfreie Umsätze tätigt. Da die Praxis gezeigt hat, dass Rechtsanwälte dieses Amt nur selten ausüben, wird auf nähere Ausführungen hierzu verzichtet. In Bezug auf die 81

44 Vgl. Abschn. 29 a UStR 2005.
45 Vgl. Abschn. 3 Abs. 3 UStR 2005.

Erstattungsfähigkeit von Umsatzsteuerbeträgen im Rahmen der **Kostenfestsetzung im Zivilprozess** wird auf § 104 Abs. 2 ZPO verwiesen.

G. Anwaltssozietät/Partnerschaft

I. Steuersubjekt der Umsatzbesteuerung

82 Wie schon in Rn 5 ausgeführt, kann auch eine Sozietät oder Partnerschaftsgesellschaft (nachfolgend „Gesellschaft" genannt) ungeachtet ihrer fehlenden zivilrechtlichen Rechtsfähigkeit als Unternehmer i.S.v. § 2 UStG **Steuersubjekt** im Rahmen der Umsatzsteuer sein. Die Gesellschaft schuldet die Umsatzsteuer aufgrund der von ihr ausgeführten Leistungen und kann den Vorsteuerabzug in Anspruch nehmen. Die einzelnen Sozien/Partner sind mangels Selbständigkeit im umsatzsteuerrechtlichen Sinne keine Unternehmer. Ein Vorsteuerabzug ist für diese Personen ausgeschlossen, wenn sie selbst keine umsatzsteuerlich beachtliche Tätigkeit außerhalb der Sozietät/Partnerschaft ausüben.

83 Der Gesellschaft steht der **Vorsteuerabzug** für in Rechnung gestellte Leistungen nur zu, wenn die Leistungen für ihr Unternehmen bezogen wurden.[46] Folglich muss ein Sozius/Partner bei der **Bestellung** einer Leistung diese im Namen der Gesellschaft bestellen. Wird eine Leistung im Namen des Sozius/Partners bestellt und für diesen ausgeführt, steht der Gesellschaft hierfür kein Vorsteuerabzug zu. Gemäß § 14 Abs. 1 UStG wird der Vorsteuerabzug nur gewährt, wenn der Leistungsempfänger in der Rechnung angegeben wird. Es ist hier jede Bezeichnung des Leistungsempfängers ausreichend, die eine eindeutige und leicht nachprüfbare Feststellung seines Namens und seiner Anschrift ermöglicht, es müssen somit nicht zwingend alle Sozien/Partner genannt sein. Eine Rechnung an einen Sozius/Partner berechtigt die Gesellschaft jedoch nicht zum Vorsteuerabzug, wenn die Rechnung keinen Hinweis auf die Gesellschaft als **Leistungsempfänger** enthält.

84 Rechtsanwälte, die Berufsangehörige als Angestellte oder freie Mitarbeiter beschäftigen, können diese nach den §§ 8 bis 10 der Berufsordnung für Rechtsanwälte auf Geschäftspapieren wie Sozien oder Partner aufführen. Eine Unternehmereigenschaft der sog. **Nenn-, Außen- oder Scheinsozietät** entsteht hierdurch nicht. Unternehmer i.S.d. UStG bleibt nach wie vor der Praxisinhaber. Ein Vorsteuerabzug des Mandanten als Leistungsempfänger setzt jedoch gemäß § 14 UStG voraus, dass der zutreffende leistende Unternehmer in der Rechnung genannt ist. Problematisch erscheint

46 Zur Vorsteuer-Abzugsberechtigung des Bruchteilseigentümers vgl. BFH, Urteil vom 1.10.1998, BFH/NV 1999, S. 575 und Vorlagenbeschluss des BFH vom 29.8.2002, BFH/NV 2003, S. 432.

es somit, wenn das Rechnungsformular des Rechtsanwalts die Scheinsozietät als leistenden Unternehmer ausweist. Die Oberfinanzdirektion Hannover vertritt die Auffassung, dass die Nennung der Scheinsozietät auf der Rechnung den Vorsteuerabzug für den Leistungsempfänger nicht gefährdet.[47] Ebenso sollen die Rechtsfolgen des § 14c Abs. 2 UStG im genannten Sachverhalt nicht eintreten. Die Literaturmeinungen vertreten hier zum Teil eine andere Auffassung.[48]

85 Nach außen auftretende Rechtsanwaltsgemeinschaften können auch mit den Notariatsgeschäften ihrer Mitglieder Unternehmer sein.[49] Zur Bestimmung des Leistenden, wenn in einer Sozietät zusammengeschlossene Rechtsanwälte Testamentsvollstreckungen ausführen, vgl. BFH, Urteil vom 13.3.1987, BStBl. II 1987, S. 524.

86 Ein Vorsteuerabzug für den Sozius/Partner selbst kommt in Betracht, wenn dieser unternehmerisch tätig wird. Die unternehmerische Betätigung kann auch darin begründet sein, dass der Sozius/Partner gegenüber der Gesellschaft Leistungen erbringt. Vermietet der Sozius/Partner an die Gesellschaft Gegenstände, wird er hierdurch regelmäßig zum Unternehmer i.S.d. UStG. Ihm steht der Vorsteuerabzug aus dem Kauf dieser Gegenstände zu, wenn eine Rechnung im Sinne von § 14 UStG vorliegt, in der er als Leistungsempfänger genannt ist. Voraussetzung für die umsatzsteuerliche Anerkennung von **Geschäften zwischen Gesellschafter und Gesellschaft** ist es, dass die Leistung im Leistungsaustausch gegen gesondert berechnetes Entgelt gegenüber der Gesellschaft ausgeführt wird. Ob die Leistung aufgrund einer gesellschaftsrechtlichen Verpflichtung oder aufgrund eines gesonderten Vertrages zu erbringen ist, ist insoweit unmaßgeblich. Kein Leistungsaustausch, sondern ein **nicht steuerbarer Gesellschafterbeitrag** liegt vor, wenn die Leistung nicht gegen Sonderentgelt ausgeführt wird, sondern die Erbringung der Leistung durch die Beteiligung an Gewinn und Verlust abgegolten ist.[50]

Beispiel

Die verschiedenen möglichen Gestaltungen in Bezug auf die Leistungen zwischen Gesellschaft und Gesellschafter können am Beispiel der **Anschaffung eines Pkw** dargestellt werden.

Variante 1: Anschaffung des Pkw durch den Gesellschafter

Schafft der Gesellschafter selbst den Pkw an, der im Rahmen der Gesellschaft genutzt wird, ist zu unterscheiden, ob der Pkw der Gesellschaft entgeltlich oder

47 OFD Hannover, Verfügung vom 17.11.1998, Az. S-7104-385-StH 542 / S-7104-148 -StO 355.

48 *Leibner*, UStB 2003, S. 23.

49 Vgl. Abschn. 16 Abs. 4 UStR 2005.

50 Vgl. Abschn. 6 Abs. 3 UStR 2005.

unentgeltlich überlassen wird. Bei der **unentgeltlichen Überlassung** des Pkw steht dem Gesellschafter aus den Anschaffungskosten kein Vorsteuerabzug zu, da er den Pkw selbst nicht für sein Unternehmen verwendet. Der Gesellschaft steht ebenso kein Vorsteuerabzug zu, da sie nicht Leistungsempfänger bei der Lieferung des Fahrzeuges ist. Als Zwischenergebnis kann festgehalten werden, dass bei der Anschaffung des Pkw durch den Gesellschafter und der unentgeltlichen Überlassung an die Gesellschaft kein Vorsteuerabzug möglich ist.
Überlässt der Gesellschafter den von ihm angeschafften Pkw der Gesellschaft **gegen gesondert berechnetes Entgelt**, ist zu unterscheiden, ob er die Nutzung des Pkw insgesamt (betriebliche und private Fahrten) an die Gesellschaft überlässt oder ob die Überlassung an die Gesellschaft nur hinsichtlich der betrieblichen Nutzung erfolgt. Wird das Fahrzeug insgesamt entgeltlich der Gesellschaft überlassen, kann der Gesellschafter den Vorsteuerabzug aus den Anschaffungskosten des Fahrzeuges in voller Höhe geltend machen, da er das Fahrzeug ausschließlich unternehmerisch nutzt. Die Überlassungsvergütungen stellen beim Gesellschafter steuerpflichtige Einnahmen dar. Der Gesellschaft steht insoweit der Vorsteuerabzug aus den Überlassungsvergütungen zu, wenn Rechnungen mit gesondertem Steuerausweis vorliegen. Die (Rück-)Überlassung des Pkw an den Gesellschafter für dessen Privatfahrten stellt eine nach § 3 Abs. 9 a UStG zu besteuernde unentgeltliche Wertabgabe dar. Überlässt der Gesellschafter der Gesellschaft das Fahrzeug nur für die betriebliche Nutzung durch die Gesellschaft (ohne Privatfahrten durch den Gesellschafter) und ordnet der Gesellschafter das Fahrzeug insgesamt seinem Unternehmensvermögen zu, erfolgt die Besteuerung der unentgeltlichen Wertabgabe auf Ebene des Gesellschafters.

Variante 2: Anschaffung des Pkw durch die Gesellschaft
Erwirbt die Gesellschaft den durch den Gesellschafter privat mitbenutzen Pkw, steht ihr der Vorsteuerabzug aus den Anschaffungskosten zu. Die Privatnutzung des Gesellschafters ist im Gegenzug als unentgeltliche Leistung nach § 3 Abs. 9 a UStG zu besteuern. Alternativ ist es möglich, dass der Gesellschafter an die Gesellschaft eine Vergütung für die private Nutzung des Pkw zahlt. Dieser Leistungsaustausch zwischen Gesellschaft und Gesellschafter ist umsatzsteuerlich ebenfalls anzuerkennen. Die entgeltliche Überlassung an den Gesellschafter für private Zwecke ist als steuerpflichtiger Umsatz unter Beachtung der Mindestbemessungsgrundlage des § 10 Abs. 5 UStG zu versteuern.

Hinweis 87

Die Vielzahl von unterschiedlichen Gestaltungen zeigt deutlich, dass bei Rechtsgeschäften zwischen Gesellschafter und Gesellschaft eine vorhergehende umsatzsteuerliche Prüfung dringend erforderlich ist. In Bezug auf die Fahrzeuge der einzelnen Sozien/Partner wird – auch unter dem ertragsteuerlichen Aspekt, dass diese im Regelfall im **Sonderbetriebsvermögen** gehalten werden sollten – angeraten, die Fahrzeuge durch die Gesellschafter anschaffen zu lassen und sodann gegen gesondert berechnetes Entgelt an die Gesellschaft zu vermieten.[51]

Hinsichtlich der **Geschäftsführungs- und Vertretungsleistung** des Gesellschafters 88 für die Gesellschaft stellt sich die Frage, inwieweit hier ein steuerbarer Leistungsaustausch vorliegt. Dies ist zu bejahen, wenn die Tätigkeit durch den Gesellschafter gegen leistungsbezogenes Sonderentgelt ausgeführt wird, welches in der Gewinnermittlung der Gesellschaft als Betriebsausgabe behandelt wird. Kein Leistungsaustausch liegt hingegen vor, wenn es sich lediglich um ein so genanntes „Gewinn-Vorab" des Gesellschafters handelt. Der Gesellschaftsvertrag und die tatsächliche Handhabung bedürfen insoweit einer genauen Überprüfung, ob sie an die aktuelle Rechtslage angepasst wurden, da sich die höchstrichterliche Rechtsprechung insoweit geändert hat.[52]

II. Gesellschaftsrechtliche Vorgänge

Bei der Gründung einer Sozietät oder Partnerschaft ist bezüglich der umsatzsteuerli- 89 chen Würdigung zu unterscheiden, ob die eintretenden Gesellschafter ihre Beiträge als Barleistung oder durch die Einbringung von Wirtschaftsgütern bzw. ihrer Einzelpraxis erbringen. Wird eine **Bareinlage** in das Gesellschaftsvermögen geleistet, stellt dies für den leistenden Gesellschafter keinen umsatzsteuerbaren Vorgang dar, da eine Geldleistung keine Leistung i.S.d. UStG ist. Aus der Sicht der zu gründenden Gesellschaft liegt nach der Rechtsprechung des EuGH ebenfalls keine steuerbare Leistung vor.[53] Leistet ein eintretender Gesellschafter seine Einlage durch die **Einbringung seiner Einzelpraxis** in die Gesellschaft, wird für den Einbringenden regelmäßig eine

51 Zur Vermietung einer Aquariumsanlage durch den Sozius an die Sozietät vgl. FG Baden-Württemberg vom 13.12.1995, EFG 1996, S. 393.

52 Zur Abgrenzung im Einzelnen: Abschn. 6 Abs. 4 UStR 2005 und BMF-Schreiben vom 23.12.2003, BStBl. I 2004, S. 240; *Zugmaier*, NJW 2003, 801.

53 EuGH, Urteil vom 26.6.2003, EuGHE 2003, 6851.

nicht steuerbare Geschäftsveräußerung im Ganzen nach § 1 Abs. 1 a UStG[54] vorliegen. Voraussetzung hierfür ist, dass alle wesentlichen Grundlagen des eingebrachten Unternehmens auf das Unternehmen der Gesellschaft übertragen werden. Die Zurückbehaltung einzelner, nicht als **wesentliche Betriebsgrundlage** zu qualifizierender Wirtschaftsgüter ist insoweit unschädlich. Gehören zu den wesentlichen Grundlagen der einzubringenden Einzelpraxis nicht eigentumsfähige Güter, wie z.B. der Mandantenstamm, ist deren Übertragung auf die Gesellschaft für die Annahme einer nicht steuerbaren Geschäftsveräußerung erforderlich. Werden wesentliche Betriebsgrundlagen nicht auf die zu gründende Gesellschaft übertragen, sondern verbleiben diese im Eigentum des einbringenden Einzelpaxis-Inhabers, ist dies unschädlich, wenn diese Wirtschaftsgüter der zu gründenden Gesellschaft im Rahmen eines Miet- oder Pachtvertrages überlassen werden.[55] Insoweit lässt sich eine nicht steuerbare Geschäftsveräußerung auch realisieren, wenn z.B. der Mandantenstamm oder ein Betriebsgrundstück zurückbehalten und an die Gesellschaft vermietet oder verpachtet wird. Diese Wirtschaftsgüter stellen aus ertragsteuerlicher Sicht im Regelfall Sonderbetriebsvermögen des einbringenden Gesellschafters an der zu gründenden Gesellschaft dar.

90 Liegt keine Geschäftsveräußerung im Ganzen, sondern die **Einbringung einzelner Wirtschaftsgüter** des Unternehmensvermögens eines Unternehmers in das Unternehmensvermögen der Gesellschaft vor, werden auf Ebene des einbringenden Gesellschafters steuerbare Umsätze erbracht. Als Gegenleistung der Gesellschaft ist die Gewährung der Gesellschaftsrechte anzusehen. Übernimmt die Gesellschaft zudem Schulden des einbringenden Gesellschafters, liegt hierin eine weitere Gegenleistung der Gesellschaft. Das Entgelt für die Einbringung der einzelnen Wirtschaftsgüter ist nach den Grundsätzen für tauschähnliche Umsätze nach § 10 Abs. 2 UStG zu ermitteln und sodann auf die einzelnen übertragenen Wirtschaftsgüter zu verteilen, was in der Praxis zu erheblichen Schwierigkeiten führt. Jede einzelne Übertragung ist weiterhin in Bezug auf den Steuersatz und etwaige Steuerbefreiungen gesondert zu untersuchen.[56]

91 Bei der **Aufnahme eines neuen Sozius oder Partners** in eine bereits bestehende Gesellschaft ist zu differenzieren, ob dieser gegen Einlage in die bestehende Gesellschaft eintritt, oder ob die bisherigen Gesellschafter einen Teil ihres Gesellschaftsanteils an den Eintretenden veräußern. Gewährt die Gesellschaft selbst gegen Einlage

54 Vgl. Abschn. 6 Abs. 2 UStR 2005. Zur gemeinschaftsrechtlich konformen Auslegung des Begriffs der Geschäftsveräußerung im Ganzen vgl. EuGH, Urteil vom 27.11.2003, BB 2004, 479.

55 Vgl. Abschn. 5 Abs. 1 UStR 2005.

56 Vgl. Abschn. 154 UStR 1992.

in das Gesellschaftsvermögen die Beteiligung, liegt unserer Auffassung nach analog zur EuGH-Rechtsprechung (vgl. Rn 89) bei der Gründung einer Gesellschaft gegen Bareinlage ebenfalls ein nicht steuerbarer Vorgang vor. Veräußern hingegen die bisher beteiligten Gesellschafter einen Teil ihres Gesellschaftsanteils an den Eintretenden, liegt keine Leistung der Gesellschaft, sondern eine Leistung der bisherigen Gesellschafter vor. Die bisherigen Gesellschafter sind hinsichtlich des Haltens der Gesellschaftsbeteiligung in aller Regel nicht Unternehmer i.S.v. § 2 UStG. Deshalb bleibt der Vorgang bei ihnen umsatzsteuerlich unbeachtlich. Selbst wenn man in Sonderfällen zu dem Ergebnis kommt, dass die bisherigen Gesellschafter die Gesellschaftsanteile in ihrem Unternehmensvermögen halten würden, würde hieraus wegen der Rechtsprechung des EuGH zur Steuerbarkeit gesellschaftsrechtlicher Vorgänge (vgl. Rn 89) bzw. der Steuerbefreiung nach § 4 Nr. 8 f UStG keine Steuerpflicht des Vorgangs entstehen. Erbringt der hinzutretende Gesellschafter seine Einlage in das Gesellschaftsvermögen durch Sacheinlage, gelten die zur Gründung einer Gesellschaft dargelegten Grundsätze (vgl. Rn 89 ff.).

Scheidet ein Gesellschafter **gegen Abfindung** aus der Gesellschaft **aus**, ist wie- 92
derum zu differenzieren, ob die Abfindung durch die Hingabe von Geld oder durch die Hingabe von einzelnen Wirtschaftsgütern des Unternehmensvermögens der Gesellschaft geleistet wird. Erhält der weichende Gesellschafter sein Abfindungsguthaben in Geld ausgezahlt, erbringt die Gesellschaft durch die Geldleistung keine steuerbare Leistung. Da der Gesellschaftsanteil beim weichenden Gesellschafter in aller Regel kein Unternehmensvermögen darstellt, erbringt dieser hinsichtlich der Aufgabe seines Gesellschaftsanteils keine Leistung als Unternehmer. Erhält der weichende Gesellschafter sein Abfindungsguthaben in der Weise, dass ihm einzelne Gegenstände des Gesellschaftsvermögens übertragen werden, erbringt die Gesellschaft gegenüber dem weichenden Gesellschafter steuerbare und – soweit im Einzelnen keine Steuerbefreiungen greifen – steuerpflichtige Leistungen.

Scheidet ein Gesellschafter **aus einer zweigliedrigen Gesellschaft** gegen Barabfin- 93
dung **aus** und führt der verbleibende Gesellschafter das Unternehmen als Einzelpraxis weiter, gelten die gleichen Grundsätze wie beim vorhergehend dargestellten Ausscheiden eines Gesellschafters. Wird eine Gesellschaft in der Form aufgelöst, dass die einzelnen Gegenstände des Betriebsvermögens an die Gesellschafter verteilt werden, ohne dass hierbei einzelnen Gesellschaftern Betriebe oder Teilbetriebe im Ganzen zugeteilt werden (Zerschlagung des Gesellschaftsvermögens), erbringt die Gesellschaft gegenüber den Gesellschaftern eine Vielzahl von Leistungen, die umsatzsteuerlich einzeln zu würdigen sind. Die Gesellschafter erbringen in diesem Fall gegenüber der Gesellschaft keine umsatzsteuerlich beachtliche Leistung. Wird

die Gesellschaft dadurch aufgelöst, dass das Unternehmen im Ganzen an einen Dritten veräußert wird, liegt eine nicht steuerbare Geschäftsveräußerung im Ganzen vor.[57] Wird das Gesellschaftsvermögen jedoch an verschiedene fremde Dritte veräußert, ohne dass Betriebe oder Teilbetriebe in ihrer Gesamtheit übertragen werden, erbringt die Gesellschaft gegenüber den Dritten steuerbare und ggf. steuerpflichtige Leistungen. Gesellschaftsrechtliche Umstrukturierungen, die nach den Rechtsgrundsätzen des **Umwandlungssteuergesetzes** zu beurteilen sind, lösen in der Regel keine Umsatzsteuerpflicht aus.[58]

94 Zusammengefasst lässt sich festhalten, dass gesellschaftsrechtliche Vorgänge in der Regel nur dann umsatzsteuerpflichtige Tatbestände auslösen, wenn nicht ganze Betriebe oder Teilbetriebe, sondern einzelne Wirtschaftsgüter auf einen anderen Rechtsträger übertragen werden.

57 Vgl. § 1 Abs. 1 a UStG.

58 Im Einzelnen wird hier auf die Ausführungen von *Reiß*, Umsatzsteuer-Rundschau 1996, S. 357 verwiesen.

§ 6 Die Anwaltskanzlei im Erbschaft- und Schenkungsteuerrecht

Peter Pauly

A. Allgemeines

Die Bedeutung der Erbschaft- und Schenkungsteuer ist in den letzten Jahren stark gestiegen. Man braucht kein Prophet zu sein, um festzustellen, dass ihre Bedeutung weiter zunehmen wird. Dies liegt zum einen an der allgemein zu beobachtenden Entwicklung, bei der insbesondere in der Nachkriegszeit gebildetes Vermögen erstmals auf eine andere Generation übergeht. Zum anderen wurde der „Wegfall“[1] der Vermögensteuer ab 1997 vollständig kompensiert durch die Anhebung der Erbschaftsowie der Grunderwerbsteuer, was leider viel zu schnell in Vergessenheit geraten ist. Im Rahmen der Erbschaftsteuerreform ab 1996 wurden u.a. die Steuersätze (Steuerklasse I) erheblich angehoben; gleichzeitig wurde für die Immobilien die neue sog. Bedarfsbewertung eingeführt, die zu einer stärkeren Angleichung der bisher maßgeblichen Einheitswerte an die Verkehrswerte führt. Eine weitere Annäherung an die Verkehrswerte, also Erhöhung der Steuerwerte für Immobilien, ist seit längerem in der Diskussion.[2] Gleiches gilt für die verschiedenen erbschaftsteuerlichen Begünstigungen für das Betriebsvermögen. Der BFH hat mit Beschluss vom 22.5.2002 (BStBl. II 2002, S. 598) wegen verfassungsrechtlicher Zweifel an der erbschaftsteuerlichen Immobilienbewertung und den Begünstigungen für Betriebsvermögen das Bundesverfassungsgericht angerufen (vgl. Az. 1 BvL 10/02). Mit einer Entscheidung des Bundesverfassungsgerichts wird seit längerem gerechnet. Steuerfestsetzungen erfolgen vorläufig gemäß § 165 Abs. 1 AO.[3] Für Aufmerksamkeit in der politischen Diskussion sorgte der Gesetzesantrag des Landes Schleswig-Holstein vom 21.5.2004 (BR-Drucks 422/04) mit dem Ziel einer verkehrswertnahen Bewertung des Grundbesitzes einerseits, aber andererseits auch einer deutlichen Anhebung des Freibetrags für Betriebsvermögen. Für die Gestaltungspraxis wird u.E. zu Recht 1

1 Das Vermögensteuergesetz wurde durch den Gesetzgeber bis heute nicht formell aufgehoben. Die Vermögensteuer kann jedoch aufgrund des Beschlusses des BVerfG vom 22.6.1995 (BGBl. I 1995, S. 1191) ab 1997 aufgrund ihrer teilweisen Verfassungswidrigkeit nicht mehr erhoben werden.

2 Vgl. bereits Bericht der Sachverständigenkommission Vermögensbesteuerung vom 29.5.2000, www.Bundesfinanzministerium.de, Steuern, Veröffentlichungen zu Steuerarten, Weitere Informationen/Links.

3 Vgl. koordinierter Ländererlass vom 6.12.2001, BStBl. I 2001, S. 985.

die Meinung vertreten, dass auch bei einer vorläufigen Veranlagung für Vermögensübertragungen Vertrauensschutz bis zu einer Entscheidung des Bundesverfassungsgerichts zu gewähren ist.[4] Sollte das Bundesverfassungsgericht tatsächlich das derzeitige Erbschaftsteuerrecht für unvereinbar mit Art. 3 Abs. 1 GG erklären, wird es für wahrscheinlich gehalten, dass dem Gesetzgeber im Rahmen einer Übergangsregelung eine Frist zur Anpassung des Erbschaftsteuergesetzes gegeben wird. Für bereits durchgeführte Vermögensübertragungen wird gleichwohl empfohlen, dass die Steuerpflichtigen auf eine alsbaldige Bescheidung der Schenkung drängen sollten, um zusätzlichen Vertrauensschutz gemäß § 176 Abs. 1 AO zu erreichen.

2 Erbschaft- und Schenkungsteuer sind „Zwillingssteuern". Ihr Besteuerungsgegenstand ist stets der unentgeltliche Übergang von Vermögen, ob von Todes wegen oder durch Schenkung unter Lebenden. Die steuerlichen Vorschriften über Erwerbe von Todes wegen gelten deshalb grundsätzlich auch für Schenkungen, soweit in den einzelnen Vorschriften des Gesetzes keine abweichenden Regelungen getroffen werden (§ 1 Abs. 2 ErbStG). Nachfolgend wird aus Vereinfachungsgründen nur der Begriff der Erbschaftsteuer verwendet.

B. Erbschaftsteuerliche Begünstigungen für freiberufliches Praxisvermögen

I. Freibetrag und Wertabschlag

3 Nach § 13a Abs. 1 ErbStG wird ein **Freibetrag** für Betriebsvermögen in Höhe von 225.000 EUR gewährt.[5] Für den nach Abzug des Freibetrags verbleibenden Wert wird ein Abschlag (sog. **Wertabschlag**) in Höhe von 35% gewährt (§ 13a Abs. 2 ErbStG).[6] Begünstigt ist auch freiberufliches Praxisvermögen, ebenso gilt dies für Anteile an einer Rechtsanwalts-GmbH mit Sitz oder Geschäftsleitung im Inland, sofern der Schenker oder Erblasser an der GmbH zu mehr als einem Viertel unmittelbar beteiligt war.

4 Vgl. u.a. *Spiegelberger*, Stbg 2003, 106 ff.; *Kessler/Märkle/Offerhaus*, DB-Beilage 2/2003.

5 Der Freibetrag wurde durch das Haushaltsbegleitgesetz 2004 vom 29.12.2003 (BGBl. I 2003, S. 3076) mit Wirkung vom 1.1.2004 von 256.000 EUR auf 225.000 EUR herabgesetzt. An der Verfassungsmäßigkeit dieses Gesetzes bestehen Zweifel wegen Verstoßes gegen den sog. Parlamentsvorbehalt. Dazu ist bereits ein Verfahren beim Bundesverfassungsgericht anhängig unter Az. 2 BvR 412/04 im Hinblick auf die durch das Haushaltsbegleitgesetz 2004 ebenfalls betroffene Biersteuer.

6 Der Wertabschlag wurde ebenfalls durch das Haushaltsbegleitgesetz 2004, a.a.O., mit Wirkung vom 1.1.2004 von 40% auf 35% reduziert.

Der Freibetrag wird für alle **Erwerbe von Todes wegen** gewährt. Dies bedeutet, dass nicht nur der Erwerb durch Erbanfall (§ 1922 BGB), sondern z.B. auch der Übergang von freiberuflichem Praxisvermögen im Wege eines Sachvermächtnisses begünstigt wird.[7] Dasselbe gilt für eine Schenkung auf den Todesfall oder den Übergang eines Anteils an einer Sozietät auf die überlebenden Sozien, soweit der Wert den Abfindungsanspruch übersteigt (§ 3 Abs. 1 Nr. 2 Satz 2 ErbStG).[8] Ebenso ist der Übergang eines Sozietätsanteils auf einen Erben z.B. im Falle einer einfachen Nachfolgeklausel erbschaftsteuerlich begünstigt. Gleiches gilt für den Fall einer sog. qualifizierten Nachfolgeklausel.[9] 4

Nicht begünstigt ist hingegen die Übertragung von Betriebsvermögen zur Erfüllung eines geltend gemachten Pflichtteils oder eines Barvermächtnisses. Auch die mit dem Pflichtteilsanspruch oder Barvermächtnis belasteten Erben können für das geerbte Betriebsvermögen keine Steuerbegünstigung erhalten, weil sie mit der Weiterübertragung des Betriebsvermögens einen ursprünglich auf eine Geldleistung gerichteten schuldrechtlichen Anspruch erfüllen und damit gegen die Behaltensregelungen (vgl. Rn 15 ff.) verstoßen. 5

Bei einer **Schenkung** unter Lebenden werden die Steuerbegünstigungen ebenfalls gewährt. Dabei muss es sich nicht mehr um eine sog. vorweggenommene Erbfolge handeln.[10] Begünstigt ist damit praktisch jede Gestaltung, bei der begünstigtes Betriebsvermögen schenkweise unter Lebenden übertragen wird.[11] Unter bestimmten Voraussetzungen kann sogar eine mittelbare Schenkung von begünstigtem Betriebsvermögen anerkannt werden, sofern dieses Betriebsvermögen bereits vor der Schenkung in der Hand des Schenkers liegt.[12] 6

7 Vgl. dazu R 55 Abs. 1 Satz 4 Nr. 1 ErbStR; zu der generellen Bewertung von Sachvermächtnissen sind allerdings durch das BFH-Urteil vom 2.7.2004 (BStBl. II 2004, S. 1039) Zweifel aufgekommen. Das Urteil ist zwar nur zu einem Grundstücksvermächtnis ergangen. Jedoch könnte eine Kehrtwende des BFH bei der Bewertung von Sachvermächtnissen hin zu einer Bewertung mit dem gemeinen Wert auch für Sachvermächtnisse von Betrieben u.a. von Bedeutung sein.

8 Zu weiteren Fällen des begünstigten Erwerbs von Todes wegen vgl. R 55 Abs. 1 ErbStR.

9 Ist nur ein Miterbe qualifiziert, so bleiben die Steuerbegünstigungen erhalten. Alle Miterben erhalten grundsätzlich die Begünstigungen nach ihrer Erbquote, denn die qualifizierte Nachfolgeklausel ist erbschaftsteuerlich nach R 55 Abs. 2 ErbStR/H 55 ErbStH (unter Hinweis auf das BFH-Urteil vom 10.11.1982, BStBl. II 1983, S. 329) wie die Teilungsanordnung unbeachtlich. Etwas anderes gilt, wenn der zur Nachfolge qualifizierte Miterbe den Sozietätsanteil durch ein Vorausvermächtnis zugewiesen bekommt. In diesem Fall erhält der „Qualifizierte" den Freibetrag und den Wertabschlag allein (§ 13a Abs. 3 ErbStG). Zur Problematik bei vorhandenem Sonder-Betriebsvermögen vgl. Rn 8.

10 Das Steueränderungsgesetz 2001 vom 20.12.2001 (BGBl. I 2001, S. 3794) hat die Anknüpfung an eine vorweggenommene Erbfolge abgeschafft.

11 Vgl. dazu den in R 56 Abs. 1 ErbStR enthaltenen Katalog.

12 Vgl. dazu R 56 Abs. 2 ErbStR.

II. Voraussetzungen für die erbschaftsteuerliche Begünstigung

7 Voraussetzung für die Gewährung der Steuervergünstigungen ist, dass es sich um eine Praxis im Ganzen, eine selbständige Teil-Praxis, einen Mitunternehmeranteil an einer Sozietät oder um Anteile an einer begünstigten Rechtsanwalts-GmbH handelt.[13] Die vorgenannten Begriffe sind nach Auffassung der Finanzverwaltung (R 51 Abs. 3 Satz 2 ErbStR) nach ertragsteuerlichen Grundsätzen auszulegen (vgl. § 3 Rn 49 ff.).[14] Wichtig ist deshalb, dass sämtliche **wesentlichen Betriebsgrundlagen** auf den Erwerber übergehen. Das Zurückbehalten einzelner wesentlicher Grundlagen führt deshalb dazu, dass die erbschaftsteuerlichen Steuerbegünstigungen versagt werden. Es spricht vieles dafür, dass für die Frage nach der „wesentlichen Betriebsgrundlage" im Anwendungsbereich von § 13 a ErbStG ausschließlich die funktionale Betrachtungsweise maßgeblich ist, da das Vorhandensein erheblicher stiller Reserven erbschaftsteuerlich irrelevant ist.[15]

8 Wesentliche Betriebsgrundlagen können auch im **Sonderbetriebsvermögen**[16] des Mitunternehmers vorhanden sein. Bei der Nachfolge in Sozietätsanteile ist daher das Vorhandensein wesentlicher Betriebsgrundlagen im Bereich des Sonderbetriebsvermögens auch erbschaftsteuerlich von großer Bedeutung (zur einkommensteuerlichen Problematik vgl. § 3 Rn 218 ff., 303 f.). Die Finanzverwaltung verfährt allerdings nunmehr in R 51 Abs. 3 Satz 4 f. ErbStR insoweit großzügig, als sie die erbschaftsteuerliche Begünstigung einer Sozietätsteilanteilsübertragung auch dann gewährt, wenn das zugehörige Sonderbetriebsvermögen nicht quotal, sondern disquotal übertragen oder sogar in Gänze vom Schenker zurückbehalten wird, sofern das zurückbehaltene Vermögen Sonderbetriebsvermögen des Schenkers bei derselben Sozietät bleibt. Auch die Aufnahme in eine Einzelpraxis des Schenkers ist erbschaftsteuerlich begünstigt.

13 Eine Beteiligung an einer Kapitalgesellschaft ist jedoch nur dann begünstigt, wenn sie im Sinne des § 13 a Abs. 4 Nr. 3 ErbStG wesentlich ist, d.h. mehr als ein Viertel des Nennkapitals ausmacht.

14 Da es nach § 13 a Abs. 4 Nr. 1 ErbStG auf die Sichtweise des Erwerbers ankommt ("*Erwerb* … eines Anteils"), kann die Begünstigung für die Übertragung eines Teil-Anteils an einer Sozietät u.E. nicht in Zweifel gezogen werden (glA R 51 Abs. 3 Satz 3 ErbStR).

15 Zur Frage der wesentlichen Betriebsgrundlagen im Einkommensteuerrecht siehe § 3 Rn 49 ff. Die Anwendung der rein-funktionalen Betrachtungsweise sowie die zwingende Begünstigung von Sozietätsteil-Anteilen spricht im Übrigen dafür, mit der Übernahme ertragsteuerlicher Grundsätze auf die Auslegung des § 13 a ErbStG zurückhaltend zu sein. Es erscheint grundsätzlich eine normspezifische Betrachtungsweise angebracht.

16 Zum Begriff des Sonderbetriebsvermögens vgl. § 3 Rn 214 ff.

Vorsicht ist vor allem bei der Nachfolge in Sozietätsanteile von Todes wegen geboten, wenn beim Erblasser Sonderbetriebsvermögen mit wesentlichen Betriebsgrundlagen vorhanden war. Bei der einfachen Nachfolgeklausel rücken alle Miterben in die Gesellschafterstellung bei der Sozietät nach. Gleichzeitig erwerben sie das dazugehörige Sonderbetriebsvermögen des Erblassers nach ihren jeweiligen Erbquoten in Erbengemeinschaft. Eine nachfolgende Erbauseinandersetzung – auch in Befolgung einer vom Erblasser angeordneten Teilungsanordnung – ist erbschaftsteuerlich unbeachtlich. Die Miterben erhalten entsprechend ihrer Erbquote einen Anteil am Freibetrag von 225.000 EUR sowie den Wertabschlag in Höhe von 35%. § 13a Abs. 3 ErbStG, der den Verlust der erbschaftsteuerlichen Begünstigungen für den Fall der Weitergabe des Betriebsvermögens anordnet, greift nicht ein, so dass auch diejenigen Miterben, die aufgrund der Erbauseinandersetzung Betriebsvermögen abgeben, die erbschaftsteuerlichen Begünstigungen behalten.[17] 9

Bei der qualifizierten Nachfolgeklausel folgt der (z.B. berufsrechtlich) qualifizierte Miterbe unmittelbar in den Sozietätsanteil nach.[18] Das Sonderbetriebsvermögen geht jedoch auf alle Miterben in Erbengemeinschaft über. Einkommensteuerlich entnimmt der Erblasser eine „logische Sekunde" vor seinem Tode den auf die nichtqualifizierten Miterben übergehenden Anteil an seinem Sonderbetriebsvermögen.[19] Erbschaftsteuerlich ist die qualifizierte Nachfolgeklausel unbeachtlich, so dass alle Miterben den Sozietätsanteil zu versteuern haben.[20] Die erbschaftsteuerlichen Begünstigungen stehen den Miterben nach ihrem jeweiligen Erbteil quotal zu. Der Übergang des Sozietätsanteils auf den qualifizierten Miterben führt nicht zum Verlust der erbschaftsteuerlichen Begünstigungen nach § 13a Abs. 3 ErbStG bei den übrigen Miterben.[21] 10

Es besteht jedoch die Gefahr, dass das Sonderbetriebsvermögen aus der erbschaftsteuerlichen Privilegierung herausfällt, soweit es auf die übrigen, nicht qualifizierten Miterben entfällt. Denn dieser Teil des Sonderbetriebsvermögens ist noch in der logischen 11

17 Vgl. R 61 Abs. 2 ErbStR. Zu den einkommensteuerlichen Auswirkungen bei der einfachen Nachfolgeklausel vgl. § 3 Rn 300.

18 Vgl. zum Zivilrecht *K. Schmidt*, Gesellschaftsrecht, 4. Auflage, S. 1343 ff., wonach die qualifizierte Nachfolgeklausel wie eine „dinglich wirkende Teilungsanordnung" funktioniert. Dem Werte nach fällt der Sozietätsanteil allerdings in den Nachlass, so dass ggf. erbrechtliche Abfindungsansprüche entstehen, sofern der qualifizierte Nachfolger den Sozietätsanteil nicht durch ein Vorausvermächtnis über seine Erbquote hinaus zugewiesen erhält.

19 Vgl. Schmidt/*Wacker*, EStG, § 16 Rz 674 sowie oben § 3 Rn 303.

20 Kritisch dazu: *Hübner*, ZErb 2004, 34.

21 Vgl. oben Rn 9 sowie R 61 Abs. 2 ErbStR/H 61 Abs. 2 ErbStH unter Hinweis auf das BFH-Urteil vom 10.11.1982, BStBl. II 1983, S. 329.

Sekunde vor dem Erbfall in das steuerliche Privatvermögen entnommen worden. Nach § 13a ErbStG ist jedoch nur ertragsteuerliches Betriebsvermögen erbschaftsteuerlich begünstigt.[22] Der Anteil des qualifizierten Miterben am Sonderbetriebsvermögen bleibt allerdings begünstigt.[23] Bei Grundstücken im Sonderbetriebsvermögen gilt nach § 99 Abs. 2 Satz 3 BewG zusätzlich die Besonderheit, dass diese bei Beteiligung einer nicht in die Sozietät nachfolgenden Person in vollem Umfang nicht zum Betriebsvermögen zählen (nicht einmal anteilmäßig).

III. Sperrfrist für die Inanspruchnahme des Freibetrags/ Aufteilung des Freibetrags

12 Der Freibetrag von 225.000 EUR kann bei Erwerb begünstigten Vermögens von **derselben Person** innerhalb eines Zeitraums von **zehn Jahren** nur **einmal** in Anspruch genommen werden. Dies gilt auch dann, wenn der Freibetrag bislang nur teilweise in Anspruch genommen worden ist, so dass im Fall einer Schenkung unter Lebenden ggf. die Inanspruchnahme des Freibetrags (vgl. Rn 14) auf ihre Zweckmäßigkeit hin überprüft werden sollte. Der Wertabschlag von 35% wird bei begünstigtem Vermögen hingegen stets in Abzug gebracht, eine Sperrfrist von zehn Jahren gilt hier nicht.

13 Bei Erwerben von Todes wegen wird der Freibetrag **von Amts wegen** gewährt. Die Aufteilung auf mehrere Miterben erfolgt nach Maßgabe ihrer Erbteile oder nach gleichen Teilen, sofern begünstigtes Vermögen auf Erben und Nichterben von Todes wegen übergeht. Die erbschaftsteuerlichen Privilegien bleiben auch dann erhalten, wenn das begünstigte Betriebsvermögen aufgrund einer Erbauseinandersetzung (auch aufgrund einer Teilungsanordnung) nicht auf alle Miterben verteilt wird. Anders hingegen ist die Rechtslage bei Erwerb aufgrund (Voraus-)Vermächtnis. In diesem Fall erhält ausschließlich der Vermächtnisnehmer den Freibetrag und den Wertabschlag.

14 Der Erblasser kann alternativ eine anderweitige Aufteilung des Freibetrags schriftlich verfügen.[24] Im Falle der Schenkung unter Lebenden setzt die Gewährung des Freibetrags voraus, dass der Schenker den Freibetrag durch unwiderrufliche Erklä-

22 Vgl. dazu § 13a Abs. 5 Satz 1 Nr. 1 Satz 2 ErbStG zu den Fällen der Nachversteuerung.

23 Vgl. R 51 Abs. 3 Satz 5 ErbStR; ebenso *Storg*, DStR 2002, 1384 ff. (unterquotale Übertragung von Sonderbetriebsvermögen).

24 Zu den möglichen Gefahren eines teilweisen Freibetragsverlustes bei vorrangiger Zuweisung des Freibetrags auf denjenigen Miterben, der lediglich aufgrund einer Teilungsanordnung das begünstigte Betriebsvermögen erhält, vgl. R/H 57 Abs. 6 EStR/H.

rung zuweist. Bei mehreren Erwerbern hat der Schenker gleichzeitig die Aufteilung des Freibetrags zu bestimmen.

IV. Nachversteuerungstatbestände

Von großer Bedeutung für die dauerhafte Gewährung der erbschaftsteuerlichen Privilegien ist die Beachtung der diversen **Nachversteuerungstatbestände** (§ 13a Abs. 5 ErbStG). Danach entfallen u.a. rückwirkend sowohl der Freibetrag als auch der Wertabschlag, sofern innerhalb von fünf Jahren nach dem Erwerb des begünstigten Vermögens nachfolgende steuerschädliche Ereignisse eintreten. 15

1. Bei einer **Einzelpraxis oder Sozietät:** Als steuerschädlich wird angesehen, wenn der Erwerber 16

- die Praxis, eine Teilpraxis, den Sozietätsanteil oder einen Teil davon veräußert oder aufgibt,
- wesentliche Betriebsgrundlagen veräußert oder in sein Privatvermögen entnimmt,
- Anteile veräußert, nachdem das begünstigte Praxisvermögen zuvor in eine Kapitalgesellschaft (§ 20 UmwStG) oder in eine Personengesellschaft (§ 24 UmwStG) eingebracht worden ist, oder
- Entnahmen tätigt, die die Summe seiner Einlagen und der ihm zuzurechnenden Gewinne um mehr als 52.000 EUR übersteigen.[25]

2. Bei einem **begünstigten Anteil an einer Rechtsanwalts-GmbH:** Steuerschädlich ist hier, wenn der Erwerber 17

- Anteile an der GmbH ganz oder teilweise veräußert,
- die GmbH liquidiert oder ihr Kapital herabsetzt,
- wesentliche Betriebsgrundlagen der GmbH veräußert und das Vermögen an die Gesellschafter verteilt oder
- das Vermögen der GmbH auf eine andere GmbH, eine natürliche Person oder eine Personengesellschaft überträgt (§§ 3–16 UmwStG).

25 Nach R 65 Abs. 6 ErbStR ist die Entnahmebegrenzung nicht zu prüfen, wenn der Gewinn z.B. nach § 4 Abs. 3 EStG ermittelt wird.

C. Bewertung der Anwaltskanzlei im Erbschaft- und Schenkungsteuerrecht

I. Einzelpraxis und Sozietät

18 Das freiberufliche Praxisvermögen einer Anwaltskanzlei wird erbschaftsteuerlich wie gewerbliches Betriebsvermögen bewertet (§ 12 Abs. 5 ErbStG i.V.m. § 96 BewG). Abgesehen u.a. von Praxisgrundstücken folgt die Bewertung der ertragsteuerlichen Wertermittlung (sog. verlängerte Maßgeblichkeit der Steuerbilanz).[26] Das bedeutet, dass die Wirtschaftsgüter bei Gewinnermittlung gemäß § 4 Abs. 1 EStG § 4 Abs. 3 EStG erfolgt ersatzweise die Bewertung nach ertragsteuerlichen Grundsätzen, so dass z.B. das Anlagevermögen unter Beachtung der Vorschriften über die Absetzungen für Abnutzung (§§ 7 ff. EStG) anzusetzen ist. Honorarforderungen sind mit ihrem Nennwert anzusetzen, ggf. ist der sog. Gegenwartswert maßgeblich (§ 12 Abs. 1 BewG), sofern z.B. die Bonität des Schuldners zweifelhaft ist. Die unfertigen Arbeiten sind zu Herstellungskosten[27] zu bewerten, wobei allerdings ein kalkulatorischer Unternehmerlohn des Praxisinhabers oder der Sozien außer Ansatz bleibt.

19 Aus der Maßgeblichkeit der ertragsteuerlichen Wertansätze ergibt sich, dass insbesondere ein originärer Praxiswert bei der erbschaftsteuerlichen Bewertung außer Ansatz bleibt. Dies führt im Regelfall dazu, dass die erbschaftsteuerliche Bewertung deutlich hinter dem Verkehrswert zurückbleiben wird.

20 Bei den **Praxisgrundstücken** erfolgt die Bewertung mit dem sog. Bedarfswert gemäß §§ 138 ff. BewG. Da es sich bei Praxisgrundstücken in der Regel um normale Bürogrundstücke handelt, wird sich hierfür die übliche Miete i.S.d. § 146 Abs. 3 BewG (ohne Betriebskosten)[28] ermitteln lassen. Die Bewertung richtet sich deshalb nach dem **Ertragswert** für bebaute Grundstücke.[29] Eine Sonderbewertung gemäß § 147 BewG (z.B. für spezielle Produktionsgebäude) scheidet aus. Die ortsübliche Miete (Jahresmiete) ist mit dem 12,5-fachen Betrag anzusetzen. Für jedes volle Jahr seit der Bezugsfertigkeit wird ein pauschaler Abschlag wegen Alterswertminderung in Höhe von 0,5% vorgenommen. Dieser Abschlag ist der Höhe nach begrenzt auf

26 Vgl. § 12 Abs. 5 ErbStG i.V.m. § 109 Abs. 1 und 2 BewG.

27 Vgl. § 255 HGB; R 33 EStR.

28 Vgl. § 146 Abs. 2 Satz 3 BewG unter Verweis auf § 27 Abs. 1 der Zweiten Berechnungs-Verordnung, der für nicht Wohnzwecken dienende Räume entsprechend anzuwenden ist.

29 Für unbebaute Grundstücke gilt nach § 145 BewG der Bodenrichtwert abzgl. 20% Wertabschlag; zu weiteren Sonderfällen z.B. bei Erbbaurechten oder im Bau befindlichen Grundstücken vgl. §§ 148, 149 BewG.

max. 25 % des Ausgangswertes. Mindestens ist für das Grundstück der Wert anzusetzen, der sich für ein unbebautes Grundstück ergeben würde (§ 146 Abs. 6 BewG). Liegt der so ermittelte Bedarfswert über dem gemeinen Wert (Verkehrswert) des Grundstücks und weist der Steuerpflichtige diesen nach, so ist der Verkehrswert maßgeblich (sog. Escape-Klausel).

Sachverhalt 21

Rechtsanwalt R überträgt am 1.7.2004 im Rahmen einer Schenkung unter Lebenden seine gesamte Anwaltspraxis an seine Tochter, die bereits seit längerem in der Praxis als angestellte Rechtsanwältin tätig ist. Zum Praxisvermögen gehört ein Grundstück, in dem sich die Kanzlei und fremdvermietete Wohnungen befinden; das Grundstück wird ebenfalls auf die Tochter übertragen. Sein Verkehrswert soll in beiden nachfolgend aufgeführten Alternativen vereinfachend jeweils 1.000.000 EUR betragen, der anteilige Wert des Grund und Bodens nach dem Bodenrichtwert 200.000 EUR. Das Gebäude wurde am 1.4.1984 bezugsfertig errichtet. Der Steuerwert der Kanzlei ohne Praxisgrundstück liegt bei 800.000 EUR. R erklärt unwiderruflich die Inanspruchnahme des Freibetrags gemäß § 13a ErbStG für diese Schenkung.

Alternative 1 22

Die Kanzleiräume machen mehr als die Hälfte des Wertes des Grundstücks aus. (Die ortsübliche Miete für die Kanzlei beträgt 2.500 EUR pro Monat, die Wohnungsmieten ohne Betriebskosten = 2.000 EUR pro Monat).

Alternative 2 23

Die fremdvermieteten Wohnungen machen genau (oder mehr als) die Hälfte des Wertes aus. (Die ortsübliche Miete für die Kanzlei beträgt 2.000 EUR pro Monat, die Wohnungsmieten ohne Betriebskosten = 2.500 EUR pro Monat).

Lösung 24

In Alternative 1 gehört das gesamte Grundstück bewertungsrechtlich zum freiberuflichen Praxisvermögen (§ 99 Abs. 2 Satz 1 BewG), in Alternative 2 hingegen gehört das Grundstück in vollem Umfang zum privaten Grundvermögen des R (§ 99 Abs. 2 Satz 2 BewG). Die erbschaftsteuerliche Zuordnung weicht demnach von der ertragsteuerlichen ab, bei der – abgesehen von gewillkürtem Betriebsvermögen – jeweils nur der freiberuflich genutzte Teil des Grundstücks zum einkommensteuerlichen Betriebsvermögen gehört. Konsequenzen ergeben sich aus dieser Differenzierung u.a. für die Ausschöpfung des Freibetrags für Betriebsvermögen (§ 13a Abs. 1 ErbStG) und für den sog. Wertabschlag (§ 13a Abs. 2

ErbStG).[30] Auch der Abzug etwaiger Schulden auf dem Praxisgrundstück ist im Bereich der Schenkungsteuer – anders als bei der Erbschaftsteuer – unterschiedlich: Handelt es sich um Betriebsschulden, so erfolgt ein voller Abzug nach der sog. Einheitstheorie. Schulden im Privatvermögen sind nach der sog. Quotentheorie jedoch nur anteilmäßig abzugsfähig.[31]

25 Für die Schenkungsteuer ergeben sich folgende Berechnungen:

26 ■ *Alternative 1*

Die Jahresmiete beträgt 24.000 EUR für die Wohnungen sowie 30.000 EUR für die Kanzleiräume, insgesamt also 54.000 EUR. Der 12,5-fache Wert beläuft sich somit auf 675.000 EUR. Der Abschlag für Alterswertminderung ist mit 10% anzusetzen (20 volle Jahre seit Bezugsfertigkeit x 0,5%-Punkte für jedes volle Jahr), das sind 67.500 EUR. Somit beträgt der steuerliche Bedarfswert für das Grundstück 607.500 EUR (= auf volle fünfhundert EUR abgerundet gemäß § 139 BewG). Der Wert des Grund und Bodens von 200.000 EUR liegt darunter, so dass der höhere Wert von 607.500 EUR maßgeblich bleibt. Zusammen mit dem Steuerwert des übrigen Praxisvermögens von 800.000 EUR ergibt sich somit ein Gesamtwert der Kanzlei in Höhe von 1.407.500 EUR. Hiervon ist der Freibetrag gemäß § 13a Abs. 1 ErbStG in Höhe von 225.000 EUR abzusetzen. Vom Restbetrag von 1.182.500 EUR ist der Wertabschlag gemäß § 13a Abs. 2 ErbStG in Abzug (= 35%) zu bringen. Schenkungsteuerlich sind somit für die Praxis lediglich 768.625 EUR anzusetzen. Dieser Betrag übersteigt den allgemeinen Freibetrag gemäß § 16 Abs. 1 Nr. 2 ErbStG von 205.000 EUR, so dass sich ein steuerpflichtiger Erwerb in Höhe von 563.600 EUR[32] und somit eine Schenkungsteuer (= 19%) in Höhe von 107.084 EUR ergeben.[33] Diese Schenkungsteuer wird noch reduziert durch den sog. Härteausgleich gemäß § 19 Abs. 3 ErbStG, weil durch den Erwerb von 563.600 EUR die vorherige Wertstufe des Steuertarifs von 512.000 EUR nur geringfügig überschritten

30 Erfolgt die Übertragung auf eine natürliche Person, die nicht zur Steuerklasse I (§ 15 ErbStG) zählt (z.B. der nichteheliche Lebensgefährte), so hat die Differenzierung zwischen Betriebs- und Grundvermögen auch Auswirkungen auf den Umfang der Tarifbegrenzung gemäß § 19a ErbStG, bei der für Betriebsvermögen stets die Steuerklasse I zur Anwendung kommt.

31 Vgl. R 17 ErbStR, der u.a. auf dem BFH-Urteil vom 12.4.1989 (BStBl. II 1989, S. 524) basiert. Bei einer gemischten Schenkung von Privatvermögen ist danach gemäß § 7 Abs. 1 Nr. 1 ErbStG Besteuerungsgegenstand nur der unentgeltliche Teil. Der Vorgang soll deshalb auf der Basis des Verkehrswertes aufzuspalten sein. Im Ergebnis sind die Schulden dann nur im Verhältnis zwischen Steuerwert und Verkehrswert der Leistung des Schenkers abzugsfähig.

32 Abrundung gemäß § 10 Abs. 1 Satz 5 ErbStG auf volle 100 EUR.

33 Durch Vorschenkungen innerhalb von zehn Jahren vor der Schenkung kann der Freibetrag von 205.000 EUR allerdings verbraucht sein (§14 ErbStG).

wurde (der Steuersatz von 19% gilt immerhin bis zu einem Betrag von 5.113.000 EUR). Nach dem Härteausgleich reduziert sich die Schenkungsteuer auf 102.600 EUR.

- *Alternative 2* 27

Der steuerliche Wert für die Praxis von 800.000 EUR mindert sich um den Freibetrag von 225.000 EUR und den Wertabschlag von 35%, so dass letztendlich ein Betrag von 373.750 EUR verbleibt. Das Praxisgrundstück zählt zum Grundvermögen. Der Bedarfswert liegt wie in Alternative 1 bei 607.500 EUR. Der gesamte Erwerb beträgt somit insgesamt 981.250 EUR (373.750 EUR Praxisvermögen zzgl. Grundvermögen 607.500 EUR). Nach Abzug des persönlichen Freibetrags von 205.000 EUR verbleibt ein steuerpflichtiger Erwerb in Höhe von abgerundet 776.200 EUR. Nach Steuerklasse I beträgt die Schenkungsteuer davon 19%, somit also 147.478 EUR.

Die deutlichen Belastungsunterschiede in beiden Alternativen lassen zumindest an 28
der Systematik des § 99 BewG zweifeln.[34] Die Ergebnisse wirken eher zufällig.

Eine **vorbeugende Gestaltung** der Erbschaft- und Schenkungsteuer wird deshalb 29
tendenziell darauf zu achten haben, dass das erbschaftsteuerlich begünstigte Betriebsvermögen möglichst angereichert wird. Die einkommensteuerlichen Folgen daraus (künftige Wertsteigerungen sind steuerpflichtig) sind natürlich zu beachten. Bei Praxisgrundstücken ist besonders die Zuordnungsnorm des § 99 Abs. 2 BewG zu beachten, die erbschaftsteuerlich zu unerwünschten Folgen führen kann, obwohl das Grundstück in Höhe der freiberuflich genutzten Quote einkommensteuerlich verstrickt bleibt. Bei Beteiligung anderer Personen an dem Grundstück, die nicht Praxisinhaber bzw. Sozius sind, ist noch auf die Sonderregelung in § 99 Abs. 2 Satz 3 BewG hinzuweisen: Das Grundstück fällt unabhängig von dem freiberuflich genutzten Anteil vollständig aus dem erbschaftsteuerlichen Betriebsvermögen heraus (vgl. R/H 117 ErbStR/H).

II. Rechtsanwalts-GmbH

1. Vorbemerkung

Die Bewertung von Anteilen an einer Kapitalgesellschaft weicht grundlegend von 30
der Bewertung des Betriebsvermögens einer freiberuflichen Einzelpraxis oder Sozietät ab. Sie richtet sich gemäß § 12 Abs. 1 und 2 ErbStG nach dem **gemeinen Wert**

34 Kritisch u.a. zu diesem Punkt: *Seer*, GmbHR 1999, 64 ff.

der Anteile (§ 11 Abs. 2 BewG). Für den Fall, dass Verkäufe von Anteilen an der zu bewertenden GmbH innerhalb eines Zeitraums von weniger als einem Jahr vor der Entstehung der Steuer stattgefunden haben, ist der gemeine Wert aus diesen tatsächlichen Verkäufen abzuleiten. Andernfalls richtet sich die Bewertung nach dem sog. Stuttgarter Verfahren (vgl. R 96 ff. ErbStR). Der gemeine Wert wird bei diesem Verfahren aus dem Vermögen im Zeitpunkt der Entstehung der Steuer und den **Ertragsaussichten** der Gesellschaft abgeleitet. Es handelt sich um eine Schätzung. Beim Stuttgarter Verfahren geht man pauschal davon aus, dass der potentielle Erwerber der GmbH-Anteile die Ertragsaussichten über den Substanzwert hinaus berücksichtigen wird, sofern und soweit diese Erträge von einer langfristigen Normalverzinsung abweichen. Dabei wird im Hinblick auf den künftigen Ertrag ein überschaubarer Zeitraum von fünf Jahren zugrunde gelegt. Der Normalzinssatz wird zurzeit mit 9% p.a. angesetzt. Der gemeine Wert entspricht also dem Vermögenswert, erhöht oder vermindert um den fünffachen künftigen Jahresertrag nach Abzug einer Normalverzinsung von 9% auf den gesuchten gemeinen Wert. Daraus ergibt sich nach mathematischer Umformung und nach Abrundung folgende **Formel**:

Gemeiner Wert = 68% der Summe aus Vermögenswert und fünffachem Jahresertrag.

2. Vermögenswert

31 Die Ermittlung des Vermögenswertes richtet sich nach den Grundsätzen in § 12 Abs. 5 und 6 ErbStG. Aus dem dortigen Verweis insbesondere auf § 109 BewG ergibt sich, dass grundsätzlich – insoweit entsprechend der Bewertung bei Einzelpraxen und Sozietäten – die Steuerbilanzwerte maßgeblich sind. Bei Betriebsgrundstücken erfolgt ebenso der Wertansatz mit dem Bedarfswert (siehe Rn 20). Weitere Wertkorrekturen ergeben sich aus R 98 ErbStR.[35]

3. Ertragshundertsatz

32 Zwar ist theoretisch der künftige Jahresertrag maßgebend. Für die Schätzung dieser künftigen Erträge wird jedoch regelmäßig auf die Jahreserträge in der Vergangenheit zurückgegriffen. Diese Jahreserträge werden aus den letzten drei Jahren vor dem Erwerb bzw. der Schenkung abgeleitet. Aus diesen Ergebnissen wird ein gewichteter Durchschnitt errechnet, indem der Ertrag des letzten Jahres dreifach, der Ertrag des vorletzten Jahres zweifach und der Ertrag des vorvorletzten Jahres einfach gewichtet

35 U.a. bleibt ein (derivativer) Praxiswert außer Ansatz.

wird. Die Summe aller derart gewichteten Jahresergebnisse wird durch 6 dividiert. Daraus ergibt sich dann der künftige Jahresertrag. Setzt man diesen in Relation zum Nennkapital, so erhält man den Ertragshundersatz.

Die Jahreserträge der Vorjahre werden jedoch zuvor z.B. um steuerliche Sonderab- 33
schreibungen, Verlustabzüge und einmalige Veräußerungsgewinne bereinigt (vgl. R 99 ErbStR).

Ist der Durchschnittsertrag negativ, so wird er mit 0 angesetzt. In diesen Fällen 34
erfolgt auf den gemeinen Wert, der in diesem Fall 68% des Vermögenswertes beträgt, ein weiterer Abschlag von 30% (vgl. R 100 Abs. 3 ErbStR). Weitere Besonderheiten bei der Anteilsbewertung werden in R 101 bis 108 ErbStR behandelt, so z.B. Fälle der Neugründung einer GmbH.

III. Fazit für die Rechtsformwahl

Im Regelfall liegen die GmbH-Anteilswerte zumindest bei ertragsstarken Praxen 35
deutlich über den Steuerwerten vergleichbarer Einzelpraxen und Sozietäten.

Stichwortverzeichnis

Fette Zahlen = §§, Magere Zahlen = Randnummern

10-Tage-Regelung
– nichtselbständige Arbeit **1** 82

Abbruchkosten
– Betriebsausgabe **2** 195
Abfärbe-/Infektionstheorie
– Gesellschaft bürgerlichen Rechts **2** 325
Abfindung
– Betriebsausgabe **2** 196
– Betriebseinnahme **2** 139
– Einnahmen aus nichtselbständiger Arbeit **1** 106, 128
– Fünftel-Regelung **3** 104
– nichtselbständige Arbeit **1** 88 f.
Abgrenzung zur Gewerblichkeit
– selbständige Tätigkeit **2** 13 ff.
Ablage, Belege
– Aufzeichnungen **2** 56
Abmahnverein
– Umsatzsteuer **5** 77
Abschlagszahlung
– Einnahmen aus nichtselbständiger Arbeit **1** 107
Abschreibung
– Betriebsausgabe **2** 197
– Werbungskosten aus nichtselbständiger Arbeit **1** 161
Absetzung für Abnutzung
– Anlageverzeichnis **2** 52
– Aufzeichnungspflichten **2** 61
– Betriebsausgabe **2** 197, 208
– Einlage **3** 11
– Ergänzungsbilanz **3** 37, 163
– Praxiswert **3** 20, 48
Abstandszahlung
– Betriebsausgabe **2** 209
– unentgeltliche Übertragung **3** 272
Abwachsung
– Sozietät **3** 32
Abwickler
– Praxis **3** 75, 279
AfA
– Anlageverzeichnis **2** 52
– Aufzeichnungspflichten **2** 61
– Betriebsausgabe **2** 197, 208
– Einlage **3** 11
– Ergänzungsbilanz **3** 37, 163
– Praxiswert **3** 20, 48
Aktien
– Einnahmen aus nichtselbständiger Arbeit **1** 108
Aktive Rechnungsabgrenzung
– Gewinnermittlung **2** 132
Altersentlastungsbetrag **1** 26
Altersversorgung
– Einnahmen aus nichtselbständiger Arbeit **1** 129
Altersversorgung, betriebliche
– Betriebsausgabe **2** 210
Alterswertminderung
– Erbschaftsteuer **6** 20
Anderkonto
– Aufzeichnungspflichten **2** 51
– Betriebseinnahme **2** 140
Angehörige
– Betriebsausgabe **2** 211
– Umsatzsteuer **5** 26
– Veräußerungsrente **3** 25
– Versorgungsrente **3** 25
Angemessenheit
– Vergütung **1** 90
Angestellte
– Umsatzsteuer **5** 26
Anlage EÜR **2** 25
Anlagevermögen
– Buchführung **2** 42
Anlageverzeichnis
– Aufzeichnungspflichten **2** 52

Anlaufkosten
– Betriebsausgabe **2** 212
Anrechenbare Steuern
– Gewinnausschüttung **4** 22
Anschaffung
– Betriebsvermögen **2** 91
– Gewinnermittlung **2** 126
Anschaffungskosten
– Barwert **3** 24
– Betriebsausgabe **2** 213
– fortgeführte Anschaffungskosten **3** 13, 18
Ansparabschreibung
– Aufzeichnungspflichten **2** 53
– Betriebsausgabe **2** 214
– Existenzgründer **3** 16, 19, 23, 29
Anteilsveräußerung
– Anwalts-GmbH **4** 24 ff., 86 ff.
Anwalt
– Einkunftsarten **1** 25
Anwaltsgebühr
– Betriebsausgabe **2** 215
Anwalts-GmbH
– Anhang **4** 54 ff.
– Anteilsveräußerung **4** 24 ff., 86 ff.
– Bargründung **4** 12
– Besteuerung der Anteilseigner **4** 15 ff.
– Besteuerung der Gesellschaft **4** 39 ff.
– Besteuerung des angestellten Gesellschafters **4** 34 ff.
– Betriebsaufspaltung **3** 81
– Betriebsvermögensvergleich **4** 50 ff.
– Bewertung ErbSt **6** 30
– Bilanzierung **4** 50 ff.
– Einbringung **3** 46, 123, 135
– einbringungsgeborene Anteile **4** 13
– Einkommensbesteuerung **4** 46 ff.
– Einkommensermittlung **4** 61 ff.
– Eintrittsgeld **3** 84
– Erbschaftsteuer **6** 3, 7, 30
– Ertragshundertsatz **6** 32
– gemeiner Wert **6** 30
– Gesellschaft bürgerlichen Rechts **2** 323
– Gesellschafterwechsel **4** 86 ff.
– Gewerbesteuer **4** 80 ff.
– Gewinnausschüttung **4** 17
– Gewinnermittlung **4** 50 ff.
– Gründung **4** 6 ff.
– Halbeinkünfteverfahren **4** 22, 29
– Kaufmann **4** 51
– Körperschaftsteuer **4** 61 ff.
– Lagebericht **4** 54 ff.
– Liquidation **4** 84 f.
– Liquidationsgewinn **4** 31
– Nachversteuerung ErbSt **6** 15
– Sachgründung **4** 12 ff.
– Sonderbetriebsvermögen **3** 230
– Spaltung **3** 61
– Steuerbelastung **4** 7 ff.
– Stuttgarter Verfahren **4** 89, **6** 30
– unentgeltliche Übertragung **3** 305
– Veräußerung von Anteilen **4** 24 ff., 86 ff.
– verdeckte Gewinnausschüttung **4** 63 ff.
– Vermögenswert **6** 31
– verschleierte Sachgründung **4** 14
– Vorgesellschaft **4** 44
– Vorgründungsgesellschaft **4** 43
– zu versteuerndes Einkommen **4** 61 f.
– Zulässigkeit **4** 1 ff.
Anwalts-GmbH
– verdeckte Gewinnausschüttung **4** 63 ff.
Anwalts-GmbH, angestellter Gesellschafter
– Gesellschafter **4** 34 ff.
– Pensionszusage **4** 59
Anwalts-GmbH, Besteuerung
– Gesellschafter **4** 15 ff.
Anwalts-GmbH, Geschäftsführer
– Familienversicherung **4** 36
– Vergütung **4** 63
Anwalts-GmbH, verdeckte Gewinnausschüttung
– Darlehen **4** 67

– Gehalt **4** 68
– Gesellschafterversammlung **4** 69
– Pensionszusage **4** 70
– Rückwirkung **4** 71
– Schriftform **4** 72
– Selbstkontrahierungsverbot **4** 73
– Tantieme **4** 74
– Überstundenvergütung **4** 75
– Vereinbarung **4** 76
– Vermietung **4** 77
– Wettbewerbsverbot **4** 78
– Zinsen **4** 79
Anwalts-GmbH, Vergütung
– Gesellschafter **4** 58
Anwaltssozietät
– Umsatzsteuer **5** 82
Anzahlung
– Gewinnermittlung **2** 133
– Umsatzsteuer **5** 74
Arbeitgeber
– GmbH-Gesellschafter **4** 34 ff.
Arbeitgeberanteil zur gesetzlichen Sozialversicherung
– Einnahmen aus nichtselbständiger Arbeit **1** 130
Arbeitnehmerähnliche Selbständigkeit **1** 100
Arbeitnehmersparzulage
– Einnahmen aus nichtselbständiger Arbeit **1** 131
Arbeitskleidung
– Betriebsausgabe **2** 264
– Einnahmen aus nichtselbständiger Arbeit **1** 132
– Werbungskosten aus nichtselbständiger Arbeit **1** 162
Arbeitsleistung, eigene
– Betriebsausgabe **2** 216
Arbeitslohn
– Betriebsausgabe **2** 217
– Einnahmen aus nichtselbständiger Arbeit **1** 71 f.
Arbeitslosengeld
– Progressionsvorbehalt **1** 104
Arbeitsmittel
– Betriebsausgabe **2** 218
– Einnahmen aus nichtselbständiger Arbeit **1** 133
– Werbungskosten aus nichtselbständiger Arbeit **1** 163
Arbeitszimmer
– Aufzeichnungspflichten **2** 54
– Betriebsausgabe **2** 219
– Betriebsvermögen **2** 108
– Werbungskosten aus nichtselbständiger Arbeit **1** 164
Archivierungspflicht **2** 36
Arten der Gewinnermittlung **2** 116 ff.
Aufbewahrung
– Umsatzsteuer **5** 35
Aufbewahrungsfrist **2** 55
Aufbewahrungspflichten **2** 55
Aufgabe
– berufliche Tätigkeit **3** 94
– Praxis **3** 74
– Realteilung **3** 233
Aufmerksamkeiten
– Einnahmen aus nichtselbständiger Arbeit **1** 134
Aufnahme
– Erbschaftsteuer **6** 8
– Sozietät **3** 31
– Sozius in Einzelpraxis **3** 178, 294
Aufnahme eines Sozius
– Umsatzsteuer **5** 91
Aufsichtsratsmitglied
– selbständige Tätigkeit **2** 22
Aufsichtsratsvergütung
– Betriebseinnahme **2** 141
Aufzeichnungen **2** 23, 56
– Wahl der Gewinnermittlungsart **2** 77
Aufzeichnungspflichten
– AfA **2** 61
– Anderkonto **2** 51
– Anlageverzeichnis **2** 52
– Ansparabschreibung **2** 53
– Arbeitszimmer **2** 54
– Aufbewahrungspflichten **2** 55
– Aufzeichnung **2** 56
– Auslagenersatz **2** 60
– Ausland **2** 58

– Bankkonto, privates **2** 72
– Bewirtungskosten **2** 59
– durchlaufende Posten **2** 60
– Einlage **2** 73
– Einnahme-Überschussrechnung **2** 57
– Entnahme **2** 73
– erhöhte Absetzungen **2** 61
– Fahrtenbuch **2** 62
– Fremdgelder **2** 51
– Geldwäsche **2** 64
– Gerichtskosten **2** 60
– Geschenke **2** 65
– Gewinnermittlung **2** 57
– Grund und Boden **2** 66
– GWG **2** 66
– Handakte **2** 68
– Kassenbuch **2** 69
– Kostenvorschuss **2** 60
– Lohnkonto **2** 70
– Online-Banking **2** 71
– Rücklage nach § 6b EStG **2** 75
– Schätzung **2** 57
– Schuldzinsen **2** 73
– Sonderabschreibungen **2** 74
– Übertragung stiller Reserven **2** 75
– Umsatzsteuer **2** 57, 76
– Wahl der Gewinnermittlungsart **2** 77
– Zinsen **2** 73
Ausbildungskosten
– außergewöhnliche Belastung **1** 42
– Betriebsausgabe **2** 220
– Werbungskosten aus nichtselbständiger Arbeit **1** 165
Ausbildungsvergütung
– Einnahmen aus nichtselbständiger Arbeit **1** 109
Ausgangsrechnung
– Aufbewahrungspflichten **2** 55
Ausgleichsanspruch
– Umsatzsteuer **5** 75
Ausgleichszahlung
– Sozietät **3** 126, 155, 171
Aushilfslohn
– Einnahmen aus nichtselbständiger Arbeit **1** 135
Auskunftsverweigerungsrecht
– Anderkonto **2** 51
Auslagenersatz **2** 60
– Einnahmen aus nichtselbständiger Arbeit **1** 136
Ausland
– Aufzeichnungspflichten **2** 58
Ausländische Einkünfte
– Betriebseinnahme **2** 142
Ausscheiden Sozietät **3** 76
– Umsatzsteuer **5** 92
Außensozietät
– Umsatzsteuer **5** 84
Außensteuerrecht
– Aufzeichnungspflichten **2** 58
Außergewöhnliche Belastungen
– Ausbildungskosten **1** 42
– Beerdigungskosten **1** 39 f.
– Behinderte **1** 43
– Berufsausbildung **1** 42
– Einkommensteuer **1** 39 ff.
– Haushaltshilfe **1** 42
– Hausrat, Neubeschaffung **1** 39 f.
– Heimunterbringung **1** 42
– Kinderbetreuungskosten **1** 44
– Krankheitskosten **1** 39 f.
– Kurkosten **1** 39 f.
– Unterhaltsleistungen **1** 42
– zumutbare Belastung **1** 41
Außerordentliche Einkünfte
– nichtselbständige Arbeit **1** 88 f.
Ausstattungsgegenstände
– Werbungskosten aus nichtselbständiger Arbeit **1** 166
Auswertung
– Buchführung **2** 39
Auto
– Betriebsausgabe **2** 221

Bahn-Card
– Einnahmen aus nichtselbständiger Arbeit **1** 137
– Werbungskosten aus nichtselbständiger Arbeit **1** 167
Bankkonto, privates
– Aufzeichnungspflichten **2** 72

Bargründung
– Anwalts-GmbH **4** 12
Barvermächtnis
– Erbschaftsteuer **6** 5
Barwert
– Anschaffungskosten **3** 24
– Rente **3** 26
Bauleistung
– Umsatzsteuer **5** 65
Bausparkassenbeiträge
– Betriebsausgabe **2** 222
Bedarfswert
– Erbschaftsteuer **6** 20
Bedürftige Personen
– Unterhaltsleistungen **1** 42
Beerdigungskosten
– außergewöhnliche Belastung **1** 39 f.
Begriff
– Kinder **1** 50
Behinderte
– außergewöhnliche Belastung **1** 43
Beiträge zu Berufsverbänden
– Einnahmen aus nichtselbständiger Arbeit **1** 138
Beiträge zu Versicherungen
– Einnahmen aus nichtselbständiger Arbeit **1** 139
Belegablage
– Aufzeichnungen **2** 56
Bemessungsgrundlage
– Umsatzsteuer **5** 25
Beratung
– Betriebseinnahme **2** 143
Berechnung
– Umsatzsteuer **5** 25
Berichtigung
– Umsatzsteuer **5** 51
Berufsausbildung
– außergewöhnliche Belastung **1** 42
– Betriebsausgabe **2** 224
– Sonderausgaben **1** 36
Berufshaftpflichtversicherung
– Werbungskosten aus nichtselbständiger Arbeit **1** 168
Berufsrecht
– nichtselbständige Arbeit **1** 90
Berufsunfähigkeit
– Veräußerung **3** 99, 107
Berufsverände
– Werbungskosten aus nichtselbständiger Arbeit **1** 169
Berufsverbände, Beiträge
– Betriebsausgabe **2** 223
Beschränkte Steuerpflicht
– Einkommensteuer **1** 12 ff.
Besondere Besteuerung
– Pauschalbesteuerung **1** 83 ff.
Besondere Veranlagung
– Einkommensteuer **1** 57
Bestandsvergleich
– Gewinnermittlung **3** 86, 118, 191
Bestechungsgeld
– Betriebsausgabe **2** 225
– Betriebseinnahme **2** 144
Besteuerungssprung
– Praxisveräußerung **3** 2
Betreuer
– selbständige Tätigkeit **2** 22
Betreuung
– Betriebseinnahme **2** 145
Betriebliche Altersvorsorge
– Betriebsausgabe **2** 210
Betriebliche Veräußerungsrente **3** 26
Betriebliche Versorgungsrente **3** 27
Betriebsaufspaltung
– Anwalts-GmbH **3** 81
– mitunternehmerische **3** 82
Betriebsausflug
– Betriebsausgabe **2** 226
Betriebsausgabe
– Abbruchkosten **2** 195
– Abfindung **2** 196
– Abschreibung **2** 197
– Abstandszahlung **2** 209
– AfA **2** 197, 208
– Altersversorgung, betriebliche **2** 210
– Angehörige **2** 211
– Anlaufkosten **2** 212
– Anschaffungskosten **2** 213
– Ansparabschreibung **2** 214; **3** 16, 19, 23, 29

- Anwaltsgebühr **2** 215
- Arbeitskleidung **2** 264
- Arbeitsleistung, eigene **2** 216
- Arbeitslohn **2** 217
- Arbeitsmittel **2** 218
- Arbeitszimmer **2** 219
- Ausbildungkosten **2** 220
- Auto **2** 221
- Bausparkassenbeiträge **2** 222
- Berufsausbildung **2** 224
- Berufsverbände, Beiträge **2** 223
- Bestechungsgeld **2** 225
- betriebliche Versorgungsrente **3** 28
- Betriebsausflug **2** 226
- Betriebsveranstaltung **2** 226
- Bewirtungskosten **2** 227
- Bürgschaft **2** 228
- Bußgeld **2** 229
- Computer **2** 230
- Damnum **2** 231
- Darlehen **2** 232
- Diebstahl **2** 233
- Dienstjubiläum **2** 260
- Disagio **2** 231
- doppelte Haushaltsführung **2** 234
- Drittaufwand **2** 235
- durchlaufende Posten **2** 236
- Ehescheidung **2** 237
- Einbürgerungskosten **2** 238
- Einkommensteuer **2** 299
- Einrichtungsgegenstände **2** 273
- Entschädigung **2** 239
- Erbfall **2** 240
- Erbfallschulden **2** 240
- Erbschaftsteuer **2** 240
- Erhaltungsaufwand **2** 241
- Existenzgründer, Ansparabschreibung **2** 205
- Fachliteratur **2** 242
- Fachtagung **2** 243
- Fahrten zwischen Wohnung und Betrieb **2** 262
- Fahrtkosten **2** 244
- Finanzierungsaufwand **3** 15, 23, 26, 276
- Finanzierungskosten **2** 245
- Fortbildungskosten **2** 246
- Führerschein **2** 247
- Gebäude, AfA **2** 200
- Gebäudenutzung **2** 248
- Geldstrafe **2** 249
- Geringwertige Wirtschaftsgüter **2** 250
- Geschäftsreise **2** 251
- Geschenk **2** 252
- Gesellschafter, Abfindung **2** 253
- Gewerbesteuer **2** 299
- Grundsteuer **2** 299
- Grundstückskosten **2** 255
- Gründungskosten **2** 254
- GWG **2** 256
- Herstellungskosten **2** 257
- Instandhaltung **2** 241
- Instandhaltungskosten **2** 258
- Instandsetzung **2** 241
- Jagd **2** 259
- Jubiläumszuwendung **2** 260
- Kfz-Kosten **2** 261, 266
- Kfz-Steuer **2** 299
- Kfz-Unfall **2** 308
- Kleidung **2** 264
- Kontokorrentzinsen **2** 265
- Krankheitskosten **2** 267
- Kundschaftsessen **2** 269
- Leasing **2** 269
- Lebensversicherung **2** 277
- Lehrtätigkeit **2** 276
- Lösegeld **2** 270
- Maklerprovision **2** 271
- Miete **2** 272
- Möbel **2** 273
- Nachlass **2** 240
- nachträgliche **2** 274
- Parteispende **2** 275
- Pauschbetrag **2** 276
- Policendarlehen **2** 277
- Praxiseröffnung **2** 212
- Praxiswert **2** 278
- Promotionskosten **2** 279
- Prozesskosten **2** 280

– Rechtsberatungskosten **2** 281
– Rechtsverfolgungskosten **2** 281
– Reisekosten **2** 282
– Rente **2** 283
– Reparaturen **2** 284
– Repräsentationsaufwendung **2** 285
– Säumniszuschlag **2** 286
– Schadensersatzleistung **2** 287
– Schmiergeld **2** 288
– Schriftsteller **2** 276
– Schuldzinsen **2** 289
– Software **2** 291
– Sonderabschreibung **2** 292
– Sonderbetriebsausgabe **2** 293
– Spende **2** 294
– Sponsoring **2** 295
– Sprachkurs **2** 296
– Sterbegeldumlage **2** 297
– Steuer **2** 299
– Steuerberatungskosten **2** 298
– Steuerhinterziehung **2** 299
– stiller Gesellschafter **2** 300
– Studienreise **2** 301
– Telefongebühr **2** 302
– Testamentsvollstrecker **2** 303
– Trinkgeld **2** 304
– Überentnahme **2** 290
– Übernachtungskosten **2** 310
– Umsatzsteuer **2** 305
– Umsatzsteuervorauszahlung **2** 299
– Umzugskosten **2** 306
– unentgeltliche Zuwendung **2** 307
– Unfallkosten **2** 308
– Unterschlagung **2** 309
– Veräußerungsrente **2** 314
– Verlust **2** 311
– Verpflegungsmehraufwendungen **2** 312
– Versicherungsbeitrag **2** 313
– Versorgungsrente **2** 314
– Verspätungszuschlag **2** 315
– Vertragsstrafe **2** 316
– Verwarnungsgeld **2** 317
– Vorsteuer **2** 318
– Vortragstätigkeit **2** 276
– vorweggenommene **2** 319; **3** 14, 23
– Wahlkampfkosten **2** 320
– Weihnachtsfeier **2** 226
– Zeitschrift **2** 321
– Zeitung **2** 321
– Zinsen **2** 322; **3** 15, 23, 24, 26, 276
– Zuwendung, unentgeltliche **2** 307
– Zweikontenmodell **2** 290
Betriebseinnahme
– Abfindung **2** 139
– Anderkonto **2** 140
– Aufsichtsratsvergütung **2** 141
– ausländische Einkünfte **2** 142
– Beratung **2** 143
– Bestechungsgeld **2** 144
– Betreuung **2** 145
– Betriebsveräußerung **2** 146
– Buchgewinn **2** 147
– Darlehen **2** 148
– Doppelbesteuerungsabkommen **2** 149
– durchlaufende Posten **2** 150
– Entschädigung **2** 151
– Existenzgründerzuschuss **2** 152
– Fremdgeld **2** 153
– Gerichtskosten **2** 150
– Geschenk **2** 154
– Gutachterhonorar **2** 155
– Hausverwaltung **2** 156
– Hilfsgeschäft **2** 157
– Ich-AG **2** 158
– Insolvenzverwaltung **2** 159
– Investitionszulagen **2** 160
– Krankengeld **2** 161
– Mieterträge **2** 162
– nachträgliche **2** 163
– Nebengeschäft **2** 164
– Nutzungsvorteil **2** 165
– Preisgeld **2** 166
– Privatnutzung **2** 167
– Reisekostenerstattung **2** 168
– Rente **2** 169
– Repetitor **2** 170
– Sachzuwendung **2** 171
– Sanierungsgewinn **2** 172

– Schadensersatz **2** 173
– Schmiergeld **2** 174
– Sonderbetriebseinnahme **2** 175
– Spekulationsgewinn **2** 176
– Steuererstattung **2** 177
– steuerfreie Einnahme **2** 178
– stille Reserve **2** 179
– Tausch **2** 180
– Testamentsvollstrecker **2** 181
– Treuhänder **2** 182
– Überbrückungsgeld **2** 183
– unentgeltliche Tätigkeit **2** 184
– unentgeltliche Zuwendung **2** 185
– Veräußerungserlös **2** 186
– Vermögensanlagen, Vermittlung von **2** 187
– Vermögensverwalter **2** 188
– Versicherungsentschädigung **2** 189
– Vertragsstrafe **2** 151
– Verzicht auf Einnahmen **2** 190
– Vorschüsse **2** 191
– Wertpapiererträge **2** 192
– Zinseinnahmen **2** 193
– Zuschuss **2** 194

Betriebsgrundlagen
– Praxis **3** 49

Betriebsgrundlagen, wesentliche
– Erbschaftsteuer **6** 7

Betriebsgrundstück
– *siehe* Grundstück

Betriebskosten Grundstück
– Erbschaftsteuer **6** 20

Betriebsveranstaltung
– Betriebsausgabe **2** 226
– Einnahmen aus nichtselbständiger Arbeit **1** 140
– Pauschalbesteuerung **1** 84

Betriebsveräußerung
– Betriebseinnahme **2** 146

Betriebsvermögen
– Anschaffung **2** 91
– Arbeitszimmer **2** 108
– Bewertung ErbSt **6** 18, 30
– Bürgschaft **2** 114
– Darlehen **2** 112
– Eigenbesitz **2** 89
– Eigentumsvorbehalt **2** 89
– Erbauseinandersetzung **2** 114
– Erbbaurecht **2** 110
– Erbfallschuld **2** 114
– Erbschaftsteuer **2** 114; **6** 3
– fremder Grund und Boden **2** 110
– Gebäude **2** 101
– gemischt genutzes Wirtschaftsgut **2** 87
– gewillkürtes **2** 85; **3** 252
– Grund und Boden **2** 100
– Grundstücksteile **2** 104
– Herstellung **2** 92
– Immobilien **2** 99
– Mietereinbauten **2** 102
– Miteigentum Ehegatte **2** 109
– nicht abziehbare Betriebsausgabe **2** 98
– Nießbrauch **2** 89
– Nießbrauch an Grundstücken **2** 110
– notwendiges **2** 84
– Nutzungs- und Funktionszusammenhang **2** 103
– Nutzungsänderung **2** 93
– Scheinbestandteile **2** 102
– Schulden **2** 112
– Sicherungseigentum **2** 89
– Treuhandverhältnis **2** 89
– Umschuldung **2** 113
– Veräußerung **2** 95
– Verbindlichkeiten **2** 112
– Verlust **2** 96
– wirtschaftliches Eigentum **2** 88
– Wirtschaftsgut **2** 78

Betriebsvermögensvergleich **2** 24
– Anwalts-GmbH **4** 50 ff.
– Gewinnermittlung **2** 128 ff., 135

Beweislast, objektive
– Schätzung **2** 57

Bewerbungskosten
– Werbungskosten aus nichtselbständiger Arbeit **1** 170

Bewirtungskosten
– Aufzeichnungspflichten **2** 59
– Betriebsausgabe **2** 227

– Einnahmen aus nichtselbständiger Arbeit **1** 141
– Umsatzsteuer **5** 28
– Werbungskosten aus nichtselbständiger Arbeit **1** 171
Bilanz **2** 24
Bilanzierung
– Anwalts-GmbH **4** 50 ff.
Briefböger
– Sozietät **3** 7, 60
Buch
– Umsatzsteuer **5** 27
Buchführung
– Anlage EÜR **2** 25
– Anlagevermögen **2** 42
– Archivierungspflicht **2** 36
– Aufbewahrungspflichten **2** 55
– Aufzeichnungen **2** 23
– Aufzeichnungspflichten **2** 57
– Auswertung **2** 39
– Betriebsvermögensvergleich **2** 24
– Bilanz **2** 24
– Buchführung **2** 23, 37
– Buchführungspflicht **2** 25
– Buchungsbeispiele **2** 44 ff.
– EDV-Programm **2** 30
– Einrichtung **2** 38
– Erlöse **2** 42
– Kapital **2** 42
– Konten **2** 41 ff.
– Materialeinsatz **2** 42
– neutrales Ergebnis **2** 42
– Programm **2** 30
– systematische Gliederung **2** 41 ff.
– Umlaufvermögen **2** 42
– Verbindlichkeiten **2** 42
– Verwaltungskosten **2** 42
– Vorüberlegung **2** 38
– Wahl der Gewinnermittlungsart **2** 77
Buchführungspflicht **2** 25
Buchgewinn
– Betriebseinnahme **2** 147
Buchungsbeispiele
– Buchführung **2** 44 ff.
Buchungsbelege
– Aufbewahrungspflichten **2** 55
Buchwert
– Veräußerung **3** 84
Buchwertfortführung
– Ergänzungsbilanz **3** 153
– Realteilung **3** 234
– Sozietät **3** 31, 130, 150
– unentgeltliche Übertragung **3** 269
Bürgschaft
– Betriebsausgabe **2** 228
– Betriebsvermögen **2** 114
Bürogemeinschaft
– Gesellschaft bürgerlichen Rechts **2** 323
– Sozietät **3** 6
Bürogrundstück
– *siehe* Grundstück
Bußgeld
– Betriebsausgabe **2** 229

Computer
– Betriebsausgabe **2** 230
– Werbungskosten aus nichtselbständiger Arbeit **1** 172

Damnum
– Betriebsausgabe **2** 231
Darlehen
– Anwalts-GmbH, verdeckte Gewinnausschüttung **4** 67
– Betriebsausgabe **2** 232
– Betriebseinnahme **2** 148
– Betriebsvermögen **2** 112
– Einnahmen aus nichtselbständiger Arbeit **1** 142
– Werbungskosten aus nichtselbständiger Arbeit **1** 173
Darlehenskonto
– Sozietät **3** 144
Dauerfristverlängerung
– Umsatzsteuer **5** 59
Dauernde Last
– Rente **3** 308
Diebstahl
– Betriebsausgabe **2** 233

– Einnahmen aus nichtselbständiger Arbeit **1** 143
Dienstjubiläum
– Betriebsausgabe **2** 260
– Einnahmen aus nichtselbständiger Arbeit **1** 117, 151
Dienstreisen
– Werbungskosten aus nichtselbständiger Arbeit **1** 174
Dienstwagen
– Einnahmen aus nichtselbständiger Arbeit **1** 110
Direktversicherung
– Pauschalbesteuerung **1** 87
Disagio
– Betriebsausgabe **2** 231
Doktorwürde
– Werbungskosten aus nichtselbständiger Arbeit **1** 175
Doppelbesteuerungsabkommen
– Betriebseinnahme **2** 149
Doppelte Haushaltsführung
– Betriebsausgabe **2** 234
– Werbungskosten aus nichtselbständiger Arbeit **1** 176
Drittaufwand
– Betriebsausgabe **2** 235
Durchlaufende Posten
– Aufzeichnungspflichten **2** 60
– Betriebsausgabe **2** 236
– Betriebseinnahme **2** 150
– Gewinnermittlung **2** 125
– Umsatzsteuer **5** 73

Ehegatten
– Veranlagung **1** 54 f.
Ehegattenveranlagung
– Einkommensteuer **1** 54 f.
Ehescheidung
– Betriebsausgabe **2** 237
– Unterhaltsleistung **1** 32
Eigenbesitz
– Betriebsvermögen **2** 89
Eigenheimförderung **1** 46, 63
Eigentumsvorbehalt
– Betriebsvermögen **2** 89
– Umsatzsteuer **5** 13
Eigenverbrauch
– Umsatzsteuer **5** 40
Einbringung
– Anwalts-GmbH **3** 46, 123, 135
– Begriff **3** 142
– Buchwertfortführung **3** 130, 139
– Darlehenskonto **3** 144
– Eröffnungsbilanz **3** 191
– Gewährung von Gesellschaftsrechten **3** 137
– Sonderbetriebsvermögen **3** 226
– Sozietät **3** 46, 123, 135
– Tausch **3** 141
– Teilbetrieb **3** 61
– Teilwert **3** 151
– Umsatzsteuer **5** 89
– Zuzahlung **3** 126
Einbringungsgeborene Anteile
– Anwalts-GmbH **4** 13
Einbürgerungskosten
– Betriebsausgabe **2** 238
Einfuhr
– Umsatzsteuer **5** 10
Einfuhrumsatzsteuer
– Umsatzsteuer **5** 71
Eingangsrechnung
– Aufbewahrungspflichten **2** 55
Einheitliche Gewinnfeststellung
– Gesellschaft bürgerlichen Rechts **2** 343 ff.
Einheitlichkeit der Leistung
– Umsatzsteuer **5** 14
Einheitstheorie
– unentgeltliche Übertragung **3** 271
Einkommensbesteuerung
– Anwalts-GmbH **4** 46 ff.
– natürlicher Personen **1** 1 ff.
Einkommensermittlung
– Anwalts-GmbH **4** 61 ff.
– natürlicher Personen **1** 16 f.
Einkommensteuer
– außergewöhnliche Belastungen **1** 39 ff.
– beschränkte Steuerpflicht **1** 12 ff.
– besondere Veranlagung **1** 57

– Betriebsausgabe **2** 299
– Ehegattenveranlagung **1** 54 f.
– Einkunftserzielung **1** 21
– Entlastungsbetrag für Alleinerziehende **1** 27 ff.
– getrennte Veranlagung **1** 56
– gewerbliche Einkünfte **1** 4
– Grenzpendler **1** 14 f.
– Grundtabelle **1** 58
– Kinderfreibetrag **1** 50 ff.
– Liebhaberei **1** 21
– Lohnsteuerabzug **1** 73 ff.
– Lohnsteuerklassen **1** 74 f.
– persönliche Steuerpflicht **1** 6
– Progressionsvorbehalt **1** 104
– sachliche Steuerpflicht **1** 16 f.
– selbständige Einkünfte **1** 5
– Sonderausgaben **1** 31 ff.
– sonstige Einkünfte **1** 22 f.
– Splittingtabelle **1** 59
– Steuerbegünstigungen **1** 46
– Steuerermäßigungen **1** 62 ff.
– Steuerpflicht **1** 6 ff.
– Steuertarif **1** 58 ff.
– Tarif **1** 58 ff.
– Tarifbegrenzung **1** 60
– unbeschränkte Steuerpflicht **1** 8 ff.
– Veranlagungsarten **1** 53 ff.
– Verlustabzug **1** 47 ff.
– Verluste **1** 18 f., 47 ff.
– Verlustrücktrag **1** 47 ff.
– Verlustvortrag **1** 47 ff.
– Zusammenveranlagung **1** 54 f.
Einkünfte
– gewerbliche **1** 4
– nichtselbständige **1** 68 ff., 76 ff.
– selbständige **1** 5
Einkünfte aus Kapitalvermögen
– Gewinnausschüttung **4** 19 ff.
Einkunftsarten
– als Anwalt **1** 25
– natürlicher Personen **1** 16, 20 ff.
Einkunftserzielung
– Einkommensteuer **1** 21
Einlage
– Aufzeichnungspflichten **2** 73
– offene Sacheinlage **3** 18
– Sacheinlage **3** 145
– Teilwert **3** 13
Einnahmen
– nichtselbständige Arbeit **1** 69 ff., 77
Einnahmen (ABC), steuerfrei
– nichtselbständige Arbeit **1** 127 ff.
Einnahmen (ABC), steuerpflichtig
– nichtselbständige Arbeit **1** 105 ff.
Einnahmen aus nichtselbständiger Arbeit **1** 105 ff.
– Abfindung **1** 106, 128
– Abschlagszahlung **1** 107
– Aktien **1** 108
– Altersversorgung **1** 129
– Arbeitgeberanteil zur gesetzlichen Sozialversicherung **1** 130
– Arbeitnehmersparzulage **1** 131
– Arbeitskleidung **1** 132
– Arbeitslohn **1** 71 f.
– Arbeitsmittel **1** 133
– Aufmerksamkeiten **1** 134
– Ausbildungsvergütung **1** 109
– Aushilfslohn **1** 135
– Auslagenersatz **1** 136
– Bahn-Card **1** 137
– Beiträge zu Berufsverbänden **1** 138
– Beiträge zu Versicherungen **1** 139
– Betriebsveranstaltung **1** 140
– Bewirtungskosten **1** 141
– Darlehen **1** 142
– Diebstahl **1** 143
– Dienstjubiläum **1** 117, 151
– Dienstwagen **1** 110
– Eintrittskarten **1** 144
– Ergebnisbeteiligung **1** 111
– Fahrtkostenerstattung **1** 145
– Fahrtkostenerstattung für Sammelbeförderung **1** 146
– Garagenstellplatz **1** 112
– Geburtszuwendung **1** 147
– Gehalt **1** 113
– Gewinnbeteiligung **1** 114
– GmbH-Anteile **1** 115
– Gratifikation **1** 116
– Heiratszuwendung **1** 148

– Internet **1** 149
– Jobticket **1** 150
– Jubiläumszuwendung **1** 117, 151
– Kfz **1** 118, 152
– Kinderbetreuungskosten **1** 153
– Kontoführungsgebühr **1** 119
– Kostenersatz **1** 154
– Lohn **1** 71 f., 120
– Provision **1** 121
– Reisekostenerstattung **1** 155
– Sozialversicherung **1** 156
– steuerfreie Einnahmen **1** 127 ff.
– steuerpflichtige Einnahmen **1** 105 ff.
– Tantieme **1** 122
– Telefonkosten **1** 157
– Trinkgelder **1** 158
– Umzugskosten **1** 159
– Unterhaltszuschuss **1** 123
– Urlaubsabgeltung **1** 124
– Urlaubsgeld **1** 124
– vermögenswirksame Leistungen **1** 125
– Vorschuss **1** 126
– Weihnachtsgeld **1** 126
– Zinsvorteil **1** 160
Einnahme-Überschussrechnung
– Aufzeichnungspflichten **2** 57
– gewillkürtes Betriebsvermögen **3** 252
– Gewinnermittlung **2** 117, 123 ff.
– Honorarforderung **3** 22
– Übergangsgewinn **3** 67, 86, 120, 191
– Wahl der Gewinnermittlungsart **2** 77
Einrichtung
– Buchführung **2** 38
Einrichtungsgegenstände
– Betriebsausgabe **2** 273
– Werbungskosten aus nichtselbständiger Arbeit **1** 177
Eintritt
– Anwalts-GmbH **3** 84
– Sozietät **3** 32
Eintrittsgeld
– Sozietät **3** 33, 126
Eintrittskarten
– Einnahmen aus nichtselbständiger Arbeit **1** 144
Enteignung
– Umsatzsteuer **5** 16
Entgelt
– Umsatzsteuer **5** 16,25
Entlastungsbetrag für Alleinerziehende
– Einkommensteuer **1** 27 ff.
Entnahme
– Aufzeichnungspflichten **2** 73
– Entnahmehandlung **3** 252
– finale Entnahmelehre **3** 240
– Sozietät **3** 236, 254, 256, 258, 311
Entschädigung
– Betriebsausgabe **2** 239
– Betriebseinnahme **2** 151
– nichtselbständige Arbeit **1** 88 f.
Erbanfall
– *siehe* Erbschaftsteuer
Erbauseinandersetzung **3** 278
– *siehe* Erbschaftsteuer
– Betriebsvermögen **2** 114
– Teilungsanordnung **3** 292
Erbbaurecht
– Betriebsvermögen **2** 110
Erbengemeinschaft
– Erbauseinandersetzung **3** 278
– Praxis **3** 6, 278
– Praxisverpachtung **3** 79
Erbfall
– Betriebsausgabe **2** 240
Erbfallschulden
– Betriebsausgabe **2** 240
– Betriebsvermögen **2** 114
Erbfolge
– *siehe* Erbschaftsteuer
Erbfolge, vorweggenommene
– *siehe* Unentgeltliche Übertragung
Erbschaftsteuer
– Allgemein **6** 1
– Alterswertminderung **6** 20

- Anwalts-GmbH **6** 3, 7, 30
- Aufnahme in Praxis **6** 8
- Barvermächtnis **6** 5
- Bedarfswert **6** 20
- Betriebsausgabe **2** 240
- Betriebskosten Grundsteuer **6** 20
- Betriebsvermögen **2** 114
- einfache Nachfolgeklausel **6** 4, 9
- Erbauseinandersetzung **6** 13
- Erbfolge **6** 4
- Ertragshundertsatz **6** 32
- Ertragswert Grundstück **6** 20
- Erwerb von Todes wegen **6** 4
- Escape-Klausel **6** 20
- Freibetrag für Betriebsvermögen **6** 3
- Freibetrag, persönlicher **6** 26, 27
- gemeiner Wert **6** 30
- Grundstück **6** 11, 20, 24
- Härteklausel **6** 26
- Honorarforderung **6** 18
- Mitunternehmeranteil **6** 7
- Nachversteuerung **6** 15
- Pflichtteilsanspruch **6** 5
- Praxisbewertung **6** 18
- Praxiswert **6** 19
- qualifizierte Nachfolgeklausel **6** 4, 10
- Quotentheorie **6** 24
- Sachvermächtnis **6** 4
- Schenkung **6** 6
- Sonderbetriebsvermögen **6** 8
- Sperrfrist für Freibetrag **6** 12
- Stuttgarter Verfahren **6** 30
- Teil-Anteil **6** 8
- Teilungsanordnung **6** 8, 13
- Verkehrswert **6** 20
- Vermögenswert **6** 31
- vorläufige Veranlagung **6** 1
- vorweggenommene Erbfolge **6** 6
- Wertabschlag bei Betriebsvermögen **6** 3, 12

Ergänzungsbilanz
- Absetzung für Abnutzung **3** 37
- Buchwertfortführung **3** 153
- Fortschreibung **3** 163
- Gesellschaft bürgerlichen Rechts **2** 339

Ergebnisbeteiligung
- Einnahmen aus nichtselbständiger Arbeit **1** 111

Erhaltungsaufwand
- Betriebsausgabe **2** 241

Erhöhte Absetzungen
- Aufzeichnungspflichten **2** 61

Erlöse
- Buchführung **2** 42

Ermäßigter Steuersatz
- Veräußerung **3** 72, 105

Erprobungsphase
- Sozietät **3** 6, 84, 181

Ertragshundertsatz
- Anwalts-GmbH **6** 32

Ertragswert Grundstück
- Erbschaftsteuer **6** 20

Erweiterung
- Sozietät **3** 31

Erwerb
- Praxis **3** 20, 29, 31, 44

Erwerb von Todes wegen
- *siehe* Erbschaftsteuer

Escape-Klausel
- Erbschaftsteuer **6** 20

EÜR, Formular
- Gewinnermittlung **2** 118

Existenzgründer
- Ansparabschreibung **3** 16, 19, 23, 29
- Umsatzsteuer **5** 56

Existenzgründer, Ansparabschreibung
- Betriebsausgabe **2** 205

Existenzgründerzuschuss
- Betriebseinnahme **2** 152

Existenzminimum
- Fünftel-Regelung **3** 109

Fachliteratur
- Betriebsausgabe **2** 242
- Werbungskosten aus nichtselbständiger Arbeit **1** 178

Fachtagung
- Betriebsausgabe **2** 243
- Werbungskosten aus nichtselbständiger Arbeit **1** 179
Fahrausweis
- Umsatzsteuer **5** 33
Fahrten zwischen Wohnung und Betrieb
- Betriebsausgabe **2** 262
- Pauschalbesteuerung **1** 85
- Umsatzsteuer **5** 48
Fahrtenbuch
- Aufzeichnungspflichten **2** 62
Fahrtkosten
- Betriebsausgabe **2** 244
Fahrtkosten auf Dienstreisen
- Werbungskosten aus nichtselbständiger Arbeit **1** 180
Fahrtkosten für Fahrten zwischen Wohnung und Arbeitsstätte
- Werbungskosten aus nichtselbständiger Arbeit **1** 181
Fahrtkostenerstattung
- Einnahmen aus nichtselbständiger Arbeit **1** 145
Fahrtkostenerstattung für Sammelbeförderung
- Einnahmen aus nichtselbständiger Arbeit **1** 146
Fahrzeugnutzung, bei Sozietät
- Umsatzsteuer **5** 86
Fahrzeugnutzung, private
- Umsatzsteuer **5** 42
Familienversicherung
- Anwalts-GmbH Geschäftsführer **4** 36
Fernsprecher
- Werbungskosten aus nichtselbständiger Arbeit **1** 182
Feststellungslast
- Schätzung **2** 57
Finanzberatung
- selbständige Tätigkeit **2** 21
Finanzierungsaufwand
- Praxis **3** 15, 23, 26, 276
Finanzierungskosten
- Betriebsausgabe **2** 245
Fiskalvertreter
- Umsatzsteuer **5** 81
Forderung
- Gewinnermittlung **2** 130
- Honorarforderung **3** 22, 118, 191
Formular EÜR
- Gewinnermittlung **2** 118
Fortbildungskosten
- Betriebsausgabe **2** 246
- Werbungskosten aus nichtselbständiger Arbeit **1** 183
Fortgeführte Anschaffungskosten **3** 13, 18
Fortsetzungsklausel **3** 299
Freibetrag
- Veräußerung **3** 72, 99
Freibetrag für Betriebsvermögen
- Erbschaftsteuer **6** 3, 12
- Nachversteuerung **6** 15
Freibetrag, persönlicher
- Erbschaftsteuer **6** 26, 27
Freier Beruf
- selbständige Tätigkeit **2** 11
Fremder Grund und Boden
- Betriebsvermögen **2** 110
Fremdgeld
- Aufzeichnungspflichten **2** 51
- Betriebseinnahme **2** 153
- Umsatzsteuer **5** 73
Friseurkosten
- Werbungskosten aus nichtselbständiger Arbeit **1** 184
Führerschein
- Betriebsausgabe **2** 247
Fünftel-Regelung
- Abfindung **3** 104
- Gestaltungsmöglichkeiten **3** 108
- getrennte Veranlagung **3** 111
- Kaufpreisverrentung **3** 113
- Veräußerung **3** 72, 102
Fusion
- Praxis **3** 123, 173

Garagenstellplatz
– Einnahmen aus nichtselbständiger Arbeit **1** 112
GbR **2** 323
– Umsatzsteuer **5** 82
Gebäude
– Betriebsvermögen **2** 101
– Praxis **3** 55
– Umsatzsteuer **5** 30
Gebäude, AfA
– Betriebsausgabe **2** 200
Gebäudenutzung
– Betriebsausgabe **2** 248
Gebührenrechnung
– Aufbewahrung **2** 55
Geburtszuwendung
– Einnahmen aus nichtselbständiger Arbeit **1** 147
Gehalt
– Anwalts-GmbH, verdeckte Gewinnausschüttung **4** 68
– Einnahmen aus nichtselbständiger Arbeit **1** 113
Geldstrafe
– Betriebsausgabe **2** 249
Geldwäsche
– Aufzeichnungspflichten **2** 64
Gemeiner Wert
– Erbschaftsteuer **6** 30
Gemischt genutztes Wirtschaftsgut **2** 87
Gerichtskosten
– Betriebseinnahme **2** 150
– durchlaufende Posten **2** 60
– Umsatzsteuer **5** 73
Geringfügig entlohnte Beschäftigte **1** 101 ff.
– Pauschalbesteuerung **1** 86
Geringwertiges Wirtschaftsgut (GWG)
– Aufzeichnungspflichten **2** 66
– Betriebsausgabe **2** 250
– Einlage **3** 13
Gesamtplan
– unentgeltliche Übertragung Sozietätsanteil **3** 223
– Veräußerung **3** 220
Geschäftsanteile
– Übertragung **4** 86 ff.
Geschäftsführung
– Umsatzsteuer **5** 88
Geschäftsreise
– Betriebsausgabe **2** 251
Geschäftsveräußerung
– Umsatzsteuer **5** 16, 89
Geschäftswert
– Praxiswert **3** 48
Geschenke
– Aufzeichnungspflichten **2** 65
– Betriebsausgabe **2** 252
– Betriebseinnahme **2** 154
– Umsatzsteuer **5** 28
– Werbungskosten aus nichtselbständiger Arbeit **1** 185
Geschiedene Ehegatten
– Unterhaltsleistungen **1** 32
Gesellschaft bürgerlichen Rechts
– Abfärbe-/Infektionstheorie **2** 325
– Anwalts-GmbH **2** 323
– Bürogemeinschaft **2** 323
– einheitliche Gewinnfeststellung **2** 343 ff.
– Ergänzungsbilanz **2** 339
– GbR **2** 323
– gesonderte Gewinnfeststellung **2** 343 ff.
– Gewerblichkeit **2** 325
– Gewinnermittlung **2** 331 ff.
– Gewinnfeststellung **2** 343 ff.
– Gewinnverteilung **2** 340 ff.
– Infektionstheorie **2** 325
– Mitunternehmer **2** 332
– Mitunternehmerinitiative **2** 332
– Mitunternehmerrisiko **2** 332
– Partnerschaftsgesellschaft **2** 323
– Scheinsozietät **2** 329
– Sonderbetriebsausgaben **2** 333 ff.
– Sonderbetriebseinnahmen **2** 333 ff.
– Sonderbetriebsvermögen **2** 333 ff.
– Sozietät **2** 323
– Steuerpflicht **2** 327
– Umqualifizierung **2** 326
– Umsatzsteuer **2** 328; **5** 82

Gesellschafter
– Anwalts-GmbH, angestellter Gesellschafter **4** 34 ff.
– Anwalts-GmbH, Besteuerung **4** 15 ff.
– Anwalts-GmbH, Vergütung **4** 58
– Sozietät **3** 58
Gesellschafter, Abfindung
– Betriebsausgabe **2** 253
Gesellschafterversammlung
– Anwalts-GmbH, verdeckte Gewinnausschüttung **4** 69
Gesellschafterwechsel
– Anwalts-GmbH **4** 86 ff.
– Sozietät **3** 42
Gesellschaftsrechtliche Vorgänge
– Umsatzsteuer **5** 89
Gesonderte Gewinnfeststellung
– Gesellschaft bürgerlichen Rechts **2** 343 ff.
Getrennte Veranlagung
– Einkommensteuer **1** 56
Gewerbesteuer
– Anwalts-GmbH **4** 80 ff.
– Betriebsausgabe **2** 299
Gewerbliche Einkünfte
– Einkommensteuer **1** 4
Gewerblichkeit
– Gesellschaft bürgerlichen Rechts **2** 325
Gewillkürtes Betriebsvermögen **2** 85
– Einnahme-Überschussrechnung **3** 252
Gewinn- und Verlustrechnung
– Gewinnermittlung **2** 117
Gewinnausschüttung
– anrechenbare Steuern **4** 22
– Anwalts-GmbH **4** 17
– Einkünfte aus Kapitalvermögen **4** 19 ff.
– verdeckte **4** 63 ff.
– Zuflussprinzip **4** 23
Gewinnbeteiligung
– Einnahmen aus nichtselbständiger Arbeit **1** 114
Gewinnermittlung
– aktive Rechnungsabgrenzung **2** 132
– Anschaffungen **2** 126
– Anwalts-GmbH **4** 50 ff.
– Anzahlungen **2** 133
– Arten der Gewinnermittlung **2** 116 ff.
– Aufbewahrungspflichten **2** 55
– Aufzeichnungspflichten **2** 57
– Betriebsvermögensvergleich **2** 128 ff., 135
– durchlaufende Posten **2** 125
– Einnahme-Überschussrechnung **2** 117, 123 ff.
– Forderungen **2** 130
– Formular EÜR **2** 118
– Gesellschaft bürgerlichen Rechts **2** 331 ff.
– Gewinn- und Verlustrechnung **2** 117
– Gewinnermittlung **2** 116 ff.
– Gewinnermittlungsarten **2** 116 ff.
– Honorarforderung **2** 132
– Rechnungsabgrenzung **2** 132
– Rückstellungen **2** 133
– teilfertige Arbeiten **2** 132
– Totalgewinn **3** 121
– Totalgewinngleichheit **2** 122
– Übergangsgewinn **3** 67, 86, 120, 191
– Umsatzsteuer **2** 134
– Verbindlichkeiten **2** 130
– Wahlrechtsausübung **2** 77
Gewinnermittlungsarten
– Gewinnermittlung **2** 116 ff.
Gewinnerzielungsabsicht
– selbständige Tätigkeit **2** 6
Gewinnfeststellung
– Gesellschaft bürgerlichen Rechts **2** 343 ff.
Gewinnverteilung
– Gesellschaft bürgerlichen Rechts **2** 340 ff.
Gewinn-Vorab-Lösung
– Sozietät **3** 41, 182
Gleichstellungsgeld
– unentgeltliche Übertragung **3** 272
GmbH
– Umsatzsteuer **5** 69
GmbH-Anteile
– Einnahmen aus nichtselbständiger Arbeit **1** 115

GmbH-Geschäftsführer
– Sozialversicherung **4** 36 ff.
GmbH-Gesellschafter
– Arbeitgeber **4** 34 ff.
Good-will
– *siehe* Praxiswert
Gratifikation
– Einnahmen aus nichtselbständiger Arbeit **1** 116
Grenzpendler
– Einkommensteuer **1** 14 f.
Grund und Boden
– Aufzeichnungspflichten **2** 66
– Betriebsvermögen **2** 100
Grundfreibetrag
– Fünftel-Regelung **3** 109
Grundsteuer
– Betriebsausgabe **2** 299
Grundstück
– Alterswertminderung **6** 20
– Betriebskosten **6** 20
– Erbschaftsteuer **6** 11, 20, 24
– Ertragswert **6** 20
– ortsübliche Miete **6** 20
– Umsatzsteuer **5** 19
– Verkehrswert **6** 20
Grundstückskosten
– Betriebsausgabe **2** 255
Grundstücksteile
– Betriebsvermögen **2** 104
Grundstücksverkauf
– Umsatzsteuer **5** 23, 65
Grundtabelle
– Einkommensteuer **1** 58
Gründung
– Anwalts-GmbH **4** 6 ff.
– Einzelpraxis **3** 9
– Sozietät **3** 17, 123
Gründungskosten
– Betriebsausgabe **2** 254
Gruppenunfallversicherung
– Pauschalbesteuerung **1** 87
Gutachterhonorar
– Betriebseinnahme **2** 155
Gutschrift
– Umsatzsteuer **5** 33
GWG
– Aufzeichnungspflichten **2** 66
– Betriebsausgabe **2** 256
– Einlage **3** 13

Haftpflichtversicherung
– Sonderausgaben **1** 33
Halbeinkünfteverfahren
– Anwalts-GmbH **4** 22, 29
Halber Steuersatz
– Veräußerung **3** 72, 105
Handakte
– Aufzeichnungspflichten **2** 68
Handelsvertreter
– Umsatzsteuer **5** 75
Härteklausel
– Erbschaftsteuer **6** 26
Haushaltsfreibetrag
– Sonderausgaben **1** 27 f.
Haushaltshilfe
– außergewöhnliche Belastung **1** 42
Haushaltsnahe Beschäftigung
– Steuerermäßigung **1** 64 ff.
Hausrat, Neubeschaffung
– außergewöhnliche Belastung **1** 39 f.
Hausverwaltung
– Betriebseinnahme **2** 156
Heimunterbringung
– außergewöhnliche Belastung **1** 42
Heiratszuwendung
– Einnahmen aus nichtselbständiger Arbeit **1** 148
Herstellung
– Betriebsvermögen **2** 92
Herstellungskosten
– Betriebsausgabe **2** 257
Hilfsgeschäft
– Betriebseinnahme **2** 157
Honorarforderung
– Bestandsvergleich **3** 86, 118, 191
– Erbschaftsteuer **6** 18
– Gewinnermittlung **2** 132
– Praxis **3** 22, 118, 191

– Sozietät **3** 33, 118, 191
Honorarrechnung
– Aufbewahrungspflichten **2** 55

Ich-AG
– Betriebseinnahme **2** 158
Ideeller Praxiswert
– Erbschaftsteuer **6** 19
– stille Reserven **3** 20, 34, 47
Immobilien
– Betriebsvermögen **2** 99
Infektionstheorie
– Gesellschaft bürgerlichen Rechts **2** 325
Infrastruktur
– Praxiswert **3** 47
Inland
– Umsatzsteuer **5** 17
Innengesellschaft
– Sozietät **3** 58
Innergemeinschaftlicher Erwerb
– Umsatzsteuer **5** 10
Insolvenzverfahren
– Umsatzsteuer **5** 81
Insolvenzverwalter
– selbständige Tätigkeit **2** 22
– Umsatzsteuer **5** 21
Insolvenzverwaltung
– Betriebseinnahme **2** 159
– Sozietät **3** 238
Instandhaltung
– Betriebsausgabe **2** 241, 258
Internet
– Einnahmen aus nichtselbständiger Arbeit **1** 149
Inventar
– Aufbewahrungspflichten **2** 55
Investitionszulage
– Betriebseinnahme **2** 160
Istversteuerung
– Umsatzsteuer **5** 68

Jagd
– Betriebsausgabe **2** 259
Jahresabschluss
– Aufbewahrungspflichten **2** 55
Jahreserklärung
– Umsatzsteuer **5** 60
Jobticket
– Einnahmen aus nichtselbständiger Arbeit **1** 150
Jubiläumszuwendung
– Betriebsausgabe **2** 260
– Einnahmen aus nichtselbständiger Arbeit **1** 117, 151

Kammerbeiträge
– Werbungskosten aus nichtselbständiger Arbeit **1** 186
Kanzlei
– *siehe* Praxis
Kanzleiwert
– *siehe* Praxiswert
Kapital
– Buchführung **2** 42
Kapitalgesellschaft
– *siehe* Anwalts-GmbH
Kapitallebensversicherung
– Sonderausgaben **1** 33
Kassenbuch
– Aufbewahrungspflichten **2** 55
– Aufzeichnungspflichten **2** 69
Katalogberuf
– selbständige Tätigkeit **2** 11
Kauf
– Praxis **3** 20, 29, 31, 43
Kaufmann
– Anwalts-GmbH **4** 51
Kaufpreis
– Gewinn-Vorab-Lösung **3** 188
– Rate **3** 24
– Rente **3** 25, 113
Kaufvertrag
– Praxis **3** 21
– Sozietät **3** 40
– wirtschaftlicher Übergang **3** 91
Kfz
– Einnahmen aus nichtselbständiger Arbeit **1** 118, 152
– Fahrtenbuch **2** 62
Kfz-Kosten
– Betriebsausgabe **2** 261, 266

Kfz-Nutzung, bei Sozietät
– Umsatzsteuer **5** 86
Kfz-Nutzung, private
– Umsatzsteuer **5** 42
Kfz-Steuer
– Betriebsausgabe **2** 299
Kfz-Unfall
– Betriebsausgabe **2** 308
Kinder
– Begriff **1** 50
– Kinderfreibetrag **1** 50 ff.
Kinderbetreuungskosten
– außergewöhnliche Belastung **1** 44
– Einnahmen aus nichtselbständiger Arbeit **1** 153
Kinderfreibetrag
– Einkommensteuer **1** 50 ff.
Kindergeld **1** 51
Kinderzulage
– Steuerermäßigungen **1** 63
Kirchensteuer
– Sonderausgaben **1** 34
Kleidung
– Betriebsausgabe **2** 264
Kleinbetragsrechnung
– Umsatzsteuer **5** 32
Kleinunternehmer
– Umsatzsteuer **5** 11
Kongress
– Werbungskosten aus nichtselbständiger Arbeit **1** 187
Konten
– Buchführung **2** 41 ff.
Kontoauszüge
– Aufbewahrungspflichten **2** 55
Kontoführungsgebühr
– Einnahmen aus nichtselbständiger Arbeit **1** 119
– Werbungskosten aus nichtselbständiger Arbeit **1** 188
Kontokorrentzinsen
– Betriebsausgabe **2** 265
Konventionalstrafe
– Umsatzsteuer **5** 16,75
Körperschaftsteuer
– Anwalts-GmbH **4** 61 ff.
Korrektur
– Umsatzsteuer **5** 51
Kostenersatz
– Einnahmen aus nichtselbständiger Arbeit **1** 154
Kostenvorschuss
– Aufzeichnungspflichten **2** 60
Kraftfahrzeugkosten
– Betriebsausgabe **2** 261, 266
– Werbungskosten aus nichtselbständiger Arbeit **1** 189
Krankengeld
– Betriebseinnahme **2** 161
– Progressionsvorbehalt **1** 104
Krankenversicherung
– Sonderausgaben **1** 33
Krankheitskosten
– außergewöhnliche Belastung **1** 39 f.
– Betriebsausgabe **2** 267
– Werbungskosten aus nichtselbständiger Arbeit **1** 190
Kreditberatung
– selbständige Tätigkeit **2** 21
Kundschaftsessen
– Betriebsausgabe **2** 269
Kurkosten
– außergewöhnliche Belastung **1** 39 f.
Kurzfristig Beschäftigte
– Pauschalbesteuerung **1** 86

Lagebericht
– Anwalts-GmbH **4** 54 ff.
Leasing
– Betriebsausgabe **2** 269
Leasingkosten
– Werbungskosten aus nichtselbständiger Arbeit **1** 191
Lebensversicherung
– Betriebsausgabe **2** 277
– Sonderausgaben **1** 33
Lehrtätigkeit
– Betriebsausgabe **2** 276
Leistungskatalog
– Umsatzsteuer **5** 20
Leistungsort
– Umsatzsteuer **5** 17

Liebhaberei
– Einkommensteuer **1** 21
– selbständige Tätigkeit **2** 7
Lieferort
– Umsatzsteuer **5** 18
Lieferung
– Umsatzsteuer **5** 13
Liquidation
– Anwalts-GmbH **4** 84 f.
Liquidationsgewinn
– Anwalts-GmbH **4** 31
Lohn
– Einnahmen aus nichtselbständiger Arbeit **1** 71 f., 120
Lohnersatzleistung
– Progressionsvorbehalt **1** 104
Lohnkonto
– Aufbewahrungspflichten **2** 55
– Aufzeichnungspflichten **2** 70
Lohnsteuer
– Pauschalierung **1** 83 ff.
Lohnsteuerabzug
– Einkommensteuer **1** 73 ff.
Lohnsteuerklassen
– Einkommensteuer **1** 74 f.
Lösegeld
– Betriebsausgabe **2** 270

Mahngebühr
– Umsatzsteuer **5** 78
Mahnverfahren
– Umsatzsteuer **5** 80
Maklerprovision
– Betriebsausgabe **2** 271
Mandantenstamm
– Praxiswert **3** 20, 47
– Umsatzsteuer **5** 89
Materialeinsatz
– Buchführung **2** 42
Miete
– Betriebsausgabe **2** 272
Mietereinbauten
– Betriebsvermögen **2** 102
Mieterträge
– Betriebseinnahme **2** 162
Mindestbemessungsgrundlage
– Umsatzsteuer **5** 26
Mitarbeiter
– Umsatzsteuer **5** 26
Miteigentum Ehegatte
– Betriebsvermögen **2** 109
Mitgliedsbeiträge
– Parteien **1** 63
– Sonderausgaben **1** 38
Mitunternehmer
– Briefböger **3** 7, 60
– Erbschaftsteuer **6** 7
– Gesellschaft bürgerlichen Rechts **2** 332
– Initiative **3** 60
– Risiko **3** 59
– Sonderbetriebsvermögen **3** 214
– Sozietät **3** 6, 57
– Tätigkeitsvergütung **3** 190
– Teil-Anteil **3** 180
– verdeckter **3** 58
Mitunternehmerinitiative
– Gesellschaft bürgerlichen Rechts **2** 332
Mitunternehmerrisiko
– Gesellschaft bürgerlichen Rechts **2** 332
Mitunternehmerschaft
– Erbengemeinschaft **3** 6, 278
– Mitunternehmer **3** 6, 57
– Realteilung **3** 233
– Sozietät **3** 6, 57
Möbel
– Betriebsausgabe **2** 273
Mutterschaftsgeld
– Progressionsvorbehalt **1** 104

Nachfolgeklausel
– einfache **3** 300
– Erbschaftsteuer **6** 4, 9, 10
– qualifizierte **3** 301
Nachhaltigkeit
– selbständige Tätigkeit **2** 5
Nachlass
– Betriebsausgabe **2** 240

Nachschau
– Umsatzsteuer **5** 66
Nachträgliche Betriebsausgabe **2** 274
Nachträgliche Betriebseinnahme **2** 163
Nachträgliche Einkünfte
– betriebliche Versorgungsrente **3** 28
Nachträgliche Werbungskosten
– Werbungskosten aus nichtselbständiger Arbeit **1** 192
Nachversteuerung
– Erbschaftsteuer **6** 15
Nahe Angehörige
– Veräußerungsrente **3** 25
– Versorgungsrente **3** 25
Nahestehende Person
– Umsatzsteuer **5** 26
Natürliche Personen
– Einkommensbesteuerung **1** 1 ff.
– Einkommensermittlung **1** 16 f.
– Einkunftsarten **1** 16, 20 ff.
– zu versteuerndes Einkommen **1** 16 f.
Nebengeschäft
– Betriebseinnahme **2** 164
Nebentätigkeit
– Umsatzsteuer **5** 12
Nennsozietät
– Umsatzsteuer **5** 84
Neutrales Ergebnis
– Buchführung **2** 42
Nicht abziehbare Betriebsausgabe
– Betriebsvermögen **2** 98
Nichtselbständige Arbeit
– 10-Tage-Regelung **1** 82
– Abfindung **1** 88 f.
– außerordentliche Einkünfte **1** 88 f.
– Berufsrecht **1** 90
– Einkünfte **1** 68 ff., 76 ff.
– Einnahmen **1** 69 ff., 77
– Einnahmen (ABC), steuerfrei **1** 127 ff.
– Einnahmen (ABC), steuerpflichtig **1** 105 ff.
– Entschädigung **1** 88 f.
– nichtselbständige Arbeit **1** 69 ff.
– Sozialversicherung **1** 91 ff.
– Versorgungsfreibetrag **1** 79
– Werbungskosten **1** 78
– Werbungskosten (ABC) **1** 161 ff.
– Zuflussprinzip **1** 80
Nießbrauch
– Betriebsvermögen **2** 89
Nießbrauch an Grundstücken
– Betriebsvermögen **2** 110
Notwendiges Betriebsvermögen **2** 84
Nutzungs- und Funktionszusammenhang
– Betriebsvermögen **2** 103
Nutzungsänderung
– Betriebsvermögen **2** 93
Nutzungsvorteil
– Betriebseinnahme **2** 165

Online-Banking
– Aufzeichnungspflichten **2** 71
Option
– Umsatzsteuer **5** 24
Ort der Leistung
– Umsatzsteuer **5** 17
Ort der Lieferung
– Umsatzsteuer **5** 18
Ort der sonstigen Leistung
– Umsatzsteuer **5** 19

Parteien
– Mitgliedsbeiträge **1** 63
– Spenden **1** 63
Parteispenden
– Betriebsausgabe **2** 275
– Sonderausgaben **1** 63
– Steuerermäßigung **1** 63
Partnerschaft
– Umsatzsteuer **5** 82
Partnerschaftsgesellschaft
– Gesellschaft bürgerlichen Rechts **2** 323
Pauschalbesteuerung
– besondere Besteuerung **1** 83 ff.
– Betriebsveranstaltung **1** 84

– Direktversicherung **1** 87
– Fahrten zwischen Wohnung und Arbeitsstätte **1** 85
– geringfügig entlohnte Beschäftigte **1** 86
– Gruppenunfallversicherung **1** 87
– kurzfristig Beschäftigte **1** 86
– Teilzeitbeschäftigte **1** 86
– Verpflegungsmehraufwendung **1** 84
– Zukunftssicherungsleistung **1** 87
Pauschalierung
– Lohnsteuer **1** 83 ff.
Pauschbetrag
– Betriebsausgabe **2** 276
Pensionszusage
– Anwalts-GmbH, angestellter Gesellschafter **4** 59
– Anwalts-GmbH, verdeckte Gewinnausschüttung **4** 70
Personal
– Umsatzsteuer **5** 26
Personengesellschaft
– *siehe* Sozietät
Persönliche Steuerpflicht
– Einkommensteuer **1** 6
Pflegeversicherung
– Sonderausgaben **1** 33
Pistole
– Werbungskosten aus nichtselbständiger Arbeit **1** 193
Pkw
– Fahrtenbuch **2** 62
Policendarlehen
– Betriebsausgabe **2** 277
Praxis
– Abwickler **3** 75, 279
– Aufgabe **3** 74, 94
– Aufnahme Sozius **3** 178
– Bewertung ErbSt **6** 18
– Einbringung **3** 46, 123, 135
– Erbengemeinschaft **3** 6, 278
– Erbschaftsteuer **6** 3, 7
– Erwerb **3** 20, 29, 31, 45
– Fusion **3** 123, 173
– Gebäude **3** 55
– Honorarforderung **3** 22, 118
– ideeller Praxiswert **3** 20, 47
– Kauf **3** 20, 29, 31, 42
– Kaufpreisverrentung **3** 113
– Kaufvertrag **3** 21
– Nachversteuerung ErbSt **6** 15
– Neugründung **3** 9
– Praxisdarlehen **3** 15, 23
– Praxiseinrichtung **3** 10, 33
– Praxistypologie **3** 7
– Praxiswert **3** 47
– Privatvermögen **3** 10
– Realteilung **3** 233
– stille Reserven **3** 34
– Teilbetrieb **3** 61
– Teilpraxis **3** 61
– Umstrukturierung **3** 1
– unentgeltliche Übertragung **3** 52
– Unterbrechung **3** 75
– Veräußerung **3** 46, 71
– Veräußerungsgewinn **3** 85
– Veräußerungsrente **3** 26
– Verpachtung **3** 77
– wesentliche Betriebsgrundlagen **3** 49
Praxisaufgabe
– *siehe* Aufgabe
Praxiseinrichtung
– Praxis **3** 10, 33
Praxiseröffnung
– Betriebsausgabe **2** 212
Praxisgrundstück
– *siehe* Grundstück
Praxistypologie
– Praxis **3** 7
Praxisveräußerung
– *siehe auch* Veräußerung
– Besteuerungssprung **3** 2
– Praxis **3** 46, 71
– Umsatzsteuer **5** 16
Praxisvermögen
– Bewertung ErbSt **6** 18, 30
– Erbschaftsteuer **6** 3
– Praxisvermögen **2** 78
Praxisverpachtung **3** 77

Praxiswert
- Betriebsausgabe **2** 278
- derivativ **3** 48
- Erbschaftsteuer **6** 19
- Infrastruktur **3** 47
- Mandantenstamm **3** 47
- originär **3** 48
- Sozietät **3** 48
- Umsatzsteuer **5** 13

Preisgeld
- Betriebseinnahme **2** 166

Privatausgaben
- steuerwirksame **1** 31 ff.

Privateinlage
- *siehe* Einlage

Privates Bankkonto
- Aufzeichnungspflichten **2** 72

Privatnutzung
- Betriebseinnahme **2** 167
- Umsatzsteuer **5** 40

Privatvermögen
- Praxis **3** 10
- Trennungstheorie **3** 241, 258

Progressionsvorbehalt
- Arbeitslosengeld **1** 104
- Einkommensteuer **1** 104
- Krankengeld **1** 104
- Lohnersatzleistung **1** 104
- Mutterschaftsgeld **1** 104
- Übergangsgeld **1** 104

Promotion
- Werbungskosten aus nichtselbständiger Arbeit **1** 194

Promotionskosten
- Betriebsausgabe **2** 279

Provision
- Einnahmen aus nichtselbständiger Arbeit **1** 121

Prozesskosten
- Betriebsausgabe **2** 280

Prüfungsreihenfolge
- Umsatzsteuer **5** 8

Quotentheorie
- *siehe auch* Trennungstheorie
- Erbschaftsteuer **6** 24

Rate
- Gewinn-Vorab-Lösung **3** 188
- Kaufpreis **3** 24
- Zinsen **3** 24

Realisationsprinzip
- Einbringung **3** 141
- Realteilung **3** 241

Realteilung
- Begriff **3** 233
- Buchwertfortführung **3** 234
- Kapitalkontenanpassung **3** 248
- personenbezogene Beurteilung **3** 261
- Sachwertabfindung **3** 255
- Sonderbetriebsvermögen **3** 250
- Spitzenausgleich **3** 263
- Teilbetrieb **3** 61
- Übertragung auf neue Sozietät **3** 253

Rechnung
- Umsatzsteuer **5** 31

Rechnungsabgrenzung
- Gewinnermittlung **2** 132

Rechnungsnummer
- Umsatzsteuer **5** 31

Rechtsanwaltsgesellschaft
- Anwalts-GmbH **4** 1 ff.

Rechtsberatungskosten
- Betriebsausgabe **2** 281

Rechtsschutzversicherung
- Werbungskosten aus nichtselbständiger Arbeit **1** 195

Rechtsverfolgungskosten
- Betriebsausgabe **2** 281

Regelsteuersatz
- Umsatzsteuer **5** 27

Reisekosten
- Betriebsausgabe **2** 282
- Werbungskosten aus nichtselbständiger Arbeit **1** 196

Reisekostenerstattung
- Betriebseinnahme **2** 168
- Einnahmen aus nichtselbständiger Arbeit **1** 155

Rente
- Barwert **3** 26

– betriebliche Veräußerungsrente **3** 26, 113
– betriebliche Versorgungsrente **3** 27
– Betriebsausgabe **2** 283
– Betriebseinnahme **2** 169
– dauernde Last **3** 308
– Kaufpreis **3** 25, 113
– private Versorgungsrente **3** 277, 308
– Wertsicherungsklausel **3** 26
– Zeitrente **3** 115
Rentenversicherung
– Sonderausgaben **1** 33
Reparaturen
– Betriebsausgabe **2** 284
Repetitor
– Betriebseinnahme **2** 170
Repräsentationsaufwendung
– Betriebsausgabe **2** 285
Risikolebensversicherung
– Sonderausgaben **1** 33
Rücklage nach § 6b EStG
– Aufzeichnungspflichten **2** 75
Rückstellungen
– Gewinnermittlung **2** 133
Rückwirkung
– Anwalts-GmbH, verdeckte Gewinnausschüttung **4** 71

Sachgründung
– Anwalts-GmbH **4** 12 ff.
Sachliche Steuerpflicht
– Einkommensteuer **1** 16 f.
Sachvermächtnis
– Erbschaftsteuer **6** 4, 13
Sachwertabfindung **3** 255
Sachzuwendung
– Betriebseinnahme **2** 171
Sanierungsgewinn
– Betriebseinnahme **2** 172
Säumniszuschlag
– Betriebsausgabe **2** 286
Schadensersatz
– Betriebseinnahme **2** 173
– Umsatzsteuer **5** 16, 75
Schadensersatzleistung
– Betriebsausgabe **2** 287
Schätzung
– Aufbewahrungspflichten **2** 55
– Aufzeichnungspflichten **2** 57
Scheinbestandteile
– Betriebsvermögen **2** 102
Scheinrechnung
– Umsatzsteuer **5** 38
Scheinselbständigkeit **1** 95 ff.
Scheinsozietät
– Gesellschaft bürgerlichen Rechts **2** 329
– Umsatzsteuer **5** 84
Schenkung
– *siehe* Erbschaftsteuer
– *siehe* Unentgeltliche Übertragung
Schenkungsteuer
– *siehe* Erbschaftsteuer
Schmiergeld
– Betriebsausgabe **2** 288
– Betriebseinnahme **2** 174
Schriftform
– Anwalts-GmbH, verdeckte Gewinnausschüttung **4** 72
Schriftsteller
– Betriebsausgabe **2** 276
– Umsatzsteuer **5** 27
Schulden
– Betriebsvermögen **2** 112
Schuldzinsen
– Aufzeichnungspflichten **2** 73
– Betriebsausgabe **2** 289
– Werbungskosten aus nichtselbständiger Arbeit **1** 197
Schulgeld
– Sonderausgaben **1** 37
Selbständige Einkünfte
– Einkommensteuer **1** 5
Selbständige Tätigkeit
– Abgrenzung zur Gewerblichkeit **2** 13 ff.
– Aufsichtsratsmitglied **2** 22
– Betreuer **2** 22
– Definition **2** 1 ff.
– Finanzberatung **2** 21
– freier Beruf **2** 11
– Gewinnerzielungsabsicht **2** 6

– Insolvenzverwalter **2** 22
– Katalogberuf **2** 11
– Kreditberatung **2** 21
– Liebhaberei **2** 7
– Nachhaltigkeit **2** 5
– Selbständigkeit **2** 4
– sonstige selbständige Tätigkeit **2** 22
– Testamentsvollstrecker **2** 22
– Totalgewinn **2** 6
– Treuhänder **2** 21 f.
– Umqualifizierung **2** 16
– Vermittlung von Vermögensanlagen **2** 21
– Vermögensverwalter **2** 22
– Vervielfältigungstheorie **2** 22
– Wiederholungsabsicht **2** 5
Selbständigkeit **2** 4
Selbstkontrahierungsverbot
– Anwalts-GmbH, verdeckte Gewinnausschüttung **4** 73
Sicherungseigentum
– Betriebsvermögen **2** 89
– Umsatzsteuer **5** 13, 65
Software
– Betriebsausgabe **2** 291
Sollversteuerung
– Umsatzsteuer **5** 67
Sonderabschreibung
– Betriebsausgabe **2** 292
Sonderabschreibungen
– Aufzeichnungspflichten **2** 74
Sonderausgaben
– Berufsausbildung **1** 36
– Einkommensteuer **1** 31 ff.
– Haftpflichtversicherung **1** 33
– Haushaltsfreibetrag **1** 27 f.
– Kapitallebensversicherung **1** 33
– Kirchensteuer **1** 34
– Krankenversicherung **1** 33
– Lebensversicherung **1** 33
– Mitgliedsbeiträge **1** 38
– Parteispenden **1** 63
– Pflegeversicherung **1** 33
– Rentenversicherung **1** 33
– Risikolebensversicherung **1** 33
– Schulgeld **1** 37
– Spenden **1** 38
– Steuerberatungskosten **1** 35
– Unfallversicherung **1** 33
– Versicherungsbeitrag **1** 33
Sonderbetriebsausgaben
– Betriebsausgabe **2** 293
– Gesellschaft bürgerlichen Rechts **2** 333 ff.
Sonderbetriebseinnahmen
– Betriebseinnahme **2** 175
– Gesellschaft bürgerlichen Rechts **2** 333 ff.
Sonderbetriebsvermögen
– Anwalts-GmbH **3** 230
– Erbschaftsteuer **6** 8
– Gesellschaft bürgerlichen Rechts **2** 333 ff.
– qualifizierte Nachfolgeklausel **3** 301
– Realteilung **3** 250
– Sozietät **3** 143, 214
– Umsatzsteuer **5** 87
– unentgeltliche Übertragung Sozietätsanteil **3** 223
Sondervorauszahlung
– Umsatzsteuer **5** 59
Sonstige Einkünfte
– Einkommensteuer **1** 22 f.
Sonstige Leistung
– Umsatzsteuer **5** 13
Sonstige selbständige Tätigkeit
– selbständige Tätigkeit **2** 22
Sozialversicherung
– Einnahmen aus nichtselbständiger Arbeit **1** 156
– GmbH-Geschäftsführer **4** 36 ff.
– nichtselbständige Arbeit **1** 91 ff.
Sozietät
– Abwachsung **3** 32
– Aufnahme **3** 31, 123, 296
– Ausgleichszahlung **3** 126, 155, 171
– Ausscheiden **3** 76
– Ausscheiden/Sachwertabfindung **3** 255
– betriebliche Versorgungsrente **3** 28

– Betriebsaufspaltung **3** 82
– Bewertung ErbSt **6** 18
– Briefböger **3** 7, 60
– Buchwertfortführung **3** 31, 130, 150
– Bürogemeinschaft **3** 6
– Einbringung **3** 46, 123, 135
– Eintritt **3** 32
– Eintrittsgeld **3** 33, 126
– Entnahme **3** 236, 254, 256, 258, 311
– Erprobungsphase **3** 6, 84, 181
– Erweiterung **3** 31
– Fusion **3** 123, 173
– Gesellschaft bürgerlichen Rechts **2** 323
– Gesellschafter **3** 58
– Gesellschafterwechsel **3** 42
– Gewährung von Gesellschaftsrechten **3** 137
– Gewinn-Vorab-Lösung **3** 41, 182
– Gründung **3** 121
– Honorarforderung **3** 33, 118
– ideeller Praxiswert **3** 47
– Innengesellschaft **3** 58
– Insolvenzverwaltung **3** 238
– Kaufvertrag **3** 40
– Mitunternehmer **3** 6, 57
– Nachfolgeklauseln **3** 298
– Nachversteuerung ErbSt **6** 15
– Neugründung **3** 17
– offene Sacheinlage **3** 18
– Praxiswert **3** 48
– Realteilung **3** 233
– Schwester-Sozietät **3** 239
– Sonderbetriebsvermögen **3** 143, 214, 303
– Tätigkeitsvergütung **3** 190
– Teilanteil **3** 32, 38, 69, 178, 222
– Tod des Sozius **3** 298
– Umsatzsteuer **5** 82
– verdeckter Mitunternehmer **3** 58
– Zuzahlung **3** 126, 155, 171
– Zweigstelle **3** 64
– Zwei-Stufen-Modell **3** 181
Spaltung
– Anwalts-GmbH **3** 61
Spekulationsgewinn
– Betriebseinnahme **2** 176
Spenden
– an Parteien **1** 63
– Betriebsausgabe **2** 294
– Sonderausgaben **1** 38
Sperrfrist für Freibetrag
– Erbschaftsteuer **6** 12
Splittingtabelle
– Einkommensteuer **1** 59
Sponsoring
– Betriebsausgabe **2** 295
Sprachkurs
– Betriebsausgabe **2** 296
Sterbegeldumlage
– Betriebsausgabe **2** 297
Steuer
– Betriebsausgabe **2** 299
Steuerbarkeit
– Umsatzsteuer **5** 15
Steuerbefreiung
– Umsatzsteuer **5** 23
Steuerbegünstigungen
– Einkommensteuer **1** 46
Steuerbelastung
– Anwalts-GmbH **4** 7 ff.
Steuerberatungskosten
– Betriebsausgabe **2** 298
– Sonderausgaben **1** 35
– Werbungskosten aus nichtselbständiger Arbeit **1** 198
Steuerermäßigung
– Einkommensteuer **1** 62 ff.
– haushaltsnahe Beschäftigung **1** 64 ff.
– Kinderzulage **1** 63
– Parteispenden **1** 63
Steuererstattung
– Betriebseinnahme **2** 177
Steuerfreie Einnahmen
– Betriebseinnahme **2** 178
– Einnahmen aus nichtselbständiger Arbeit **1** 127 ff.
Steuerhinterziehung
– Betriebsausgabe **2** 299

Steuernummer
– Umsatzsteuer **5** 31
Steuerpflicht
– beschränkte **1** 12 ff.
– Einkommensteuer **1** 6 ff.
– Gesellschaft bürgerlichen Rechts **2** 327
– persönliche **1** 6
– sachliche **1** 16 f.
– unbeschränkte **1** 8 ff.
Steuerpflichtige Einnahmen
– Einnahmen aus nichtselbständiger Arbeit (ABC) **1** 105 ff.
Steuersatz
– Umsatzsteuer **5** 27
Steuertarif
– Einkommensteuer **1** 58 ff.
Steuerwirksame Privatausgaben **1** 31 ff.
Stille Reserven
– Ausgleich **3** 124
– Betriebseinnahme **2** 179
– Praxis **3** 34
– Übertragung nach § 6b EStG **2** 75
Stiller Gesellschafter
– Betriebsausgabe **2** 300
Studienreise
– Betriebsausgabe **2** 301
– Werbungskosten aus nichtselbständiger Arbeit **1** 199
Studium
– Werbungskosten aus nichtselbständiger Arbeit **1** 200
Stuttgarter Verfahren
– Anwalts-GmbH **4** 89
– Erbschaftsteuer **6** 30
Sukzessivversteuerung
– Praxisveräußerung **3** 113
Systematische Gliederung
– Buchführung **2** 41 ff.

Tantieme
– Anwalts-GmbH, verdeckte Gewinnausschüttung **4** 74
– Einnahmen aus nichtselbständiger Arbeit **1** 122
Tarif
– Einkommensteuer **1** 58 ff.
Tarifbegrenzung
– Einkommensteuer **1** 60
Tarifermäßigung
– Fünftel-Regelung **3** 72, 102
– Veräußerung **3** 72, 102
Tätigkeitsvergütung
– Sozietät **3** 189
Tausch
– Betriebseinnahme **2** 180
– Umsatzsteuer **5** 25
Teilanteil
– Erbschaftsteuer **6** 8
– Sozietät **3** 32, 38, 69, 178, 222
– unentgeltliche Übertragung **3** 224
Teilbetrieb
– Einbringung **3** 61
– Praxis **3** 61
– Realteilung **3** 61
– Zweigstelle **3** 64
Teilfertige Arbeiten
– Gewinnermittlung **2** 132
Teilpraxis **3** 61
Teilungsanordnung **3** 292
– Erbschaftsteuer **6** 8, 13
Teilwert
– Einbringung in Sozietät **3** 151
– Einlage **3** 13
– Praxiskauf **3** 20
Teilzeitbeschäftigte
– Pauschalbesteuerung **1** 86
Telefongebühr
– Betriebsausgabe **2** 302
Telefonkosten
– Einnahmen aus nichtselbständiger Arbeit **1** 157
– Werbungskosten aus nichtselbständiger Arbeit **1** 201
Telefonnutzung, private
– Umsatzsteuer **5** 49
Testamentsvollstrecker
– Betriebsausgabe **2** 303
– Betriebseinnahme **2** 181
– selbständige Tätigkeit **2** 22

Testamentsvollstreckung
– Umsatzsteuer **5** 21, 85
Tod des Sozius **3** 298
Totalgewinn
– Gewinnermittlung **3** 121
– selbständige Tätigkeit **2** 6
Totalgewinngleichheit
– Gewinnermittlung **2** 122
Trennungstheorie
– Einkommensteuer **3** 241, 258
Treuhänder
– Betriebseinnahme **2** 182
– selbständige Tätigkeit **2** 21, 22
Treuhandverhältnis
– Betriebsvermögen **2** 89
Trinkgelder
– Betriebsausgabe **2** 304
– Einnahmen aus nichtselbständiger Arbeit **1** 158

Überbrückungsgeld
– Betriebseinnahme **2** 183
Überentnahme
– Betriebsausgabe **2** 290
Übergangsgeld
– Progressionsvorbehalt **1** 104
Übergangsgewinn
– Gewinnermittlung **3** 67, 86, 120, 191
Übernachtungskosten
– Betriebsausgabe **2** 310
– Werbungskosten aus nichtselbständiger Arbeit **1** 202
Überstundenvergütung
– Anwalts-GmbH, verdeckte Gewinnausschüttung **4** 75
Übertragung
– Geschäftsanteile **4** 86 ff.
Übertragung stiller Reserven
– Aufzeichnungspflichten **2** 75
Umlaufvermögen
– Buchführung **2** 42
Umqualifizierung
– Gesellschaft bürgerlichen Rechts **2** 326
– selbständige Tätigkeit **2** 16

Umsatzsteuer
– Abmahnverein **5** 77
– Angehöriger **5** 26
– Angestellte **5** 26
– Anwaltssozietät **5** 82
– Anzahlung **5** 74
– Aufbewahrung **5** 35
– Aufnahme eines Sozius **5** 91
– Aufzeichnungspflichten **2** 57, 76
– Ausgleichsanspruch **5** 75
– Ausscheiden Sozietät **5** 92
– Außensozietät **5** 84
– Bauleistung **5** 65
– Bemessungsgrundlage **5** 25
– Berechnung **5** 25
– Berichtigung **5** 51
– Betriebsausgabe **2** 305
– Bewirtungskosten **5** 28
– Buch **5** 27
– Dauerfristverlängerung **5** 59
– durchlaufender Posten **5** 73
– Eigentumsvorbehalt **5** 13
– Eigenverbrauch **5** 40
– Einbringung **5** 89
– Einfuhr **5** 10
– Einfuhrumsatzsteuer **5** 71
– Einheitlichkeit der Leistung **5** 14
– Enteignung **5** 16
– Entgelt **5** 16,25
– Existenzgründer **5** 56
– Fahrausweis **5** 33
– Fahrten zwischen Wohnung und Betrieb **5** 48
– Fahrzeugnutzung, bei Sozietät **5** 86
– Fahrzeugnutzung, private **5** 42
– Fiskalvertreter **5** 81
– Fremdgeld **5** 73
– GbR **2** 328; **5** 82
– Gebäude **5** 30
– Gerichtskosten **5** 73
– Geschäftsführung **5** 88
– Geschäftsveräußerung **5** 16,89
– Geschenk **5** 28
– Gesellschaft bürgerlichen Rechts **2** 328; **5** 82

– gesellschaftsrechtliche Vorgänge **5** 89
– Gewinnermittlung **2** 134
– GmbH **5** 69
– Grundstück **5** 19
– Grundstücksverkauf **5** 23, 65
– Gutschrift **5** 33
– Handelsvertreter **5** 75
– Inland **5** 17
– innergemeinschaftlicher Erwerb **5** 10
– Insolvenzverfahren **5** 81
– Insolvenzverwalter **5** 21
– Istversteuerung **5** 68
– Jahreserklärung **5** 60
– Kfz-Nutzung, bei Sozietät **5** 86
– Kfz-Nutzung, private **5** 42
– Kleinbetragsrechnung **5** 32
– Kleinunternehmer **5** 11
– Konventionalstrafe **5** 16, 75
– Korrektur **5** 51
– Leistungskatalog **5** 20
– Leistungsort **5** 17
– Lieferort **5** 18
– Lieferung **5** 13
– Mahngebühr **5** 78
– Mahnverfahren **5** 80
– Mandantenstamm **5** 89
– Mindestbemessungsgrundlage **5** 26
– Mitarbeiter **5** 26
– Nachschau **5** 66
– nahestehende Person **5** 26
– Nebentätigkeit **5** 12
– Nennsozietät **5** 84
– Option **5** 24
– Ort der Leistung **5** 17
– Ort der Lieferung **5** 18
– Ort der sonstigen Leistung **5** 19
– Partnerschaft **5** 82
– Personal **5** 26
– Praxisveräußerung **5** 16
– Praxiswert **5** 13
– Privatnutzung **5** 40
– Rechnung **5** 31
– Rechnungsnummer **5** 31
– Regelsteuersatz **5** 27
– Schadensersatz **5** 16, 75
– Scheinrechnung **5** 38
– Scheinsozietät **5** 84
– Schriftsteller **5** 27
– Sicherungseigentum **5** 13, 65
– Sollversteuerung **5** 67
– Sonderbetriebsvermögen **5** 87
– Sondervorauszahlung **5** 59
– sonstige Leistung **5** 13
– Sozietät **5** 82
– Steuerbarkeit **5** 15
– Steuerbefreiung **5** 23
– Steuernummer **5** 31
– Steuersatz **5** 27
– Tausch **5** 25
– Telefonnutzung, private **5** 49
– Testamentsvollstreckung **5** 21, 85
– Umsatzsteueridentifikations-nummer **5** 31
– Umwandlung **5** 93
– Umzugskosten **5** 28
– unentgeltliche Leistung **5** 40
– unentgeltliche Zuwendung **5** 40
– Unternehmen **5** 3
– Vermietung **5** 4, 23
– Vermögensverwalter **5** 21
– Vertragsstrafe **5** 75
– Voranmeldung **5** 56
– Vorschuss **5** 74
– Vorsteuer **5** 28
– zeitliche Erfassung **5** 67
– Zeugengeld **5** 73
– Zinsen **5** 78
Umsatzsteueridentifikationsnummer
– Umsatzsteuer **5** 31
Umsatzsteuervorauszahlung
– Betriebsausgabe **2** 299
– Umsatzsteuer **5** 56
Umschuldung
– Betriebsvermögen **2** 113
Umstrukturierung
– Praxis **3** 1
Umwandlung
– Umsatzsteuer **5** 93

Umzugskosten
– Betriebsausgabe **2** 306
– Einnahmen aus nichtselbständiger Arbeit **1** 159
– Umsatzsteuer **5** 28
– Werbungskosten aus nichtselbständiger Arbeit **1** 203
Unbeschränkte Steuerpflicht
– Einkommensteuer **1** 8 ff.
Unentgeltliche Leistung
– Umsatzsteuer **5** 40
Unentgeltliche Tätigkeit
– Betriebseinnahme **2** 184
Unentgeltliche Übertragung
– Abstandszahlung **3** 275
– Anwalts-GmbH **3** 305
– Aufnahme in Einzelpraxis **3** 294
– Aufnahme in Sozietät **3** 296
– Buchwertfortführung **3** 269
– dauernde Last **3** 308
– Einheitstheorie **3** 271
– Erbauseinandersetzung **3** 278
– Gleichstellungsgeld **3** 272
– Praxis **3** 52, 268
– private Versorgungsrente **3** 277, 308
– Sozietätsanteil **3** 223
– Teilanteil **3** 224
– Teilentgelte **3** 275
– Tod des Sozius **3** 298
Unentgeltliche Zuwendung
– Betriebsausgabe **2** 307
– Betriebseinnahme **2** 185
– Umsatzsteuer **5** 40
Unfallkosten
– Betriebsausgabe **2** 308
Unfallversicherung
– Sonderausgaben **1** 33
Unterhaltsleistung
– Ehescheidung **1** 32
– an bedürftige Personen **1** 42
– an geschiedenen Ehegatten **1** 32
– außergewöhnliche Belastung **1** 42
Unterhaltszuschuss
– Einnahmen aus nichtselbständiger Arbeit **1** 123
Unternehmen
– Umsatzsteuer **5** 3
Unterschlagung
– Betriebsausgabe **2** 309
Urlaubsabgeltung
– Einnahmen aus nichtselbständiger Arbeit **1** 124
Urlaubsgeld
– Einnahmen aus nichtselbständiger Arbeit **1** 124

Veranlagung
– besondere **1** 57
– Ehegatten **1** 54 f.
– getrennte **1** 56; **3** 111
Veranlagungsart
– Einkommensteuer **1** 53 ff.
Veräußerung
– Anteil an Erbengemeinschaft **3** 282
– Berufsunfähigkeit **3** 99, 107
– Betriebsvermögen **2** 95
– Buchwert **3** 84
– Einstellung der Tätigkeit **3** 94
– ermäßigter Steuersatz **3** 72, 105
– Freibetrag **3** 72, 99
– freie Mitarbeit **3** 95
– Fünftel-Regelung **3** 72, 103
– Gestaltungsmöglichkeiten **3** 108
– Gewinn-Vorab-Lösung **3** 182
– halber Steuersatz **3** 72, 105
– Nachversteuerung ErbSt **6** 15
– Praxis **3** 46, 71
– Realisationsprinzip **3** 141
– Rente **3** 26
– Sonderbetriebsvermögen **3** 218
– Tarifermäßigung **3** 72, 102
– Teil-Anteil **3** 180
– Teilbetrieb **3** 61
– Veräußerungsgewinn **3** 85
– Zeitpunkt **3** 88, 121
– Zuzahlung **3** 130
Veräußerung von Anteilen
– Anwalts-GmbH **4** 24 ff., 86 ff.
Veräußerungserlös
– Betriebseinnahme **2** 186

Veräußerungsrente
– Betriebsausgabe **2** 314
– Praxis **3** 26
Verbindlichkeiten
– Betriebsvermögen **2** 112
– Buchführung **2** 42
– Gewinnermittlung **2** 130
Verdeckte Gewinnausschüttung
– Anwalts-GmbH (ABC) **4** 63 ff.
Vereinbarung
– Anwalts-GmbH, verdeckte Gewinnausschüttung **4** 76
Vergütung
– Angemessenheit, nichtselbständige Arbeit **1** 90
– Anwalts-GmbH, Geschäftsführer **4** 63
Verkehrswert Grundstück
– Erbschaftsteuer **6** 20
Verlust
– Betriebsausgabe **2** 311
– Betriebsvermögen **2** 96
– Einkommensteuer **1** 18 f., 47 ff.
Verlustabzug
– Einkommensteuer **1** 47 ff.
Verlustrücktrag
– Einkommensteuer **1** 47 ff.
Verlustvortrag
– Einkommensteuer **1** 47 ff.
Vermächtnis
– Erbschaftsteuer **6** 4, 5, 13
Vermietung
– Anwalts-GmbH, verdeckte Gewinnausschüttung **4** 77
– Umsatzsteuer **5** 4, 23
Vermögensanlagen, Vermittlung von
– Betriebseinnahme **2** 187
– selbständige Tätigkeit **2** 21
Vermögensteuer **6** 1
Vermögensverwalter
– Betriebseinnahme **2** 188
– selbständige Tätigkeit **2** 22
– Umsatzsteuer **5** 21
Vermögenswert
– Erbschaftsteuer **6** 31
Vermögenswirksame Leistungen
– Einnahmen aus nichtselbständiger Arbeit **1** 125
Verpachtung
– Praxis **3** 77
Verpflegungsmehraufwendungen
– Betriebsausgabe **2** 312
– Pauschalbesteuerung **1** 84
– Werbungskosten aus nichtselbständiger Arbeit **1** 204
Verschleierte Sachgründung
– Anwalts-GmbH **4** 14
Verschwiegenheitspflicht
– Anderkonto **2** 51
Versicherungsbeitrag
– Betriebsausgabe **2** 313
– Sonderausgaben **1** 33
Versicherungsentschädigung
– Betriebseinnahme **2** 189
Versorgungsfreibetrag
– nichtselbständige Arbeit **1** 79
Versorgungsrente
– betriebliche Versorgungsrente **3** 27
– Betriebsausgabe **2** 314
Verspätungszuschlag
– Betriebsausgabe **2** 315
Vertragsstrafe
– Betriebsausgabe **2** 316
– Betriebseinnahme **2** 151
– Umsatzsteuer **5** 75
Vervielfältigungstheorie
– selbständige Tätigkeit **2** 22
Verwaltungskosten
– Buchführung **2** 42
Verwarnungsgeld
– Betriebsausgabe **2** 317
Verzicht auf Betriebseinnahme **2** 190
Voranmeldung
– Umsatzsteuer **5** 56
Vorausvermächtnis **3** 293
– *siehe auch* Vermächtnis
Vorgesellschaft
– Anwalts-GmbH **4** 44
Vorgründungsgesellschaft
– Anwalts-GmbH **4** 43

Vorschuss
– Betriebseinnahme **2** 191
– Einnahmen aus nichtselbständiger Arbeit **1** 126
– Umsatzsteuer **5** 74
Vorsteuer
– Betriebsausgabe **2** 318
– Umsatzsteuer **5** 28
Vortragstätigkeit
– Betriebsausgabe **2** 276
Vorüberlegung
– Buchführung **2** 38
Vorweggenommene Betriebsausgabe **2** 319
– Betriebsausgaben **3** 14, 23
Vorweggenommene Erbfolge
– *siehe* Erbschaftsteuer
– *siehe* Unentgeltliche Übertragung
Vorweggenommene Werbungskosten
– Werbungskosten aus nichtselbständiger Arbeit **1** 205

Wahl der Gewinnermittlungsart
– Aufzeichnungen **2** 77
Wahlkampfkosten
– Betriebsausgabe **2** 320
Weihnachtsfeier
– Betriebsausgabe **2** 226
Weihnachtsgeld
– Einnahmen aus nichtselbständiger Arbeit **1** 126
Weiterbildung
– Werbungskosten aus nichtselbständiger Arbeit **1** 206
Werbungskosten
– nichtselbständige Arbeit **1** 78
Werbungskosten aus nichtselbständiger Arbeit
– Abschreibungen **1** 161
– Arbeitskleidung **1** 162
– Arbeitsmittel **1** 163
– Arbeitszimmer **1** 164
– Ausbildungskosten **1** 165
– Ausstattungsgegenstände **1** 166
– Bahn-Card **1** 167
– Berufshaftpflichtversicherung **1** 168
– Berufsverbände **1** 169
– Bewerbungskosten **1** 170
– Bewirtungskosten **1** 171
– Computer **1** 172
– Darlehen **1** 173
– Dienstreisen **1** 174
– Doktorwürde **1** 175
– doppelte Haushaltsführung **1** 176
– Einrichtungsgegenstände **1** 177
– Fachliteratur **1** 178
– Fachtagungen **1** 179
– Fahrtkosten auf Dienstreisen **1** 180
– Fahrtkosten für Fahrten zwischen Wohnung und Arbeitsstätte **1** 181
– Fernsprecher **1** 182
– Fortbildungskosten **1** 183
– Friseurkosten **1** 184
– Geschenke **1** 185
– Kammerbeiträge **1** 186
– Kongresse **1** 187
– Kontoführungsgebühr **1** 188
– Kraftfahrzeugkosten **1** 189
– Krankheitskosten **1** 190
– Leasingkosten **1** 191
– nachträgliche Werbungskosten **1** 192
– Pistole **1** 193
– Promotion **1** 194
– Rechtsschutzversicherung **1** 195
– Reisekosten **1** 196
– Schuldzinsen **1** 197
– Steuerberatungskosten **1** 198
– Studienreisen **1** 199
– Studium **1** 200
– Telefonkosten **1** 201
– Übernachtungskosten **1** 202
– Umzugskosten **1** 203
– Verpflegungsmehraufwendung **1** 204
– vorweggenommene Werbungskosten **1** 205
– Weiterbildung **1** 206
Wertabschlag bei Betriebsvermögen
– Erbschaftsteuer **6** 3, 12
– Nachversteuerung **6** 15

Wertpapiererträge
– Betriebseinnahme **2** 192
Wertsicherungsklausel
– Rente **3** 26
Wesentliche Betriebsgrundlagen
– Erbschaftsteuer **6** 7
– Praxis **3** 49
Wettbewerbsverbot
– Anwalts-GmbH, verdeckte Gewinnausschüttung **4** 78
Wiederholungsabsicht
– selbständige Tätigkeit **2** 5
Wiederkehrende Bezüge
– *siehe* Rente
Wirtschaftliches Eigentum **2** 88
Wirtschaftsgut **2** 78

Zeitliche Erfassung
– Umsatzsteuer **5** 67
Zeitpunkt
– Veräußerung **3** 88, 121
Zeitschrift
– Betriebsausgabe **2** 321
Zeitung
– Betriebsausgabe **2** 321
Zeugengeld
– Umsatzsteuer **5** 73
Zinsen
– Anwalts-GmbH, verdeckte Gewinnausschüttung **4** 79
– Aufzeichnungspflichten **2** 73
– Betriebsausgabe **2** 322
– Betriebseinnahme **2** 193
– Umsatzsteuer **5** 78
Zinsvorteil
– Einnahmen aus nichtselbständiger Arbeit **1** 160
Zu versteuerndes Einkommen
– Anwalts-GmbH **4** 61 f.
– natürlicher Personen **1** 16 f.
Zuflussbesteuerung
– Praxisveräußerung **3** 113
Zuflussprinzip
– Gewinnausschüttung **4** 23
– nichtselbständige Arbeit **1** 80
Zukunftssicherungsleistung
– Pauschalbesteuerung **1** 87
Zulässigkeit
– Anwalts-GmbH **4** 1 ff.
Zumutbare Belastung
– außergewöhnliche Belastung **1** 41
Zusammenveranlagung
– Einkommensteuer **1** 54 f.
Zuschuss
– Betriebseinnahme **2** 194
Zuwendung, unentgeltliche
– Betriebsausgabe **2** 307
Zuzahlung
– Sozietät **3** 126, 155, 171
Zweigstelle
– Teilbetrieb **3** 64
Zweikontenmodell
– Betriebsausgabe **2** 290
Zwei-Stufen-Modell
– Sozietät **3** 181